fol. Lf 115 26 (9)

Dictionnaire des faillites [1848-1913]

1891

9

DICTIONNNAIRE

POUR L'ANNÉE 1891

D'APRÈS LES JOURNAUX JUDICIAIRES

DES FAILLITES

Liquidations, Séparations de Biens, Divorces, Nominations de Conseils judiciaires

INTERDICTIONS ET RÉHABILITATIONS

PRONONCÉS PAR LES TRIBUNAUX DE PARIS

avec les conditions sommaires de Concordats homologués, et la répartition
des dividendes de chaque faillite

COMMENCÉ PAR

H.-F. MASCRET, ANCIEN NOTAIRE

BROUSSE et Cie, Successeurs

PROPRIÉTAIRES-ÉDITEURS

OUVRAGE HONORÉ D'UNE MENTION HONORABLE EN 1871, PAR L'ACADÉMIE NATIONALE DE PARIS
ET D'UNE MÉDAILLE D'ARGENT A L'EXPOSITION UNIVERSELLE DE 1872, A PARIS

PRIX : 10 FRANCS

PARIS

En vente chez MM. BROUSSE et Cie, Propriétaires-Éditeurs

24, BOULEVARD POISSONNIÈRE, 24

1892

DICTIONNNAIRE

POUR L'ANNÉE 1891

D'APRÈS LES JOURNAUX JUDICIAIRES

DES FAILLITES

Liquidations, Séparations de Biens, Divorces, Nominations de Conseils judiciaires

INTERDICTIONS ET RÉHABILITATIONS

PRONONCÉS PAR LES TRIBUNAUX DE PARIS

avec les conditions sommaires de Concordats homologués, et la répartition
des dividendes de chaque faillite

COMMENCÉ PAR

H.-P. MASCRET, ANCIEN NOTAIRE

BROUSSE et Cie, Successeurs

PROPRIÉTAIRES-ÉDITEURS

OUVRAGE HONORÉ D'UNE MENTION HONORABLE EN 1871, PAR L'ACADÉMIE NATIONALE DE PARIS
ET D'UNE MÉDAILLE D'ARGENT A L'EXPOSITION UNIVERSELLE DE 1872, A PARIS

PRIX : 10 FRANCS

PARIS

En vente chez MM. BROUSSE et Cie, Propriétaires-Éditeurs

24, BOULEVARD POISSONNIÈRE, 24

1892

Noms, Prénoms, Professions & Domiciles	Indique Liquidation, Clôtures, Avoué, transfusions, Divorce et Interdiction	Syndics et Avoués	Faillites en Liquidations	Dates des homologations de Concordats	Insuffis.ces en Unions	Séparat.on de biens judiciaires / Divorces	Cons. Jud. et Interdict.
Aaron, Édouard, éleveur de chiens à Levallois-Perret, 19 r.du...		Châle	6 nov. 91				
Abadie, fab.t de chaussures, faub. St Martin, 11		Lesage	30 oct. 90		* 18 fév. 91		
Abadon-Ruban, Louis, rue St Jacques, 38	*	Chaffotte				* 3 janv. 91	
Abbès-Dromard, Jean, Av. Victor-Hugo, 91	*	Boufils				* 24 avril 91	
Abel, Eugène, entrep.r de bières à Issy, quai des Moulineaux 11		Destrez	30 juill. 91		* 25 sept. 91		
Abir, Henri-Jules, fab.t de bretelles, Bd Sébastopol, 30		Godmer	13 janv. 91		* 28 fév. 91		
Aboilard, Charles, Constructeur-électricien, rue Bleue 7		Boussard I	4 déc. 90		(1)		
Abraham, Georges, bijoutier, rue St Antoine, 197		Mauger	1 mai 91				
Abraham-Kiril, Joseph, Bd Barbès, 87	*	Donsreuil				* 1er juin 91	
Achalme, m.d de vins et liq. Bd Tiquer. 79		Bérard	18 nov. 90		* 31 déc. 90		
id. Jean m.d de volailles à Clichy-l.Gar. Imp Alb.Vaux, 8		Godmer	11 fév. 90	16 déc. 90	(2)		
Achart, ancien mercier, rue Lacroix, 16		Cotty	14 août 91		* 31 oct. 91		
Achtergaelle-Barthélemy (Hippolyte) r. Christophe Colomb...	*	Giry				* 6 avr. 91	
Acloque-Maurice, prop.re Avenue Roche, 2	*	Curler			(3)		26 août 82
Adam, anc. épicier, rue de Belleville, 113		Planque	8 déc. 91				
id. Pierre négt en épicerie Bd Barbès 21 bis		Hédou	30 juill. 90		(4)		
id. -Brisson, L. entrep.r de maçonnerie r. Pierre Larousse, 13...	*	Hureau				4 mai 91	
Adamoki, fab.t de produits chimiques, rue Barbette, 2		Loncholen	8 sept. 91		* 12 oct. 91		
Adelphe-Marie, Léon, act. s.d.c.	*	Guignon				* 26 janv. 91	
Adler-Dreyfus, Armand, fab.t de corsets, rue Greneta, 4	*	Pézard				9 mars 91	
Adler Armand, fab.t de corsets, rue Greneta, 4		Ozéré	17 déc. 90	16 mai 91	(5)		
Adouard-Kahn, Joseph, rue St Maur, 119	*	Goiraud				* 23 mars 91	
Aerts, Émile, m.d de dentelles, rue de la Bourse, 7		Mauger	15 déc. 90		(6)		
Agati-Roustan, Louis, à Vitry, Av. de la Républ., 3	*	Thirel				* 6 juill. 91	
Aguillon-Oger, Pierre, rue de la Folie Méricourt, 46	*	Milhaud				16 nov. 91	
Aignan Gabriel, rue de la Bienfaisance, 46	*	Denormandie					14 mai 91
Aigueperse, Léonard, m.d de chaussures à Maisons-Alf.t 126 r...		Chardon	22 sept. 91				
Aimé (d') Albert, entrep.r de peinture, faub. du Temple, 71		Beaugé	15 déc. 81		(7)		
Alary, Eugène, banquier, r. Boïeldieu, 1, act. s.d.c.		Bernard	28 avril 91		* 30 juin 91		
Albertella, Pierre, entrep.r de maçonnerie, à Levallois, r. Deguingand, 34		Châle	23 avril 90	21 avril 91	(8)		
Albessart, Camille, fab.t de parapluies, Bd Sébastopol, 66		Boussard	1er août 91	5 déc. 91	(9)		
Albouze-Bouiller, Laurent, rue des Cascades 49 bis	*	Delepoure				* 23 fév. 91	
Albret-Docquincourt, Édouard, rue St Georges, 26	*	Denormandie				* 15 déc. 90	
Alexandre, Jean, anc. loueur de voitures, Bd Ornano, 52		Planque	2 oct. 90	23 janv. 91	(10)		
id. Vve Sophie, Café restaurant, Bd Haussmann, 53		Lesage	14 mai 91				
id. -Sinnes, Vve hôtelier, rue des Moines 2 et 2 bis	*	Savignat				* 10 nov. 90	
Alfvoet, Henri, m.d de vins, traiteur, rue Pauquet, 13, act. s.d.c.		Corty	10 juill. 90		(11)		
Allaigre (D.r) Café-Brasserie, rue Monge, 117 act. s.d.c.		Lesage	17 mars 91				
Allaria, cordonnier, à Alfortville, rue Véron, 89		Bousseau	16 juin 91			* 31 juill. 91	

(1) Aboilard 1.62% unique répartition
(2) Achalme Jean 50% en 5 ans par 5e de l'homologation
(3) Acloque 30 juin 1891 main levée
(4) Adam, Pierre 7.28% unique répartition
(5) Adler 25% en 5 ans par 5e de l'homologation
(6) Aerts 2.93% unique répartition
(7) Aimé (d') 10.99% unique répartition
(8) Albertella 25% en 5 ans par 5e de l'homolog.
(9) Albessart. Abandon de l'actif réalisé et à réaliser
(10) Alexandre 30% en 6 ans par 6e de l'homologation
(11) Alfvoet 60.25% unique répartition

Noms, Prénoms, Professions & Domiciles	Indique Liquidation ❋ Astérisque : avant, Insuffisances ou Union ou annotation	Syndics et Avoués	Faillites et Liquidat.	Arrêtés des homologations de Concordats	Insuffis.ces ou Unions	Séparat.ons de biens judiciaires Divorces	Cons. Jud. ou Interdict.
Allary-Jolivet, Tristain, s. d. c.	*	Savignat				❋ 23 fév. 91	
Allaume - Gorgibu, Paul, Passage des Petites Écuries, 5	*	Fromageot				❋ 23 fév. 91	
Allion, Henri, md de vins rest¹ à Colombes r. St Hilaire, 1		Barboux	27 nov. 91				
id. - Demory, René, Mⁿ de santé du dr Blanche	*	Duclos				3 août 91	
Alloend - Bessand, Charles, fabt de chemises, rue Bichat 55		Mauger	16 juill. 91	16 sept. 91	(1)		
id. id - Galopier, Bd Voltaire ; 160	*	Beau				23 fév. 91	
Almy - Lecroq, Julien, rue de Charenton, 280	*	Baudouin				❋ 3 juill. 91	
Amail Léopold fabt d'appareils d'éclairage, r. Ledru-Rollin 7		Rouchar I	16 oct. 91				
Ambouville - Lagoutte Édouard, Bd de l'Hôpital, 2	*	Tricot				❋ 5 mars 91	
Ambrosini, Jules, entrep. de fumisterie, rue du Pré aux Clercs 18		Barboux	18 déc. 91				
Amé de St Didier - Donon (baron) Bd de la Tour Maubourg, 1		Giry				27 avril 91	
Améaume Auguste fabt d'horlogerie, rue de Turenne, 50		Bonneau I	23 oct. 90	6 mars 91	(2)		
do - Catoir auc. id. id. id.	*	Huson				29 juin 91	
Amiel (Dlle) Cécile, épicière, rue de St Quentin, 36		Lesage	24 juill. 90		❋ 20 déc 90		
Amilhau md de vins et charbons, rue de l'Entrepôt, 34		Flanque	1 Déc. 91				
Amory Hipp. md de vins à Gentilly, rue du Pont-Neuf, 7		Chardon	14 mai 91		(3)		
Amourette - Puzenar, Albert, ébéniste, rue Flocon 12	*	Ransons				❋ 2 nov. 91	
Amouroux, Gilbert, nég¹ en vins, rue de la Santé, 46		Hérau	30 janv. 91				
Amouroux (Dlle) Marie, mde de vins et charbons, av. du Maine 155		Godmer	8 déc. 91				
Amy, md de vins, rue de Turenne. 34		Cotty	16 sept. 90		❋ 29 nov. 90		
Amy - Buron Alex. Imp. St Bernard, 9	*	Colin Drage				❋ 19 janv. 91	
Amyot - Mandar, Émile, ébéniste, rue Froissart, 7	*	Viver				❋ 27 av. 91	
Anacleto - Colmer, Jⁿ B¹⁸ rue de Lancry, 41	*	Tissier				❋ 23 janv. 91	
Ancelin - Bruzeau, Auguste, Bd Voltaire 177	*	Labar				27 juill. 91	
Anciau & Cⁱᵉ mds de vins r. des Amandiers, actⁱᶠ s. d. c.		Bonneau	27 fév. 91		❋ 15 av. 91		
Anciau - Divry Jules, Pass. Gourdon, 6	*	Marmottans				30 nov. 91	
Anderwerth, Édouard, quincaillier, r. Vieille du Temple, 88		Menaux	25 juill. 90		(5)		
Andra - de Riberyre, Louis, avenue des Peupliers, 19	*	Langeron				❋ 24 juin 91	
Andrault - Jannin, Victor, à Noisy-le-Sec, r. de Bréval 17	*	Baudouin				5 janv. 91	
André, Léon, boulanger, rue de Bretagne ; 8		Hécaen	1 août 91				
id - Goichon, Bernard, r. Mouffetard, 97	*	Adam				❋ 13 fév. 91	
Andrieux, Émile, grainetier, rue du Canada, 7		Hécaen	19 déc. 90		❋ 30 juin 91		
Androgé - Tabary, Charles, rue Traversière 69	*	Duclos				❋ 2 nov. 91	
Arnette, Alfred, nég¹ en prod. alimentaires, rue Pierre-Lescot, 30		Maillard	9 oct. 90		❋ 19 nov. 90		
Angé, Victor, md de chaussures à St Denis, rue de l'Alouette, 7		Decroix I	10 janv. 91	8 av. 91	(6)		
Angeraux, Adolphe, nég¹ en articles de voyage, rue Chapon, 25		Lupy I	13 déc. 90	21 fév. 91	(7)		
Angot et Cⁱᵉ fabt d'eau à détacher, rue de Flandre, 105		Barbone	24 oct. 91				
Anheiser - Ratineau Charles, graveur, r. St Honoré 102	*	Camara				12 juin 91	
Anne - Vassel, Émile, act. : s. d. c.	*	Mercier				❋ 24 nov. 90	

(1) Alloeur - Bessard 25 % en 5 ans, par 5ᵉ de l'homolog.
(2) Améaume. Abandon de l'actif réalisé et en outre 40 % en 8 ans par 8ᵉ de l'homolog. 3.59 % unique répartition
(3) Amory 7.72 % unique répartition
(4) Amouroux 1.74 % id. id.
(5) Anderwerth 4.21 % unique répartition
(6) Angé 25 % en 6 ans par 6ᵉ de l'homolog.
(7) Angeraux 20 % en 7 ans, savoir : 3 % les 6 premières années et 2 % la 7ᵉ à partir de l'homolog.

Noms, Prénoms, Professions & Domiciles	*	Syndics ou Associés	Faillites ou Liquidations	Dates des homologations de Concordats	Insuffis. d'actif ou Unions	Séparations judiciaires établies Divorces	Cons. Jud. ou Interdiction
Anquetil, Alph. vétér.e confect. rue de l'École de Médecine, 29		Bonneau I	21 avril 91	3 juill. 91	(1)		
Anseaume, Charles, anc. boucher, act. restaur. r. Montorgueil, 57		Châle	9 déc. 91				
Antoine, Hippolyte, balancier-ajusteur, rue Ordener, 19		Boussard	14 fév. 91		* 31 mai 91		
id. - Pointud, Aut. md de draperies rue Monge, 99	*	Foucault				25 mai 91	
id. - Thiébault, Jean, rue de Loos, 8	*	Salats				* 2 fév. 91	
Appert (Dne) Albertine, md de vins, à St Mandé, r. du Pont de Créteil, 13		Menaut	15 sept. 91		* 12 oct. 91		
Appert Jacquier - Salis, René, faub. Poissonn.re 183	*	Collin				* 7 août 91	
Aragon - Baas, Charles, rue de Douai, 22	*	Demoruil				* 28 juill. 91	
Arbel - Coutant (d') Alfred, à Vaucresson, rue de la Gare	*	Savignat				* 4 mai 91	
Arbelin, Émile, pharmacien, rue Didot, 53		Godmer	10 août 91		* 31 août 91		
Arbelon - Maucuix, Alph, rue Riquet, 86 bis	*	Delmon				* 8 déc. 90	
Archimbault - Dufour, Léopold, Avenue du Maine, 93	*	Dumesnil				* 13 juill. 91	
Arcos - de Puy, Jean, à Angoulême, rue de Genève, 3	*	Raynaud				* 25 mai 91	
Argelliès, négt. en vins, Bd Voltaire, 207		Ponchelet	28 av. 91		* 19 juin 91		
Argentier, Charles, ancien md de vins, av. d'Orléans, 22		Rouchez	17 juin 90		* 30 août 90	(2)	
Aribarr, François, md de vins, rue Beaubourg, 10		Lesage I	22 sept. 91	9 déc. 91	(3)		
id. Jean, emballeur, rue de Douai, 65		Lesage	17 déc. 90	10 juill. 91	(4)		
Ariès - Faivre, Philippe, rue Jacques-Cœur, 14	*	Viollette				22 juin 91	
Armand - Troué, Louis, act. s.d.c.	*	Vandeuville				* 15 juin 91	
Armirotto, Jean, anc. md de vins épicier, r. du Mont-Cenis, 113		Godmer	24 nov. 91				
Arnaud, limonadier, Bd de Strasbourg, 87, act. s.d.c.		Liosoty	15 mai 91		* 28 juill. 91		
d°. - Bard, Hipp. parqueteur act; s.d.c.	*	Forbet Jacob				* 13 fév. 91	
d°. - Combé, Félix, avenue de Clichy, 160	*	Pineau				* 25 juill. 91	
d°. - Cosman, Jean, s.d.c.	*	Allain				* 20 janv. 91	
Arnold - Vandoren, Adolphe act. s.d.c.	*	Ferté				* 15 mai 91	
Arnould, Ernest, Ingén.-électricien, rue de Flandre, 95		Bonneau I	13 mars 91	30 juin 91	(5)		
Arnoult, Victor, md de chaussures à Courbevoie, r. de Bezons		Gadineur	19 août 91		(6)		
d°. - Brucker, Victor id. id. id.	*	Montfervune				8 juin 91	
Arnoux - Jodeaux, Bertrand, rue Daguerre, 11	*	B. de Longchamp				* 27 avril 91	
Aron, Albert, représentant de commerce, Bd Voltaire, 31 act. s.d.c.		Pollet					5 mai 91
Arondelle Victor (Voir Arondelle frères)							
id. frères, Jules, Commerce de fourrages, r. Château, 4		Mauger	13 mars 91	9 juin 91	(7)		
Arrieu, Louis, bazar, rue de Sèvres, 81		id. I	19 mars 91	30 mai 91	(8)		
Arrighi - Chiappe, Jn Bte s.d.c.	*	Bonfils				* 18 déc. 90	
Arrigoni, md de vins et liqueurs, Bd Voltaire, 36 act; s.d.c.		Lupy	24 fév. 91				
Arsonneau - Thibaut, Alcide, boucher, à Montreuil, r. F. Arago	*	Barberon				2 mars 91	

(1) Anquetil cède à ses créanciers en toute propriété le bénéfice d'une assurance sur la vie à la Cie « La Nationale ». En outre 30% en 2 ans, par 1/4 de l'homologation. De plus, en cas d'expropriation la moitié de l'indemnité sera répartie aux créanciers. paiement le 1er mai 1892.

(2) Argentier. 11 nov. 91 rapport de clôture.

(3) Aribarr 40% sans intérêt en 5 ans par 5e. Le premier

(4) Aribarr Jean 25% en 5 ans par 5e de l'homolog.

(5) Arnould 25% en 5 ans, par 5e un an après l'hom.

(6) Arnoult 2.46% unique répartition.

(7) Arondelle, frères 20% en 5 ans par 5e de l'hom.

(8) Arrieu 30% en 5 ans par 5e de l'homolog.

Noms, Prénoms, Professions & Domiciles	Indique liquidation, * astérisque avec Souffrances, Divorce en interlignes	Syndics ou Arbitres	Faillites ou Liquidations	Dates des homologations de Concordats	Insuffis. ou Unions	Séparat. judiciaires / Divorces	Cons. Jud. ou Interdict.
Arthez fils, Jean, Bd des Capucines, 23	*	Carles				(1)	22 janv. 78
Arthaud, Georges, employé, rue de Belzunce, 4	*	Barberon				(2)	8 mai 83
Arthur, Pierre, md de vins, rue Dupetit-Thouars, 4		Lupy	28 avril 91		* 30 mai 91		
id. — Williams, John, agent de locations, r. Marbeuf, 24	*	Leboucq				2 fév. 91	
Artigues-Goulard, Fçois, rue J.J. Rousseau, 27	*	Gouget				27 av. 91	
Artola, Hermann, opérations de banque, r. d'Hauteville, 65		Châle	11 déc. 89		(3)		
Artusse-Bodelot, Alfred, md de porcelaines, r. Marbeuf, 24	*	Leboucq				2 fév. 91	
Astier-Péjoux, Louis, Bd Voltaire, 269	*	Michel				* 29 juin 91	
Atger & Cie, Jacques, vins & liqueurs, faub. St-Antoine, 15		Menault I.	22 juill. 91	22 oct. 91	(4)		
Aubé (Dlle) Jeanne, r. Bleue 19, act. à Versailles Cour des Dmes August.	*	François				*	30 juin 91
Auberger-Boulenger, Victor, à Puteaux, r. du Marché, 22	*	Mignon				* 12 juin 91	
Aubert Vve Henriette (Voir de Prouse, Aubert & Cie)							
id. — Baron, Désiré, pass. Guillaumot-Lainé, 9	*	Deville				* 8 déc. 90	
id. — Bouffler, Henri, horloger, faub. du Temple, 104	*	Milhaud				* 23 mars 91	
Aubin, Louis, Commre en marchs, rue Notre-Dame de Nazareth, 6		Beaujeu I.	16 juin 91				
Aubine & Cie, md de vins & liqueurs, r. de l'Aqueduc, 80		Godmer	24 mai 91		* 30 juin 91		
id. — Sauvler, Auguste, Bd de la Chapelle, 23	*	Manceau				14 oct. 91	
Aubineau, Jean, spécialité de cafés, rue Fontaine, 18		Colly	2 oct. 91				
Aubois, Jules, horloger-bijoutier, rue Turbigo, 26		Châle	19 janv. 88	24 mai 88	(5)		
Aubriot, Jn Bte, fabt de bijouterie, rue Réaumur, 52		Roucha I.	27 nov. 91				
Aubry, Paul, act. Asile des aliénés à Villejuif	*	Bourgoin				*	18 mars 91
id. — Rémi, entrepr. de transports, rue des Pyrénées		Destrez	30 oct. 91				
id. — boulanger, rue St-Jacques, 179		id.	25 juill. 91	26 oct. 91	(6)		
id. — Grégoire, Jacques, boulanger, Bd de la Gare, 143	*	Duclos				* 16 nov. 91	
id. — Jardin, Eugène, rue du Pré aux Clercs, 18	*	Laisney				* 27 av. 91	
Aubrois-Merlette, Désiré, act. s.d.c.	*	Foucault				* 22 déc. 90	
Audebert (Vve) Victine, md de chaussures, av. des Gobelins	*	Destrez	26 déc. 91				
Audibert-Fromage, Antoine, Bd de Grenelle, 15	*	Milhaud				* 15 juin 91	
Audigane-Geoffroy, Pierre, rue Lakanal, 14	*	Mouilleferie				* 11 mai 91	
Audrer-Rougeau, Félix, rue Miromesnil, 96	*	Allain				16 fév. 91	
Audoine-Dalby, Jn Bte, rue Morand, 10	*	Marais				* 4 mai 91	
Audouard, Jean, sellier, Bd de l'Hôpital, 56		Toucheboeuf	19 août 91	* 25 sept. 91			
id. — Collet, Louis, s.d.c.	*	Lyon				11 fév. 91	
id. — Meillier, Etienne, s.d.c.	*	Cabassou				* 22 déc. 90	
Audouze-Davoust, François, à Puteaux, r. du Chmin Vert		Coche				5 janv. 91	
Audoye, Paul, fabt de brosses mécaniques, r. de Meaux, 42		Boussard	14 nov. 89	11 nov. 91	(7)		
Aufholz-Aufholz, Albert, négt, à Mandé av. de la Tour, 8		Raynaud				29 juin 91	
Austère, Augte, fruitier & md de vins, rue St-Maur, 238		Lupy	8 mai 91		* 11 juin 91		
Auge-Meyer, Georges, rue Pétrarque, 20	*	Dumesnil				* 22 déc. 90	

(1) Arthez fils 16 mai 1891 main levée.
(2) Arthaud 2 août 91 main levée.
(3) Artola 1° r/° 1re répartition
(4) Atger et Cie 70% en 7 ans par 5° de l'homolog.
(5) Aubois 18 juin 1891 résolution
(6) Aubry. Abandon de l'actif réalisé

(7) Audoye 75% en 4 paiements égaux; le 1er paiement à la fin de la 6e année après l'homolog. et ainsi de suite les 3 années suivantes. En cas de vente d'un ou plusieurs brevets, le failli s'engage à répartir à ses créanciers 200% du prix desdites ventes imputables d'abord sur le dividende de l'année la plus éloignée.

Noms, Prénoms, Professions & Domiciles	Judic. Liquidation ✱ Astérisque insuffisance Force Divorce et Interdiction	Syndics et Avoués	Faillites et Liquidations	Dates des Homologations de Concordats	Insuffisances et Unions	Séparations de biens Judiciaires / Divorces	Cons. Jud. et Interdict.
Auger, Lucien, à Bois-Colombes, avenue du Bel Air 21	✱	Coche				✱	23 juill. 91
id. - Gaucher, Pierre, md de vins, av. de Clichy 147	✱	R. Marin				7 déc. 91	
Auguet Frédéric, entrep. de serrurerie r. de la Tour des Dames 8		Cotty	24 juill. 90		(1)		
Augustin - Sauvageot, Valentin, rue Grange aux 13bre 24		Goiraud				✱ 16 nov. 91	
Aumont ancien cafetier restaurateur, à Joinville le Pont		Hécaen	4 sept: 85		(2)		
Aurellionet, Jean, ancien md de vins act à St Denis, r. Catalauni		Lespy	16 av. 91	5 nov. 91	(3)		
id. - Touraille, Jean, anc. md de vins à St Denis, r. Catalauni 8	✱	Musnier				9 nov. 91	
Aussourd - Pinte, Eugène, s. d. c.	✱	Briquet				✱ 20 juill. 91	
Autin - Hutellier, Joseph, rue Rennequin, 36	✱	Durmein				✱ 25 fév. 91	
Auvert - Durancy, Charles, Pass. Kuszner, 4	✱	Jacob				✱ 3 nov. 90	
Auvray - Tinès, Louis, à Nogent-s-Marne, r. de Coulmins	✱	Devormandie				26 oct. 91	
Avare Achille, md de vins, rue St Didier, 26		Menans	5 oct. 91				
Aymard - Lalonne, Jean, rue Lauriston, 9	✱	Fouquet				25 mai 91	
Ayrinbac, Jean, md de vins traiteur Bd de la Gare 99		Bouneau	5 mai 91		(4)		
id. - Frézal Jean, id. id. id.	✱	Coche				16 fév. 91	
Ayugar, Leclerc & Cie, commission, rue Taylor 6		Bouneau	23 sept. 90		✱ 31 déc. 90		

B

Noms, Prénoms, Professions & Domiciles	Judic. Liquidation ✱ Astérisque insuffisance Force Divorce et Interdiction	Syndics et Avoués	Faillites et Liquidations	Dates des Homologations de Concordats	Insuffisances et Unions	Séparations de biens Judiciaires / Divorces	Cons. Jud. et Interdict.
Babuleaud - Barbier, Édouard, à Montreuil, r. de Paris, 276	✱	Maucomble				✱ 24 nov. 90	
Bach - Kervouet, Charles, à St Ouen, Pass. des 4 cousins	✱	Pilastre				✱ 26 janv. 91	
Bachelet, Henri, entrep. de maçonnerie à Nanterre, r. du Ch.d de Fer		Roucher	15 juin 91				
Bacheley - Toumelon, Alfred, à Courbevoie, r. St Denis, 203	✱	Viollette				✱ 19 déc. 90	
Bachellier, Louis, md d'articles pour peinture, r. du Temp 138		Beaujou	27 juill. 87	20 janv. 91	(5)		
Bacher - Tauveron, Auguste, Pass. Boiton, 4	✱	Chagnes				✱ 22 juin 91	
Bachignard, Étienne, boulanger, à Noisy-le-Sec, r. St Denis 18		Lesage	24 juill. 90		(6)		
Bacon, Alph. fab. de parapluies Bd Sébastopol 115		Godinet	19 fév. 89		(7)		
Bacon, fils, Hippolyte, rue Bayen, 27	✱	Durmein				(8)	22 juill. 80
Badan - Battal, Édouard, rue de l'Orillon, 45	✱	Jacob				✱ 8 déc. 90	
Badeuil - Racher, Jean, md de charbons, r. de Wattignies 84		Tineau				6 juill. 91	
Badin Louis, imprimeur, rue Haxo, 64		Manger	5 mai 91		✱ 30 juill 91		
Badoureau - Thomas, Frédéric, art. à Mexico	✱	Gioules				✱ 3 août 91	
Baduel - Poujouly, Jean, rue Gracieuse, 13	✱	Gioules				27 juill. 91	
Baehr, Eugène, md de vins restaur. rue du Temple, 79		Roucher	6 août 90		(9)		
Bagon, F.ois md de vins au Perreux, av. des Champs Elysées 20		Barbou	19 fév. 90		✱ 31 oct. 91		
Bail - Mainson, Henri, act. s. d. c.	✱	Musnier				✱ 3 août 91	
Baillard, teinturier, à Clichy, rue des Bateliers, 5		Rochette	8 déc. 91				
Baillargeat - Dufils, François, à Bagnolet, r. Coutin piol 3	✱	Langeron				9 fév. 90	

(1) Auguet, 15% 1re répart., 10.68% 2e et dern.re répart.
(2) Aumont 7.70 % unique répartition.
(3) Aurellionet 5% le 1er janv. 93, 5% le 1er janvier 1894
(4) Ayrinbac 11 nov. 1891 refus d'homologation
(5) Bachellier. Abandon de toutes les sommes encaissées à ce jour s'élevant à 9,105 f 69 en une contre engagement de parfaire un dividende de 45% en 7 ans par 7e. le 1er paiemt un an après la reddition de compte. 12 45% uni qui rép.
(6) Bachignard 2.42% unique répartition
(7) Bacon 3.28% 4e et dern.re répartition
(8) Bacot, fils, 9 mai 1891 main-levée
(9) Baehr 6.69% unique répartition

Noms, Prénoms, Professions & Domiciles	Syndics ou Avoués	Faillites ou Liquidations	Dates des Homologation de Concordats	Insuffis. et Unions	Séparat. Judiciaires / Divorces	Cons. Jud. ou Interdic.
Baillerais, Simon, nég.t en nouv.tés, rue du Commerce, 71	Hécaen	30 janv. 91	20 juin 91	(1)		
Baillet, Émile, spécialité de cafés, rue de Buci, 35	Ozéré	1 mai 91		(2)		
id. - Martin, Charles, rue Michel-Bizot, 195	* Bourgoin				11 août 90	
Bailleul (Marquis de) Jean, prop.r à Angerville	* Parmentier					9 juill. 91
Baillon de Fontenay-Détample, Émile, à Nogent, r.te de Vincennes	Demoreuil				1 av. 91	
Bailly, anc. épicier, au Pré St Gervais, G.de rue, 52	Destrez	3 oct. 90		(3)		
id. Gaston, imprimeur, rue Bonaparte, 26	Lupy L	22 juin 91	15 oct. 91	(4)		
id. - Maître (D.r) anc. m.de de lingerie, rue Fontaine, 7	Menaux	12 déc. 90		(5)		
id. - Gazelle, Désiré, rue d'Allemagne, 160	* Marquis				12 janv. 91	
id. - Soulser, Pierre, rue Croix des Petits-Champs, 5	* Auzoux				* 12 janv. 91	
Bain (D.r) nég.t en charbons et bois, rue Julie, 41	Bonsard	17 nov. 91				
id. - Marin, Louis, rue Bréda, 21	* Bourgoin				* 23 fév. 91	
Baix André, m.d de papiers en gros, rue Réaumur, 11	Manger	30 nov. 91				
Balding, Benjamin, tailleur, Av. de l'Opéra, 5	Bernard	3 fév. 91				
Balesdens, Francis, m.d de vins, rue d'Augustin, 214	Planque	7 nov. 85	1 mars 86	(6)		
Baletta, m.d de vin, rue de la Fidélité, 18	Manger	9 janv. 91		* 28 fév. 91		
Balichon, Victor, m.d de vins rest.t rue de la Bastille, 2	id.	9 déc. 90		(7)		
Baliguac, Émile, peintre en voitures à Levallois-Perret, r. Frey Rousseau, 131	Destrez	24 oct. 90		* 26 déc. 90		
Balin - Lacroix, Charles, rue Charlot, 62	* Herbe				* 29 déc. 90	
Balland - Roumégoux, Émile, rue de Lyon, 12	* Raynaud				* 1 juin 91	
Ballerini - Véron, Joachim, r. S.te Croix de la Bret.te, 40	* Thorel				* 29 déc. 90	
Ballin - Lafritte, Alfred, s. d. c.	* Lomonier				* 17 nov. 90	
Ballot, m.d tailleur, rue S.t Louis - en - l'Ile, 13	Beaugé	3 oct. 90		* 29 nov. 90		
Ballu - Carpentier, Jules, rue de Palestine, 3	* Tissier				* 18 déc. 90	
Balny - Rousseau, Georges, à Pantin, rue Lapeyrouse, 17	* Pineau				28 oct. 91	
Balon - Debaque, Jean, rue du Roi d'Alger, 14	* Briquet				* 6 fév. 91	
Balteuweck, Édouard, libraire-éditeur, rue Fagon, 3	Hécaen	17 déc. 91				
Balzer - Loser, Charles, rue Portefoin, 16	* Marmottans				* 22 déc. 90	
Banneyer et C.ie Georges, opérations de banque, r. de Chateaudun, 14	Poucbelor			(8)		
Banque de la Finance Française, faub. Montmartre, 45	Beaugé	2 juill. 84		(9)		
id. G.le des Intérêts français, B.d St Germain, 177	Maillard	3 mai 83		(10)		
id. des Mines et de l'Industrie, r. Paul Lelong, 6	Manger	2 oct. 91		* 17 nov. 91		
id. Nationale, rue Le Peletier, 11	Normand	29 mars 84		(11)		
id. de Paris et de Bretagne, r. de la Ch.ssée d'Antin, 37	Beaugé	17 sept. 81		(12)		
Bansard - Labille, Louis, rue S.t Roch, 37	* Rouy				* 8 déc. 90	
Baraduc, Jean (Voir : Pradelle, Paris et Baraduc)						
Barathieu - Chigon, Alfred, rue Crozatier, 18	* Givry				* 26 nov. 90	
Barban - Benoît, Paul, act : s. d. c.	* Marmottans				* 23 fév. 91	

(1) Baillerais 30 % en 5 ans par 5.e de l'homologation
(2) Baillet 2.61 % unique répartition
(3) Bailly 22.77 % épicier ; 12.47 % billets unique répartition
(4) Bailly Gaston. Intégralité des créances sans intérêts en 5 ans par 5.e ; le 1.er paiement un an après l'homologation
(5) Bailly Maître 3.64 % unique répartition
(6) Balesdens 4 août 91 résolution.
(7) Balichon 4.82 % unique répartition
(8) Banneyer & C.ie 10 % 1.re répartition
(9) Banque de la Finance 11.83 % 2.e d.re répartition
(10) Banque G.le des Intérêts 10.87 % unique répartition
(11) Banque Nationale 5 % 2.e répartition
(12) Banque de Paris 15.26 % 2.e répartition

Noms, Prénoms, Professions & Domiciles		Syndics et Avoués	Faillites en Liquidations	Dates des homologations du Concordats	Insuffis.ces ou Unions	Séparat.ns de biens judiciaires / Divorces	Cons. Jud. et Interdict.
Barbara-Sauvage, Édouard, à Champigny, r. du Bouquet, 34		Dubail				6 juill. 91	
Barbarin-Violet, Guillaume, B.d Ménilmontant, 90	*	Dubourg				4 mai 91	
Barbaz, md de vins, B.d Port-Royal, 7		Bernard	21 juill. 91		* 31 août 91		
Barbe, Alph. fab.t de prod. chim. à Pantin, rue du Pré, 7		Boussard	22 nov. 90		(1)		
Barbé, Augustin, négt. en droguerie, Place des Vosges, 15		Mauger	20 juin 91		* 25 sept. 91		
Barbe et Bueb, droguerie, id. id.		Boussard L.	21 juill. 91		(2)		
do - Dupuis, Paul, rue de Presles, 20	*	Bertinot J.r				* 12 janv. 91	
Barbette, fils, Gaston, fondeur en cuivre, faub. St-Martin, 99		Bonneau L.	18 oct. 91				
Barbier, boulanger à Puteaux, rue Voltaire, 59		Chále	30 juill. 89		(3)		
do Paul, entrep.r de maçonnerie à Levallois, r. de Courcelles, 132		id.	6 juill. 91				
do - Balland, Stanislas, rue Borda 3	*	Dubail				* 25 juin 91	
do - Guérin, Léon, rue de Turin, 4	*	Viollette				15 juin 91	
do - Yveling-Rambaud, Georges, rue des Batignolles 41	*	Thorel				* 22 juin 91	
Barbin, Maurice, rue d'Alger, 4, act.r s.d.c.	*	Viollette					10 nov. 91
Barbot, Eugène, hôtel meublé, rue Linné, 5		Bonneau	7 mai 89		* 31 déc. 89	(4)	
Bard-Cahen, épicier, rue du Temple, 11		Menaux	17 mars 91		* 30 avril 91		
Bard-Gautier, Émile act.r s.d.c.	*	Viollette				* 4 juin 91	
Bardelle-Legendre, Arthur, faub. St-Martin, 119	*	Delibu				* 23 juill. 91	
Bardou, Paul, hôtel meublé, rue Tronchet, 22		Hékaen	5 déc. 91				
do - Hébert, André, à Boulogne s/Seine, r. St-Denis, 42	*	Gamard				23 nov. 91	
do - Pivert, Georges, B.d de Clichy 130 ter	*	Potonié				16 nov. 91	
Bardin-Crenom, Pierre, rue St-Maur, 140	*	Legrand				* 9 fév. 91	
Bardou (D.e) Élisabeth, md.e de vins, B.d Picpus, 42 bis		Reueber	27 déc. 90		* 31 janv. 91		
do - Thouvenin, Melchiade, fab. de guipures, r. de Montlouis						5 janv. 91	
Baril, entrep.r de maçonnerie, à Vincennes, r. Crébillon, 20		Boussard	10 oct. 82	26 nov. 83	(5)		
do Édouard, commis.r en marchandises, r. Réaumur act.s.d.c		Hékaen	18 janv. 88		* 3o juin 91		
Barioz, anc. md. de vins, act.r s.d.c.		Ozéré	12 déc. 90		* 16 janv. 91		
Barlly (D.e) fruitière à Montreuil, rue Barbès, 59		d.o	3 avril 91		* 23 juill. 91		
Baron, Raoul, md. de peaux, rue de Poitou, 13		Bonneau	7 sept. 89	9 janv. 91	(6)		
id. - Mallemour, Louis, rue Bargue, 38	*	Rony				* 12 juin 91	
Baronnie, Cicaire md. de vins traiteur, rue Curiale, 6		Lupey	6 sept. 90		(7)		
Barraud-Thibauder, Marcel, rue St-Jacques, 23	*	Dubourg				19 janv. 91	
Barre-Tougy, Alex. rue Vieille du Temple, 64	*	Vaudoire				* 6 av. 91	
Barellier-Bastide, Louis, prop.re rue de Grenelle 166	*	Ouvrerin				* 15 janv. 91	
Barrès-Boudon, Antoine anc. négt. en vins, rue Caroline, 16	*	Xeebet				9 mars 91	
Barret, md. de vins, rue Vincent-Compoint, 3		Plonque	18 nov. 90		* 31 janv. 91		
Barreteau, ancien épicier, avenue du Maine 153, act.s.d		Boussard	20 fév. 91		* 31 mars 91		
Barrié, Émile, anc. md. de vins, r. de l'hôp.al St-Louis, 4		Chardon	28 oct. 90		* 27 juin 91		
do (D.e) Élisabeth, bains, à St-Mandé, r. Am.l Curel, 5		Bastez L.	25 nov. 91				

(1) Barbe 3.20 % unique répartition
(2) Barbe & Bueb 4.31 % unique répartition d.o
(3) Barbier 4.41 % d.o
(4) Barbot 23 mars 91 rapport de clôture 8.09 % unique répart.
(5) Baril 35.08 % unique répartition
(6) Baron. Abandon d'actif réalisé plus 15 % en 5 ans par 5.t, le 1er paiement 2 ans après l'homologation 4.68 % unique répartition.
(7) Baronnie 7.78 % unique répartition.

Noms, Prénoms, Professions & Domiciles		Syndics ou Avoués	Faillites ou Liquidat°	Dates des homologations de Concordats	Insuffis.ces ou Unions	Séparat° de biens judiciaires / Divorces	Cons. Jud. ou Interdict.
Barriol, Antoine, md de vins, rue Vicq-d'Azir, 4		Menaux	15 janv. 89		(1)		
Barroy-Jean, Alfred, s.d.c.	*	Delmon				29 mai 91	
Bart-Bettencourt, Pierre, à Villeneuve la Garenne	*	Musnier				9 mars 91	
Barth-Laperche, Auguste, rue Duvivier, 27	*	R. Marin				24 nov. 90	
Barthélemy aîné, md de vins, rue de Charenton 180 bis		Lippy	12 déc. 90		* 31 déc. 90		
do Louis, épicier, rue Frémicourt, 9		Chardon	3 juill. 91		* 31 oct. 91		
do - de Certeuil Louis, épicier, rue Frémicourt, 9		Marolet				23 nov. 91	
do - Dalley, Jn Bte anc md de vins à Bagnolet, Gde Rue, 4		Passion				5 janv. 91	
do - Hubert, Eugène, act: s.d.c.	*	Duclos				* 10 av. 91	
Bartholomé, Augte entrep. plomberie à Malakoff, av. Ste Larousse, 53		Beaujeu	11 août 91				
Barthomeuf, md de vins, rue Broca, 31		Godmer	2 janv. 91		* 31 janv. 91		
do - Daugen, Jules, imp. du Mont-Viso, 1	*	Diner				* 28 juill. 90	
Baruch (Vve) Clarisse-Lippmann, Bd Pereire, 98	*	Gosselin					* 27 déc. 90
do (Dlle) Clémentine, conf. pr dames, r. du Château d'Eau, 30		Planque	13 mai 91		* 24 juin 91		
Barzilay-Fougerol, Alex. rue Duperré, 2	*	Collet				* 24 juin 91	
Basset (Dlle) Estelle, md de vins, rue de Grenelle 151 bis		Roussard I.	28 juill. 91	9 oct. 91	(2)		
do Laisné, Charles, pâtissier, rue du Bac 144	*	Langeron				* 22 janv. 91	
Bassinet, Ernest, grains et farines, r. des Halles, 19		Roucher	6 mars 91		* 31 mars 91		
Bassonnay-Dessoy, Victor, s.d.c.	*	Dubreuil				* 23 mars 91	
Bastard-Jubel, Alexis, à Courbevoie, chemin des Garnipres	*	Carlet				9 mars 91	
Bastide, anc. md de vins, rue Larrey, 1		Menaux	12 déc. 91				
Bataille, père, agent d'affres Bd St Martin, 51		Piner	10 mars 91		* 31 oct. 91		
do - Duez, Alfred, avenue de Clichy, 171	*	Lemonnier				* 8 déc. 90	
Batard-Thévard, Louis, rue Leclerc, 1	*	Delaunay				* 16 nov. 91	
Batisse-Batifouillier, Frédéric, r. N.D. de Nazareth 61	*	Plocque				* 17 nov. 90	
Baucoubare-Chemale, Victor, r. des Martyrs, 22	*	Senart				* 23 mars 91	
Baudart (Vve) plumassière, r. N.D. de Nazareth, 7		Cotty	18 juill. 90		* 2 nov. 90		
Baudé-Pierre, Ferdinand, s.d.c.	*	Colmet Daage				* 5 juin 91	
Baudichon-Guinard, Etienne, à Boulogne/Seine, r. St Cloud, 5	*	Berton				* 29 juin 91	
Baudin, Charles, négt en soldes, r. Vieille du Temple, 95		Menaux	4 nov. 90		* 10 déc. 90		
do - Martel, Charles, rue Gambey, 2	*	Popelin				27 juill. 91	
do - Vieilhomme, Léon, Pass. de la Réunion, 3	*	Rivière				* 13 av. 91	
Baudinier-Delpeux, Jacques, rue de Nantes, 38	*	Goirand				* 22 juin 91	
Baudoin, Charles, papetier, Bd Beaumarchais, 92		Rochette	3 avril 91	13 juin 91	(3)		
Baudouin, fab. de miroiterie au Parc St Maur, av. des Tilleuls 23		Piner	21 déc. 80		(4)		
do - Baudouin, Paul, rue Davy, 27	*	Roche				* 19 déc. 90	
do - Lepson, Abeilard, md de vins, rue Gaudon 34	*	Raynaud				* 15 nov. 90	
do - Monchiroud, Hildebert, rue Thévenot, 1	*	Delasalle				10 août 91	
Baudoux, Adolphe, act: interné Asile Ste Anne	*	Giry					* 5 fév. 91
Baudry, fab. de corsages à Puteaux, r. du Marché, 48 bis		Rochette	17 avril 91		* 30 mai 91		

(1) Barriol 11. 65%   unique répartition
(2) Basset (Dlle) 30% en 3 ans par 1/6 de 6 en 6 mois; le 1er paiement six mois après l'homologation
(3) Baudoin 100% en 10 ans par 1/10 dès l'homolog.
(4) Baudouin 1.13%   unique répartition

Noms, Prénoms, Professions & Domiciles	L'indique Liquidation / * Astérisque avant, Insuffisance Divorce et Interdiction	Syndics ou Avoués	Faillites ou Liquidations	Dates des homologations de Concordats	Insuffis... ou Unions	Séparations judiciaires Divorces	Cons. Jud. ou Interdict.
Baudry (Vᵛᵉ) Jeanne, chapelière, Bᵈ Barbès, 22		Boussard	12 août 91		* 21 sept. 91		
dᵒ — Vailly, Léon, rue des Pyrénées, 387	*	Delibu				* 10 nov. 90	
Bauduin, Joseph, passementier, rue Thermon, 1 & 3		Cotty	3 fév. 91	2 avril 91	(1)		
dᵒ — Oscar, entrep. de bières à Épinay, r. de Paris, 135		Destrez L.	23 oct. 91				
dᵒ — Geyler, Léon, rue Tournefort, 11	*	Tricaul				* 28 nov. 91	
Baugé-Cadeaux, Émile, rue Dautancourt, 19	*	Musnier				* 23 mars 91	
Baurès-Germain, Pierre, rue des Lyonnais, 26	*	Fouquet				* 24 nov. 90	
Bayen, Charles, mᵈ de vieux papiers, rue de Vanves, 103		Cotty	10 juill. 91				
dᵒ — Ébrard, Maximilien, rue d'Ulm, 11	*	Trodoux				19 janv. 91	
Bayeux, Alfred, fab. de cartonnages, r. d'Aboukir, 97, ad: s.d. c.		Beaujou	29 déc. 91				
Baylot (Dᵐᵉ) Juliette, mᵈ de vins, r. Étienne Marcel, 38		Beaujou	21 déc. 91				
Bayssière, anc. boulanger, rue St-Bernard, 12		Cotty	11 mars 91				
Bazard, Félix, entrepʳ de transports, à Pantin, r. Bruneau, 19		Cotty	20 oct. 88		(2)		
Bazin-Tisserant, Jⁿ Bᵗᵉ à Levallois, r. Marthival, 22	*	Loctai Jacob				* 27 fév. 91	
Barzoni (Vᵛᵉ) Joséphine, rue Traversière St-Antoine, 30	*	Berton					17 fév. 91
Beaucantin-Fournier, Georges, rue Doudeauville, 66	*	Ferté				* 9 mars 91	
Beauchet-Benoist, Émile, rue Caluels, 8	*	Fouquet				29 déc. 91	
Beaucourt-Laucher, Isidore, à Issy, r. des Moulins, 19	*	Popelin				* 6 mars 91	
Beander, Albert, anc. boulanger, à Putaux, r. de la Républ. 85		Bonneau L.	4 sept. 91	17 nov. 91	(3)		
dᵒ — Frottier, Antoine, boulanger, rue Nollet, 41	*	Laugeron				* 8 janv. 91	
Beaudier, Pierre, mᵈ de vins, à St-Maur, rue des Remises, 21		Boussard L.	2 juill. 91	29 sept. 91	(4)		
Beaufils (Dᵐᵉ) Virginie, épicerie, rue de Maubeuge, 77		Beaugé	14 avril 90		* 30 août 90	(5)	
Beaugeois-Debruge, Charles, s.s.c.	*	Ducange				9 mars 91	
Beaumier, Frédéric, anc. mᵈ de vins, rue Pajol, 56		Hécaen	30 déc. 90		* 31 janv. 91		
Beaumont, mᵈ boucher, à Bois-Colombes, r. des Aubépines, 110		Destrez	28 août 91		* 25 sept. 91		
dᵒ — Clémens, Louis, rue des Tournelles	*	Gieules				10 avril 91	
dᵒ — Lemarchant, Louis, à Courbevoie p. le Bezons, 7	*	Deglise				13 avril 91	
Beautoyre (Dᵐᵉ de) Laure, hôtel meublé, rue Tronchet, 22		Hécaen	5 déc. 91				
Bebelmidus, Emmanuel, entrep. de pavages céramiques, r. de Fland. 124		Bernard	20 mai 90	22 oct. 91	(6)		
Bécar, Henry, layetier emballeur, Cité d'Hauteville, 4		Maillard	7 nov. 87		* 30 mai 91		
Bechadé, Claudius, loueur de voit. & chev. rue St-Ferdinand, 27		Roucher	6 mars 91		* 31 juill. 91		
Béchet, Victor, épicier, rue St-Sulpice, 4		Beaugé	6 nov. 91				
Bédu, boulanger, rue de Bagnolet, 120 act: s.d. c		Chevillot	17 oct. 90		(7)		
Bégert-Samitay, François act. s.d.c.	*	Musnier				* 11 mai 91	
Béguery-Bonnet, Félix, rue Blanche, 72	*	Cailler				6 juill. 91	
Béguer-Schabett, Charles, rue Ternaux, 5	*	Norgeot				* 29 juin 91	
Béguin, mᵈ boucher, rue d'Avron, 30 act: s.d. c.		Cotty	19 déc. 91				
dᵒ — Fiseux, Georges, Bᵈ Voltaire, 151, cité de Thalebourg, 4	*	Mignon				9 mars 91	
Behring, confections rue des Halles, 13		Boussard	18 juin 86		* 20 avril 86	(8)	

(1) Bauduin 50 % en 5 ans par 5ᵉ de l'homologation.
(2) Bazard 7.18 % unique répartition
(3) Beander abandon de la totalité de l'actif à l'exception de son mobilier personnel 25 % 1ʳᵉ répartition.
(4) Beaudier 50 % en 6 ans savoir : 8 % chacune des 4 premᵉˢ années et 9 % chacune des 2 dernières.
(5) Beaufils (Dᵐᵉ) 9 juill. 91 rapport de clôture.
(6) Bebelmidus 25 % payables, savoir : 2 % chacune des 5 premières années de l'homolog. et 3 % chacune des 5 autres années.
(7) Bédu 11.57 % unique répartition
(8) Behring, 16 juin 1891 rapport de clôture.

Noms, Prénoms, Professions & Domiciles	L / * (indique liquidation / astérisque avant insuffisance / Divorce et Interdiction)	Syndics ou Avoués	Faillites ou Liquidations	Dates des Homologations de Concordats	Insuffisances ou Unions	Séparations Judiciaires ou Divorces	Cons. Jud. ou Interdict.
Béjot, Victor, négt en vins, rue St Merri, 33		Destrez L	2 juin 91	8 sept 91	(1)		
Bélair, Pierre, nourrisseur, rue Lecourbe, 16		Bonneau	5 mai 91		(2)		
Belhomme - Canapa, Théodore, fabt de boutons r. Réaumur, 40	*	Carlet				25 mai 91	
Belin - Raquin, Blaise, à Bezons (S&O)	*	Senart				* 8 déc. 90	
Bellan - Mesnier, Edmond, rue Rambuteau, 30	*	Lyon				* 4 fév. 91	
Bellan, Léon, entrepr. de peintures, rue Stephenson, 30		Planque L	24 nov. 91				
Bellegy, entrepr. de maçonnerie à St Ouen, av. des Batignolles, 62		Bernard	6 janv. 91		* 31 janv 91		
Bellenger, Auguste, braserie act: rue Cail, 15		Barboux	20 oct. 90		* 29 nov. 90		
id. négt en spécialités pharm. r. Ste Croix de la Bret. 50		Menaux	20 juin 91				
Bellini (voir: Tittan & Bellini)							
Bellouele, fils, md de quincaillerie, Cité Riverin		Destrez	7 août 91		* 31 août 91		
id. - Jour, Alex. Pass. Penel, 2	*	Roche				* 1 déc. 90	
Bellot, Louis (voir: Doré & Bellot)							
Belmaure (Vve) Marie, mde de vins, faub. St Ant. 205		Ponchelet	3 fév. 91	15 déc. 91	(3)		
Belon, Henri, restaurateur, rue St Denis, 4		Planque	27 janv. 91	25 mai 91	(4)		
id. - Taillefesse, Lucien, rue Etienne Marcel, 32	*	Potonié				* 24 avril 91	
Beltier, Alph. fab. de carreaux de platre à Boulogne r. de Bellevue, 81 bis		Godmer L	2 déc. 91				
Benard, Louis, anc. orfèvre, rue de Vénilly, 32		Menaux	17 oct. 91				
Benedet, Etienne, commt en fruits, rue de Valois, 2		Lesage	12 déc. 90		* 31 janv. 91		
Benedictus, reprst de commerce, Pas. Saulnier, 7		Planque	17 fév 91		* 31 mars 91		
Benezeth, Charles, vins en gros, rue Patay, 79		Menaux	23 juill 91		* 31 août 91		
id. - Rostaguat, Julien, à Issy, Bd du Sud. du Jm r	*	Delaunay				* 23 av. 91	
Bennett, Albert, bottier faub. St Honoré, 22, act: s.d.c.		Bonneau	21 av. 91		* 24 juin 91		
Benoist - Dieu Jn Bte s.d.c.	*	Benoist				* 6 av. 91	
id. - Louis, Edmond, rue d'Alsas, 50		Husson				* 30 av. 91	
Benoit - Alexandre, Charles md. de vins en gros à la Varenne St Hil.	*	Langeron				11 mai 91	
id. - Brateau, Léon, s.d.c.		Raynaud				5 fév. 91	
Benon - Denneulin, Louis, à Maisons-Alfort, r. St Maur, 14	*	Charneau				* 10 nov. 90	
Bensa & Souveine, Gérard, Commt en jouets, Pas. du Ponceau 36, 38, 40		Barbone L	24 fév. 91	17 juin 91	(5)		
Beor - Druet, Louis, rue de la Maison Blanche, 1	*	Vion				30 nov. 91	
Bequet & Chicard, loueur de voit. à Levallois r. Deguingand, 151		Lupy L	12 août 91		(6)		
Bera - Lucas, Anatole, rue de la Goutte d'Or, 14	*	Louvismer				* 14 mai 91	
Béranger, Félix, entrepr. de maçt à Fontenay-s-b r. du Parc, 5		Barboux L	24 fév. 91	11 nov. 91	(7)		
id. - Leboeuf, Félix id id id		B. de Longchamp				5 sept. 91	
Berard - Tallevoz, Louis Bd Richard-Lenoir, 35	*	Mignon				* 26 oct. 91	
Berceaux - Hébert, Victor s.d.c.	*	Vandewalle				6 juill. 91	
Bercher - Lecomte, Louis, r. de l'abbé Groult, 30	*	Gieulen				* 20 av. 91	
Berdin (Dr) Blanche, mde de modes en gros, r. des Filles du Calvaire, 5		Lesage	12 juin 91		* 31 juill 91		

(1) Béjot 1° Abandon de l'actif réalisé et à réaliser. 2° Abandon de la police d'assurance du Sr Béjot évaluée act: à 11,200 fr.
(2) Bélair 21.16% unique répartition
(3) Belmaure (Vve) Abandon de l'actif réalisé et 10% en 5 ans par 5e le premier paiement un an après l'homologation
(4) Belon. Intégralité en principal, intérêts et frais dans les 2 mois qui suivront l'homologation.
(5) Bensa & Souveine 55%, savoir : 5% dans les 6 mois de l'homologation ; 10% 6 mois après et ensuite 10% par an
(6) Bequet & Chicard 1.11% unique répartition
(7) Béranger. Abandon de l'actif réalisé à ce jour et engagt de parfaire 50% en 10 ans par 1/10 de l'homol. 20.65% unique répart.

Noms, Prénoms, Professions & Domiciles	Syndics et Avoués	Faillites et Liquidations	Dates des homologations de Concordats	Insuffis.ces et Unions	Séparat.ions de biens judiciaires Divorces	Cons. Jud. et Interdict.
Berdin, anc. boucher, à Fontenay-s.-bois, r. de Neuilly, 23	Châle.	26 fév. 90		(1)		
Beretta, Joseph, hôtel meublé, r. St-Hyacinthe St-Honoré, 8	Rouchex	5 juin 91		(2)		
Bergé - Trusses, Jean, rue Lafayette, 46 *	Martin				23 juin 91	
Berger, Étienne, md. de quincaillerie, Pl. Vendôme, 2	Planque	4 déc. 91				
d° - Quimbel, Octave, à St-Denis, r. du Cygne, 3 *	Soller				25 nov. 90	
d° - Rose, Théodore, B. Voltaire, 174 *	Cailler				10 août 91	
Bergeron (Vve) Clarisse, anc. négt. en vins, rue Breguet, 4	Chardon	23 mai 87		(3)		
d° Florent, Jn Bte, à Romainville, rue de Paris, 90 *	Durvenin				20 déc. 90	
Bergès - Barbès, Louis, s. à c. *	Ratier				30 juin 90	
d° - Rommele, Alph., à Montrouge, r. de Bagneux, 36 *	Rivière				20 déc. 90	
Bergevin, grains et graines, à Vaures, rue du Val, 14	Destrez	2 nov. 90	11 fév. 91	(4)		
Bergon, md. de vins, rue Dauphine, 39, act. s. à c.	Chevillot	9 sept. 90	* 31 déc. 90			
Bériac (D.) Marthe, couturière, r. St-Honoré, 416	Planque	30 oct. 91	* 17 nov. 91			
Berl (Dlle) Julie, md. de bois des Iles, r. Richard-Lenoir, 16	Rochette	22 déc. 91				
Bermont, Foy, tailleur d'habits, B. Montmartre, 2	Bonnard L.	25 juill. 91	28 oct. 91	(5)		
Bernadac, Dominique, fab. de celluloïd r. du Niger, 3	Godmer	26 mai 91	* 30 juin 91			
d° - Durand, Dominique, rue du C. Niger, 3 *	Rivière				9 nov. 91	
Bernard, Eugène, entrep. de couvertures, rue Riquet, 75	Rochette L.	15 nov. 90	26 janv. 91	(6)		
d° François, Agence de renseig.ts av. de l'Opéra, 5	Menaux	25 nov. 90	* 26 déc. 90			
d° Gaston (Voir : Bard, Dolattre et Bernard)						
d° Jean, entrep. de maçonnerie, rue des Cascades, 49	Planque	22 juill. 91	* 12 oct. 91			
d° - Derosne, Charles, homme de lettres B. Pereire, 218 *	Cortot				(7)	24 juin 53
d° - Briet, Alfred, rue de Belleville, 174 *	Chauvin				* 3 mars 91	
d° - Bernier, Étienne, à Ivry, rue de Paris, 67 *	Fauquet				* 15 mai 91	
d° - Hulin, Joseph, av. de Clichy, 69 *	Coche				* 7 juill. 90	
d° - Marion, François, s. à c. *	Denormandie				16 nov. 91	
d° - Moyen, Amine, quai du Louvre, 26 *	Durvenin				* 20 déc. 90	
d° - Pommereaux, Pierre, à Montreuil, r. Michelet, 18 *	Crillet				27 av. 91	
d° - Rion, Charles, rue Clavel, 17 *	Millaud				17 sept. 91	
Bernardin, Paul, anc. md. de vins, r. St-Vincent-de-Paul, 19	Planque	14 mai 91		(8)		
Berneau, Paul, opérations de banque, rue Cirdet, 12	Lissoty	11 fév. 91				
Bernel, Eugène, négt. en dentelles, rue St-Fiacre, 4	Rochette	16 mai 91		(9)		
Bernet - Galy, Eugène, rue Blondel, 21 *	Durvenin				* 4 déc. 90	
Bernhard, vins fins et comestibles r. St-Honoré, 139 act. s. à c.	Rochette	16 mai 91	* 24 juin 91			
Bernheim, Camille, soldeur, B. Voltaire, 68	id.	3 oct. 90	* 29 nov. 90			
id. Léon, march. en solde, rue Montholon, 34	Barbou	30 oct. 90	* 29 nov. 90			
Bernier - François - de Kabar, Bernard à Pantin r. Montéclin *	Ratier				30 nov. 91	
Bernier - Granet, Camille, rue Guilhem, 32 *	Jacquin				* 13 juill. 91	

(1) Berdin 12.64% unique répartition.
(2) Beretta 7.32 % d° d°.
(3) Bergeron (Vve) 14% 1re répartition 1.87% 2e et 3e répartition.
(4) Bergevin Abandon de l'actif réalisé jusqu'à concurrence de 28% et en outre 20% en 5 ans par 5e sous intérêts, le premier paiement 1 an après l'homol. 28% unique répartition.

(5) Bermont 65% dans le mois qui suivra la reddition de compte.
(6) Bernard 60% de la manière suivante : 5% 6 mois après l'homolog. 5% 6 mois après ce paiement et 50% en 5 ans par 5e le 1er paiement un an après celui du second dividende.
(7) Bernard-Derosne, 5 mars 91 mai levée.
(8) Bernardin 60.14% au bilan, unique répartition.
(9) Bernel 20% en 2 ans par 1/4 de l'homologation.

Noms, Prénoms, Professions & Domiciles	L indique liquidation / * Astérisque assud. d'insuffisance / Divorce ou interdiction	Syndics et Avoués	Faillites et Liquidations	Dates des homologations de Concordats	Insuffis. et Unions	Séparations judiciaires Divorces	Cons. Jud. et Interdict.
Bernollin - Touroude, Jean, comm. cuirs, rue Bourtibourg, 19	*	Thomas				* 5 déc. 90	
Bernon (Vve) Joséphine, m.de de vins à Levallois, rue Cavé, 62		Godmer	2/ oct. 91				
Bernstein, Ernest, fab.t de casquettes, Pass. St. Avoye, 4		Planque	4 août 91		* 31 août 91		
Beroulle - Gille, François, rue Camille Desmoulins, 10	*	Carvès				20 avril 91	
Beroux & Cie, Eugène, commerce de charbons, rue Legendre, 77b		Bernard	23 juin 91		(1)		
Berquand - Wittman, Pierre, rue de Flandre, 105	*	Roche				* 11 août 91	
Berre - Oriac, Théophile, s. d. c.	*	Delaunay				* 8 mai 91	
Berrier - Schaller, Victor, s. d. c.	*	Manceau				* 7 mars 91	
Berry & Cie, banquiers, rue des Mathurins, 29		Boucher	10 nov. 88		(2)		
Berryer (Dme) Gabrielle, m.de de cuir et crépins, rue des Fêtes, 35		Godmer	4 déc. 90		* 28 fév. 91		
Bersac - Gaschon, Jean, s. d. c.	*	Marmottan				* 17 mars 91	
Bert, Félix, anc. coiffeur à Gentilly, rue Frileuse, 77		Chardon	3 oct. 88		(3)		
Berthault (Vve) Claire Bon, rue Daubigny, 10	*	Michel					* 18 juin 91
Bertaux - Thuillier, Emile, s. d. c.	*	Manceau				* 8 oct. 90	
do - Viard, Jules, s. d. c.	*	Mancomble				* 5 janv. 91	
Berteaux - Kaiffer, Edouard, s. d. c.	*	Senart				* 5 déc. 90	
Berthaux, Charles, fab.t de fleurs, faub. St Martin, 32		Menaux	23 juill. 91		* 31 août 91		
do - Sebille, Charles, id. id. id.	*	Collin				7 déc. 91	
Berthe, m.d boucher, rue des Batignolles 33... s. d. c.		Bonneau	6 oct. 91				
do - Terrier, Jean, à Levallois-Perret, Ile de la Gde Jatte	*	Marais				* 23 fév. 91	
Bertheau, Eugène, m.d de vins, rue Richard-Lenoir, 35		Menaux	5 oct. 91		(4)		
Berthelon - Berthelon, Fçois, r. du Château des Rentiers, 54	*	Lagrand				* 6 avril 91	
Berthier, m.d d'œufs préparés, rue de la Tombe-Issoire, 24		Bonjou	14 nov. 90		* 31 déc. 90		
do Jean, act: interné asile de Ville Evrard	*	Adam					* 3 mars 91
do - Demoncep, Claude, rue Croix St Simon, 8	*	Ranson				* 11 mai 91	
do - Gaudin, Jules, à la Garenne de Colombes	*	Labat				* 2 nov. 91	
do - Pigenel Félix, rue Baudin, 5	*	Auzoux				* 10 août 91	
Berthillier, Charles, m.d de vins, B.d St Germain, 85		Drotrez	6 mai 91		* 31 août 91		
Bertin & Cie, agent d'aff.es, rue de Chabrol, 39		Chevillot	14 août 91				
do Ernest, épicier, rue du Poteau, 76		Beaugé	11 avril 91		* 20 mai 91		
do Louis, miroitier, Pass. Jossot, 8		Pouchelon	22 sept. 91				
do et Foucher, décorat.n en émaux à Courbevoie, r. Louis Blanc, 32		Bernard	14 nov. 89	24 déc. 90	(5)		
Bertoché - Mercier, Arthur, Pass. Pecquet, 7	*	Berlon				* 1 déc. 88	
Bertout, Louis, bijoutier, rue de Rivoli, 38 bis		Bernard L.	4 sept. 90	24 déc. 90	(6)		
Bertrand, André, directeur de Concert, rue de Boudy, 40		Lissoty	20 janv. 91		+ 31 mars 91		
do Jules (Voir: Guillaume et Bertrand)							
do m.d de vins, rue Antony, 12		Héaon	12 déc. 90			* 30 mai 91	
do (Dme Marie, nég.te en lingerie r. du Printemps, 30		Lupy	1 déc. 91				
do - Ducessois, Pierre, B.d Montparnasse 123	*	Vacheron				* 4 oct. 90	
do - Duval, Adolphe, rue Petit, 49	*	Dép. Dumesnil				25 mai 91	

(1) Beroux & Cie 20 nov. 91 refus d'homologation
(2) Berry & Cie 14.25 % unique répartition
(3) Bert 5.29 % d° d°
(4) Bertheau 5.76 % d° d°
(5) Bertin et Foucher 10 %, savoir: 3 % la 1re année, 3 % la seconde et 4 % la 3e de l'homolog. 9.67 % uniq. rép.n
(6) Bertout 50 % dans les 3 mois de l'homolog.

Noms, Prénoms, Professions & Domiciles	L Indique Liquidation / * Clôtérieure / Avoué, Insuffisance / Divorce / et Interdiction	Syndics et Avoués	Faillites en Liquidations	Dates des homologations de Concordats	Insuffis.ces et Unions	Séparat. de Liens judiciaires Divorces	Cons. Jud. et Interdict.
Bertrand - Lefranc, Pierre, s.d.c.	*	Pinson				* 19 janv. 91	
d° — Leuillier, Jean, rue Laugier, 15	*	Jacob				* 28 juill. 90	
d° — Moltat, Jean, s.d.c.	*	Senart				* 9 nov. 91	
d° — Redon, Silvain, r. de Jussieu, 27	*	Painson				* 27 juill. 91	
Besana, Louis, entrep. de fumisterie, r. de Provence, 93		Colly	17 nov. 90	4 juin 91	(1)		
Besançon, Auguste, (Voir: Besançon frères)							
d° Lucien, m.d de bois & charb. à Vincennes, pl. de l'Église		Destrez	26 sept. 90		(2)		
d° frères, Alfred, quincaillerie faub. du Temple, 39		Lupy I	22 déc. 91				
d° - Brunner, Alph. s.d.c.	*	Ducange				* 9 fév. 91	
Besanger - Nivet, François, rue de Vaugirard, 162	*	Carves				* 19 mars 91	
Besle & Cie, fab. de chapeaux, Pass. St Sébastien, 9		Touchelet	3 sept. 88		(3)		
Besnard, fab.t de ballons en caoutch. à Montrouge, rte de Châtillon, 53		Ozéré	9 août 90		(4)		
d° (Vve) Marie Bron, rue d'Assas, 16	*	Rougeot					11 mai 91
Besniard - Sicca, Victor, rue Charles V, 3	*	Scarea				* 1 mai 91	
Besnier, Henri, Comm.on en march. rue de Verneuil, 60		Lupy	14 oct. 90		* 29 nov. 90		
d° - Paulmier, Louis, s.d.c.	*	Delinon				* 15 mai 91	
Besombes, J.e md de charbons à St Ouen, Av. des Batignolles, 135		Chardon	6 oct. 91				
d° (Dme) Sylvie Maurel, vins et charb. à Clichy Bd Nat.l 122		Roucher	11 juin 86		* 31 déc. 90		
Bessé (de) Joseph, rue Blanche, 54	*	Carles					3 fév. 91
Besière (Dme) (Voir: Mme Soulié)							
Besson - Follet, Jean, r. des Deux-Ponts, 35	*	de Bidville				* 28 juill. 90	
Béthisy, Louis, nég.t importateur, Bd Beaumarchais, 61		Beaujou	29 déc. 91				
Béthouart (Dme) Armandine, nég.te en chaussures, r. Drouau, 1		Destrez	5 mars 91		(5)		
Betourné, Henri, m.d de vins rest.t à Suresnes, r. Vte de Paris, 48		Godmer	21 av. 91		* 30 juin 91		
Bettemberg, Guillaume, miroitier, r. des Récolets, 13		Menault	10 sept. 90		(6)		
Bettembourg, Pierre, m.d de vins au Pré St Gervais, r. Emil... de Kock, 9		Godmer	15 juill. 91		* 31 juill. 91		
Boucher, Alexis imprimeur à St Maudé G.de rue 50		Bernard	11 juin 91		* 30 juin 91		
Beudoin, m.d de vins traiteur act: av. de Suffren, 34		d°	12 déc. 90		* 31 janv. 91		
Beuscher, Eusèbe, fab.t de modes en gros, r. du Temple, 170		Destrez I	13 juin 91	19 août 91	(7)		
Beuvet ayant tenu lavoir & bains rue Patay, 66		Touchelet	8 oct. 89		* 20 déc. 90		
Bex, Armand, fab. d'appar. à gaz, rue St Ambroise, 22		Lupy	21 mars 91		* 11 juin 91		
d° & Lefrançois appareils à gaz, rue Blaise, 5		d°	29 mai 91				
Beydel - Lospine Louis s.d.c.	*	Ducange				* 1 juin 91	
Beyne - Bayard, Jacques, anc. nég.t, rue Bréda, 14	*	Laugeron				9 fév. 91	
Bezairie Aug. m.d de vins rue Leibnitz, 4 bis		Pinot	16 mai 91		* 31 août 91		
d° Pierre, m.d de vins & charb. rue Bachelet, 1		Pinot	16 mai 91		* 31 août 91		
Bezard, Fabien, passementier Bd St Jacques, 51		Bernard	16 juill. 91		* 25 sept. 91		
d° - Morand, Victorin, charcutier à Montreuil	*	Leroy				* 18 nov. 90	
Bezout, René, av. Victoria, 7	*	Roche					5 mai 91

(1) Besana. 40% en 5 ans, savoir : 5% un an après l'homog. 5% 2 ans après l'homog. 8% 3 ans après l'homog. 10% 4 ans après l'homol. et 12% 5 ans après l'homolog.
(2) Besançon Lucien 55.63% unique répartition
(3) Besle & Cie 22.89 % d° d°
(4) Besnard 71.92% unique répartition
(5) Béthouard (Vve) 0.90% d° d°
(6) Bettemberg 2.62% d° d°
(7) Beuscher 30% en 5 ans par 5e dès l'homolog.

Noms, Prénoms, Professions & Domiciles	Indique Liquidation * Postérieure Avoué Insuffisance Divorce et Interdiction	Syndics et Avoués	Faillites en Liquidations	Dates des homologations de Concordats	Insuffisances en Unions	Séparations de biens judiciaires Divorces	Cons. Jud. en Interdict.
Biaggini-Villard, Victor, à St Denis, Pl. Thiers, 19	*	Berton				* 24 déc. 90	
Bican-Petry, Pierre, s. d. c.	*	Roche				* 10 av. 91	
Bicheret-Maillot, François s. d. c.	*	Delasalle				* 8 déc. 90	
Bidault, entrep. fumisterie à Gentilly, rue de Paris, 12		Poncheles	11 août 91		* 31 oct. 91		
d° - Cathelain, Prosper, neti s. d. c.	*	Savignan				* 16 mars 91	
d° - Dupuis, Antoine, ébéniste, rue de Crotte 29	*	Chaffotte				* 29 déc. 90	
Bide-de Lannoy, Jn 13e à Madrid	*	Tricaud				* 10 août 91	
Bienvenu, Paul, md de blanc, Bd de Belleville, 9		Menaux	9 juin 91				
Bignon, Alfred, entrep. de menuiserie, rue Gracieuse, 15		Boineau	4 nov. 91				
d° Antonin, négt en fleurs, Place des Petits-Pères, 3		Lesage	6 av. 91		* 30 avril 91		
d° Foissotte, Ch. employé de la Ville, r. des Barres, 38	*	Herbet				26 janv. 91	
Bignon-Blanc, Gaston, rue de Chabrol, 26	*	Jacob				24 sept. 91	
Bigot (Dne) art. de Paris, rue e Ve D. de Nazareth, 65		Menaux	9 janv. 91		* 24 fév. 91		
d° Cauchetier, Léon, rue Clauzel, 17	*	Delasalle				* 13 mars 91	
Bigoudon, Aug. md de couleurs au Gd Montrouge, r. Veilleu, 27		Rochette	10 août 91		(1)		
Bigueur (Dme) modiste, rue Pujas, 20		Beaujeu	13 nov. 91		(2)		
Biguet, Pierre, md de vins traiteur, rue Gerdiret, 108		Planque	24 mars 90		(2)		
Bijou, Alphonse, quincaillier, rue St Antoine, 167		Destrex	16 mai 90	27 janv. 91	(3)		
Bijou-Franc, entrep. de démolitions, rue du Théâtre, 65		Menaux L	15 déc. 91				
Bila-Barbeaux, Pierre, à St Denis, r. Jauer, 26	*	Mignon				26 janv. 91	
Bilange-Brindelle, Ch. Indust à Pantin, r. d'Aubervilliers, 22	*	Ancelot				11 mai 91	
Billou (Vve) ... modes, rue Caumartin, 2		Mauger	18 août 91		* 12 oct. 91		
Billouez, Alex. Hôtel meublé, à St Denis, av. St Remy, 25			3 nov. 91				
Bin-Chevalier Jn 12e art. peintre, r. Cauchois, 11	*	Corton				7 déc. 91	
Binnechère, Edmond, fab. de v.muerie, rue de Lyon, 51		Rochette L	28 juill. 91	26 oct. 91	(4)		
d° - Hartmann, Edmond, négt rue de Lyon, 51	*	Herbet				7 déc. 91	
Binoche, Albert (Voir: Patey, Robert & Ce)							
Bins, Amand, entrep. de serrurerie, rue Leutier, 33		Mauger	1 avril 84		(5)		
Biord, anc. fab. de serres à Aubervilliers, rue Hémet, 60		Menaux	24 oct. 91				
Biquard, Boraçh, commt exportateur, r. de l'Échiquier, 40		Rochette L	6 juin 91	29 sept. 91	(6)		
Biran, André, md de vins, rue de Lyon, 32		Menaux	17 janv. 91		* 28 fév. 91		
Birat-Destouches, Jules, rue de Lourmel, 98	*	Mercier				2 fév. 91	
Bisetzki (Dne) Louise, hôtel meublé, r. Montmartre, 164		Lesage	10 mars 91		* 15 av. 91		
Bissac-Flotton, Aimable, s. d. c.	*	Dancerin				* 8 déc. 90	
Bisseuil, Eugène, fab. de cirage à Billancourt, r. Vle Pont de Sèvres		Bernard L	1 août 91	15 oct. 91	(7)		
Bissilliat-Trevot, Saturnin, s. d. c.	*	Barberat				* 13 av. 91	
Bisson, Émile, fruitier, r. St André des Arts, 41		Menaux	15 av. 91		* 30 av. 91		
Bitterlin, Paul, fab. de vitraux peints, r. de l'Université, 124		Hémon	29 mars 90		(8)		
Bitz-Soucanille, Jean, rue Blomet, 88	*	Husson				15 juin 91	
Blache-Chailly, Jean, rue du Chevaleret, 54	*	Duclos				* 5 mars 91	

(1) Bigoudon 17.53% unique répartition
(2) Biguet 9.69% espèces; 15.63% billets, unique répartition
(3) Bijou 30% en 6 ans, par 6e de l'homologation
(4) Binnechère.- Abandon de la totalité des créances Émile Profit s'élevant à 43.500, plus les intérêts dûs depuis le 1er juillet 1891. Dans le cas où cette créance ne serait pas payée intégralement, il s'engage à parfaire 50% en 5 ans par 1/5, le 1er paiement un an après le versement non effectué par le Sr Profit
(5) Bins 1.83% unique répartition
(6) Biquard 40% en 5 ans par 1/5 de l'homologation
(7) Bisseuil 25% en 5 ans par 1/5 un an de l'homolog.
(8) Bitterlin 2.92% unique répartition.

Noms, Prénoms, Professions & Domiciles	[Indique Liquidation * Astérisque : avoué, sous-préfecture et suspension]	Syndics et Avoués	Faillites et Liquidations	Dates des homologations de Concordats	Infructueuses ou Unions	Séparat.ns de biens judiciaires / Divorces	Cons. Jud. et Interdict.
Blaiton, Louis, restaurateur, rue de Belleville, 163		Châle	10 oct. 90		* 19 nov. 90		
Blaise (Vve) Ernestine, mde de vins, rue de la Procession 58 bis		Menaux	4 août 91		* 31 août 91		
do Michaud, Eugène, rue S. Maur, 25	*	Wesseln				* 13 avril 91	
do Desbrosses, négt à Levallois, rue de Corneille 39 bis		Raucher	2 oct. 82	8 août 91	(1)		
Blanc, md de vins et charbons, rue Jouffroy, 6		Lissoly	30 mai 91		* 23 juill. 91		
do Charles, bijoutier, rue Vivienne, 53		Rochette L.	12 mai 91				
do — Durand, coupeur de poils, rue d'Avron, 63		Chardon	13 juin 88		(2)		
do — Laquon, Fidèle, rue du Bac, 7	*	Jacob				* 28 mai 91	
do, Larivière & Cie, banquiers, Chaussée d'Antin, 15		Maillard	20 janv. 74		(3)		
do — Delanoue, Léon, à Buenos-Ayres (Calle Victoria, 2538)	*	Husson				11 mai 91	
Blanchard, Gustave, anc. md de vins, faub. St Antoine, 245		Ozéré	22 nov. 90		* 16 janv. 91		
do Pierre, limonadier, av. de la Motte Piquet, 36		Boussard	11 sept. 88		(4)		
do — Carlin, Félix, Bd Ménilmontant, 82	*	Passion				* 22 déc. 90	
do — Dehors, Paul, s. d. e.	*	Langeron				* 26 oct. 91	
Blanchet, Alfred, md de métaux, Bd Richard Lenoir, 51		Beauge	10 déc. 89		(5')		
do Alphonse, rue de l'Abbé Grégoire, 39	*	Potonié				(6)	3 déc. 86
do — Renard, Adolphe, s. d. e.	*	Scarad				* 29 déc. 90	
Blanchouin, Jules, limonadier, Bd de Clichy, 86		Mécaen	20 mars 91	15 juill. 91	(7)		
Blanquet - Heuland, Jean, r. des Étuves St Martin, 13	*	Savignat				* 6 fév. 91	
Blanruc, anc. boucher, Cité de la Chapelle, 4		Menaux	14 oct. 90		* 29 nov. 90		
Blax, produits alimentaires, Bd St Michel, 9		Bonneau	19 août 91		* 25 sept. 91		
Blavet, ancien Commie en transports, rue de la Tour, 37		Rochette	20 fév. 91		* 30 avril 91		
Blavette - Chapart, Ernest, avenue Parmentier, 114	*	Marmottant				* 9 mars 91	
do — Gauthier, Eugène, s. d. e.	*	Ploeque				9 déc. 90	
do — Picard, Casimir, rue de l'Ouest, 123	*	Michel				* 29 déc. 90	
Blazeix — Chassat, Joseph, s. d. e.	*	Dubourg				* 4 nov. 91	
Bled, Oscar, négt en tissus, à Malakoff, r. Legrand, 9		Lissoty L.	10 mars 91	30 juin 91	(8)		
Bleichard - Rieger, Henri, rue de Maubeuge, 93	*	Cohuet-Danage				* 24 janv. 91	
Blet, Alphonse, pharmacien, rue du Louvre, 38		Bonneau	17 oct. 91				
Bleynie - Cortin, Joseph à Sourzac (Dordogne)	*	Coller				* 29 janv. 91	
Bloch, jeune, Moïse, négt en diamants, Bd des Italiens, 4		Godmer L.	1 déc. 91				
do (Dlle) Zipora, nouveautés, rue du Vert-Bois, 47		Boward	1 avril 91				
do et Van de Star, toiles, imp. Guéménée, 3		Menaux	23 juin 91		* 31 juill. 91		
do — Brunschwig, Moïse, négt en diamants, Bd des Ital.	*	Mutel				16 nov. 91	
do — Meyer, Jacques, faub. St Denis, 150	*	Langeron				* 13 juill. 91	
do — Schubl, Isidore, boucher, r. de Lancry, 12	*	Lemonnier				16 fév. 91	
Blondeau, Lucien (Voir : Noël & Blondeau)							
do — Allain, François, rue Dancourt, 26	*	Gosselin				* 15 mai 91	
Blondelot - Leguet, Étienne, à Nanterre, Place du Four	*	P. Dubois				3 sept. 91	

(1) Blaise-Desbrosses. Paiement d'une somme de 100,000 fr. dans les 3 jours de l'homologation
(2) Blanc-Durand 9.56% 3e et dernière répartition
(3) Blanc-Larivière & Cie 4.68% unique répartition
(4) Blanchard 7.52% unique répartition.
(5) Blanchet 9.27% 2e et 3e répartition
(6) Blanchet, Alphonse, 26 fév. 91 main levée
(7) Blanchouin, 40% en 4 ans par 1/4, un an de l'homol.
(8) Bled 25% en 4 ans par semestre, 6 mois après j.

Noms, Prénoms, Professions & Domiciles		Syndics et Avoués	Faillites et Liquidat.ns	Dates des homologations de Concordats	Insuffis.ces ou Unions	Séparat.res de biens judiciaires / Divorces	Cons. Jud. et Interdict.
Blondin - Thiry, Joseph, rue St Martin, 325	*	Rivière				20 avril 91	
Blot, Casimir, courtier en march. à Fontenay-s-bois Av. Marigny, 82		Mauger	2 oct. 90		(1)		
d° - Jacquet, Hippolyte, rue David, 3, act: s.j.c.	*	Guignot				* 10 déc. 90	
d° - Petit-Roux, Honoré, fruit. Poissonnière, 114	*	Cabasson				* 15 mai 91	
Blouet - Suandeau, Léon, anc. md de vins, r. St Honoré 324	*	Chaignot				19 janv 91	
Blouzet Jules (Voir: Bonnecaze et Blouzet.)							
Bluhdorn - de Bresson, Pierre, Bd des Italiens, 4	*	Delepouve				22 avril 91	
Blumenthal - Béançon, Joseph, rue Boucher, 6	*	Husson				* 17 nov. 91	
Blusset - Delecroix, Henri, rue Veuve Popincourt, 10	*	Edmond Ango				* 23 mars 91	
Bobilier - Hamel, Paul, rue des Gdes Carrières prolongée	*	Merrais				* 28 janv. 91	
Boche md de vins, rue du Chalet, 12 act: s.j.c.		Mauger	25 sept. 91		* 31 oct. 91		
Bocquet - Foley, Charles, rue d'Armaillé, 9	*	Picard				* 26 mars 91	
Bodard - Hennion, Oscar, act. s.j.c.	*	Barbier				* 9 août 91	
Bodeau - Dumonteil, Léobon, rue de la Véga, 34	*	Ericon				* 1 Mai 91	
Bodvin - Vernin, Franç, employé à la Sté Armand & Cie	*	Quenuage				* 24 nov. 90	
Bogey - Girard, Jean, rue Albouy, 20	*	Pollin				* 15 juin 91	
Bogureau - Nicolet, Franç. Bd de la Chapelle, 31	*	Déglise				* 22 juin 91	
Boille, Edouard, Bd Magenta, 133	*	Bozon					2 Sept. 91
Boiron - Boiron, s.j.c.	*	Passion				* 7 nov. 91	
d° - Delbauve, Claude, anc. not.re rue Duperré 26	*	Triouls				* 24 mars 91	
Boisdron - Chenaye, Laurent, négt. r. d'Angoulême, 64	*	Auzoux				23 fév. 91	
Boiseau, Emile, md de vins fruitier, rue des Moines, 57		Rochette	18 déc. 91				
Boisgontier - Delafoix, Jules, aux Lilas, r. Voynillier, 18	*	Bierbet				* 10 nov. 90	
d° Lebéziey, Jean, s.j.c.	*	Scarre				* 9 fév. 91	
Boisjegrain - Margotet, Eugène, r. de Clignancourt, 42	*	Milhaud				* 13 fév. 91	
Boissin - Joel, Isidore, avenue des Gobelins, 46	*	Maze				* 30 déc. 90	
Boissonnet - Barmezen, Louis, ébéniste, rue Monge 34	*	Pollet				* 11 mai 91	
Boissy, Ernest, md fruitier, rue d'Orsel 3 bis		Beaujeu	7 nov. 89	10 juill. 91	(2)	.	
d° (Dme) Marie-Zoé Lorne, rue de Paradis, 57	*	Martin				(3)	
Boistard, Léandre anc. march. de fleurs rue Gros, 39 bis		Rougé	12 mai 91		* 19 juin 91		
Boisverd Emmanuel (Voir: Joël et Boisverd							
Boilon - Bourdeau, Jean, faub. Poissonnière, 193	*	Bonfils				* 6 nov. 90	
Bovin, Ernest, fab. de sonnerie à air, Bd Magenta, 40		Planque	16 nov. 91				
d° (Vve) Marie Letourneau, boulangère f St Martin 241		Destrez	5 avril 87		(4)		
Bolatre - Murgues, Jules, s.d.c.	*	Pollet				* 28 avr. 90	
Bollengier - Decomuick, Henri, s.d.c.	*	Dumconil				* 12 août 91	
Boussel & Cie commr en march. Bd Rochechouart, 3		Boussard	11 juin 91		* 31 juill. 91		
Bon, Daniel, fab. de queues de billards, à St Denis, rue du Pot, 7		Roucher	11 nov. 90		(5)		
Bona, md de bois & charbons, rue St Petersbourg 39		Hécaen	23 janv. 91		* 21 mars 91		
d° Waaser, Henri, rue de St Petersbourg, 39	*	Collet				23 fév. 91	

(1) Blot 6% 1re répartition.
(2) Boissy. Abandon d'actif jusqu'à concurrence de la somme nécessaire pour désintéresser intégralement. 100% unique répart.
(3) Boissy (Dme) 23 juill. 91 main-levée de son Cons. Jud.
(4) Bovin (Vve) 36.17% unique répartition.
(5) Bon 17.06% d°. d°.

Noms, Prénoms, Professions & Domiciles		Syndics et Avoués	Faillites ou Liquidations	Dates des homologations de Concordats	Insuffisances et Unions	Séparations de Biens judiciaires / Divorces	Cons. Jud. et Interdict.
Bonaventure, Aristide, menuisier, rue de Laumiston		Rochelle	19 déc. 90		✱ 16 janv. 91		
Boncorps, Jean, entrep. de maçonnerie, B⁴ Ménilm⁺ 109		Koucher L	27 mai 91	29 oct. 91	(1)		
Boncourt - Brandan, Léon, o.d.c.	✱	Rivière				✱ 23 avril 91	
Bondeux, Théophile, limonadier, rue Buffault, 21		Manger	4 mars 91		✱ 15 avril 91		
Boudoux - Renard, Étienne, s.d.c.	✱	Cocaux				✱ 5 janv. 91	
Bonfanty - Rousselle, Jean, r. Bichat, 57	✱	Caban				✱ 24 nov. 90	
Bougard (D⁰) Ernestine, hôtel meublé, rue de Cléry, 52		Barthoux L	27 nov. 90	21 fév. 91	(2)		
Bougrand - Vaÿllet, Jean, m⁴ de vins, rue Léon, 14	✱	Sion				2 mars 91	
Bonluver, Teder, agent d'aff⁴⁴, avenue Wagram		Lupy	17 fév. 91				
Bonhomme, Étienne, anc. boulanger, faub. St Mart⁴ 231		Pouchelet	7 mars 91				
d⁰ - Delabarge, Jules, B⁴ de l'Hôpital, 26	✱	Roche				✱ 12 fév. 91	
Boniface (D⁴⁴) Émilie, modiste, r. des Petits-Champs, 48		Manger L	19 déc. 90	26 fév. 91	(3)		
Bonissel - Bernole, Jules, à Lagbien, B⁴ d'Argenteuil, 16	✱	Lemonnier				✱ 5 janv. 91	
Bonjanne - Lebourd, Henri, rue Alfred Stevens, 8	✱	Poisson				10 août 91	
Bonnardon, anc. m⁴ de vins trait⁴ rue de Lévis, 24		Menaux	20 août 89		✱ 30 sept. 89 (4)		
Bonnault, H. mercerie en parfumerie, rue Coypel, 14		Orère	4 août 91		✱ 17 nov. 91		
Bonneau - Schleich, Augustin, o.d.c.	✱	Gérard				✱ 27 avril 91	
Bonnecaze et Blouvet, comm … march⁴ …		Berard	31 mars 91				
Bonnefond - Dotbelaer, Firmin, rue Houtpoul, 41	✱	Coffin				✱ 8 juin 91	
Bonnefous, Aug⁴ Constructeur, B⁴ de la Gare, 160		Cottÿ	17 août 91		✱ 31 oct. 91		
Bonnefoy, Paul, négᵗ en passementerie r. Bouchardon, 37		Bonneau	fév. 91		✱ 15 avril 91		
d⁰ - Siliprandy & Bailly, passementerie …		Bonneau L	22 nov. 90		(5)		
Bonnel, Albert, rue de Malesbourg, 4	✱	Dernis					22 déc. 91
d⁰ - Van Rossum, Pierre, tapissier, r. … 99	✱	D. de Vroie				12 janv.	
Bonnet marbrier, à Villemomble … Rue, 60		Bonnau	1 déc. 91				
d⁰ m⁴ de vins, … Gauthey, 7		Lupy	23 oct. 91				
d⁰ - Delarue, Ernest, rue de Flandre, 140	✱	Ransoux				✱ 12 nov. 90	
d⁰ - Formentin, Pierre, rue des Amandiers, 36	✱	Denel				✱ 3 juill. 91	
d⁰ - Roué, J-B⁴ à l'Hôpital Trousseau	✱	Borlon				✱ 13 juill. 91	
Bonnetaud m⁴ de vins, av. des Gobelins, 50		Thiébaut	12 déc. 90		✱ 16 janv. 91		
Bonnier & Cⁱᵉ Adrien, fab. de bonneterie, rue Tiquetonne, 13		Lisedy	20 déc. 91				
Bonnin - Reboul Claude o.d.c.	✱	Labar				✱ 1er déc. 90	
Bonniol, Léonard, commᵗ en bijouterie, B⁴ Rich. Lenoir 111		Menaux	1er mai 89		(6)		
Bonoru, James m⁴ d'access⁴ p⁴ vélocipèdes B⁴ Pereire 176		Lesage	13 nov. 91				
Bonté - Le Druilleuse, Henri, act. s.d.c.	✱	Jacob				✱ 6 juill. 91	
Bontemps - Guilbert, Victor, rue Vitruve, 15	✱	Guignon				✱ 29 juin 91	
Bonveaux - Lejeune, Charles, …	✱	Fouÿ				✱ 27 juill. 91	
Bonvin, Désiré, ébéniste, rue Pestocelle, 23		Lupy	17 nov. 91		✱ 30 av. 91		
Boquiem - Domepech, Gustave, rue Lambe, 4	✱	Chaffotte				21 janv. 91	
Boravicchio, César, m⁴ de vins, Cité Cardon r Cadet 29		Mauque	16 juin 91		✱ 22 août 91		

(1) Boncorps 50% sans intér. en 5 ans par 5ᵉ de l'homolog.
(2) Bougard (D⁰) 15% en 5 ans, par 1/5 de l'homologation
(3) Boniface (D⁴⁴) 25% en 5 ans par 1/5 d⁰
(4) Bonnardon 26 juin 91 rappᵗ de clôture 15.89% unique rép.
(5) Bonnefoy, Siliprandy et Bailly 12% 1ᵉʳ répart.
(6) Bonniol 9.05% unique répartition

Noms, Prénoms, Professions & Domiciles		Syndics et Avoués	Faillites en Liquidations	Dates des homologations de Concordats	Insuffisances ou Unions	Séparations de corps judiciaires Divorces	Cons. Jud. et Interdict.
Borde, Joseph, quincaillier, à Clichy, R. Nationale, 56		Colly L	14 mars 91	18 août 91	(1)		
Borel, Aug., md de vins restaurateur, R. d'Alésia, 2		Colly	4 juill. 90		* 29 nov. 90		
Bordereau, Émile, fruitier, rue Guichard, 1		Rochette	17 janv. 91		* 28 fév. 91		
Bordes, Lambert, comm. en march., rue Ste Anne, 46		Léongo L	3 sept. 90	11 nov. 90	(2)		
Bordes des Renoux (de) Paul, chapelier, faub. Poiss. 2		Normand	28 mai 84		* 30 juin 84	(3)	
Bordier-Coclet, Eugène, rue d'Athènes, 26	*	Auzoux				* 17 janv. 91	
Borel (Dlle) Amélie, act. à Morges Canton de Vaud (Suisse)	*	Touquet					* 5 nov. 91
do Caroline do do	*	do					* 7 nov. 91
Borelle et Gilliard, mds de vins, rue des Cordeliers, 10		Châle	23 déc. 90		* 28 fév. 91	(4)	
Borgat-Mayer, Charles act. s.d.c.	*	Goujon				* 20 fév. 91	
Borne Charles grainetier, rue de la Chapelle, 123		Godmer	14 oct. 90		* 31 déc. 90		
do - Raguet, Charles, grainetier, rue Petit, 81	*	Martin de Gord				23 mars 91	
Borrelly-Rion, Michel, rue Tatay, 108	*	Marmottant				* 15 mai 91	
Boscade, Édouard, rue Charlemagne, 17	*	Salats					* 14 mai 91
Boscassa (Dlle) mde de chaussures rue St Jacques 151 bis		Pouchelon	21 oct. 90		* 26 déc. 90		
Bossomay-Dessoy, Victor, s.d.c.	*	Dubail				* 23 mars 91	
Bossuot, Auguste anc. épicier, rue St Martin 203 bis		Bonneau	14 août 90		(5)		
Bost, Joseph, entrep. de transports rue de Reuilly 34 bis		Menant L	18 déc. 91				
Botollier-Depois, Eug. fabt de buses pr corsets, r. Meslay, 63		Châle	10 mars 90		(6)		
Botter, md de vins restaurateur, r. de la Coudamine, 80		Maillard	7 juin 89		(7)		
do - Rivelin, Paul, rue de Lévis, 65	*	Bozon				9 fév. 91	
Botte, Jules entrep. de peinture, rue Vital, 17 bis		Bernard L	21 juill. 91	9 oct. 91	(8)		
do - Gay, Victor, rue Mademoiselle 59		Gazet				* 16 fév. 91	
Bottereau-Moulin, Charles, rue Lecourbe, 52		Benoist				* 22 juin 91	
Boube-Caumour, François, s.d.c.	*	Monillefarine				* 4 déc. 90	
Bouchard, Louis, fabt de lingerie, rue Oberkampf, 156		Lissoty	6 nov. 90	* 16 déc. 90			
do anc. passementier, r. Thévenot, 19		Lissoty	9 juill. 91	* 21 sept. 91			
Boucharin, Jacques, md de vins, r. Montmartre, 121		Menant	9 janv. 91		(9)		
Bouché-Ribert, Théodore, à Nanterre, rue Gambetta, 8	*	Dumesnil				* 15 mai 91	
Bouchenoire, Émile, md de beurre et œufs, r. Vercingétorix 134		Bonneau L	22 nov. 90	3 mars 91	(10)		
Bouchery, Louis anc. distillateur, rue du Banquier 62	*	Delp. de Vivier					3 déc. 91
do - Petit, Louis, rue do do	*	Maza				9 fév. 91	
Boucher, Irénée, rue de l'Odéon, 17	*	Martin					5 janv. 91
do - Boisner, Adolphe, représt de commerce B. Villette 228	*	Charveau				9 nov. 91	
do - Mathieu, Joseph, av. Victoria, 4	*	de Biville				* 27 av. 91	
do - Rolland, Émile, à Montreuil, r. des Écoles, 64	*	Berthinier aîné				* 4 août 90	
do - Valley, Alex. rue St Nicolas, 18	*	Martin du Gord				* 20 janv. 91	
Boucherle, Albert, entrep. d'éclairage, rue Drouot, 13		Chardon	16 nov. 88		(11)		

(1) Borde 50% en 5 ans par 5me mm. ou de l'homologation
(2) Bordes 6% unique répartition
(3) Bordes des Renoux (de) 2 déc. 91 rapp. de clôture
(4) Borelle et Gilliard 8 mai 91 do
(5) Bossuot 17% 1re répart. 12% 2e et 3me répart.
(6) Botollier-Depois, 2.49% unique répartition
(7) Botta 6.48% 2e et dernière répartition
(8) Botte: Intégralité des créances en principal, intérêts et frais au jour de la liquidation en 5 ans de l'homolog. savoir : 10% la 1re année, 15% la 2e, 20% la 3e, 25% la 4e et 30% la 5e année.
(9) Boucharin 14.82% unique répartition
(10) Bouchenoire 40% en 4 ans par 1/4 un an de l'homolog.
(11) Boucherle 15.85% unique répartition

Noms, Prénoms, Professions & Domiciles		Syndics et Avoués	Faillites et Liquidations	Dates des homologations de Concordats	Insuffisances ou Unions	Séparat.ns de biens judiciaires et Divorces	Cons. Jud. et Interdict.
Boucheron (Vᵉ) Dorothée, confections, rue du Temple 179		Chardon	3 fév. 91		* 31 mars 91		
Bouchet, Mathurin, md de vins, rue Saussure, 22		Mauru	22 sept. 91				
Bouchez, Adolphe, miroitier, faub. St Antoine, 83		Boucher	15 mars 89	1er août 91	(1)		
d° ayant tenu hôtel meublé, Cité du Vaux-Hall, 7		Hémon	23 mai 90		(2)		
d° — Le Christ, Charles, av. d'Orléans, 69	*	Dumesnil				* 2 janv. 91	
d° — Lenoir, François, s.d.c.	*	Delaunay				* 3 juill. 91	
Bouclier vins restaurant, av. du Polygone, 1		Boussard	26 mars 86	14 août 86	(3)		
Boudet-Salcernié, Antoine, brocanteur, à Puteaux, r. Voltaire	*	Jacob				12 janv. 91	
Boudier-Trottin, Léon, à Bayonne	*	Reynaud				* 5 mai 91	
Boudignon, Pierre, entrep. de peinture, faub. Montmartre, 33		Ménager	27 août 91				
Boudin, Jules (Voir: Paulmier & Boudin)							
d° (Vᵉ) mercière, rue du Ruisseau, 73		Lesage	9 déc. 90		* 31 janv. 91		
d° — Ludwig, Jules, rue du Figuier, 16	*	Sautier				* 11 mai 91	
Boué, négt en vins, rue Amelot, 151, act. s.d.c.		Resoly	9 oct. 91				
Bouexel, Mathurin, nourrisseur, à Arcueil Cachan		Maillard	26 nov. 90		(4)		
d° — Martin, Math. d° id.	*	Munier				1 juin 91	
Bougeard-Rigot, Charles, s.d.c.	*	Jacob				* 12 janv. 91	
Bougou-Deleron, Louis, Bd de Strasbourg, 71	*	Pineau				* 28 fév. 91	
Bouguereau-Milan, Théodore, Pᵉ St Michel, 2	*	Berlinot aîné				13 avril 91	
Bouquin-Fourré, Gilbert, Pᶜᵉ Victor-Hugo	*	Désouillon				* 22 déc. 90	
Bouhon-Mihère, Alfred, Bd Barbès, 67	*	Audouin				* 4 mai 91	
Bouillant-Blanchard, Octave, av. Lamotte-Piquet	*	Berlinot jne				9 fév. 91	
Bouillette, Pierre, ancien md de vins, rue Rodier, 57		Wasbrey L	26 août 90		(5)		
Bouillon-Poittevin, François, rue du Gaz, 14	*	Ouanuge				* 2 nov. 91	
Bouilloux-Loubié, Alex. Bd Voltaire 288	*	Patenôtre				* 25 juin 91	
Boulaigre, Jules, loueur de voitures, rue St Ferdinand 27		Lupy	7 juill. 91		* 23 juill. 91		
Boularine, Gaston (Voir: Feytit & Cᵉ)							
d° Gaston, négt en vins, rue des Jeuneurs, 14		Bonneau	2 mai 91		* 23 juill. 91		
Boulais-Huard, germain, rue Monge 21	*	Dubail				10 août 91	
Boulanger-Boucheny, Nicolas, r. St Sébastien, 35	*	Carvès				* 22 juin 91	
d° — Renouard, Georges, act. à Bruxelles r. Montoyer 79	*	Husson				12 mai 91	
Boulard-Hutrel, Émile, à St Maurice, Imp. des Bureaux, 8	*	Delibu				* 17 nov. 90	
Boulent, François, restaurateur, rue de Dunkerque, 29		Jadmer	15 oct. 91				
Boulicon-Forêst, Auguste, rue des Vertus, 22	*	Tricot				* 22 juin 91	
Boullé, Alfred, commᵗ en bijouterie, r. Godefroy-Cavaignac, 40		Planqua	2 juin 90	6 nov. 90	(6)		
d° — Herben, François, s.d.c.	*	Dampeloy				* 23 nov. 90	
Boulleret, G. md épicier, rue de la Santé, 81		Cotty	11 nov. 90	25 août 91	(7)		
d° — Tavard, Gustave, rue Darcau, 22	*	Dubourg				16 fév. 91	
Boulley-Leclerc, Auguste, rue de l'Argonne, 25	*	Henriot				* 15 mai 91	

(1) Bouchez. Abandon de l'actif réalisé et de la somme à verser par MM. Validon & Cie, en outre 5% en 5 ans par 5e m-on de l'homolog. 3.45% unique répartition.
(2) Bouchez 55.92% en billets unique répartition
(3) Bouclier 20 janvier 91 résolution
(4) Bouexel 7.40% unique répartition
(5) Bouillette, 100f en intérêts unique répartition
(6) Boullé 2.98% unique répartition
(7) Boulleret. Abandon de l'actif réalisé et à réaliser à 5% en 5 ans par 5e de l'homologation.

Noms, Prénoms, Professions & Domiciles	(indique Liquidation * pittoresque, Avoué insuffisance, Divorce et Interdiction)	Syndics et Avoués	Faillites en Liquidations	Dates des homologations de Concordats	Insuffisances et Unions	Séparations judiciaires Divorces	Cons. Jud. et Interdict.
Boullet — Sardièe, Louis, Bd de la Villette, 186	*	Berton				* 9 fév. 91	
Boulogne, Jules, épicier, rue d'Allemagne, 76		Héron	16 juin 91		(1)		
Bouriol, laitier-nourrisseur, rue d'Alleray, 4		Lissoly	12 fév. 89		(2)		
d° — Desiliquier, Louis, nourrisseur, r. de Vaugirard 365		Jacquin				12 janv. 91	
d° — Lemaire, Jean, Bd de la Chapelle, 42	*	Denormandie				20 avril 91	
Bouquet-Mulon, Achille, rue des Pyrénées, 237	*	Boudin				* 10 juill. 91	
Bour, Gaspard, md de charb. au Pré St Gervais, Rte de Bretagne, 121		Lesage	20 mars 91	* 15 avril 91			
Bouraine, Jules, anc entrepôt. de bières à Petit-Colombes		Chardon	28 avril 91	* 22 août 91			
Bourbon, Constant, entrep. de couvertures, rue de Dunkerque, 12		Maillard	30 mai 83		(3)		
d° — de Hamel (Prince de), Louis, rue du Dôme, 8		Bourgeois				6 mai 91	
d° — Malm, Hubert, av. Daumesnil, 191	*	Senart				* 10 nov. 90	
Bourbonneux Émile (Voir: Yvert & Bourbonneux)							
Bourbouge-Mathieu, Adolphe, r. de l'Hôtel de Ville		Masse				5 mai 90	
Bourcerer, François, rue Rembrandt, 8	*	Dubail					13 janv. 91
Bourdeau-Laron, Gaston, rue du Sentier, 36	*	Leroy				* 27 oct. 90	
Bourdelet, fils, G. & E. scierie mécanique, à Vincennes, r. de Fontenay		Bonneau L.	30 oct. 90	6 mars 91	(4)		
d° — Didier, Georges, négt à Vincennes, av. Aubert 70	*	Binet-Durga				27 avril 91	
Bourdethon-Paré, Théodule, s. à c.	*	Tricot				* 2 déc. 89	
Bourdier-Brondeau, Édouard, r. du Commerce, 79	*	Lebocq				* 30 oct. 91	
d° — Lecomte, Louis, Passage des Grisons, 15	*	Dupressoir				* 23 mars 91	
Bourdin la Côte — Declouzy, Charles, rue Vivienne	*	Tricot				26 janv. 91	
Bourdon, Charles, fab. de jumelles, rue Morel, 15		Destrez	11 mai 91	15 déc. 91	(5)		
Bourg, limonadier, Bd St Martin, 7		Bonneau	24 oct. 90	* 31 déc. 90			
Bourg, dir. propre du Cercle artistique à Boulogne-s/Seine		Menaux	13 déc. 91				
Bourgeat-Forer, Georges, à Maisons-Alfort, r. Claude 27	*	Pottier				* 23 fév. 91	
Bourgeaux, Joseph, rentier à la Varenne St Hilaire, av. de Bonneuil 86	*	Rouy					21 juill. 91
Bourgeois, Edmond, entrep. de transports à Vanves, r. de Paris, 18		Menaux	9 juill. 90	27 déc. 90	(6)		
d° fils, Paul, constructeur-électricien, r. de Lourcine 156		Pinet	10 sept. 88	30 juin 91	(7)		
d° et Coste, entrep. de peinture, rue Visconti, 9		Lupy	11 juin 90	16 janv. 91	(8)		
d° et Faivre, fab. d'ouates & cotons, rue du Moulinet 29 & 31		Rochette L.	8 avril 91		(9)		
d° — Faivre, Gabriel, négt, rue de Rivoli, 38	*	Jacob				* 13 juill. 91	
d° — Guérin, Louis, rue Baillif, 9	*	Mignon				* 23 mars 91	
Bourgeon-Lebœuf, Charles, Pce de la Madeleine, 6	*	Demoroeil				* 3 nov. 91	
Bourgeon-Forgeon, Étienne, à Maisons-Alfort, r. Marenne 2	*	Pellerin				* 16 mars 91	
Bourgis, Auguste, md de charbons, rue Boncry, 26		Planque	27 août 90		(10)		
Bourguès-Gauttier, Pierre, s. d. c.	*	Masse				* 27 avril 91	
Bourlat-Pignon, Victor, à la Courneuve	*	Popelin				* 11 juin 91	

(1) Boulogne 4.60% unique répartition
(2) Bouriol 16.98% d° d°.
(3) Bourbon 9.01% 2e & dern. d°.
(4) Bourdelet, fils, 40% en 10 ans par 10e de l'hom.
(5) Bourdon 25% en 5 ans par 1/5 de l'homol.
(6) Bourgeois 20% en 4 ans par 1/4 d°.
(7) Bourgeois, fils. Abandon de l'actif réalisé, plus 6% en 6 ans par 6e à partir de l'homolog. 0.96% unique répartition
(8) Bourgeois & Coste. Le Sr Coste abandonne ses droits dans la faillite Bourgeois & Coste et en outre 25% savoir 5% un mois après l'homol. 5% 2 ans après, 5% 2 ans après 5% 3 ans après et 5% 4 ans après.
(9) Bourgeois & Faivre 3.34% unique répartition
(10) Bourgis 14.54% d° d°.

Noms, Prénoms, Professions & Domiciles		Syndics et Avoués	Faillites et Liquidat.	Dates des Homologations de Concordats	Insuffis.ces ou Unions	Séparat.ons de biens judiciaires / Divorces	Cons. Jud. et Interdict.
Bourloton, Charles, entrep.r de serrurerie, Av. Daumesnil, 40		Drolrez	6 mai 91		(1)		
Bournié-Blé, Vitalion, r. St Germ. l'Auxerrois, 28	*	Ravelon				13 av. 91	
Bourniche-Legrand, Louis, à Boulogne s/Seine, r. de la Plaine 4	*	Pecque				* 10 nov. 90	
Bouron-Girard, Louis, à Suresnes, rue de la Station, 39	*	Denormandie				4 mai 91	
Source, Louis, cabaretier, Bd St Martin, 6		Lupy	20 oct. 90		* 29 nov. 90		
Bourreif, Paul, md d'armes, à Levallois, r. de Gravel 65		Lupy	24 juin 91		* 31 juill. 91		
Bourette-Auclin, Casimir, s.d.c.	*	Maza				* 1 déc. 90	
Boursault-Lacaud, André, r. des Vinaigriers, 26	*	Pilastre				* 20 av. 91	
Bourse, Albert, négt en grains, rue Bellot, 12		Mauger	20 mai 89		* 15 juin 91		
Boursier, Hippolyte, md de broderies, r. d'Alboui, 12		Drolrez	13 mai 90		(2)		
Boursin-Kilman, Auguste, s.d.c.	*	Giry				16 nov. 91	
Bouscarat, Marcelin, md de vins logeur, r. Simon-le-Franc, 30		Godner I	9 sept. 91	30 nov. 91	(3)		
Bousquet-Mangin, Pierre, s.d.c.	*	Carlet				* 20 av. 91	
Boussouge, Pierre, négt en art. de Paris, r. Bouchardon, 7		Ponchelet L	17 sept. 91	28 nov. 91	(4)		
d°, Pierre, corroyeur, rue Damesme, 13		Lesage	11 nov. 91				
d° -Poulain, Pierre, rue Damesme, 13	*	Leroy				3 sept. 91	
Boutaric, Pierre, md de vins, rue Caulaincourt, 97		Planque I	23 juill. 91	30 oct. 91	(5)		
Boutaud aîné, Ant.ne construct.r de fours, av. Daumesnil, 7		Mauger	23 oct. 91				
Boutmard, Oscar, md de vins épicier à Thiais, r. Maurepas, 15		Rochette	11 av. 91		(6)		
d° Louis, Oscar, à Vitry, rue Desctroit, 15	*	Adam				27 juill. 91	
Boutonnet-Therion, Georges, s.d.c.	*	Dupressoir				* 13 mars 91	
Bouttier-Caroncei, Marie-Joseph, r. d'Amsterdam, 15	*	Dubourg				* 19 juin 91	
Bouward & Cie, négt en vins, rue de la Trinité, 1		Rochette	29 déc. 91				
Bouvier, Auguste, anc. épicier, r. de Vaugirard, 133		Hécaen	10 mai 91		(7)		
d° -Pichon, Henri, impasse du Coq, 8	*	Charneau				* 28 nov. 90	
d° -Fauguin, Pierre, s.d.c.	*	Cahon				23 mars 91	
Boux-Périchon, Marie-Daniel, rue de Saintonge, 8	*	Henriet				* 24 nov. 90	
Bourlac, Sévère, entrep.r de trav. publics, act: à Rupt (Hte Saône)		Mauger	5 juin 91		* 22 août 91		
Boyé-Diéval, Louis, rue Chanoinesse, 18	*	Poullen				* 13 juin 91	
Boyer, Charles, anc. marchd. de vins & charb. r. Jessaint, 7		Menau	16 nov. 91				
d° Louis, anc. imp.r à Clouicron, r. de Normandie, 17		Drolrez L	18 fév. 91	6 mai 91	(8)		
d° - de Ribeval, Joseph, fabt de meubles, r. Folie-Méricourt, 26		Pincé	23 déc. 75		(9)		
d° - Bréau, Louis, rue de la Chapelle, 45	*	Herbet				* 24 oct. 90	
d° - Francher, Édouard, r. Michel le Comte, 25	*	Goujon				22 juin 91	
Brach, Georges, Bd Malesherbes, 158	*	de Bicêtre					30 juill. 91
Bracher-Brachen, Jean, rue du Pot de fer, 11	*	B. de Longchamp				22 juin 91	
Bracquemom, boulanger, rue de la Voie-Verte, 57		Bonneau	29 déc. 91				
Brade-Chain, Savinien, rue Gozlin, 19	*	Ferté				* 6 avril 91	

(1) Bourloton 3.25 % unique répartition
(2) Boursier 20 % 1ère répartition
(3) Bouscarat. Le sieur Bouscarat s'oblige à mettre à jour les loyers échus le 1er octobre 91 dans les 8 jours du concordat et en outre à payer 25 % en 10 fractions égales de 6 en 6 mois, la première payable 1 an après l'homolog.
(4) Boussouge 40 % en 5 ans par 1/5 de l'homolog.
(5) Boutaric. Intégralité des créances en 6 ans sans intér.
(6) Boutmard 2.74 % unique répartition
(7) Bouvier 21.85 % d° d°
(8) Boyer Louis 1.67 % en espèces 100 % en billets sur le principal, 6.39 % en billets sur les intérêts, unique répart.
(9) Boyer de Ribeval 23.45 % 2e et dern. répartition

Noms, Prénoms, Professions & Domiciles	Syndics et Avoués	Faillites et Liquidations	Dates des homologations de Concordats	Insuffis. et Unions	Séparations et Divorces	Cons. Jud. et Interdict.
Brahic, Auguste, bijoutier, rue Rambuteau, 22	Lupy	26 nov. 91				
Braille - Georges, Jules, négt, rue St-Denis, 94	* Corton				14 av. 91	
Branch - Boivin, Sébastien; rue de la Folie Regnault, 60	* Collin				* 12 fév. 91	
Brandio, G. mercier, rue de la Roquette, 25	Mauque	1 mars 89	17 nov. 91	(1)		
Branger, Franç. entrep. de menuiserie; av. des Gobelins, 37	Mauque	18 avril 87	10 juill. 91	(2)		
Braquet - Gissler, Bertrand, rue de Charlee, 2	* Corton				2 mars 91	
Bras, md de vins, rue de Charenton, 135	Lissoty	13 oct. 91				
Brasseur - Leharze, Émile, s.j.c.	* Raveton				* 6 juill. 91	
Braucourt - Duvivier, Adolphe, à Gentilly r. Montrouge 22	* Duclos				19 juill. 91	
Braun - Liotard, Alph. av. Parmentier, 102	* Kireau				* 16 mars 91	
Bravard et Fils (Vve) boissellerie, av. du Maine, 45	Roucher	30 janv. 90				
Brayda Joseph, fab. de maroquinerie, rue Piat, 48	Lissoty	19 mars 91		* 30 av. 91		
d° - Schmidt, Joseph, rue Piat, 48	* de Biéville				9 sept. 91	
Brazier - Bourgeois, Pierre, rue d'Allemagne, 177	Savignan				* 27 juill. 91	
Bréard, boulanger, rue des Innocents, 4	Hérou	15 déc. 91				
Bréau; Henri, entrep. de menuiserie, faub. St-Ant. 190	Barboux	21 nov. 91				
Brébion, Ferd. md de vins restaurateur, r. d'Auteuil, 13	Lesage	12 sept. 90		* 15 fév. 91		
d° - Weber, Émile, à Boulogne s/ Seine, Gde rue 135	* Berger				15 juin 91	
Brock - Dubuc, Charles, rue de Flandre, 75	* Foucault				* 12 janv. 91	
Bréjard - Laforêt J- Wve à la Plaine St-Denis, r. du Landy, 17	* Lefoullon				* 1 mai 91	
Bremard, Albert, miroitier, B. Voltaire; 149 Cité Malbourg 4	Bernard I.	22 déc. 91				
d° - Maricet, Henri, act. aux Sables d'Olonne	* Poinsot				* 7 août 91	
Brémond, Paul; docteur en médecine, 7, rue de Picpus, 90	* Berton					5 fév. 91
d° - Renaud, Paul, à Charenton; r. de la Républ. Robin	Lupy				20 juill. 91	
d° - Roussel, Louis, s.j.c.	* Michel				* 23 oct. 91	
Brequier - Toscan, Joseph, s.j.c.	* Marmottant				* 27 nov. 90	
Bresebot - Turroques, Jean, quai de la Tournelle, 27	Duclos				* 16 mars 91	
Bresson - Benoist, Henry, à la Varenne St-Hilaire, Av. du Mont	Trodoux				* 1 déc. 90	
Bresson - Lavigne, Isidore, imp. St-Sébastien, 2	Jacob				* 7 juill. 90	
Bressy, E. md de bois, à Pantin, rue de Paris, 58	Hérou	8 sept. 91				
Bretin, Eugène, md de couleurs, à Boulogne, r. de la Reine 110	Beaujeu	2 av. 90		(3)		
Breton, md de vins, Bd St-Jacques, 37	Ozéré	7 av. 91		* 31 juill. 91		
d° Alfred, boucher, rue Marcadet, 134	Ozéré	7 oct. 90		* 31 oct. 90		
d° Pierre, maçon à St-Maur, Bd National, 4	Rochelle	18 janv. 87		(4)		
d° - Bouquet, Jean, à Levallois, r. Valentin, 10	* Pineau				* 4 août 90	
d° - Chailloux, Auguste; tailleur, rue Béranger, 15	* Garch				* 9 déc. 91	
d° - Planson, Alfred, boucher, rue Ordener, 145	* Allain				22 juin 91	
Breuil, Antoine, anc. md de charb. & vins à Pantin, r. Vict. Hugo, 32	Mauger	22 juin 91				
Breuillé, Julien, md de vins traiteur, rue des Trois-Champs, 77	Bonneau	21 oct. 89	29 août 91	(5)		
Briançon, md de vins-rest. à Asnières, r. de la Station, 17	Beaujeu	21 janv. 90		(6)		

(1) Brandio. Abandon d'actif réalisé et à réaliser plus 10% en 2 ans par 1/2, un m. de l'homologation.
(2) Branger 30% sans intérêts en 6 ans par 1/6 de l'homolog.
(3) Bretin 8.16% unique répartition.
(4) Breton Pierre 55.73% unique répartition
(5) Breuillé. Abandon d'actif réalisé et paiement d'une somme de 2000f pour être réparti 27.60% unique répart.
(6) Briançon 12% 1re répart. 3.40% 2e et 3e répart.

Noms, Prénoms, Professions & Domiciles	Indique Liquidation, Astérisque, Avoué Insuffisance et Divorce et Interdiction	Syndics et Avoués	Faillites ou Liquidations	Dates des homologations de Concordats	Insuffisances ou Unions	Séparations de biens judiciaires Divorces	Cons. Jud. ou Interdicti.
Briaud - Latimier, François, s. d. c.	*	Pineau				15 mai 91	
Briard - Janvier, Jn Bte, rue du Vertbois, 16	*	Bourgoin				19 nov. 90	
Bricq, François, fabt de boutons de nacre, faub. St Mle 36		Manger L.	17 déc. 91				
Briday - Loron, Jean, à Ivry, rue de Paris, 97	*	Carvès				15 mai 91	
Brigon, Honoré, boulanger, Av. de Choisy, 116		Planque	20 janv. 91		(1)		
Bricle, Henri, entrep. de bals à St Denis (cons Bonou), 25		Lesage	23 juill. 90		(2)		
Brière, Joseph, ferreur de lacets, r. de la Gde Truanderie, 9		Destrez L.	7 fév. 91	21 av. 91	(3)		
do (Ode) md de vins, rue St Maur, 129		Menans	17 fév. 91		*	30 août 91	
do de l'Isle, constructeur, rue Spontini, 51		Lamoureux	25 oct. 83		(4)		
do - Guillemin, Louis, à St Ouen, rue des Rosiers, 68	*	Ducange				29 déc. 90	
Briet - Cartier, Albert, rue Desaix, 16	*	Leroy				4 mai 91	
Brignon - Bruquier, Jn Bte, rue de Médicis, 13	*	Jacob				6 fév. 91	
Brillu - Thouret, Henri, négt Galerie Vivienne 35 & 37	*	Jacob				12 janv. 91	
Brin, frères, rue Caumartin, 49		Destrez	17 sept. 91				
Brion - Gaudrin, Félix, Faub. du Temple, 45	*	Ducange				20 av. 91	
do - Lecomte, Louis, rue Ste Croix de la Bret.e 39		Dubail				15 juin 91	
Brioude (Vve) Marie, mde de vins, rue Myrrha, 47		Châle	8 mai 91		* 31 juill. 91		
do - Hangeois, Baptiste, r. des Vinaigriers, 52	*	Bourgeois				29 juin 91	
Brisebas (Vve) Marie Stadler internée ville du Dr Rhuys	*	Bertinot jn					11 juin 91
Brisset frères, nouveautés, faub. St Antne 5 & 7		Godmer L.	16 déc. 90	3 mars 91	(5)		
Brivin - Gaudineau, Paul, anc. not. à Torricelli...	*	Mutel				5 janv. 91	
Brochet (Dlle) Berthe, mde de liqueurs, rue Lafayette, 6 bd		Lesage	22 mai 91		* 31 juill. 91		
Brocheton - Bonny, Charles, bijoutier, s. d. c.	*	Lemonnier				15 juin 91	
Brocquesolle - Constantin, Louis, rue de la Félicité, 36	*	Fontaine				11 mai 91	
Brogner - Evans, Paul, s. d. c.	*	Demoreuil				30 juill. 91	
Brogniet - Tassel, Edmond, r. de Ménilmontant, 144	*	Escarra				12 janv. 91	
Broisat - Michenou, François, rue Vézel, 20	*	Gonet				23 fév. 91	
Brossais - Doyen, Alphonse, rue Dugommier, 21	*	Cheramy				9 nov. 91	
Brossard - Desgranges, Elie, s. d. c.	*	Senart				20 janv. 91	
Brosselard - Miossause, Laurent, rue Aubry le Boucher, 7	*	Laisney				27 oct. 90	
Brosser, Georges, rue de Clichy, 57	*	Laisney				(6)	29 déc. 87
Brosson, Florentin, nourrisseur		Chardon	18 sept. 91				
Broteaux - Cauvard, Charles, act: s. d. c.	*	Rivière				24 janv. 88	
Brothier - Airault, Pierre, Bd Malesherbes, 188	*	Carvès				28 juill. 91	
Brottier - Garreau, Alexis, rue St Fargeau, 54	*	Dumesnil				10 août 91	
Brouillon - Fromageau, Paul, mécanicien, r. Friant, 16	*	Berton				22 déc. 90	
Broulard - Poirrier, Eugène, à Charenton, r. de Paris, 156	*	Dinen				1er juill. 91	
Broussard, Germain, limonadier, rue Sophie Germain, 16		Rochette	18 oct. 90		(7)		
Brousse, facteur de pianos, rue de la Collégiale, 8		Rochette	16 janv. 91		* 24 fév. 91		

(1) Bridon 17.19 % unique répartition
(2) Brielle 34.77 %   do.   do.
(3) Brière 5% 3 mois après l'homolog. — 10% id. au après; et 10% 2 ans après
(4) Brière de l'Isle 0.144 % unique répartition
(5) Brisset frères 40% en 6 paiements égaux, savoir: le 1er un an après l'homolog. et les autres à pareille époque chacune des 5 années suivantes.
(6) Brosset 2 mai 1891 main levée
(7) Broussard 43.12 % unique répartition

Noms, Prénoms, Professions & Domiciles	Indique: Liquidation, * astérisque, Avoué, Insuffisance, Divorce ou autres actions	Syndics ou Avoués	Faillites et Liquidations	Dates des Homologations de Concordats	Insuffis.es ou Unions	Séparations judiciaires / Divorces	Cons. Jud. ou Interdict.
Brousse-Poncin, Louis, s. d. c.	*	Delp. de Vivet				* 12 janv. 91	
Broyer, md de vins à Levallois, rue Victor Hugo, 92		Lesage	23 déc. 90		* 18 fév. 91		
Brugeiroux (Vve) Jeanne mde de chaussures à Charenton, r. de Paris, 1		Beaugé	24 sept. 90		(1)		
Brun, banquier, rue de Dunkerque, 34 bis		Rochette	16 juin 91		* 21 oct. 91		
d° Charles, md de vins et charbons, avenue de Suffren, 28		Destrez	28 juill. 91		* 31 août 91		
d° - Chambe, Alex, act: s. d. c.	*	Garet				* 3 août 91	
d° - Crozat, Pierre, anc. charb., Pass. Ste-Ange, 13	*	Costriquet				* 12 janv. 91	
Bruneau - Devers, Victor, s. d. c.	*	Pineau				27 juill. 91	
Brunel, Jean, commerçant, rue St-Lazare, 80		Maillard	10 oct. 90		* 29 nov. 90		
d° - Petit, Daniel, r. de la Montagne Ste-Geneviève, 32	*	Foucault				* 15 mai 91	
Brunes (des), Edouard, à Neuilly, rue Jacques Dulud	*	Gosselin				*	8 janv. 91
Brunet, md de vins, rue Aubry-le-Boucher, 9		Romeau	10 oct. 90		* 31 déc. 90		
d° François, ancien entrep.r de transports, r. Marcadet, 337		Goduier	6 juin 8?		(2)		
d° - Blanchard, Gaston, quai d'Orléans, 4	*	Boudin				* 20 avril 91	
d° - Diesil, Edgar, rue Doudeauville, 39	*	Pointot				* 23 mars 91	
d° - Flammermond, Gaston, à Asnières	*	Poisson				* 5 déc. 90	
d° - Mattayé, Jérôme, s. d. c.	*	Maza				* 17 av. 91	
Brunetaud, Sylvain, entrep. de maçonnerie, ruelle des Tournelles, 4		Faugeot		9 oct. 91	(3)		
Brunin - Santerre, Jean, Pass. du Chantier, 16	*	Bonfils				* 2 fév. 91	
Bruno, Alfred, anc. md de modes, rue de Provence, 1		Lesage	8 juin 91		* 31 juill. 91		
Brux - Béchade, Joseph, s. d. c.	*	Charineau				* 1 juill. 91	
Bry - Blanc, Remi, s. d. c.	*	Mathis du Gard				* 5 déc. 90	
Buard, Dme bouchère, rue Bayen, 20		Ponchelet	24 av. 91				
Bucheno - Busée, Antme, rue Godefroy Cavaignac, 36	*	Violette				* 20 juill. 91	
Bucher - Guessard, Pierre, Bd Beaumarchais, 26	*	Chaguet				6 juill. 91	
Bucker, Constant, fabt de briques, rue Borrégo, 40		Planque L.	14 mars 91	24 juin 91	(4)		
Budin, Emile, négt en parfumerie, rue de Turenne, 32		Ponchelet L.	21 mars 91	4 juin 91	(5)		
d° - Fayer, Emile, négt, rue de Turenne, 32	*	Milbaud				* 6 juill. 91	
Bueb, Thiébaut (Voir: Barbe et Bueb)							
Bueninck, Jean, Construct.r électricien, rue Fontaine, 9		Planque	18 déc. 91				
Buffard, mercier, rue Washington, 4, act: s. d. c.		Bernard	16 déc. 90		* 16 janv. 91		
Buffet - Fonteneau, Pierre, s. d. c.	*	Pineau				26 juill. 90	
d° - Perret, John, s. d. c.	*	Dep. Duvernoil				* 19 juin 91	
Bugand - Perret, Charles, anc. boulanger, r. des Poissonniers, 54	*	Dehous				29 juin 91	
Bukour - Gigot, Louis, rue St-Maur, 204	*	Tissier				* 3 juill. 91	
Buisson, fabt de chaussures, faub. St-Martin, 231		Roucher	5 sept. 90	20 janv. 91	(6)		
d° Louis, fabt de cartonnages, rue du Bouloi, 12		Menau L.	21 nov. 91				
d° - Conteau, Joseph, rue Botzaris, 4	*	François				* 8 déc. 90	
d° - Gaspard, Charles, s. d. c.	*	Potoinié				* 8 déc. 90	

(1) Brugeiroux Vve 21.45 % unique répartition.
(2) Brunet 10 % 1re répartition
(3) Brunetaud 50 % sans intér. en 10 ans par 1/10. le premier paiement 1 an après l'homologation
(4) Bucker 30 % sans intérêts en 5 ans par 1/5. le premier paiement un an après l'homologation
(5) Budin 30 % en 5 ans par 5e. du 1er juin 92
(6) Buisson 35 % en 6 ans par 1/12, 6 mois de l'homolog.

Noms, Prénoms, Professions & Domiciles		Syndics ou Avoués	Faillites ou Liquidations	Dates des homologations de Concordats	Insuffis. ou Unions	Séparat. de biens judiciaires / Divorces	Cons. Jud. ou Interdict.
Buffier-Téton, Thiébaut, à Bâle (Suisse) r. de Dolaine, 141	*	Ecrat Jacob				* 23 déc. 90	
Bulmé-Dubco, Émile, av. de Clichy, 164	*	Éricaud				* 29 déc. 90	
Burckel-Lucas, Nicolas, r. Mouffetard, 114	*	Jacquin				* 15 juin 91	
Burduche (Vᵉ) Augustine, couturière, r. de Moscou, 15		Bonneau	13 juin 90		(1)		
Burelle (Dᵉ) Louise, anc. mᵈᵉ de lingerie, rue de Rome, 3		Ozéré	15 déc. 91				
Burg-Weber, Victor, s. d. c.	*	Ducaruge				* 1 juill. 91	
Burgalat, Albert, boulanger, Bᵈ Ornano, 29		Godnet I.	21 av. 91	3 juill. 91	(2)		
Buron (Dᵉ) débit de tabac et liqueurs, Bᵈ St-Denis, 7		Lupy	28 fév. 91		*	15 av. 91	
dᵒ - Duhamel, Julien, Bᵈ de Strasb. 18	*	Leroy				* 24 nov. 90	
Burtin & Cⁱᵉ fabᵗ de jouets en étain, rue de la Perle, 9		Lupy	22 nov. 90	21 av. 91	(3)		
Busson, négᵗ en vins, rue Broca 41		Lissoty	21 avril 91		*	30 mai 91	
dᵒ François, entrepr. de couvert. à Asnières, Montreuil		Barbou	20 juin 91		*	31 août 91	
Buzzy, Pascal, mᵈ de crépins, rue d'Allemagne, 145		Ozéré	26 déc. 90		(4)		
dᵒ - Bizery, Pascal, rue Crozatier, 51	*	Carvès				21 déc. 91	

C

Noms, Prénoms, Professions & Domiciles		Syndics ou Avoués	Faillites ou Liquidations	Dates des homologations de Concordats	Insuffis. ou Unions	Séparat. de biens judiciaires / Divorces	Cons. Jud. ou Interdict.
Cabaillot-Monnot, Léopold, rue Rochechouart, 70	*	Musnier				* 15 juin 91	
Cabessur, mᵈ de vins, rue Pascal, 52		Ozéré	18 août 91		*	17 nov. 91	
Cachon-Vatier, Justin av. Henri-Martin, 4	*	Milbaud				* 12 janv. 91	
Cadet-Ardin, J. Bᵗᵉ, rue Taylor, 3	*	Pineau				* 16 fév. 91	
Cadier (Vᶜᵗᵉ de) Jean, rue Robert-Estienne, 3	*	Belmon					12 mai 91
Cady de Sᵗ Cyr-Doucet, Jean	*	Labat				* 23 mars 91	
Cagé, fils, anc. entrepr. de maçonnerie, à St-Denis, r. Fout. 3		Pinau	8 nov. 86		(5)		
Cahen, Gustave, négᵗ en cuirs, Bᵈ Voltaire, 36		Menard I.	20 nov. 91				
dᵒ - Bouré, Jules, rue des Trois Bornes, 24	*	Thorel				6 av. 91	
dᵒ - Lambert, Nephtali, Bᵈ du Temple, 36	*	Jacob				* 29 nov. 90	
dᵒ - Lévy, Auguste, à Boulogne s/Seine Ch. du Roue, 10	*	Manombl				* 26 nov. 90	
dᵒ - Mathorel, Isidore, r. des Francs Bourgeois, 50	*	Lortat-Jacob				* 1 déc. 90	
Cahun, Jacob, mᵈ tailleur, à Sᵗ-Denis, r. de Paris, 68ᵗ		Bernard I.	29 déc. 91				
Cailar & Cⁱᵉ négᵗ en métaux, Av. Parmentier, 4		Pinet I.	23 mars 89	17 janv. 90	(6)		
Caillaux, vins en gros, à Vitry s/Seine, Av. des Écoles, 2		Destrez	10 déc. 90		(7)		
Cailleux & Cⁱᵉ laiterie, r. des Écluses St-Martin 29 & 31		Châle	9 mai 91		*	24 juin 91	
Cailleux-Thomé, Constant, rue Lagille, 3	*	Lamare				* 29 déc. 90	
Caisse Centrale de Paris, Bᵈ Barbès, 21bis		Beaujou	20 fév. 91				
Caisse Populaire du 4ᵉ arrondᵗ, r. du Roi de Sicile, 43		Manger	10 av. 91		*	31 oct. 91	
Calamy, Jean, mercier papetier, r. de l'Orillon, 1		Lesage	21 mai 91		*	30 juin 91	
Calendre Delaye, Léon, rue Terdournen, 12	*	Herbet				* 30 janv. 91	
Calendreau, Jean, mᵈ tailleur, r. Sᵗ-Honoré, 209		Manque I.	29 janv. 91				
Calla-Peiffert, ébéniste, rue Lacharrière, 5	*	Pottier				* 19 nov. 91	

(1) Burduche (Vᵉ) 100 fr. aux créanciers privilégiés
(2) Burgalat 20% en 4 ans par 1/4 de l'homologation
(3) Burtin & Cⁱᵉ 10% en 5 ans, par 1/5 de l'homologation 11.68% unique répartition.
(4) Buzzy 1f03% unique répartition
(5) Cagé, fils 3% 1re répartition
(6) Cailar & Cⁱᵉ 5% 2e répartition
(7) Caillaud Faillite rapportée par jugᵗ du 15 janv. 90

Noms, Prénoms, Professions & Domiciles	Indiq. Liquidation judiciaire, Divorce et interdiction	Syndics ou Avoués	Faillites ou Liquidations	Dates des Homologations de Concordats	Insuffis. ou Unions	Séparations judiciaires ou Divorces	Cons. Jud. ou Interdict.
Calley - St-Paul de Sinçay - Bloudoff, propr. Bd Haussmann, 89	*	Desnormandie				* 24 déc. 90	
Calon, Jules, négt. en vins, rue de Champagne, 41		Planque I	7 mars 91		(1)		
d° Jaunez, Jules, md. de vins, rue des Fossés St-Bernard, 65		Duruerin				11 mai 91	
Calvet-Raynal, Pierre, rue Demours, 67	*	Laban				* 2 fév. 91	
Calvet-Rogniat-Yon de Jonage, Paul, Av. des Champs Ely., 111		Adam				16 fév. 91	
Camand, Georges, Bd Voltaire, 176	*	Corpet			(2)		31 déc. 85
Cameron & Leybourn, Georges, banquiers, r. Boudreau, 9		Piner	6 juill. 91				
Camille, md. de chaussures, rue Mr-le-Prince, 47		Boussard	3 avril 91				
Camus - Letevé, Léon, à Gouy-en-Artois	*	Mosselen				* 3 août 91	
d° - Thomas, Pierre, rue Labat, 11	*	Pottier				* 6 fév. 91	
Camuset- Rotival, Charles, faub. St-Antoine, 40	*	Tricon				1 juin 91	
Canappe, Adolphe, entrept. de transports, Bd Arago, 53		Lupy	27 janv. 91		* 28 fév. 91		
Canar, limonadier, rue Montmartre, 128		Chardon	10 mai 89		(3)		
Canaux, Emile, imprimeur, rue Franche-Comté, 2		Godmer	13 oct. 91		* 31 oct. 91		
Candalon (Vve) Marie, Hôtel garni, rue Jolivet, 14		Beaujeu	12 mai 91		* 30 juin 91		
Candy, Charles, négt. en blanc, rue du Sentier, 37		Ponchelet	25 janv. 87		* 21 oct. 91		
Canonne, Jules, md. de vins-restt. rue Poncelet, 32		Destrez	5 sept. 91		* 25 sept. 91		
Cantagrel- Allovon, Simon, s.d.c.	*	Jacob				* 2 déc. 90	
Cantel & Cie restaurant, Galerie de Valois, 167		Roucher	7 mars 90		(4)		
Canteloup, Gustave, md. de cafés à Levallois, rue Gide, 30		Hécaen I	8 janv. 91	16 mai 91	(5)		
Canu-Péaux, Gustave, s.d.c.	*	Duruerin				* 19 juin 91	
Capbal - Guibert, Louis, rue des Batignolles, 13	*	Leroy				* 23 mars 91	
Capel, nourrisseur, à Puteaux, rue des Bas-Rogers, 16		Menaux	30 juin 91		* 31 juill. 91		
Capelle, Franç. md. de vins en charbons, à Asnières, Av. de Courbev. 67		Destrez	18 juin 91				
Caperan (Dlle) md. de bimbeloterie, rue de Chabrol, 14		Pinet	23 sept. 90		* 29 nov. 90		
Capitain - Weishaer, Pierre, rue Sedaine, 73	*	Roche				* 26 janv. 91	
Capoulade (Vve) md. de chaussures, à St-Ouen, r. des Batignolles, 15		Rochette	7 nov. 90		(6)		
Cappé- Artozoul, Victor, rue Duris, 26	*	Thomas				* 1 juin 91	
Capprounier, Louis, md. de bois et charbons, à Pierrefitte		Chardon	18 juill. 90	2 déc. 90	(7)		
d° - Ferdinoy, Louis, Pass. Niallen, 2	*	Delesalle				19 janv. 91	
Capron, Hippolyte, négt. en droguerie, r. François Miron, 68		Roucha I	12 av. 90		(8)		
d° - Guion, François, rue Philippe-de-Girard, 64	*	Dumesnil				* 15 av. 91	
Caraven, Eugène, à St-Mandé, rue des Vosges, 10	*	Kerber					17 nov. 91
Caravillon, Lucien, entrept. de menuisie, rue de Sambre-et-Meuse, 9		Benard I	1 fév. 90	7 fév. 91	(9)		
Carayou, Henri, restaur. rue N.D. de Lorette, 32		Boussard I	20 août 90	27 déc. 90	(10)		
Carayou - Latour, Mathieu, md. de vins, rue Ballue, 8		Beaujeu	27 janv. 91		* 31 mars 91		
Carbonel épicier, rue de Calais, 3		Boussard	23 oct. 91				
Carbonnel - Galandrin, Jean à Asnières, rue Lafin	*	Vandermulle				* 5 nov. 91	

(1) Calon 60 % en 6 ans par 1/6 m an de l'homologation
(2) Camand 19 mars 1891 main-levée
(3) Canar 1.84 % unique répartition
(4) Cantel & Cie 8.06 % unique répartition
(5) Canteloup 25 % en 5 ans par 1/5 de l'homologation
(6) Capoulade (Vve) 14.23 % unique répartition
(7) Capprounier 9.38 % d° d°
(8) Capron 10 % 1ère répartition
(9) Caravillon. Intégralité au moyen de l'abandon d'actif et engagement de parfaire dans les 6 mois de l'homolog. la différence si l'abandon ne suffit pas. 2.14% unique répartition.
(10) Carayou. Intégralité des créances en 10 ans par 1/10 de l'hom. avec la faculté de payer 50% comptant dans le cas où le débiteur serait son fonds.

Noms, Prénoms, Professions & Domiciles		Syndics nommés	Faillites ou Liquidations	Dates des homologations de Concordat	Insuffisances ou Unions	Séparations judiciaires Divorces	Cons. Jud. etc. Interdictions
Carbonnier, Georges, m.d de jouets en gros, r. ... Comte, 26		Lupy	17 avril 90		(1)		
Cardinaud & Cie boulangerie, rue des Rasselins, 17		Lupy	29 av. 90		* 25 nov. 90		
Cardinaux-Hazer, Clovis, rue D'Urès, 1	*	Senart				* 8 juin 91	
Cardon (D.lle) Victorine, maréchalerie, r. Championnet, 232		Boussard	3 mars 91		* 15 avril 91		
Cardoux (D.e) m.d de vins, rue Ste Martin, 173		Moreau	23 oct. 91				
Carette, Émile, rue de la Chapelle, 18	*	Deville					* 30 juil. 91
d° - Barret, Gustave, rue Simon-le-Franc, 14	*	Collot				* 13 av. 91	
Carillon, J-Bte parfumeur, rue Castex, 14		Bonneau	17 juil. 90	21 avril 91	(2)		
Caristy-Gich, Claude, rue de la Boétie, 86	*	Delfau				* 27 av. 91	
Cariteau-Sabrié, Antoine, rue Dauphine, 4	*	Yvert				13 av. 91	
Carlier, Henri, quincaillier, r. N.D. de Nazareth, 52		Bernard L.	12 juin 91	1 août 91	(3)		
Carlin-Vasseur, Eug. à Boulogne s/Seine, route de la Louvière, 24	*	Raynaud				30 nov. 91	
Carmichaël-Guepratte, Robert, rédact. au Gil Blas, 26		Perard				15 avril 91	
Caron, Charles, nég. en chaussures, rue de l'École Polytech. 6		Beaujeu	10 avril 91		* 30 avril 91		
d° & Cie chaussures, rue de la Folie Méricourt, 80		Puchoba	17 oct. 90		* 29 nov. 90		
d° - Delacroix, Théodore, s.d.c.	*	Thomas					* 1 déc. 90
d° - Morel, Jules, rue de Crimée 174	*	Dubail				* 27 juil. 91	
Carpentier-Byard, Joseph s.d.c.	*	Delasalle				* 26 oct. 91	
d° - Vincent, Georges, à Neuilly, r. de Chartres, 22	*	Foucault				* 18 juin 91	
Carra-Radel, Pierre, rue Julie, 27	*	Jacob				* 17 mars 91	
Carré, Edmond, entrep. de trav. publics, rue Franklin, 8		Maillard	16 oct. 88		(4)		
d° - Alard, Pierre, rue de Torcy, 11	*	Guignon				* 10 janv. 91	
d° - Barillon, Auguste, m.d de vins, r. de Rivoli, 20	*	Cortru-Jacob				* 6 janv. 91	
Carrère (D.e) café brasserie, rue Racine, 7		Planque	17 oct. 90		* 25 nov. 90		
Carrey & Cie, Aloïse, limonadiers, av. Wagram, 47		Bonneau	30 déc. 90		(5)		
Carrié-Marie, J-Bte, rue Jouffroy prolongée, 98	*	Martin du Gard				* 12 janv. 91	
Carrière-Quarante, Adrien, anc. m.d de vins, Av. d'Orléans, 24	*	Albin				26 janv. 91	
Carron-Antin, Louis, rue d'Oran, 27	*	Fouques				* 8 déc. 90	
Carruette Charles (Roux & Carrette)							
Cartin & Cie fab. de broderies, à Montrouge, r. de Bagneux, 127		Desbrez	17 fév. 91		* 30 avril 91		
Caruel fab. de caoutchouc, r. de Lafayette 219		Lupy	25 nov. 90		(6)		
Casiez, Eugène, fab. de bij.x imitation, rue du Temple, 102		Rochette	15 déc. 91				
Cassague, Philippe, m.d de vins, r. de Charonne, 183		Hécaen	10 juin 91				
Cassard, Auguste, m.tre de bains, rue Amelot, 16		Planque	12 mai 91		(7)		
d° - Lejeune, Auguste, rue Amelot, 16	*	Colmet-Daage				* 16 mars 91	
Casse-Clamageran, Guillaume, act. à Madrid	*	Leuromieu				* 26 mars 91	
Cassel, Henri, m.d d'articles de cave au G.d Montrouge, R.n d'Orléans, 6		Chevillon	17 nov. 91				
Casses, Louis, limonadier, r. des Abbesses, 26		Lesage	2 janv. 91		* 31 mars 91		
Cassier, Paul, fab. de limes, Pass. Buisson St Louis, 11		Menaux	3 juil. 91		* 31 août 91		
Castera-Brenier, Victor, s.d.c.	*	Langeron				* 9 nov. 91	

(1) Carbonnier 4.56 % unique répartition
(2) Carillon. Abandon de tout l'actif réalisé 31.03 % unique répartition.
(3) Carlier 50 % savoir: 5 % un an après l'homolog. 7 % la 2e année
   8 % la 3e et 10 % chacune des 3 années suivantes.
(4) Carré 18.44 % unique répartition
(5) Carrey & Cie 14.69 % d°. d°.
(6) Caruel 7.62 % d°. d°.
(7) Cassard 13.48 % d°. d°.

Noms, Prénoms, Professions & Domiciles	Indique Liquidation, Clôture... ou interdiction	Syndics et Avoués	Faillites et Liquidat.	Dates des homologations de Concordats	Insuffis.ces ou Unions	Séparat° de biens judiciaires / Divorces	Cons. Jud. et Interdict.
Catellat, appareilleur à gaz, rue Eugène Sue, 24, act. s.d.c.		Lupy	13 mars 91		*30 avril 91		
Cathala - Recegayre, Jean, nég. à Boulogne / S.te r. de N.re Pont de Terre		Raveton				1er juin 91	
Cathary - Belloc, Jacques, r. de Vaugirard, 407	*	Cotton				23 juin 91	
Catonet - Roux, Louis, anc. not.re à Issy, G.de rue 144 bis	*	Masse				21 déc. 91	
Catrin - Couturier, Eugène, s.d.c	*	Musnier				*24 fév. 91	
Caudron & C.ie, articles pour chaussures, r. St Denis, 119		Hécaen	17 fév. 91		*31 août 91		
d° - Frey, Adolphe, à Montreuil, rue Tapin, 24	*	Garos				28 juill. 91	
Caumartin, Léopold, restaurateur, rue Bolgrand, 4		Chevillon	27 sept 89		(1)		
Caumont - Blaupin, André, s.d.c.	*	Thorel				*21 nov. 91	
Cavanna, Célestin, m.d de vins traiteur, r. de Dunkerque, 31		Châle	19 août 91				
Cavard, Pierre, m.d de vins, rue de la Huchette, 3		Godmer	27 oct. 91				
Cave, Joseph, entrep. de serrurerie, rue des Récollets, 11		Hécaen	29 mai 91		*31 juill. 91		
Cayla Laurent, m.d de vins et charbons, r. Hamelin 19 bis		Planqua L.	9 juin 91	19 août 91	(2)		
d° anc. m.d de vins et charbons B.d Voltaire, 169 act. s.d.c.		Mauger	10 nov. 91				
Caylus - Flandinette, Eugène, r. du Cloître St Honoré, 11		Delasalle				*9 juin 91	
Cayron, m.d de vins, rue de Sévigné, 5, act. s.d.c.		Préré	23 janv. 91		*31 mars 91		
Cayzac, Franç. anc. m.d de charbons à Clichy, r. de la Provid.ce 23		Lesage	5 déc. 91				
Cazalas - Leclerc, Jean, B.d de Clichy, 40	*	Cheramy				*22 déc. 90	
Cazaux - Schmaltz, Joseph, rue St Honoré, 272	*	Gioules				*4 juin 91	
Cellarius - Duroussoy, Louis, à Alfortville, r. de Seine, 12	*	Tission				*24 fév. 90	
Celli, m.d de chaussures, rue de Tocqueville, 1		Ponchelet	23 déc. 90		*24 fév. 91		
Cereghetti - Spinelli, Jean, rue Vercingétorix, 65	*	Delasalle				*20 janv. 91	
Cerou - Bonnecaze, Etienne, doct. en méd. r. de Navarin	*	de Biéville				*23 fév. 91	
Cesmar Benjamin, vêtem.ts de caoutchouc, r. des Petits-Champs, 35		Maillard L.	21 nov. 90	21 av. 91	(3)		
Cètre, Gaston, m.d de beurre et œufs, Cité Marcadet, 10		Bonneau	12 nov. 91				
Ceyrolle - Lévy, Michel, av. Philippe-Auguste, 7	*	Onclos				*28 nov. 91	
Cezard, doreur argenteur, B.d Richard-Lenoir, 21		Bonneau	23 oct. 91				
d° - Boucher, Nicolas, r. Lafayette, 218	*	Dinos				*20 déc. 90	
Chabanel - Abrieu, Jean, à Passy, rue Mozart 52 bis	*	Collin				*9 av. 91	
Chabernac (D.r) Marie, vins, B.d St Michel, 10		Chardon	2 déc. 90		*27 janv. 91		
Chabrier - Bourdon, Benoît, rue de Seine, 21	*	Raveton				*27 fév. 91	
Chacornac - Tapin, Albert, imprimeur, rue Soyouls 24	*	Ancelot				5 janv. 91	
Chadelle, agent d'affaires, rue de Castellane, 17		Maillard	3 nov. 91				
Chaffiotte - Caron, Jules, av. de Choisy, 168	*	Messelot				*12 janv. 91	
Chaginy - Aliz, Etienne, rue des Archives, 81	*	Roué Marin				9 fév. 91	
Chaillou - David, Théodore, B.d de Strasbourg, 57	*	Carven				*20 av. 91	
Chailly - Firbert, Emile, rue des Mûriers, 7	*	Tricaud				*17 nov. 90	
Chaine, m.d de vins, rue Grégoire de Tours, 8		Bastrex	30 oct. 91				
Chaix, Charles, entrep. de serrurerie, av. Parmentier, 122		Châle	31 mars 91		*22 août 91		
Chalen, Paul, entrep. de maçonnerie, rue Dombasle, 60		Mauger L.	27 sept. 91	17 janv. 91	(4)		
Chalon & C.ie, vente et achat de biens, rue de l'Echaudé, 6		Rochette	14 oct. 90		*31 déc. 90		

(1) Caumartin 3-11 % unique répartition.
(2) Cayla 25 % sans intérêts en 5 ans par 1/5 de l'homolog.
(3) Cesmar 30 % sans intérêts en 5 ans par 1/10 6 mois de l'homolog.

(4) Chalen 20 % savoir : 2 % un an après l'homolog.
2 % le 1er janvier 1893 ; 3 % le 1er janvier 1894-95-96-97
4 % le 1er janvier 1898

Noms, Prénoms, Professions & Domiciles	Indique: Liquidations, Procédures, Avoués, Divorces et Juridiction	Syndics et Avoués	Faillites et Liquidations	Dates des homologations de Concordats	Insuffis.ces ou Unions	Séparations de biens judiciaires, Divorces	Cons. Jud. ou Interdict.
Chalumeau (Mme) Hélie, hôtel meublé, rue Chevert, 2		Lissoty	29 juin 91			* 31 août 91	
Chabignac-Paris, Guillaume, rue Berraria, 7	*	Dubourg				* 8 juin 91	
Chalvon-Fauveau, Louis, rue de Lille, 40	*	Mercier				* 8 déc. 90	
Chamailler-Cibert, Jean, rue Ordener, 62	*	Gicules				* 6 avril 91	
Chambar-Bergoend, Maurice, s. d. c.	*	Dubourg				* 20 juill. 91	
Chambellan (Voir : de Barral & Chambellan)							
Chambolle, Paul, boulanger, rue de Montreuil, 13		Borneau	27 janv. 91	12 mai 91	(1)		
Chambon-Crétin, Achille, s. d. c.	*	Marin				* 6 mars 91	
Chamerlat-Papillon, Eugène, rue Cardinet 132	*	Pirard				1 juin 91	
Champelle, Jean, anc. nourrisseur, r. Doudeauville, 53 bis		Destrez	11 août 91				
Champromis-Tatay, Jean, s. d. c.	*	Martin				* 8 déc. 90	
Champroux-Vagaresse, Paul, à Asnières, r. St-Denis, 3	*	Raynaud				* 23 mars 91	
Chan, Jacques, rue de Berry, 5 bis	*	Cabon					17 mars 91
Chané-Noël, Victor, rue Myrrha, 22	*	Daupeley				* 8 déc. 90	
Chanlon-Cousin, Antonin, rue des Trois Frères, 42	*	Leroy				* 25 juin 91	
Chantre-Tarare, Francis, av. Trudaine, 31	*	Péronne				* 19 janv. 91	
Chanvator-Bègue, Eugène, rue François Mizon, 22	*	Cabasson				* 8 déc. 90	
Chapal, Aimée, lustreur en plumetiers, à Vincennes, r. de Bagnolet 22		Roucher	14 sept 86		(2)		
Chapeler-Guérin, Louis, rue Bréda, 13	*	Brismed				4 mai 91	
Chapellin (Mme) Alphonsine, md de papeterie, r. Caumartin 39		Châle	20 oct. 91				
Chapet-Baudouin, Georges, à Asnières, r. St-Aug.te 11 bis	*	Durmerin				* 24 mars 91	
Chapey, md de vins, faub. du Temple, 38 bis		Borneau	28 août 91		* 17 nov. 91		
Chapick-Dubois, Louis, cordonnier, r. du Ruisseau, 92 bis	*	Dep Dumout				* 19 janv. 91	
Chapitel, commissionnaire, à Clichy, rue de Paris, 23		Destrez	26 juin 91		* 23 juill. 91		
Chapron, Henri, md de vins, rue Lepic, 27		Ozéré	24 nov. 90		(3)		
Chapsal, fab. de tôlerie, Pass. des Deux Nèthes, 12		Mauger	6 janv. 91				
Chapuis, Joseph, construct. mécanicien, Bd Voltaire, 197		Boussard	26 nov. 89		(4)		
Charassier-Loridon, Eugène, rue du Puits de l'Ermite, 26	*	Charmeau				* 23 mars 91	
Charavay, Louis, nég. en salaisons à Neuilly, r. des Huissiers, 18		Colty I.	6 nov. 91				
Charbois, Jules (Voir : Marly & Cie)							
Charbonneau-Petitcolas, Pierre, rue Boutarel, 10	*	Ducrauge				* 9 déc. 90	
Charbonnier, Charles, bazar à Asnières, r. de la Station, 4		Boussard L.	29 mars 89		(5)		
do Léon, entrep. de bières, à Boulogne, r. du Bois		Lesage	27 juin 90		(6)		
do - Lachat, Louis, rue de Bercy, 183	*	Delinon				* 23 janv. 91	
do - Marchand, Léon, à Boulogne, r. du Château	*	François				16 fév. 91	
do - Struyf, Eugène, rentier, r. de Rivoli, 35	*	Ancelot				* 12 janv. 91	
Charbuy et Folcher, confection p. dames, r. St-Joseph, 1		Hécaen	25 fév. 91		(7)		
do - Davy, Charles, rue St-Georges, 29	*	Berton				22 juin 91	
Chardon, Victor, entrep. de peinture, r. de l'abbé Groult 254		Destrez	30 déc. 90		* 15 fév. 91		
Charlau-Daudenarde, Victor, s. d. c.	*	Lemonnier				* 24 nov. 90	

(1) Chambolle 25% savoir : 10% un an après l'homolog. 5% dans 2, 3 et 4 ans de ladite homologation.
(2) Chapal 11.52% unique répartition
(3) Chapron 2.94% do do
(4) Chapuis 5.87% unique répartition
(5) Charbonnier 46.13% do. do.
(6) Charbonnier, Léon 1.82% do do
(7) Charbuy et Folcher ..9% do do

Noms, Prénoms, Professions & Domiciles		Syndics ou Avoués	Faillites ou Liquidat.	Dates des homologations de Concordats	Insuffis.ces ou Unions	Séparat.ons de biens judiciaires, Divorces	Cons. Jud. ou Interdict.
Charlemagne-Dumont, Louis, à Chatenay	*	Chaffotte				* 24 juill. 91	
Charles, Georges, chaudronnier, B? Raspail, 293		Beaujeu	15 nov. 90		* 26 déc. 90		
d° Bonnard, Claude, rue Poncelet, 24	*	Delpeuve				* 9 fév. 91	
Charleux-Beaumont, François, s. d. c.	*	Husson				* 27 juill. 91	
Charlier, mercier, rue St Antoine, 134		Rochette	23 sept. 90		* 31 oct. 90	(1)	
d° -Paris, Aubin, s. d. c.	*	Milhaud				* 28 nov. 90	
Charlois-Salengrois, Pass. du Grand Cerf, 27	*	Pelletier				* 21 av. 91	
Charlon-Thuau, Paul, au Mans, Place des Jacobins	*	Pilastre				* 16 fév. 91	
Charnier-Bailly, Claude, à Bornay (Jura)	*	Poisson				* 26 oct. 91	
Charnon-Robin, François, coutelier, r. des Carmes, 20	*	Gery				* 11 mai 91	
Charollet, Md de vins, rue Puget, 22		Menaux	23 janv. 91		* 28 fév. 91		
Charpentier (Vve) bouchère, à Bois-Colombes, r. des Aubépines		Planque	19 juill. 89		(2)		
d° -Chabert, Désiré, Pass. St Philippe-du-Roule, 4	*	Pilastre				* 2 fév. 91	
d° -Dupont, Albert, rue de Meaux, 19	*	Corton				* 2 janv. 91	
d° -Métier, F?is, rue des Fontaines, 4.bis	*	Fouquer				* 5 déc. 90	
Charreron, Germain, fabt de caoutch. dilaté, aux Lilas r. du Coq		Boussard I.	9 sept. 91	2 déc. 91	(3)		
Charrette-Tbullier, Pierre, rue de Lisbonne, 30	*	Senart				* 28 mai 91	
Charrier, Léon, briquetier, rue Lacépède, 49		Hécaen	5 déc. 91				
d° (D?) Valentine, boulangère, rue des Fontaines, 14		Châle	7 av. 91				
Chartier, Edouard, fab. de chaînes, à St Denis, Prince Guelma,		Châle	6 août 86	22 juill. 91	(4)		
d° -Marly, Joseph, rue St Claude, 16	*	Caben				* 28 oct. 91	
d° -Petit, 2nm? à Colombes, r. Vr Hugo, 232	*	Ancelot				9 nov. 91	
d° -Tezard, Louis, s. d. c.	*	Tricaud				* 16 nov. 91	
Charton-Goddefroy, Jules, paveur, r. Marcadet 145	*	Duclos				* 25 fév. 91	
Charvet-Palatin, Joseph, s. d. c.	*	Colin. Daage				* 19 déc. 90	
Chasles, Henri, Ingénieur, rue Friant, 9		Rochette	25 juill. 91				
d° Roussin, Henri, rue Friant, 9	*	Chagnot				24 sept. 91	
Chastel Emile, fab. de robinets, rue Portefoin, 3		Lesage	18 juin 91	4 août 91	(5)		
Chataigner-Vergance, Louis, s. d. c.	*	Delibu				* 17 nov. 90	
Chatain, Emile, quincaillier à Charenton, r. de Paris, 52		Godmer	19 sept. 89		(6)		
Chataxis-Robin, Etienne s. d. c.	*	Gery				* 13 juill. 91	
Chatel cabinet d'affaires, rue Tiquetonne, 60		Lupy	2 janv. 91		* 31 mars 91		
Chatelain, Eugène, boucher à Clamières, r. de la Station, 17		Lupy	11 avril 90		(7)		
d° -Fontsauvage, Jean à Courbevoie, r. de Paris, 16	*	Caben				* 6 août 91	
d° -Niquet, Baptiste, rue Spontini, 63	*	Bazon				* 30 juin 91	
Chatelet, entrep. de plomberie, rue Decamps, 41		Kénou	2 mai 91		* 30 juin 91		
Chateller-Glon, Louis, faub. St Martin, 26	*	Fromageot				* 12 juin 91	
Chatet, Georges, passementier, rue St Denis, 277		Sissoty I.	19 nov. 91	2 fév. 91	(8)		

(1) Charlier 3 juin 91 rapport de clôture.
(2) Charpentier (Vve) 9.62% unique répartition.
(3) Charreron. Intégralité des créances sans intérêts, savoir : 5% la 1re année et 10.55% chacune des 9 années suivantes.
(4) Chartier. Intégralité au principal, intérêts et frais dans les huitaine de la clôture de la liquidation ou de la succession de Chartier père.

(5) Chastel 30% savoir : 6% trois mois après l'homolog. et 6% le 1er décembre de chacune des années 1892-93-94 et 95.
(6) Chatain 6.49% unique répartition.
(7) Chatelain 2.60% d° d°.
(8) Chatet 20% en 10 ans par 1/10, le 1er paiement un an après l'homologation.

Noms, Prénoms, Professions & Domiciles		Syndics et Avoués	Faillites ou Liquidations	Dates des Homologations de Concordats	Transffres ou Unions	Séparations de biens judiciaires Divorces	Cons. Jud. ou Interdict.
Chatte, Félix, fab. de passementerie, faub. St Martin, 59		Roucher	6 oct. 90		* 10 déc. 90		
d° - Grasson, Henri, rue de l'Entrepôt, 26	*	Marin				22 juin 91	
Chaubet, Jean, tailleur, B? des Italiens, 11		Roucher L.	20 août 91				
Chaudemanche, horloger, r. d'Armaillé, 11		Godmer	2 oct. 91		* 31 oct. 91		
Chaudron, Édouard, bains, rue Montholon, 20		Hérace	5 mars 91				
Chaumont, Jean, tailleur & chemisier, r. J.J. Rousseau 29-31		Beaujan L.	25 juin 91	1 sept. 91	(1)		
Chaussoy-Gréglois, Jules, s.d.c.	*	Dubrail				* 12 janv. 91	
Chauvelot-Jobin, Alfred, r. de Naples, 33	*	Audouin				8 oct. 91	
Chauvet, Jules, limonadier, B? des Capucines, 39		Monant L.	4 nov. 90		(2)		
d° - Arrougé, Victor, rue de Cumier, 7	*	Husson				25 mai 91	
d° - Camus, Achille, B? de Clichy, 2	*	Leroy				* 9 mars 91	
d° - Chatagner, Jacques, B? Murat, 123	*	Viven				* 1er déc. 90	
d° - Jean, Léonce, r. Michel-Ange, 4	*	Dup. Dumesnil				* 19 mars 91	
Chauvière-Chalopin, Charles, rue Chanoinesse, 26	*	Baudin				* 19 juin 91	
d° - Martin, Henri, sellier, r. de Chazelles, 17	*	Dinor				* 26 janv. 91	
Chauvin, Alex. md de vins, rue de Rome, 145		Châle	7 juill. 91		(3)		
Chavroche-Chatterer, Jean, rue Cambronne, 26	*	Millaud				* 26 déc. 90	
Chazal, Jean, nourrisseur, à Suresnes, rue de Neuilly, 181		Lupy	15 mai 91	5 nov. 91	(4)		
Chazette, entrep. de maçonnerie, rue Dumeril, 13		Menant	4 août 91				
Chédal, Emmanuel, négt. rue Geoffroy-Lasnier, 20		Hérace	7 déc. 91				
Chefdeville-Sézille, Ernest, s.d.c.	*	Sarigures				* 6 juill. 91	
Cheminade, négt. en vins, av. de Choisy, 192		Lissoty	8 déc. 91				
Cheminant-Lercher, Louis, rue des Trois Frères, 32	*	Lamare				* 15 mai 91	
Chéreau-Troussard, Fon à Ecrones (Eure & Loir)	*	Raynaud				* 1 déc. 90	
Chénier (Nve) Antonia md. Lingerie, Chaussée d'Antin, 62		Ponebelet	16 fév. 91		* 15 av. 91		
Chennevière-Bertin, Louis, rue Poirécourt, 83	*	Auzouse				* 9 déc. 90	
Chenot-Chaumette, Paul, r. St. Dominique, 125						29 juin 91	
Chenu-Demond, Albert, à Chatou, r. St Germain, 5	*	Leroy				* 9 mars 91	
d° - Ebion, Maurice, s.d.c.	*	Ransons				* 9 nov. 91	
Cherbetian-Giffault, Grégoire, s.d.c.	*	Berton				* 1er déc. 90	
Chéreau (Dr) Anna, produits chimiques, à Arcueil, r. de Paris, 1		Cotty	11 août 91				
Cherelle, Paul, ancien banquier, r. de la Michodière, 5		Roucher	5 nov. 90		* 27 janv. 91		
Cherer, ancien horloger bijoutier, rue de Rivoli, 33		Menant	4 déc. 91				
Chertemps, Denis, Const. méc. Pass. St Sébastien 11 bis		Châle	9 juin 90		(5)		
Cheruxel, fab. de sonnettes, rue d'Hautoun, 42 Imp. Bilecq, 10		Hérace	28 av. 91		* 30 juin 91		
Chéry, Paul, Charles, chauffeur à Bréveunes (S&O)	*	Senart				* 24 avril 91	
Chesnay, Augustin, Commt en march. r. d'Hauteville, 69		Mauger L.	29 déc. 91				
Cheval-Pangor, Georges, à Boulogne B. r. St Denis, 42	*	Damseley				* 9 janv. 91	
Chevalier & Cie, imprimeurs, rue Bausset, 4		Hérace	16 janv. 91		* 15 av. 91		
d° - Favier, Alphonse, rue de la Glacière, 105	*	Francastel				* 4 août 91	
d° - LebelH, Joseph, rue de Montreuil, 31	*	Dinor				* 29 juin 91	

(1) Chaumont 30% sans intérêt en 6 ans par 1/6 de l'homologation.
(2) Chauvet 7.29% unique répartition
(3) Chauvin 10.55% d° d°
(4) Chazal. Abandon de l'actif réalisé et 25% en 5 ans par 1/5 de l'homologation. 10.22% unique répartition
(5) Chertemps 1 mai 91, après l'homolog. 8.07% unique répartition

Noms, Prénoms, Professions & Domiciles	Syndics ou Nommés	Faillites ou Liquidations	Dates des homologations de Concordats	Insuffis. ou Unions	Séparations de biens judiciaires ou Divorces	Cons. Jud. ou Interdict.
Chevallier, A. quincaillier à Alfort, r. Eugène Renault	Bernard	9 déc. 90			*27 janv. 91	
do , Émile, Commr en marchandises r. des Minimes 14	Beaujou	14 nov. 90			*29 nov. 90	
do - Gaucher, Louis, à Montreuil, r. de Lagny, 118	Giry				*2 nov. 91	
Chevrau-Lefay, Edmond à la Brèche (Seine)	*Moutherne				11 mai 91	
Chevrel, Guétant & Cie, produits chimiques, r. Martel 5	Rochette	3 fév. 88		(1)		
Chevrier, md de chaussures, rue du Commerce, 13	Roubor	18 nov. 90	22 avril 91	(2)		
Chevrollier-Paris, Joseph, rue Bion 25	*Doummandia	.			28 déc. 91	
Chevy (Dr) anc. épicière, rue Nicolet 18, act: s.d.c.	Hédeau	13 fév. 91			*30 mai 91	
Chezaud-Brujon, Didier, Pas. Simonnet, 13	*Collin				*27 juill. 91	
Cheze, épicier, rue Bichat, 11	Lupy	9 juin 91			*30 juin 91	
Chibon-Lemery, Albert, Passage de l'Industrie, 4	*B.d.Longch.				*13 avril 91	
Chicon, Joseph, anc. boulanger, rue Fourcroy, 7	Okéré	13 août 89		(3)		
Chloup-Michaely, Jean, s.d.c.	*Demoreuil				*19 juin 91	
Chobert-Tromeau, Eugène, faub. du Temple, 134	*Tricon				*20 oct. 90	
Chocarne-Bourgoin, Lucien, = Boulogne s/S. r. des Tilleuls 61	*Passion				18 déc. 90	
Chofflet-Champflaud, Louis, à Montreuil, r. de Paris, 173	*Bourgoin				*9 fév. 91	
Choin, Joseph, anc. md de lavoir, à Clichy, Bd National, 176	Bouneau	16 déc. 91				
Choquet-Duperche, Adolphe, à St Ouen, r. Hermel, 9	*Portel-Dubois				*5 janv. 91	
Choquereaux, Eugène, épicier, à Vincennes, r. de Fontenay, 107	Boussard	24 janv. 91		(4)		
Choquet-Dethier, Auguste, rue Demours, 80	*Garer				*3 août 91	
Chossonnery, Antoine, libraire, quai des Gds Augustins, 47	Lesage I	24 nov. 91				
Chotard-Schaeffer, Ferdinand, Faub. du Temple, 119	*Michel				*15 déc. 90	
Choudens-Colonne (de) Antoine, rue St Honoré 408	*Martin				*2 juin 91	
Chovet-Michon Zacharie à St Denis, r. du Chn de fer, 17	*Salato				*21 nov. 90	
Christian-Grasset, Ferdinand s.d.c.	*Vivex				*2 nov. 91	
Chuard (Vve) Julia, vêtemts en fourrures rue St Denis, 251	Châle	18 août 91				
Chucard, Léon (Voir: Bequet et Chucard)						
Cibot, md de vins, av. Lowendahl, 18	Lupy	23 janv. 91			*18 fév. 91	
Cicé-Martinea, François, rue des Poissonniers, 36	*Laugeron				*12 janv. 91	
Ciret-Decroix, Julien, à Pantin, rue de Paris, 48	*Dubourg				*13 avril 91	
Civiel-Chautal, Antoine, quai des Célestins, 20	*Berton				16 fév. 91	
Clair, Antoine, négt en charbons, à Clichy, Bd Nl, 15	Barboux	28 août 90	20 janv. 91	(5)		
Clairembourg-Pigeolen Jules, à St Denis, r. Catherine 26	*Dep.Denneuil				*9 fév. 91	
Claise, Adolphe, hôtel meublé, Pass. des Amandiers, 4	Maillard	24 juill. 91				
Clanen, Élie, entrepr. de plomberie, rue Cauchois, 8	Bonneau	3 avril 91	12 août 91	(6)		
Clasquin Marie Louis, Imprimeur, rue Milton, 19	Rochette I	10 oct. 91				
Claudon-Verny, Frédéric, rue Lecourbe, 38	*Pineau				*27 nov. 90	
Claveroanne, anc. md de vins, rue Lafayette, 60, act.s.d.c.	Hédeau	9 janv. 91			*31 mars 91	
Clay (Vve) Élisabeth Rondeau, rue de l'Arcade, 29	*Rivière					*16 avril 91
Clavicz-Gillet, Charles, à Vassy (Hte Marne)	*Delasalle				22 août 91	

(1) Chevrel, Guétant & Cie 6.59 % 2e & 3me répartition
(2) Chevrier 15 % dans la huitaine de l'homologation
(3) Chicon 11.60 % unique répartition
(4) Choquereaux 13.82 % unique répartition
(5) Clair 25 % en 5 ans par 1/5 de l'homologation
(6) Clanen. Intégralité des créances en 5 ans par 1/5, le 1er paiement le 31 Octobre 1892.

Noms, Prénoms, Professions & Domiciles	Indique Liquidation m/ Clinique, Avoué, Insuffisance, Divorce et Interdiction	Syndics et Avoués	Faillites ou Liquidations	Dates des homologations du Concordat	Insuffis.ces ou Unions	Séparat.on de biens judiciaires Divorces	Cons. Jud. ou Interdict.
Clémem Gaston, entrep. menuiserie, Av. La Mothe-Piquet, 36		Boursand L	14 fév. 91	27 avril 91	(1)		
d° Jules, limonadier, P°° St Michel, 2		Lesage L	20 nov. 91				
d° (D°°) Aimable, m°° de pâtisserie, av. V°° Hugo, 57		Planque	27 fév. 91		* 24 juin 91		
d° (D°°°) Victorine, lingère, rue Montorgueil, 49		Godinier	10 avril 91		* 30 juin 91		
d° - Chevereau, Louis, rue Amelot, 38	*	Iscarex				* 23 mars 91	
d° - Feret, Charles, imprimeur, r. St Bernard, 36	*	Roche				* 9 mars 91	
d° - Parison, F°°, s. d. c.	*	Corton				* 13 juill. 91	
Clerc - Barbaris, Gaston, square des Batignolles, 22	*	Ancelot				* 9 fév. 91	
d° - Maison, Émile, faub. St Honoré, 266	*	Lorhal-Jacob				* 15 juin 91	
Clère - Lagrave, Jean, s. d. c.	*	Berton				* 15 juill. 91	
Clerfond, Désiré, pharmacien, P°° Vendôme, 28		Bernard L	11 août 91	29 oct. 91	(2)		
Clermont - Tonnerre (de), Pierre, Avenue Villars, 7	*	Berryer					* 29 août 91
Clermont, m° de vins et charbons, rue St Maur, 114		Mauger	14 nov. 90		* 26 déc. 90		
d° (de) Louis, Cité Malesherbes, 14	*	Allain				(3)	10 avril 77
Cléry - Arnette, André, à Neuilly b°° dir St James	*	Leroy				23 oct. 90	
Clin, Jules, agent d'affaires, faub. St Martin, 252		Planque	9 juin 91		* 31 juill. 91		
d° - Aubry, Jules, d°, d°	*	Charneau				2 nov. 91	
Clouet, Georges, à Villemomble, Imp. des 2 Frères	*	Lamare					11 août 91
Clouzeau, spécialité de Cafés, rue Doudeauville, 47		Beaujeu	17 mai 87		(4)		
Coblentz, David, produits chimiques, r. du Château d'Eau, 38		Pouchelot	16 mai 91	10 déc. 91	(5)		
Cochery - Bohringer, Edmé, s. d. c.	*	Passion				* 4 août 90	
Cochin - Moreau, s. d. c.	*	Husson				29 juin 91	
Cochon, Jules, rentier, rue du Pont-Neuf, 22	*	Demoreuil					21 août 91
Cocu - Labbé, Charles, à Boulaincourt (Oise)	*	Audouin				* 27 nov. 90	
Coen, Mayer, nég°° en nouveautés, r. Montmartre 115-117-119		Lesage	21 août 91				
Coëz et Cie, fab. de matières colorantes, à St Denis r. du Port, 45		Beaujeu L	26 déc. 90	13 mai 91	(6)		
d° Gustave (Voir : Coëz & Cie)							
d° - Guillaume, Émile, nég°° à St Denis, rue du Port, 45	*	Roche					23 fév. 91
d° - Régem, Gustave, nég°° à St Denis, r. du Port 45	*	Roche					23 fév. 91
Cognet, Félix, fab. de chaussures, r. d'Angoulême, 10		Chardon L	23 sept. 90	9 janv. 91	(7)		
Cognian, Louis, lavoir, rue de l'Église, 9		Lupy	27 avril 91	10 juill. 91	(8)		
Cognon, plombier, à Suresnes, r. de Neuilly, 111		Beaujeu	23 oct. 91				
Cogordan (Vve) Marie, internée asile de la Salpêtrière	*	Pelletier					10 nov. 91
Cohen, Robert, nég°° en diamants, rue Lafayette, 90		Planque L	18 août 91	14 oct. 91	(9)		
Cohn Rodolphe, nég°° en vins, rue de Chateaudun, 17		Roucher	2 janv. 91		* 31 janv. 91		
d° - Bernheimer, Samson, rue de Calais, 3	*	Coincy				10 août 91	
Coillierez - Lecos, Émile, rue de la Glacière, 115	*	Marais				* 22 juin 91	

(1) Clémem 25% en 5 ans par 1/5 un an de la reddition de compte.
(2) Clerfond 40% en 8 ans par 1/8 de l'homologation.
(3) Clermont (de) 25 avril 91 main levée.
(4) Clouzeau 0.52% unique répartition.
(5) Coblentz 20% sans intérêts en 8 ans de l'homologation ; savoir : 2% chacune des 5 premières années ; 3% la 6° et la 7° ; 4% la 8°.
(6) Coëz et Cie réalisation de l'actif de l'usine de St Denis pour être réparti aux créanciers sous déduction des frais et des créanciers privilégiés. Les débiteurs garantissent un dividende minimum de 10% qui sera distribué dans le délai d'un an.
(7°) Cognet. Abandon d'actif réalisé et à réaliser à l'exception de son mobilier personnel 2.99% unique répartition.
(8°) Cognian, 14.62% unique répartition.
(9°) Cohen, 25% sans intér. en 8 ans par 1/8 les 1ers paiem. un an après l'hom.

Noms, Prénoms, Professions & Domiciles	Judiciaire / Liquidation / * Astérisque / Avec insuffisance / Divorce et Interdiction	Syndics ou Arbitres	Faillites ou Liquidations	Dates des homologations de Concordats	Insuffisances ou Unions	Séparations de biens judiciaires ou Divorces	Cons. Jud. ou Interdict.
Coillet - Galapin, Claude, s. d. c.	*	Lefoullon				* 24 juill. 91	
Cointo & Cie, md de toiles, sacs & bâches, r. des Deux Écus, 19		Ozéré	12 déc. 90		* 16 janv. 91		
Colali, J. tapis d'Orient en gros, rue d'Amboise, 1		Ponebeleu	3 oct. 90		(1)		
Colas, entrepr. de charpente à Boulogne 1/5, rue de l'Est, 39		Chardon	30 sept. 90	23 avril 91	(2)		
d° - Guidon, Charles, s. d. c.	*	Dubourg				* 27 fév. 91	
d° - Lajone, Jules, rue Penel, 3	*	Audouin				* 3 août 91	
d° - Liron, Félix, s. d. c.	*	Delasalle				* 8 déc. 90	
Coles - Rigaut, Thomas, Pce du Marché St-Honoré, 34	*	Delinon				* 24 juill. 91	
Colin - Lapointe, Honoré, rue de Crussol, 11	*	Labau				15 déc. 90	
d° - Robin, Jules, rue Marcadet, 278	*	Charneau				* 26 oct. 91	
Colins, Albert, libraire, rue de l'abbé Grégoire, 13		Lisosty	8 déc. 91				
Collard - Tschiander, Jules, rue du Cloître St-Honoré, 14	*	Berton				* 16 oct. 91	
Collet - Collet, Aimé, s. d. c.	*	Ducange				* 20 janv. 90	
d° - Deccy, Alphonse, s. d. c.	*	Leroy				* 27 juill. 91	
Colliard, Léon, rue Odenon, 4	*	Ramous					27 juin 91
Collignon, entrep. de peinture, rue Championnet, 228		Boussard	17 juill. 91		* 22 août 91		
d° - Lobertreau, Fulgence, r. St André des Arts, 33	*	Gilles				* 3 août 91	
Collin, anc. md de vins, Faub. St Antoine, 211		Destrez	14 nov. 90		* 31 déc. 90		
d° William, bazar, rue Bior, 25		Rouchex	3 avril 91		(3)		
Colnel - Coluel, Jean, rue Fromentin, 12	*	Roche				* 20 juill. 91	
Collombert, Hubert, md de Pavoir, rue du Mont-Cenis, 113		Godiner L	13 avril 89		(4)		
Collot - Talmier, Léon, rue Rampomneau, 31	*	Benoist				* 27 avril 91	
Colman - Mentzel, Edmond, s. d. c.	*	Henriet				* 2 fév. 91	
Coloby, François, entrep. de charpente, r. Mozart, 95-97		Godiner	17 mars 91	22 juill. 91	(5)		
Colombes - Lacomine, Michel, rue Aibout, 13	*	Montefmine				* 16 janv. 91	
Coloubier & Cie, chemisiers, rue d'Uzès, 21		Boussard L	15 déc. 91				
Colson et Cie, fab. de meubles pr parapluie au Pré St Germais	*	Godiner	16 avril 88		(6)		
d° - Ripouteau, Joseph, imp. Ménilmontant, 105	*	Messelet				* 6 juill. 91	
Combe, Gaston, entrep. de menuiserie, Bd de Belleville 47		Boussard L	1 déc. 91				
Combelle, Jean, laitier-nourrisseur, à Vreuil, av. Laplace 32		Lupy L	4 fév. 91	4 mai 91	(7)		
Combes, Pierre, fab. de briques, r. de la Quintinie, 29		Lesage	8 mars 90	20 janv. 91	(8)		
Combier, md de vins à Levallois, rue Gide, 56		Beaugé	10 oct. 90		(9)		
Combourg - Zabé, Émile, rue de Flandres, 9	*	Charneau				* 2 juin 91	
Commune & Cie, fab. de chaussures, rue Pierre Levée 14		Lupy	2 juin 91		* 31 juill. 91		
Commergnar - Faisant, Jacques, Bd de l'Hôpᵃˡ 16	*	Sarignau				* 17 nov. 90	
Comom - Kintz, Léon, serrurier, rue Chevert, 21	*	Berryer				* 12 janv. 91	

(1) Colali. Faillite annulée par jugᵗ du 8 novembre 1890.
(2) Colas. Abandon de la totalité de l'actif réalisé & à réaliser sauf son mobilier personnel et en outre 6% en 3 ans par 1/3 de l'homol.
(3) Collin 9.97% unique répartition.
(4) Collombert 16.19% espèces; 22.61% billets, unique répartition.
(5) Coloby 30% en 6 ans par 1/6 un au dessous.
(6) Colson & Cie 5.55% unique répartition.
(7) Combelle 25% en 5 ans par 1/5 de l'homol.
(8) Combes 40% en 6 ans par 1/6 d°.
(9) Combier 24 mars 91 refus d'homologation.

Noms, Prénoms, Professions & Domiciles		Syndics ou Avoués	Faillites ou Liquidations	Dates des homologations de Concordats	Divorces ou Unions	Séparations de biens judiciaires — Divorces	Cons. Jud. ou Interdiction
Cⁱᵉ de Charronnage & Matⁱˡ d'Agricᵉ et Transpᵗ à Courbevoie		Sauvalle	25 mai 83		(1)		
Cⁱᵉ des Chem. de fer des Charentes, rue de Châteaudun, 42		Ponchelet	11 avril 81		(2)		
Cⁱᵉ des Chem. de fer d'Orléans à Châlons, Av. de l'Opéra, 38		Chevillon	9 oct. 84		(3)		
Cⁱᵉ des Chem. de fer de la Vendée, rue de Châteaudun, 17		Saulton	22 juin 77		(4)		
Cⁱᵉ pʳ l'Éclairage, le Chauffage à la Force Motᶜᵉ par le Gaz, Bᵈ Magenta, 85		Boussard	4 août 91				
Cⁱᵉ d'Exploitⁿ d'Éclairⁿ et de Chauffᵍᵉ par le Gaz, rue Vivienne, 51		Godmer	18 sept. 88		(5)		
Cⁱᵉ Française de Travᵡ publics, Chaussée d'Antin, 64		Beaugé	3 juin 84		(6)		
Cⁱᵉ Gˡᵉ des Chemins de fer sur route, rue Laffitte, 49		Mauger	19 juill. 83		(7)		
Cⁱᵉ Gˡᵉ d'Éclairage et de Graissage à Nanterre, rᵉ de Paris, 51		Chevillon	1 avril 84		(8)		
Cⁱᵉ Gˡᵉ de Transports, quai de Seine, 46		Bernard I	1 fév. 90	24 déc. 90	(9)		
Cⁱᵉ Internⁿ d'Assurᶜᵉ et Banque, r. des Petits-Champs, 73		Hécaen	7 avril 91				
Cⁱᵉ Parisienne de Glace Transpᵗ rue Guillon, 21		Cotty	22 oct. 91				
Cⁱᵉ des Peintures Chim. Bᵈ Magenta, 35		Maillard	8 août 91				
Cⁱᵉ du Pulvérisateur - Cyclone, Pass. Lechevin, 14		Maillard L	11 nov. 90	23 mars 91	(10)		
Cⁱᵉ des Transports de l'Est, quai de Seine, 46		Roucher	15 nov. 89		(11)		
Cⁱᵉ des Vidanges Militaires, rue Le Peletier, 35		Bonneau	20 juin 84		(12)		
Compagnon (Dᵉ) Emma, loueuse de voitᵘʳᵉ à Levallois, r. Lᵗ Blanc, 17		Bonneau	23 mars 91	22 juill. 91	(13)		
Comperat & Okolowicz, Cercle des Arts, Bᵈ Poissonnière, 6		Maillard	23 oct. 91				
Compoint (Vᵛᵉ) mᵈ de vins, à S.-Ouen, r. Montmartre, 47		Lesage	6 janv. 91		✻ 31 janv. 91		
Comptoir Général de l'Échange, rue Sᵗᵉ Anne, 49 bis		Planque	30 juin 91		✻ 31 août 91		
Comte, Georges, nourriss. à Fontenay aux Roses, Pass. Boileau, 15		Rochette	21 fév. 90		✻ 17 nov. 91		
dᵒ (Vᵛᵉ) Antoinette, rue Jean Goujon, 22		Orcé I	27 oct. 91				
Concedieu, Vins & spiritueux, rue du Docteur, 12		Rochette	29 mai 91		✻ 30 juin 91		
Connay - Clacrebours, Charles, Bᵈ de Strasbourg, 85	✻	Picard				16 fév. 91	
Conquy ainé Abraham, comm. en march. rue Laffitte, 47		Ponchelet I	30 sept. 91				
Constans, Pierre, tailleur, Faub. Poissonnière, 66-68		Lesage	4 mars 91	4 août 91	(14)		
Contarine - Keilès, Anatole, rue de Belleville, 313	✻	Marin				✻ 20 nov. 91	
Contam (Dᵉ) Berthe, internée Asile Sᵗᵉ Anne	✻	Choramy					✻ 28 mai 91
Contrel - Pecquet, Léon, Bᵈ de Grenelle, 90	✻	Passion				✻ 1 déc. 90	
Conzelmann - Tusy, Édouard à Montreuil, Imp. Carel	✻	Giry				✻ 6 mars 91	
dᵒ — Menette, Eugène, à S.-Max (Meurthe & Moselle)	✻	Toller				✻ 16 juin 91	
Copeland - Charrier, Victor, rue Lebrun, 20	✻	Dernis				✻ 27 avril 91	
Copin - Gouy, Henri, négᵗ rue des Lombards, 26	✻	Jacob				✻ 14 mai 91	
Coppin, Henri, Mᵈ de bains, rue Montmartre, 163		Rochette I	30 avril 91	22 sept. 91	(15)		
Copreaux - Vasseur, Édouard, à Pantin, rue Béranger, 4	✻	Ancelon				✻ 14 mai 91	
Coquard, Joseph, tailleur, rue des Archives, 57		Cotty	10 nov. 90		✻ 31 déc. 90		

(1) Cⁱᵉ de Charronnage 11.51% 2ᵉ et 3ᵐᵉ répartition.
(2) Cⁱᵉ de Chem. de fer des Charentes 0.70% 4ᵉ répartition
(3) Cⁱᵉ du Chem. de fer d'Orléans à Châlons 2% 2ᵉ 3ᵉ.
(4) Cⁱᵉ des Chem. de fer de la Vendée 4.22% 7ᵉ et dernière répartition
(5) Cⁱᵉ d'Exploitⁿ 12.59% 2ᵉ et dernière répartition
(6) Cⁱᵉ Française de Trav. publics 1% 2ᵉ répartition
(7) Cⁱᵉ Gˡᵉ des Chem. de fer sur routes 8.31% 2ᵉ et dernière répartition
(8) Cⁱᵉ Gˡᵉ d'Éclairage et de Graissage 11.79% unique répartition

(9) Cⁱᵉ Gˡᵉ de Transports. Abandon de tout l'actif mobilier sous la réserve de l'Ile Lacroix
(10) Cⁱᵉ du Pulvérisateur 50% en 2 ans par 1/2 de l'homolog.
(11) Cⁱᵉ des Transports de l'Est 25.52% unique répartition
(12) Cⁱᵉ des Vidanges Milit. 1.50% 2ᵉ et 3ᵉ répartition
(13) Compagnon (Dᵉ) 50% en 5 ans par 1/5 un an de l'homol.
(14) Constans 20% en 4 ans par 1/4 de l'homol.
(15) Coppin 100% unique répartition.

 Faillites, Séparations, Divorces, Conseils Judiciaires, etc. de 1891

Noms, Prénoms, Professions & Domiciles	Indique Liquidation / * Astérisque avoués / Surveillance / Durée et Juridiction	Syndics ou Avoués	Faillites et Liquidations	Dates des homologations de Concordats	Insuffisances ou Unions	Séparations de biens judiciaires / Divorces	Cons. Jud. et Interdict.
Coquelin, Jean, md de cuirs à Clichy, r. de l'Anc. Mairie, 4		Lissoty	16 mai 84		* 25 juin 84	(1)	
d° Pierre, fabt de jumelles, rue d'Alsace, 9		Mauger	23 fév. 91		* 15 avril 91		
Coquet, limonadier, Bd de Clichy, 80		Bernard	30 mars 86	27 nov. 91	(2)		
d° - Guillet, Eugène, s. j. c.					*	10 nov. 91	
Coquibus - Brenot, Jacques, rue Van Loo 20	*	Fromageot			*	10 août 91	
Corberon - Boudier, Auguste, r. Pastourelle, 15	*	Vivet				13 juill. 91	
Corbier - Laurens, Louis, à Courbevoie, Bd de la Caserne, 3	*	Martin			*	3 juill. 91	
Corbin, Auguste, anc. boulanger, à Alfortville, r. de Seine, 18		Héraou	3 nov. 85	12 nov. 91	(3)		
Cordé (Vve) Eugénie, modiste, rue Turbigo, 85		Viale	7 juill. 91		* 31 août 91		
Cordeviola dit Stéphano (Voir: Stéphano & Cie)							
Cordier - Berchère, Charles, Bd St Michel, 115	*	Cortot				16 fév. 91	
d° - Fouré, Constant, s. j. c.	*	Charreau				* 8 mai 91	
d° - Vincent, Léon, Bd du Palais, 9	*	Cordot				* 11 mars 91	
Corhumel, Gustave, banquier, r. Grange Batelière, 11		Chardon	27 avril 91		* 22 août 91		
Cormerais - Even, Émile, s. d. c.	*	Delp. de Visme				* 24 juill. 91	
Cormouls, ancien md de vins & charbons, rue Marcadet, 313		Beaugé	30 déc. 90		* 24 fév. 91		
Cornet - Payen, Charles, rue Simon-le-Franc, 8	*	Berton				* 9 juin 91	
Cornuau - Vergnes J. Bte rue Oberkampf, 40	*	Deglise				* 10 août 91	
Corratte - Simon, Aimable, s. j. c.	*	Jacob				* 26 juin 91	
Corrieu, entrep. de transports, Pass. d'Allemagne, 20		Chardon	20 mars 91	1 juill. 91	(4)		
Corringham, anc. md de charbons rue Pergolèse 10		Planque	7 oct. 90		* 15 fév. 91		
Corrompt - Roze, Guillaume, Villa St Michel, 27	*	Pellorin				* 22 déc. 90	
Cortet, Auguste, md de vins rest. à Aubervilliers, r. des Jardins		Destrez	30 déc. 87	22 mai 90	(5)		
d° - Cortet, Eugène, s. d. c.	*	Adam				* 10 juin 91	
Cosme, sellier à Bois-Colombes, rue Mullot, 9		Roucher	20 oct. 91		* 17 nov. 91		
Costa dit Jules, ébéniste, rue de Charenton, 182		Destrez	27 juin 91		* 28 juill. 91		
Costanzo, costumier, rue Richelieu 106		Godrier	2 juin 87		* 31 janv. 88	(6)	
Coste Baptiste (Voir: Bourgeois & Coste)							
d° Frédéric, mercier, rue du Rendez-Vous, 58		Mauger	17 av. 91		* 30 mai 91		
d° Jean, md de vins et charbons, rue Chibaud, 14		Menant	2 fév. 91				
d° Octave, négt en vins, à Levallois, rue Rivet, 6		Boussard	16 déc. 90		* 16 janv. 91		
d° Paul, fab. de Cartonnages, rue Charlot, 31		Rochette I	31 mars 91	10 juill. 91	(7)		
d° - Durand de Monestral, Camille, rue des Acacias, 17	*	François				* 7 juill. 91	
d° - Lanoé, Pierre, r. de Rambuteau, 61	*	Tissier				* 19 janv. 91	
Costel frères, dépôt de fabriques, rue Crillon, 4			13 sept. 90		* 31 oct. 90	(8)	
d° et Sibeaux, brosserie et articles de Paris, rue Crillon 4		Lupy	13 sept. 90	8 sept. 91	(9)		
d° Cronval, Paul, Bd St Germain, 68	*	Charmy				27 juill. 91	
Costerousse - Alexandre, Pierre, rue Albouy, 2	*	Ericaud				* 3 août 91	
Costes - Delat, Jean, md de vins, av. de Châtillon, 42	*	Ancelot				16 nov. 91	

(1) Coquelin 25 nov. 91 rapport de clôture.
(2) Coquet. Abandon d'actif et 10% en 5 ans par 1/5 de l'homologation
(3) Corbin, 10% dans les 15 jours de l'homologation.
(4) Corrieu. Abandon de tout l'actif 30.96% unique répartition
(5) Cortet 4.03% unique répartition.
(6) Costanzo 19 mars 91, rapport de clôture 1.95% unique répart.
(7) Coste 25% en 5 paiements égaux par semestres le 1er 6 mois après l'homolog.
(8) Costel frères 23 juin 91, rapport de clôture 14.58% unique répartition.
(9) Costel & Sibeaux. Le sr Sibeaux abandonne son actif personnel réalisé. 9.05% unique répartition.

Noms, Prénoms, Professions & Domiciles	Indique liquidation * Astérisque avoués insuffisance Divorce ou interdiction	Syndics ou Avoués	Faillites ou Liquidations	Dates des homologations de Concordats	Insuffis. ou Unions	Séparat. de biens judiciaires Divorces	Cons. Jud. ou Interdict.
Costes, Victor, md de vins, rue du Temple, 79		Mauger	28 oct. 91				
d° Joseph, loueur de voitures, rue des Plantes, 39		Godmer I	14 mai 91	24 juill. 91	(1)		
d° Keun, Eliacin, s. d. c.	*	Kuroau				10 juill. 90	
Cot Bertrand, md de bois, rue des Boulets, 60		Pinon	9 oct. 77		* 17 nov. 77	(2)	
Cottin, Alfred (Voir: Gobert & Cie)							
Cottini, anc. entrep. de fumisterie, rue de Vaugirard 205		Godmer	15 déc. 91				
Cotton Charles, fab. de chocolat, Bd de la Gare, 88		Lesage I	17 déc. 91				
d° (Dlle) Olympe, act: rue de Picpus 90, chez le d. Gonjon							1 oct. 91
Cottret, Alfred, arquebusier, rue de Rivoli, 63		Menaux	5 déc. 90		* 28 fév. 91		
d° - Terrel, Alfred d° d°	*	Kusson				26 janv. 91	
Couchoud, Mr d'hôtel, rue Vieille du Temple, 127		Heraon	30 sept. 90		(3)		
Couder, François, Jean, av. de Clichy, 58	*	Manceau				2 mars 91	
d° - Nugue, Jules, à Vincennes, Bd Beraud	*	Adp de Vissec				* 18 mars 91	
Coudray, Louis, md d'antiquités, quai Voltaire, 17		Godmer	7 juill. 91				
Coudurier, restaurateur, rue de la Chapelle, 174		Bonneau	11 juin 91		* 31 juill. 91		
Coule-Vincent, Simon, s. d. c.	*	Passion				* 2 mars 91	
Coulier-Macré, Emile, r. Julien-Lacroix	*	Henriet				* 13 mars 91	
Coullebeaux (Vve), Joséphine, anc. limonad..., rue Mouge 117		Planque I	24 déc. 91				
Coulon, Achille (Voir: Mialon & Cie)							
d° - Budas, Hermance rue St Médard, 1	*	Pinceau				* 3 juin 89	
d° - Burelot, Joseph, rue d'Aubervilliers, 14	*	Lebocq				* 9 nov. 91	
d° - Hertrich, Victor, rue Fautrier, 34	*	Delihu				* 3 nov. 90	
Coupé-Bruno, Eugène, rue Fontaine, 9	*	Bertinot jne				8 juin 91	
Couprié-Clerteau, Pierre, Pass. Thierré, 114	*	Vien				* 10 nov. 90	
Coupry-Werlé, Alexandre, s. d. c.	*	Jacob				* 28 oct. 90	
Coureaux-Buessard, Sébastien, s. d. c.	*	Cheramy				* 1 déc. 90	
Courbon, Louis (Voir: Rousseau & Courbon)							
Courcier-Louveau, Jacques, rue de Grammont 12	*	Fouquet				* 25 juin 91	
Courtanger, Antony, boulanger, rue d'Allemagne 185		Mauger I	26 nov. 91				
Courte, boulanger, rue Eugène-Sue, 25		Préré	17 juill. 91				
Courteau-Villeminot, Alfred, rue d'Astorg, 8	*	Mignon				* 10 août 91	
Courteille-Bourgeois, Auguste, à Pantin, r. de Paris, 33	*	Marin				1 juin 91	
Courtillier-Carelle, Louis, rue Croulebarbe, 17	*	Denormandie				* 4 mai 91	
Courtin, Gustave, ancien boucher à Montreuil, r. de Vincennes, 25		Roucher	27 janv. 91		(4)		
d° - Auvray, Gustave, act: s. d. c.	*	Fromageot				22 juin 91	
Courtois, négt en grains et fourrages, à Pantin, Gde Rue, 50		Benugé	5 juin 91				
d° Charles, étudiant, rue du Sommerard, 11	*	Kusson					18 juin 91
Cousin, nourrisseur, rue Thibonnery, 25		Boussard	15 déc. 91				
d° Auguste, maraîcher, à Gennevilliers		Beaujeu	5 fév. 91				
d° Fils, Jean, commt en viandes, rue Claude Bernard, 3		Godmer	17 mars 91		* 30 avril 91		
d° Louis, anc. ébéniste, rue de Charonne, 148		Maillard	23 janv. 91		* 15 avril 91		

(1) Costes Joseph 25 % sans intérêt en 5 ans par 1/10; le premier paiement après l'homologation.
(2) Cot 8 janvier 91, rapport de clôture.
(3) Couchoud 11.43 % unique répartition
(4) Courtin 20.47 % d° d°

Noms, Prénoms, Professions & Domiciles		Syndics ou Avoués	Faillites ou Liquidat.	Dates des homologations de Concordats	Insuffis.ces ou Unions	Séparat.ns de biens judiciaires Divorces	Cons. Jud. ou Interdict.
Cousin - Hanot, Louis, rue de Chartres, 34	*	Dumesnil				* 21 juill. 90	
Coustillier - Bourg, François, rue de Vaugirard, 208	*	Garez				23 mars 91	
Coutanseau, entrep. de menuiserie, à Bagnolet, rue du Mélaie 11		Porcheles	28 oct. 90		* 29 nov. 90		
Couteau, Eugène, chanon, à Gravelle, r. de St. Maurice, 148		Châle	4 sept. 91		* 25 sept. 91		
Couten, anc. limonadier, rue Cail, 20		Châle	31 déc. 89		(1)		
Coutrot - Castille, Antoine, serrurier, rue de Bretagne, 61	*	Mercier				* 12 fév. 91	
Couturat - David, Edme, rue du Mont-Thabor, 8		Marquis				20 juill. 91	
Couture, Henri, nouveautés, Avenue d'Italie 38-40		Menaux	16 sept. 90		(2)		
d° - Roudil, Louis, à St. Maurice, r. de St. Maude, 63	*	Dumesnil				* 29 déc. 90	
Couturier, Paul, B.d Malesherbes, 11 bis	*	Perard			(3)		22 janv. 87
Couturon - Nolleval, Louis, au Havre, rue Caroline, 22	*	Pavion				* 16 mars 91	
Couty - Denis, J. B.te s.d.c.	*	Salats				* 10 fév. 91	
Couvillat, md. de vins, rue des Vignolles, 4		Menaux	17 janv. 91		* 24 fév. 91		
Couvrat, Célestin, md. tailleur, rue Moussigny, 15		Roucher I	18 août 91				
d° Trulin, Célestin d° d°	*	Pineau				26 oct. 91	
Couvreur - Bocquillon, Léopold, rue Juge, 25	*	Plocque				* 12 janv. 91	
Craye - Coutam, Jean à Montrouge, Villa d'Orléans, 12	*	Lefoullon				16 mai 91	
Crédit Provincial (Le), rue Drouot, 7		Beaugé	17 juill. 84	28 oct. 89	(4)		
Cremnitz - Sasportas, Jules, nég.t B.d de Strasbourg, 25	*	Demoreuil				1 juin 91	
Crépet, Louis, anc. md. de chaussures r. du Cardinal-Lemoine 28 bis		Barboux	7 janv. 91		* 31 janv. 91		
Crépin, Henri, bijoutier, rue Chapon, 22		Cotty	16 oct. 91				
Crespin, Jules, rue Lauriston, 106	*	Déglise			(5)		29 juin 91
Cressam, Paul, ancien nourrisseur r. Perreux, Av. de Bry		Menaux	15 av. 89		(6)		
Cretey Edme, fab.t de bijouterie, rue St. Marc, 26		Bonneau	6 mars 91		* 20 mai 91		
d° - Firino Edme bijoutier rue St. Marc, 26	*	Lemonnier				29 déc. 90	
Creuillot, Joseph, Costumes p.r enfants, rue St. Martin, 203		Hémen I	3 janv. 91	4 avril 91	(7)		
Creuzille - Martin, Charles, rue Nouvelle du Montparnasse, 5	*	Lamare				* 1 juin 91	
Crevel - Caron, Eugène, à Neuilly s/s. rue du Marché, 45	*	Chain				21 déc. 91	
Crinier, Mathieu, entrep. de plomberie, r. de la Goutte d'Or, 1		Châle	13 janv. 87		(8)		
Crochot & Cie (V.ve) Rosalie, agents d'aff.res, rue Française, 3		Boussard	4 avril 91		* 30 avril 91		
Croiseau - Zenniger, Louis, rue des Boulets, 13	*	Popelin				* 13 avril 91	
Croppi - Lemaître, Joseph, rue Git-le-Cœur, 12	*	Corton				16 mars 91	
Croquevieille, Louis, rue Rouget del'Isle, 5	*	Roche					7 nov. 91
Crosnier - Banquier, Charles, rue Piat, 35	*	Vivot				* 31 déc. 89	
Croux, Justin, fab. de menuiserie à Vincennes, r. de Bagnolet 34 & 36		Destrez	23 janv. 91		(9)		
Croville, Louis, fab. d'enseignes, rue d'Aboukir, 96		Destrez	8 juill. 89		(10)		
Crozer, Victor (Voir: Feuillet et Crozer)							
d° (V.ve) Amélie, rue de la Fédération, 84	*	Berton					27 juill. 91
Cruchet - Déloge, Alphonse s.d.c.	*	Popelin				* 22 déc. 91	

(1) Couten 6.88% unique répartition.
(2) Couture 4.83% d°. d°.
(3) Couturier 17 sept. 91 Main levée
(4) Crédit Provincial (Le) 10% 2e répartition 3.50% 3e répart.
(5) Crespin 31 juillet 1891 Main-levée.
(6) Cressam 28.12% unique répartition.
(7) Creuillot, 25% en 5 ans par 1/5 de l'homologation.
(8) Crinier 10.01% 2e répartition.
(9) Croux, 14 août 91 refus d'homolog. 8.89% espèces; 58.59% billets, unique répartition.
(10) Croville 9.90% unique répartition.

Noms, Prénoms, Professions & Domiciles		Syndics et Avoués	Faillites en Liquidations	Dates des homologations du Concordat	Clôtures en Unions	Séparations de biens judiciaires / Divorces	Cons. Jud. en interdiction
Cruchey, Pierre, Café-Restaurant du Sport, à Colombes		Broca	30 juill. 91				
Cruchon, boulanger, Bd St Marcel, 16		Chardon	18 avril 91		(1)		
Cuignet-Bernier, Théodore, s.d.c.	*	Thomas				26 janv. 91	
Cuisin, md de vins, rue Lemercier, 98		Monaux	9 déc. 90		*31 déc. 91		
Cuny-Mille, Pierre, à Arcueil, Av. de Paris, 18	*	Goiraud				*5 déc. 90	
Cuoc, Jean, md de beurre et œufs, rue du Château des Rentiers, 16		Destrez	17 déc. 91				
Curé, épicier et md de vins, à Levallois, r. Victor-Hugo 118		Lupy	14 oct. 90		*19 nov. 90		
Curieu-Truillon, Augte à Pantin, r. d'Aubervilliers, 63	*	Labru				*15 déc. 90	
Curinier, Charles, fab. de filets de pêche à Gravelle-St Maurice		Planque	11 mars 90	9 janv. 91	(2)		
Curral-Biron, Jules, rue St Jacques, 15	*	Herbet				*12 mars 90	
Cuzin, Ernest, md de crépins, rue de Picardie, 2		Boucher	27 janv. 91		*28 fév. 91		

D

Noms, Prénoms, Professions & Domiciles		Syndics et Avoués	Faillites en Liquidations	Dates des homologations du Concordat	Clôtures en Unions	Séparations de biens judiciaires / Divorces	Cons. Jud. en interdiction
Daban-Biela, Pascal, coiffeur, rue de Crussolles, 1	*	Deveille				*23 juin 90	
Dabancourt-Turgeron, Alfred, à Puteaux, r. Nouvelle, 28	*	Paternôtre				*3 août 91	
Daborky-Burueron, Charles, s.d.c.	*	Marin				*15 déc. 90	
Dachoux (Dlle) Jeanne, mde de modes, Pass. Brady, 68		Poubelle	19 oct. 91				
do Louis, anc. md de vins, Av. de Villiers, 4		Menaux	11 juin 90	11 nov. 90	(3)		
Dagand, fab. de vinaigre, rue Domremy, 60		Planque	13 oct. 91				
Dagneau-Ramsperger, Charles, à Nogent s/M. Gde rue 110	*	Boudin				*9 fév. 91	
Dague-Champeaux, Jules, Imp. Truillot, 5	*	Delp. de Vesc				3 août 91	
Daguer, banquier, rue Laffitte, 40		Manger	13 fév. 91		*30 avril 91		
Daire-Allain, Camille, s.d.c.	*	Violette				*17 nov. 90	
do - Massotte, Gustave, s.d.c.	*	Delwalle				*21 juill. 90	
Dalençon-Close, Gaston, à la Varenne St Hilaire, Bd Voltaire, 28	*	Mutel				27 av. 91	
Daligault, Pierre, (décédé) (Voir: Daligault Frères)							
do Jean (do) do							
do Frères, Théodore, confect. et tissus, r. St M. 127		Manger I	1 juill. 91				
Dalla-Torre-Diederlen, Moïse, rue Tanger, 10	*	Gamard				*5 juin 91	
Dallet-Neveux, Maurice, s.d.c.	*	Herbet				*8 déc. 90	
Dallier, Alcide, fab. de bronzes dorés, r. N.D. de Nazareth 79		Bonneau	4 mai 89		(4)		
Dalou, Camille, libraire, Quai Voltaire, 17		Rochette	28 mars 89		*29 nov. 90		
Dalons-Leclerc, Eugène, r. de la Folie-Méricourt	*	Dubail				27 juill. 91	
Daloz & Cie, papeterie Imprimerie, rue Taylor, 9		Ozéré	13 août 91		*31 oct. 91		
Damblon, Cyprien, md boucher à Neuilly r. du Marché, 8		Cotty	21 nov. 90		(5)		
Dambrun, Antoine, nouveautés en gros, rue de Cléry, 13		Bonneau I	2 mars 91	23 juin 91	(6)		
Dameron, carrossier, rue des Boulets, 9		Hérau	9 juin 91		*23 juill. 91		
Damez-Sauvage, Eugène, tapissier, rue Galvani, 3		Audouin				*10 nov. 90	

(1) Cruchon. 12.86% -unique répartition

(2) Curinier. Abandon de l'actif réalisé et la part lui revenant dans la liquidation de la Ste Arbile et Cie 20% savoir : 3% l'an après l'homologation; 3% chacune des 4 années suivantes; et 5% la 6e année; 7.60 % unique répartition.

(3) Dachoux 13.38 % unique répartition

(4) Dallier 7 fév. 91 rapp. de clôture 7.89% unique-répart.

(5) Damblon 27.67% unique-répartition.

(6) Dambrun. Abandon de tout l'actif réalisé. 15% 1re répart. 18% 2e répart. 10% 3e répart. 6% 4e répart.

Noms, Prénoms, Professions & Domiciles	(indique liq. judiciaire / ✱ avoué, divorce et interdiction)	Syndics ou Avoués	Faillites ou Liquidations	Dates des homologations de Concordats	Insuffisances ou Unions	Séparat. et Biens judiciaires / Divorces	Cons. Jud. ou Interdict.
Damour, Eugène, fab. de modes, rue Martel, 14		Bernard I	16 janv. 91	27 av. 91	(1)		
d° - Jacquin, Louis, à Boulogne s/S. Av. de la Reine 12		Popelin				10 avril 91	
Daump, Victor, comm.t en march., Av. Parmentier, 8		Chevillon	25 juill. 91		✱ 25 sept. 91		
Danjou - Taisne, Pierre, à St Denis, r.te de Gonesse 112	✱	Delibu				✱ 22 déc. 90	
Danneau, m.d de vins, rue Pradier, 36		Chardon	11 avril 91		✱ 31 juill. 91		
Dany - Lepage, Reverchon & C.ie faub. St Martin, 59		Godmer	15 nov. 87		(2)		
Danzer - Benner, Henri, nég.t rue de Florence, 9	✱	Audouin				7 déc. 91	
Daout - Humbert, François, rue de Charonne, 132	✱	Chain				✱ 13 avril 91	
Darancourt - Letrey, Émile, imp. du Moulin Joly, 14	✱	Lamare				✱ 10 avril 91	
Darasse - Griffon, Marcelin, av. de Versailles 193	✱	Cahen				✱ 14 janv. 91	
Darcis, Louis, m.d de vins, quai de Montebello, 11		Batturel	28 janv. 81	14 juin 90	(3)		
Dard, Delattre & Bernard, rubans, B.d Sébastopol, 93		Boussard I	1 juill. 91		(4)		
Darde, gaufreur d'étoffes, rue de Montreuil, 68		Lissoty	24 juill. 91		✱ 31 août 91		
Dardel, Edouard, passementier, r. N.D. des Vict.res, 16		Cotty I	6 oct. 91				
Dargier, Remy, lavoir, B.d Richard Lenoir, 24		Barboux	25 mars 89	20 janv. 91	(5)		
Daricau, m.d de vins en gros, faub. St Martin, 197		Boussard	25 août 91		✱ 25 sept. 91		
Darner, Henri, épicier, rue Lafayette, 70		Barboux I	17 oct. 91				
Darré (D.e) Amélie, modiste, rue St Augustin, 11		Lippy I	8 nov. 90	20 janv. 91	(6)		
Darses & C.ie Albert, Café brasserie, Av. de Clichy 127		Pouchelet I	24 mars 91	26 juin 91	(7)		
Dartijas (D.e) Marie, couturière, rue de la Paix, 17		Bonneau I	19 mars 91	4 sept. 91	(8)		
Dartoy - Maillard, Armand, s.d.c.	✱	Pineau				✱ 1 juin 91	
Dauchauld j.ne Alexandre, entrep.r de maçonn. r. du P...		Cotty	11 avril 91				
Daudergnies - Gayraud, Louis, Pass. des Mariniers, 13	✱	Pineau				✱ 16 juin 90	
Daudin, m.d de vins, av. de St Ouen, 42		Hécaen	20 fév. 91		✱ 15 av. 91 (9)		
Daumas - Goutro, Joseph, nég.t Cité Malesherbes, 13	✱	Demoruil				✱ 2 juin 90	
Dauphin, Elie, tapissier, B.d Haussemann 35		Lesage I	17 mars 91	26 juin 91	(10)		
d° Marcel act. Asile de Ville-Evrard	✱	Deruis					✱ 16 juill. 91
Dautau - Lemonnier, Georges, rue de Charonne 31	✱	Guignot					
Dautin, Jules, entrep.r de monum.ts funèb. à St Ouen, Av. Michelet 75		Bonneau	14 janv. 90		(11)		
Dauvin - Gallet, Eugène, à Montrouge, rue Périer, 3	✱	Salate				✱ 16 juin 90	
Davesne (D.e) Mathilde, fab. de tissus jerseys, r. Oberkampf 8		Bernard	14 oct. 90	20 déc. 90	(12)		
David, entrep. de peinture, r. de la Folie Méricourt, 20		Planque	5 déc. 90		✱ 16 janv. 91		
d° Albert, chaussurier, rue du Pont aux Choux, 16		Destrez	4 mars 90	30 déc. 90	(13)		
d° (V.ve) fleuriste, rue d'Argout 53		Rouchier	23 janv. 91		✱ 28 fév. 91		
d° - Bourgeois, B.d Barbès, 9	✱	Tricot				✱ 1 juill. 91	
David - Vaudrey, Joseph, nég.t en charbons, Imp. du Curé 12		Hécaen I	7 avril 91	24 juin 91	(14)		

(1) Damour. 25% sans intérêts, en 5 ans par 1/5 de l'homolog.
(2) Dany - Lepage, Reverchon & Cie 3.31% 3e et 4e répartition
(3) Darcis 6 nov. 91 résolution
(4) Dard, Delattre & Bernard 10% 1re répartition
(5) Dargier. Abandon de l'actif réalisé et 25% en 5 ans par 1/5 de l'homolog. 13.55% unique répartition
(6) Darré (D.e) 40% en 5 ans par 1/5 de l'homolog.
(7) Darses & Cie 50% en 5 ans par 1/5 de l'homolog.
(8) Dartijas (D.e) 30% en 5 ans par 1/5
(9) Daudin 5 août 91, rapport de clôture
(10) Dauphin 30% en 5 ans par 1/5 de l'homol.
(11) Dautin 17.42% unique répartition
(12) Davesne (D.e) 25% en 5 ans par 1/5 de l'homologation
(13) David. Abandon de l'actif réalisé et 20% en 10 ans par 1/10 de l'homologation
(14) David - Vaudrey 40% en 5 ans par 1/5 de l'homol.

Noms, Prénoms, Professions & Domiciles	Indique: liquidation extérieure ✳ avec insuffisance d'avoir, Divorce ou interdiction	Syndics et Avoués	Faillites et Liquidations	Dates des homologations de Concordats	Insuffisances et Unions	Séparations de biens judiciaires ou Divorces	Conseils Jud. ou Interdictions
David-Wail, Eugène, S. D. C.	*	Martin du Gard				* 6 fév. 91	
Davoine, Alfred, fab. de fécules à la Pl. St Denis, r. du Landy, 6		Bonneau	16 déc. 90		* 15 avril 91		
d° Guérin, Alfred à St Denis, route du Landy, 6	*	Gamard				27 juill. 91	
Davrainville, Eugène, fab. de bonneterie, r. des Bourdonnais, 41		Chèle	31 oct. 89		(1)		
Dayre-Mauroy, Laurent, S. D. C.	*	Bourgoin				17 nov. 90	
De Barral & Chambellan, publicité, r. de Provence, 5		Lissoty	24 déc. 91				
Debise-Hauquier, Théophile, à St Denis, av. de Paris, 138	*	Castriquet				* 15 déc. 90	
Debord-Bullo, Alphonse, à la Boilardière (Loiret)	*	Delibu				* 23 avril 91	
Deboucq-Vandenbulke, Émile, rue Cariel, 40	*	Raynaud				* 15 déc. 90	
Deboyères-De Torcy, Alphonse, Bd St Marcel, 32	*	Mouillefarine				* 8 juin 91	
Debrand-Rulter, Jean, S. D. C.	*	Mercier				* 9 nov. 91	
Debuire-Piou, Jean, rue Massillon, 1	*	Guignot				* 27 avril 91	
Decagny François, pharmacien, Bd St André, 3		Hécart I.	16 déc. 90	6 mars 91	(2)		
Decailly-Ollivier, Honoré, md de vins, r. des Chaumettes, 62	*	Labat				26 janv. 91	
Dechaux, Jules, md de soieries, rue St Merri, 14		Menant	28 août 89	14 mars 90	(3)		
d° Beauvais, Jules, à St Mandé, r. de la Grange, 38	*	Castriquet				23 fév. 91	
d° Meyronnet, Georges, à Dijon	*	Demoreuil				* 8 déc. 90	
Deck, ébéniste, rue de Reuilly, 31		Rochette	24 oct. 90		* 9 nov. 90		
Decoin-Blandin, Henri, S. D. C.	*	Rivière				* 24 nov. 91	
Decoray, anc. md de beurre & œufs puis md de vins, rue Simart, 12		Pinet	15 avril 90		(4)		
Decorde-Hautreux, Edouard, rue des Moines, 28	*	Hureau				23 mars 91	
Decot et Cie nouvtés Chaussée d'Antin, 16		Chardon	7 mars 90	27 avril 91	(5)		
Decourtil Joseph, entrep. de menuiserie au Parc St Maur, r. Littré, 15		Roucher	12 fév. 91	3 août 91	(6)		
Decourtye-Delorme, Eugène, Impr. de l'Astrolabe, 12	*	Hudson				* 28 mars 87	
Decroix, Hilaire, épicier, à Puteaux, av. de St Germain, 26		Oréré	5 nov. 86		* 28 fév. 91		
Defaye-Portier, Aimer, S. D. C.	*	Beaudouin				* 15 mai 91	
Defer (Dlle) Marie limonadière, Bd Denain, 6		Oréré	16 janv. 91		* 15 av. 91	(7)	
Deflers, Alfred, entrepr. de constructions, Bd Magenta, 105		Bonneau I.	19 nov. 90	24 fév. 91	(8)		
Defosse-Pitois, Lazare, Bd Bessières, 37	*	Bourgoin				11 mai 91	
Defossez-Clouez, Alex. à Colombes, rue Ogereau, 2	*	Potonié				* 15 déc. 90	
d° - Denizot, Louis, rue Bouchardon, 13	*	Cahen				* 26 déc. 90	
Defoye-Vitet, Louis, rue Dulong, 68	*	Brisquet				* 4 mai 91	
De Gemini, Maurice, md de vins à Asnières, quai d'Amiens, 17		Hécart	11 déc. 91				
Degeorge (Dlle) Marie, couturière, r. de Miromesnil, 72		Hécart I.	28 janv. 91	4 juin 91	(9)		
Degoy, Jules, distillateur, rue de Bellville, 164		Roucher	9 sept. 90	6 janv. 91	(10)		
Degrange-Chapon, Jérôme, rue Villion, 7	*	Gosselin				* 20 janv. 91	
Degremie, anc. restaurateur, rue Secrétan, 14		Chardon	21 oct. 90		* 15 fév. 91		
Degironde, François, bijoutier, r. du Temple, 6		Menant	23 oct. 91				

(1) Davrainville 8.67 % unique répartition
(2) Decagny 30 % en 6 ans par 1/6 de l'homologation
(3) Dechaux 20 juin 91 résolution 3.99 % unique répartition
(4) Decoray 11.66 % unique répartition
(5) Decot & Cie Abandon de la totalité de l'actif social réalisé et à réaliser. 5 % 1re répartition
(6) Decourtil 50 % en 6 ans, savoir : 5 % chacune des deux premières années, et 10 % chacune des 4 années suivantes.
(7) Defer (Dlle) 17 nov. 91 rapport de clôture
(8) Deflers 25 % en 5 ans par 1/5 de l'homologation
(9) Degeorge 25 % en 5 ans par 1/10 tous les 6 mois
(10) Degoy. Abandon de toutes les sommes à provenir de la vente de sa maison au St Georges, et 25 % en 5 ans par 1/5 de l'homologation.

Noms, Prénoms, Professions & Domiciles		Syndics ou Avoués	Faillites ou Liquidations	Dates des homologations de Concordats	Insuffis. ou Unions	Séparations judiciaires ou Divorces	Cons. Jud. ou Interdict.
Deguilloux - Dervin, Joseph, rue Paulaincourt, 71	*	Lugrand				* 17 nov. 91	
Deguingaud - André, Louis, rue Descartes, 33	*	Harberon				* 29 juin 91	
Deguisne - Amion, Henri, au Perreux, Bd Mhelon.. 127	*	Savignat				* 18 juill. 91	
Dehaine - Vivien, Gabriel, rue Dondeauville, 12	*	Cluzouce				19 janv. 91	
Dehaumont - Temporelle, Louis, rue Moreau, 7	*	Mutel				* 19 fév. 91	
Dehu, Adrien, négt en beurre & œufs, rue St Marc, 5		Lupy	30 sept. 91				
Deiso - Levacher, Henri, rue du Buisson St Louis, 21	*	Barberon				* 15 mai 91	
Dejean - Casanave, François, rue de la Bucherie, 12	*	Dubail				2 fév. 91	
Delabrousse - Yon, Lucien, percepteur à Levallois Perret	*	Masse				* 11 août 91	
Delaby - Vaosongue, Alfred, o. d. c.	*	Pagès				* 29 juin 91	
De la Chapelle - Renault, Jean, rue Saulay, 9	*	Guignor				* 16 juill. 91	
Delachat, md de vins, faub. Poissonnière, 118		Boussard	6 nov. 91				
Delacou, anc. boulanger, rue Pache, 13		Menaus	15 oct. 91				
Delacour - Piessé, Jules, à Asnières, rue Steffen, 9	*	Delp. de Nivée				* 24 juill. 90	
Delafosse - Guillaume, Alfred, rue Beaubourg, 81	*	Maza				* 10 avril 91	
Delage, Georges, Commt en bestiaux, à Pantin, rue de Paris 25		Boussard	28 août 91		* 25 sept. 91		
d° Pierre, loueur de voitures, rue de la Procession, 34		Lisoly	28 fév. 91		* 31 mars 91		
d° Louvelle & Rigonnet, entrep. de maçt, r. du Bac 142			16 oct. 91				
d° - Etourneau, Jean, rue Dussoubs, 6	*	Dubourg				* 20 juill. 91	
d° - Gaussen, Alphonse, docteur, rue Truffault 28		Lugrand				27 avril 91	
d° - Saugues, Auguste, rue du Tour-de-Lodi, 1	*	Piveau				* 16 mars 91	
Delahaye - Veroy, Marie, à Charenton, r. de St Mandé, 17	*	Delpouve				* 20 juill. 91	
Delaire, Célestin, coureur, rue de Montreuil, 51		Mercier	4 sept. 85		(1)		
Delaittre et Cie, fab. de meubles à Vincennes, r. des Carrières, 36		Boussard	12 sept. 90		(2)		
Delajon - Conar, Charles, à Montreuil, r. Etienne Marcel 143	*	Dumesnil				* 26 nov. 90	
Delamarre, épicier, av. Lowendal, 6		Menant	20 janv. 91		* 28 fév. 91		
Delamiern - Binard, Charles, à Romainville, r. de l'Église, 39	*	Buzon				* 8 déc. 90	
Delaplace - Aubert, Félix, Bd Barbès, 14	*	Savignat				* 1 juin 91	
Delaporte - Grillé, Ernest, rue de Clichy, 14	*	Quenange				* 15 juin 91	
d° - Muel, Albert, rue Balzac, 41 bis		Berryer				* 25 fév. 91	
Delarue, Alphonse, éditeur d'estampes, r. J.J. Rousseau, 68		Plaugne	8 oct. 89	2 avril 90	(3)		
d° (Dme) Eugénie, md de vins, à Charenton, r. Vor Hugo, 3		Oréré	22 oct. 91				
Delasalle Sylvere, md. boucher à St Ouen, av. des Batig., 49		Destroz	16 janv. 91		* 15 avril 91		
Delassus, épicier, r. de Vaugirard, 157, act: r. de la Chapelle, 45		Lupy	20 mai 90	16 mai 91	(4)		
Delatour - François, Alexandre, rue Réaumur, 80	*	Willard				* 3 juin 91	
Delattre Charles (Voir: Ward, Delattre & Benard)							
d° - Cirnus, Henri, rue Condorcet, 22	*	Delmon				2 mars 91	
d° - Defosse, Edmond, rue Ste Marguerite, 40	*	Maza				* 15 déc. 90	
d° - Petit, Désiré, rue Concenon 12 bis	*	Ferté				* 24 juill. 91	
Delaunay - Goyard, Julien, rue Beaurepaire, 8	*	Laugeron				* 2 janv. 91	
Delaumez, Auguste, md. de bonchons & bont.. à Puteaux, r. Godefroy, 1		Oréré	15 juill. 91		* 21 oct. 91		

(1) Delaire 45.20% unique répartition
(2) Delaittre & Cie 2.71% d° d°
(3) Delarue 18 juin 91 résolution
(4) Delassus abandon de l'actif réalisé 46.57% unique répart.

Noms, Prénoms, Professions & Domiciles.	Indique Liquidation judiciaire ✳ rue, Surveillance Divorce et Interdiction	Syndics et Avoués	Faillites et Liquidations	Dates des homologations de Concordats	Insuffis. ou Unions	Séparat.ᵗⁿˢ de biens judiciaires Divorces	Cons. Jud. ou Interdict.
Delauney & Cie, négt en produits chimiques, rue Lagrange 17		Roucher	11 déc. 91				
Delcourt-Crocq, Charles, à St-Denis, r. de la Gare, 110	✳	Rouy				8 oct. 91	
Delcau-Beauvais, s. d. c.	✳	Forté				✳ 20 avril 91	
Delebecque-Martin, Albert à Fontenay-s-Bois, r. du Ch. d'eau	✳	Audouin				6 juill. 91	
Deléclure, Jules, fabt de chaussures, r. de la Chapelle, 23		Planque I	26 sept. 91				
Delesse, chanvreur, rue de Charonne, 156		Beaugé	8 oct. 91				
Delezenne, épicier, rue des Amandiers 26, Imp. Rouen 18		Chardon	5 mai 91		✳ 22 août 91		
Delfosse-Breton, Jules, Bd de Belleville, 144	✳	Mignon				✳ 19 janv. 91	
Delfour Joseph, md de vins & charb. rue de Tourtille, 24		Héron	17 déc. 90		(1)		
Delhomme, Léon, fabt de robinetterie, rue Charles V, 3		Lesage	3 janv. 90		(2)		
d° - Lebrun, Alexandre, rue Doubasle, 54	✳	Thorel				8 juin 91	
Délié-Renoux, Émile, à Issy, rue du Château, 13	✳	Huson				✳ 7 juill. 90	
Deligny, Ernest, anc. charcutier, rue Laugier, 72		Moreau	27 août 87		(3)		
d° Hilaire, md de beurre, rue Bleue, 3		Lupy	9 sept. 90		(4)		
Delille-Blancheteau, s. d. c.	✳	Yion				✳ 27 juill. 91	
Delire-Villard, Alfred, rue Mademoiselle, 19	✳	Senart				✳ 16 fév. 91	
Delise Gabriel, rue de Berne 2	✳	Laudrey					23 juill 91
De l'Isle de Falcon de Villardi de Montlaur r. Bretiah	✳	Rivière				22 juill. 91	
Delisse-Veruclin, Albert, rue du Retrait, 31	✳	Labay				✳ 2 avr. 91	
Delmas, anc. md de vins, rue de la Roquette, 65		Héron	24 nov. 91				
d° Guillaume, nourrisseur, r. de Flandre, 114		Bouchelet	6 nov. 91				
d° md de vins et charbons, act. r. Dumoutin, 9		Beaujeu	27 fév. 91		✳ 15 av. 91		
d° - Pelissier, Jean à Malakoff, rue de la Perle 19	✳	Mutel				✳ 2 mars 91	
Delneste-Buquet, Louis, rue Guénégaud, 14	✳	Loctat Jnal				19 oct. 91	
Delmez-Paltz, Jules, rue de la Mare, 33	✳	Boudin				9 mars 91	
Delmotte-Routier, Auguste, av. de St-Ouen, 47	✳	Coche				✳ 29 déc. 90	
Deloire & Poillon, Jean, fab. de jerseys, r. Tinbigo 59		Lesage	7 janv. 90		(5)		
Deloison, Ernest, Bd de la Madeleine, 9	✳	Benoist				(6)	11 janv. 83
Delorme-Marillier, Félix, rue du Bré St Germis, 33	✳	Passion				✳ 6 juill. 91	
Delouvet, md de beurre & œufs à Colombes r. de Paris 53		Roucher	28 nov. 91				
Deloz-Dumain, Jules, s. d. c.	✳	Savignat				✳ 25 juin 91	
Delorme-Bouillard, François, rue Traversière, 34	✳	Passion				✳ 6 janv. 91	
Delouvrier, md de vins & charb. Pass. St Ange, 43		Héron	8 déc. 91				
Delpech-Weimer, Ferdinand, rue Nationale 145	✳	Coche				✳ 16 juin 90	
Delporte, René, fab. de bijouterie deuil, rue des Gravilliers 20		Chardon	15 sept. 91		✳ 31 oct. 91		
Delquigny-Vandermache, Alphonse, r. St Maur, 294	✳	Coche				✳ 23 mars 91	
Delvieu, Joseph, anc. laitier, rue Daguerre, 37		Boussard	9 mars 91				
d° et Jumel, passementerie et boutons, r. St Denis 94		Godron I	7 av. 91	10 juin 91	(7)		
Delrue Émile, Clovis, rue Gabrielle, 19	✳	Delp. de Vissec				✳ 19 déc. 90	
Delsirié, Joseph, anc. limonadier, r. St Dominique, 11		Lesage	26 nov. 90		(8)		

(1) Delfour 7.95% unique répartition
(2) Delhomme 8.92% d° d°
(3) Deligny 48.11 % 2e et dernière répartition
(4) Deligny, Hilaire 7.70 % unique répartition
(5e) Deloire & Poillot, 10.3% unique répartition
(6) Deloison 16 avril 1891 mani-levée
(7) Delrieu & Jumel 50% ou 6 ans par 1/10 de l'homol.
(8) Delsirié 29 oct. 91, refus d'homologation

Noms, Prénoms, Professions & Domiciles	Indique Liquidation, Postérieure, Faillite, Divorce et Interdiction	Syndics et Avoués	Faillites en Liquidations	Dates des homologations du Concordats	Insuffisances ou Unions	Séparations de biens judiciaires Divorces	Cons. Jud. et Interdict.
Delsol, Jean, négt en peaux, rue Triquetonne 18bis		Ponchelet	10 janv. 90		(1)		
Delton, Émile, fabt de bronzes, ruelle Vélée, 5		Ponchelet	22 sept. 91		* 31 oct. 91		
Delvallée - Kieffer Pasquier, Aug. rue Sedaine 40	*	Masse				* 25 mai 91	
Delvers - Boulsem, François, Bd d'Italie, 49	*	Pollet				* 5 juill. 90	
Demandre, Émile, sellier, rue Delaborde, 34		Boursin I	15 janv. 90	22 oct. 91	(2)		
do - Danguy, Joseph, rue Delaborde, 34	*	Caillou				* 21 mai 89	
do - Lelogeau, Émile, rue Delaborde, 34	*	Martin du fard				* 17 mars 91	
Demanes (Vve) Aurélie, brodeuse sur gants, rue Greneta 54		Villeneau	22 août 91	* 25 sept. 91	(3)		
Demarne - Forcy, Joseph, à Boulogne s/S. rue de Billancourt 86	*	Ratier				* 15 juin 91	
Demester - Alexander, Alph. à Colombes, rue du Sud 12	*	Musnier				20 av. 91	
De Mercy - Huguet, Florimond, rue Fontaine au roi 27	*	Bourgeois				* 22 déc. 90	
Demeuzy - Dauphin, Franç. rue de la Roquette, 22	*	Rivière				* 22 déc. 90	
Demolliens (Vve) Ismérie, teinturière, r. St André des Arts, 36		Godmar	8 mars 89		(4)		
Demoncy - Garanne, Alfred, à Vincennes, av de la République	*	Brou				* 25 mai 91	
Demond, Alex. restaurt quai de Bercy Pavillon de Paris		Godmar	14 nov. 89		(5)		
Demogest, Achille, teinturier en plumes Bd Richd Lenoir, 77		Hécaen	29 août 91				
Demolliens - Pithou, Henri, rue St Honoré, 337	*	Fouquet				* 7 mars 91	
Demongodin, Hôtel meublé, rue Dupuytren, 16		Planque	15 mai 91	* 30 mai 91			
Demorigin (Dlle) md de vins, faub. St Martin, 150		Koucher	12 janv. 91	* 24 fév. 91			
Demoulin - Bouesser, Jean, S.D.C.	*	Corbe				* 30 juin 90	
do - Vigreux, Joseph, S.D.C.	*	Deveille				* 13 mars 91	
Demy, Henri, blanchisseur, à Gennevilliers, rte de St Denis 82		Léance	11 déc. 91				
do - Durand, Henri, do do	*	Rougeot				9 nov. 91	
Demxyrouze - Clavet, Pierre, rue de Berne, 37	*	François				* 11 mai 91	
Denelle - Leclercq, Armand, Pass. Gergovie, 14	*	Roche				* 4 mai 91	
Denest - Périer - Durepaire, Edmond, rue Vercingétorix	*	Ferté				* 11 août 90	
Deneux, Charles, bijoutier, Bd des Italiens, 8		Maillard	11 juin 91	* 31 juill. 91			
Denieau, Camille, reprdt de commerce, r. du Montparnasse 51		Ponchelet	12 déc. 90	* 31 janv. 91			
Denise, Désiré, entrepr. de serrurerie à Montreuil, Bd de l'Hôtel de Ville 32		Lupy	21 nov. 90		(6)		
Dentart, Francisque, md de lingerie, rue des Moines, 55		Lupy	31 mars 91	* 30 av. 91			
Deny Gustave, rue Bellefond, 21	*	Cocbe				(7)	11 janv. 87
do Lambert, Joseph, à Malakoff, cte de Montrouge, 93	*	Briquet				16 nov. 91	
Deparpe - Brucelle, Léon, rue de Belleville, 57	*	Benoist				* 20 mars 91	
Deplaye - Gertzen, Émile, faub. St Martin, 75	*	Demoreuil				* 3 déc. 90	
Desplechin - Beudart, Raphaël, rue Croix Nivert, 17	*	Collin				7 déc. 90	
Depotte - Tourny, Léopold, à St Denis, Av. de Paris, 189	*	Martin				13 av. 91	
Depoix - Gorzkowsky, Pierre, à Aubervilliers, r. des Cités	*	Auzoux				* 13 mars 91	
Deprey - Magon, Eugène, rue des Pyramides, 51	*	Ancelot				* 9 juill. 91	
Dequatre, Anthelme, anc. liquoriste, St André del Sarte, 18		Oréré	26 nov. 90		(8)		
Dericke - Boséno, François, rue de Rennes, 76	*	Raynaud				* 29 fév. 91	

(1) Delsol 36.40 % unique répartition
(2) Demandre. Intégralité des créances en principal, int. & frais en 5 ans par 1/5
(3) Demanes (Vve) 11 décembre 1891, rapp. de clôture
(4) Demolliens (Vve) 4.46 % unique répartition
(5) Demond 0.21 % unique répartition
(6) Denise 10.53 % do do
(7) Deny 1 déc. 91 main levée
(8) Dequatre 19.19 % unique répartition

Noms, Prénoms, Professions & Domiciles	*	Syndics ou Avoués	Faillites ou Liquidat.	Dates des homologations de Concordats	Insuffis. ou Unions	Séparat. de biens judiciaires / Divorces	Cons. Jud. ou Interdict.
Dericppe, fils, négt en charbons, rue de la Chapelle, 127		Châle	24 nav. 88		* 14 août 90	(1)	
Dexler (Dlle) Joséphine, rôtisseur, rue Ste Anne, 64		Bonneau	16 déc. 90		* 18 fév. 91		
Dermom - Chrétien, Florent, s.d.c.	*	Dubail				* 2 fév. 91	
Derogy - Languilair, Charles, rentier, rue Brantôme 25	*	Jacob				* 29 déc. 90	
Derondel (Dr) md de vins, rue St Antoine 110 bis		Bonneau	1 juin 88		* 30 juin 88	(2)	
Derosier - Jolivet, Jean, rue de Charonne, 51	*	Legrand				* 10 nov. 90	
Derouet - Boissière & Cie, fab. de tissus, r. Poissonnière, 33		Boussard	6 mai 81		(3)		
do - Gillet, Désiré, rue de Vaugirard, 13	*	Mossler				22 janv. 91	
Derre, Jules, md de vins, rue Curial, 34		Lupy	4 déc. 90		* 24 fév. 91		
Derué - Bouillard, Émile, faub. St Denis, 105	*	Berlinier				26 janv. 91	
Derveloy - Balteaux, Eugène, rue Blanche, 8	*	Hesse				* 20 mai 90	
do - Ledoux, Charles, rue St Honoré, 48	*	Foucault				* 6 août 91	
Desaim - Gaillard, Maxime, s.d.c.	*	Ransons				* 15 déc. 90	
Desbeux - Vendling, Arthur, s.d.c.	*	Lemounier				* 15 juin 91	
Desbœuf - Israël, Frédéric, rue Marie - Louise, 10	*	Dumesnil				* 20 avril 91	
Desbordes - Mameluck, Jean, s.d.c.	*	Delaunay				* 27 fév. 91	
Desbrosses, anc. boulanger, à Boulogne s/S. rue de Paris, 92		Ponchelet	9 mai 91			* 24 juin 91	
Desceliers, Armand, entrep. de menuiserie, r. Michel Ange, 66		Menaux	19 juill. 89		* 30 sept. 89	(4)	
Deschamps, Auguste, md de vins, rue des Orteaux, 13		Destrez	28 août 91		25 sept. 91		
do Louis, mécanicien, rue du Terrage, 24		Godmer	3 fév. 91				
do Victor, négt en chaussures, à Boulogne s/S. rue de l'Église 1		Godmer	27 janv. 91				
Descoingo, Lucien, md de vins, à St Denis, quai de Seine 17 bis		Bonneau	14 nov. 90		* 31 déc. 90		
Descruchos, Louis, restaurateur, rue Mazarine, 50		Beaujeu	5 mars 89		* 29 nov. 90		
Desenne = Breun, augte à Levallois, r. des Frères Herbert, 44	*	Cherany				23 mars 91	
Desfeux - Gauchet, Georges, s.d.c.	*	Potonie				* 24 juill. 91	
Desfossés, directeur de théâtre act: s.d.c.		Châle	19 juin 91		* 22 août 91		
Deffourneaux - Lemasson, Léopold, r. des Gardes, 7	*	Bourgoin				* 28 juill. 90	
Desfrançois - Montgrion, Antoine, entrepositaire de vins, r. de Patay 6		Mauger	17 déc. 91				
Desgranges - Leroy, Blaise, s.d.c.	*	Chain				* 16 mars 91	
Deshayes, Jules, anc. md de vins, rue Aunicampoix, 57		Beaugé	18 fév. 91			* 30 mai 91	
do - Loizel, Casimir, Cité Jeanne d'Arc, 73	*	Cherany				* 8 juin 91	
Désiré, Eugène, md de vins, rue Meyerbeer		Lupy L.	26 juin 91				
Desjardins, lavoir, rue de l'Abbé Groult, 6		Bonneau	13 nov. 91				
Deslauriers (Vve) Émilie, fleuriste, Bd de la Villette, 210		Châle	31 mars 91		* 31 mars 91		
Deslignières - Poussin, Marcel, rue Demours, 13	*	Corton				* 7 août 91	
Deslouis, Valéry, entrep. de maçonnerie, r. Vercingétorix, 56		Barboux	31 mars 91		* 30 mai 91		
Desloy - Godfroy, Charles, rue de l'Arbre Sec, 45	*	Mercier				* 16 mars 91	
Desmarais - Samson, Louis, s.d.c.	*	Rony				* 20 fév. 91	
Desmet, Ange, md de chaussures, rue d'Allemagne, 16		Rochette	6 déc. 90		(5)		
Desnouveaux - Mathieu, François, rue Chaillot 41	*	Rougeot				* 1 juin 91	
Desobry, entrep. de chaudronnerie, rue Croix - Nivert, 132		Destrez	10 nov. 91				

(1) Dericppe, fils, 26 janv. 91, rapport de clôture
(2) Derondel (Dr) 7 mars 91 rapp. de clôture 27.90 % unique répartition
(3) Derouet, Boissière & Cie 7.77 % unique répartition
(4) Desceliers 26 juin 91 rapp. de clôture
(5) Desmet 13.88 % unique répartition

Noms, Prénoms, Professions & Domiciles		Syndics ou Avoués	Faillites ou Liquidat.	Dates des homologations de Concordats	Insuffis. ou Unions	Séparat. de biens judiciaires ou Divorces	Cons. Jud. ou Interdict.
Desormière (D°) Marie (Voir : Fayard & Cⁱᵉ)							
Despalin - Roudet, Jⁿ Bᵗᵉ s. d. c.	*	Fromager				* 27 avril 91	
Despesse, François, mᵈ de mercerie, rue St Augustin, 22		Rochette	19 déc. 91				
Despiègelaère - DeKicke, Charles, rue de Savoie, 20	*	Delopouve				* 16 mars 91	
Desplanches & Gavignet, Commerce de Vanille, r. des Marais, 44		Cousin	3 août 85		(1)		
Desplanques, Transports, rue de la Boëtie, 91		Bourneau	28 juin 87	24 oct. 88	(2)		
d° - Levinsky, Louis, rue Ste Anne, 51 bis	*	Andouin				* 1 mai 91	
Després (D°) Louise, fab. de modes, rue de Bretagne, 46		Godmer	21 déc. 91				
d° - Boulie, Hector, au Rainoy, Av. du Chⁱⁿ de Fer, 95	*	Potonié				* 26 juin 91	
Dessaires - Genevois, Joseph, rue Félicien David, 15	*	Mouillefarine				* 4 août 90	
Dessort - Leconte, Édouard, au Gᵈ Montrouge, Voie du Charbonⁿᵗ 7	*	Dubourg				* 6 avril 91	
Destouche, Jules, anc. boulanger, rue Ordener, 25		Bovillot	7 janv. 84		* 31 déc. 84 (3)		
Decoutier, Armand, fab. de voitures à Stains, rᵗᵉ de Gonesse, 17		Boussard	14 nov. 90		* 15 av. 91		
Desvaux - Allegret, Edmond, rue du Simplon, 30	*	Michel				* 16 juin 90	
Delroyat - Leroy, Joseph, au Perreux, Bᵈ d'Alsace Lorraine 139	*	Husson				* 5 mai 91	
Deudon, Adolphe, fab. de meubles, rue de Charonne, 102		Lesage	10 mai 91		(4)		
Deux - Barbé, Henri, rue de Turenne, 80	*	Bonfils				* 10 janv. 91	
Devardon, Louis, épicier, rue des 3 Couronnes, 7		Chèle	31 mars 91		* 24 juin 91		
Devars - Hazard, Louis, à Vincennes, r. de l'Hôtel de ville 14	*	Roche				* 4 juin 91	
Devaux, Eugène, quincaillier, Av. des Ternes, 100		Rochette	25 août 91				
d° Henri, négⁿ rue St Lazare, 50		Destrez	3 mars 85		* 31 déc. 90		
d° - Bouchinet, Jules, rue François Miron, 58	*	Carréa				* 22 déc. 90	
Deverny & Cⁱᵉ fab. de tarlera à Alfortville		Destrez	14 mars 90	16 déc. 90	(5)		
Deverjex - Pierry, Louis, Bᵈ de Charonne, 12	*	Pottier				27 juill. 91	
Devillard - Pinier, Jean, s. d. c.	*	Poisson				* 10 avril 91	
Devilliers, blanchisseur, à Boulogne r/S. route de la Saussière		Destrez	23 oct. 91				
d° - Lemoine, Alfred, à Puteaux, rue Voltaire, 43		Benoist				* 10 av. 91	
Devimeux - Barai, Léopold, rue Brisemiche, 23	*	Bourgeois				* 29 déc. 90	
Devis - Marliac, Michel, rue Eugène Sue, 30	*	Delavalle				* 4 août 90	
Devits - Daubier, Pierre, à Ivry, rue de l'Avenir, 5	*	Bettor				* 5 janv. 91	
Devoucoux - Comte, Pierre, à St Maur, quai de la Pie, 60	*	Thorel				* 23 fév. 91	
Devouge - Caillaud, Ferdinand, à Levallois, r. Vᵗᵒʳ Hugo		Garet				4 mai 91	
Dewèvre, brasseur, rue des Marguettes, 25		Destrez	2 janv. 91	29 sept. 91	(6)		
Dewez - Gaillard, Maximilien, prop. à Raug-du-Play		Chain				18 déc. 90	
Deysber - Caron, Émile, aux Lilas, rue de Paris, 165		Cortot				16 fév. 91	
Deyris neveu & Cⁱᵉ (Vᵗᵉ) Comm. en marchand, r. des Mathurins 8		Bernard	14 avril 91				
Dezern - Lancteau, Louis, s. d. c.	*	Topolin				* 20 avril 91	
D'Ezpeleta - Jogan, Silvère, Av. de l'Opéra 49	*	Fillot				* 11 août 91	
Dhavernas - Dufforyte, Octave, à Asnières, Av. d'Argenteuil	*	Franerotel				* 3 déc. 90	
D'Héron - Rocques, Martial, à la Garenne Colombes, r. de Combes, 62	*	Patnotre				15 oct. 91	

(1) Desplanches & Gavignet 0.25 % unique répartition.
(2) Desplanques 10 % 2ᵉ répartition ; 15.35 % 3ᵉ et dᵉʳⁿ répartition.
(3) Destouche 26 oct. 91 rapport de clôture.
(4) Deudon 12.10 % unique répartition.
(5) Deverny & Cⁱᵉ 15 % en 5 ans par 1/5 de l'homolog. 7.68 % unique répartition.
(6) Dewèvre 25 % en principal & frais en 8 ans par 1/8 (le 1ᵉʳ paiement un an après la reddition de comptes)

Noms, Prénoms, Professions & Domiciles	Judique Liquidation ✳ Obstétrique Avoué — Séparation D Divorce et Interdiction	Syndics ou Avoués	Faillites ou Liquidations	Dates des Homologations de Concordats	Insuffis.ces ou Unions	Jugements Judiciaires ou Divorces	Cons. Jud. ou Interdicts
Dhorguy (Vve) Désirée, ferblantière, Pass. de la Fonderie 1-7		Rocholte	17 déc. 90		✳	31 janv. 91	
Dboudan de Villeneuve — Albertuccio, Anatole r. Roger 7		Poinsot			✳	8 déc. 90	
Dianny — Schoenenberger, Jacques, s. d. c.	✳	Lebouq			✳	22 déc. 90	
Didelot Louis, anc. md de vins, au Pré St Gervais, Gde rue 12		Beaugé	21 oct. 90	10 mars 91	(1)		
d° — Gavillet, Eustache, s. d. c.	✳	Bremard			✳	11 août 91	
d° — Miller, Louis, au Pré St Gervais, Gde rue 2	✳	Beau…				15 juin 91	
Diderich, Nicolas, fab. de boutons, rue Beaubourg, 78		Châle	1 août 90	9 janv. 91	(2)		
d° Pierre, entrep. de peinture, Bd de la Villette, 234		Ozère	17 juill. 91		✳	31 oct. 91	
Diclissen & Nle Leveau, hôtel meublé, r. Grange-Batel. 4		Heman	18 août 91				
Dieudonné — Patry, Jean, s. d. c.	✳	Marais			✳	3 juill. 91	
Dillet, Camille impr. à Vauves, route de Clamart, 97		Chardon I	8 nov. 90	4 fév. 91	(3)		
Diolon — Gabel, Adrien, rue de la Parcheminerie, 9	✳	Poinson			✳	17 nov. 90	
Dion (Dlle), md de modes, au Marché du Temple		Chardon	14 déc. 91				
Diouner, Jean, md de vins, faub. St Martin, 235		Destrez	17 sept. 91				
Dior — d'Hérault Louis, Cité des Écoles, 6	✳	Fontaine			✳	16 mars 91	
Dislère — Guillemin, Victor, Bd de Courcelles, 83	✳	Cortot				23 mars 91	
Divet — Lesenne, Eugène, rue Sedaine, 60	✳	Thorel			✳	5 déc. 90	
Divrande — Alegret, Ferdinand, rue Godefroy, 15	✳	Marin			✳	16 fév. 91	
Doche et Cie Cuirs & courroies, rue St Maur, 14		Barbou	6 nov. 91				
Dodin — Loreiller, René, s. d. c.	✳	Briquet			✳	1 déc. 90	
Doff — Auberger, Pierre, s. d. c.	✳	Carlen			✳	13 av. 91	
Dollfus, Jules, rue La Boëtie, 55	✳	Collet				(4)	15 mai 84
Doly, François, fab. de soudure rue de la Roquette, 42		Bonvard	30 juin 85	8 sept. 91	(5)		
Domange ébéniste, à Bagnolet, r. des Bulnes prolongées, 13		Destrez	9 nov. 91				
Domenghini, Charles, md de vins, r. Chinaire, 38		Chardon	24 mars 91				
d° et Simon, mds de vins traiteurs, r. Chinaire, 38		Chardon	30 juin 91		✳	31 août 91	
Domergue, Cyprien, chaudronnier, rue d'Avron, 131		Roncher	18 sept. 91				
Domino — de Montillac, Louis, Pl. de la Concorde, 8	✳	Faté				10 av. 91	
Dommergue, md de vins, rue de Sèvres, 101		Pluque	27 janv. 91		✳	30 mai 91	
Doncau — Pingau, Bernard, à Foix (Ariège)	✳	Ravton			✳	10 août 91	
Dondean — Noël, Théophile, rue Lesage, 12	✳	Gillet			✳	5 juin 91	
Doquin — Pluchet, Ferdinand, rue de la Chapelle, 24	✳	Fouquet			✳	25 mai 91	
Doré, fils, Lucien — Georges, meunier à St Maurice, Gde rue 48		Destrez I	6 août 91	20 oct. 91	(6)		
Doré de Nion, Antoine, Av. Friedland, 23	✳	Berryer				(7)	22 av. 80
d° et Bellot, épicerie en vins rue des Pyrénées, 94		Cotty	11 août 91				
Dorme — Roussier, Élie, Bd St Marcel, 92	✳	Daudey			✳	11 juill. 91	
Dorneau — Varay, Eugène, à Montreuil, r. Baudin, 14	✳	Poluet Paage			✳	14 mai 91	

(1) Didelot. Abandon d'actif réalisé et engagement de parfaire 25% en 5 ans par 1/5. Au 1er homolog. 10-15% unique répart.

(2) Diderich. 25% en 5 ans par 1/5 de l'homologation.

(3) Dillet 60% savoir : 50% aussitôt l'homolog. 3% un an après 3% 2 ans après et 4% 3 ans après.

(4) Dollfus 5 déc. 1891 Main-levée.

(5) Doly. Abandon de tout l'actif réalisé à ce jour ou réparti. 3.48% unique répartition

(6) Doré, fils 40% savoir : 5% dans la quinzaine de l'homolog. et 35% en 6 ans par 1/6 un an de l'homolog.

(7) Doré de Nion 4 juin 91 Main-levée.

Noms, Prénoms, Professions & Domiciles	Syndics ou Avoués	Faillites ou Liquidations	Dates des homologations de Concordats	Insuffisances ou Unions	Séparations judiciaires Divorces	Cons. Jud. ou Interdic.
Dorneau - Delattre, Jⁿ Bᵗᵉ, rue St Lazare, 10 *	Collin				* 26 mai 91	
Dossmann, anc. ébéniste, rue du Pressoir, 31	Boussard	18 avril 91		* 20 mai 91		
Douard, entrep. de transports, rue Riquet, 25	Bonneau	10 juin 90		(1)		
d° - Devaire, Pierre, s. d. c. *	Escarra				* 1 déc. 90	
Doudiès, Gustave, mᵈ de papiers peints, rue de Richelieu, 27	Lupy	30 juill. 90		* 29 nov. 91		
d° - Boissière, Gustave, rue Robert-Fleury, 3 *	Kureau				19 janv. 91	
Douelle - Vauchel, Charles, rue Marcadet, 244 *	Heurier				* 25 mai 91	
Dougny, Victor, fab. de boulons et rivets, r. St Maur, 80	Plauque I.	6 fév. 91	10 juill. 91	(2)		
Doumerg - Petit, Auguste, rue d'Allemagne, 206 *	Husson				* 13 juill. 91	
Doussaint - Pommerette, Louis, rue de Clignancourt, & *	Berton				20 avril 91	
Dousset - Tiffaine, Fernand, s. d. c. *	Delibu				12 janv. 91	
Doussinaud - Eusehlinger, Victor, rue Delaitre, 14 *	Milhaud				* 15 janv. 91	
Douzeau - Laousse, Louis, s. d. c. *	Berryer				* 2 janv. 91	
Doyer et Cⁱᵉ, libraires, rue Furstenberg, 5	Bernard	2 janv. 91				
Dozières, anc. mᵈ de vin, rue de Ménilmontant, 54	Lupy	20 janv. 91		(3)		
Drach, et Nicolas, anc. boulanger, Bᵈ Arago, 20 bis	Boussard	28 av. 91				
Drapier - Fontaine, Émile, à Ivy, Gᵈᵉ Rue, 10	Rougy				* 22 déc. 90	
Drénaud - Maindru, Alexandre, rue de Grenelle, 11 *	Berton				* 4 mai 91	
Drentel - Charon, Charles, rue Boursault, 43 *	Burnerin				27 avril 91	
Dreux - Cousin, Georges, à Clamart, rue de l'Église, 8 *	Herber				* 19 déc. 90	
Dreyfus, Armand, commⁿᵉ en march. rue Papillon, 4	Lesage	5 oct. 91				
d° - Meyer, Nouveautés, à St Denis, r. de Strasbourg 6	Rochette	6 mars 91	26 juin 91	(4)		
d° Oscar, rue Baudin, 9 *	Masse					* 29 janv. 91
d° Samuel, prod. chimiques, rue de Turenne, 62	Plauque	23 janv. 91		* 31 mars 91		
d° - Binsse de St Victor, Élie, r. Boissy d'Anglas 35 *	Léon				* 10 mars 91	
Dreykopf - Weil, David, à Champigny, r. du Berhuis, 2	Maza				— 9 fév. 91	
Drieu - Darboy, Jules, r. de Rambuteau, 22 *	Goirand				* 9 mars 91	
Drieux - Drieux, Alphonse, s. d. c. *	Raynaud				* 10 avril 91	
Drion fils, Charles, mᵈ de vins, rue Pirouette, 6	Hécaen	13 mai 90		(5)		
Drivon - Oulé, Claudius, Avenue Ségur, 5 *	Leboceq				* 1ᵉʳ juin 91	
Droin, Léonard, mercier à Champigny Gᵈᵉ Rue	Ozère	7 fév. 91		* 31 juill. 91		
Drot, Émile, négt en fleurs artifⁱᵉˢ faub. St Denis, 89	Bonneau	25 av. 91	25 août 91	(6)		
Drouet - Gacogne, Pascal, à Nog. s/Marne, r. Paul Bert 19 *	Raveton				* 23 mars 91	
Droubin - Marmor, Claude, aux Lilas, Imp. Lecomte, 14 *	Mercier				* 1 juin 91	
Drouin Knuchel, Marcelin, rue d'Allemagne, 16 *	Escarra				* 15 mai 91	
Dubain - Dufour, Gustave, rue du Commandeur, 17 *	de Biéville				30 nov. 91	
Dubal, Victor, chaussures, Bᵈ Sébastopol, 97	Bonneau	9 juin 91		* 30 juin 91		
Dubaner, Jean, épicier, rue de la Mare, 50	Godmer	25 nov. 90		* 31 déc. 90		
Dubin, Léon, boucher, faub. du Temple, 127	Menaut	11 nov. 91				
d° Delaunai, Louis, s. d. c. *	Dimer				* 2 mars 91	

(1) Douard 19.73% unique répartition
(2) Dougny. Abandon de l'actif réalisé et 10% suppᵃˡ en frais seulement en 5 ans par 1/5 au m. de l'homol. 17.54% unique répart.
(3) Dozières 22.20% espèces 62.28% billets unique répart.
(4) Dreyfus. Abandon d'actif réalisé et engagement de parfaire 25% par 1/3 en 18 mois. 7 30% unique répart.
(5) Drion fils 20.38% unique répartition
(6) Drot 25% en 5 ans par 1/5 de l'homol.

Noms, Prénoms, Professions & Domiciles		Syndics et Avoués	Faillites en Liquidations	Dates des homologations de Concordats	Insuffis.ces ou Unions	Séparat.ns de corps judiciaires / Divorces	Cons. Jud. ou Interdict.
Dublanchy - Lemire, Alphonse, rue de Meaux, 85	*	Bertot				16 juin 90	
Dubois, m.d de vins, rue St-Honoré, 254		Lupy	11 août 91		* 3 août 91		
d° représentant de filatures, rue Amelot, 84		Rouchon	1 oct. 91		* 3 oct. 91		
d° Clovis, épicier, rue de Tlemcen, 6		Hécaen	25 juill. 91		* 31 août 91		
d° Hyacinthe, équip.ts militaires, rue Bourtibourg, 14		Planque	4 août 91		* 31 août 91		
d° (D.lle) Victorine, rue Clignon-Bicêtre, 1	*	Berryer					30 av. 91
d° et Noël, changeurs, rue Le Peletier, 31		Planque L.	11 juill. 89	14 janv. 90	(1)		
d° - Bouchon, Jules, s.d.c.	*	Violette				* 5 juin 91	
d° - Bouard, Victor, B.d Henri IV	*	Pagès				* 7 août 91	
d° - Knecht, Pierre, rue Réaumur, 22	*	Masse				* 13 mars 91	
d° - Picard, Jules, s.d.c.	*	Bertmon				* 3 juill. 91	
d° - Pinet, Antoine, rue de Nice, 17	*	Dompeley				27 juill. 91	
d° - Secrétan, Joseph, employé, rue de Metz, 14	*	Collin				7 déc. 91	
Dubos & C.ie trav.x publics, rue de Miromesnil, 92		Boussard L.	23 mars 91	2 juin 91	(2)		
Dubost (D.lle) Marie, fab. de modes, rue d'Aboukir, 5		Bonneau	5 fév. 91	5 nov. 91	(3)		
Dubosq - Salva, Jean, rue Richer, 41	*	Bertou				10 août 91	
Dubot - Marin, Jean, à Clichy, B.d Victor-Hugo 110	*	Bérard				* 16 mars 91	
Dubouchet-Boutbors, Théophile, rue d'Allemagne 107						26 oct. 91	
Dubourdeaux, Auguste, négt en chaussures B.d Magenta, 56		Mercier	2 oct. 91		* 31 oct. 91		
d° Pierre, m.d de chaussures B.d Magenta 56		Planque	18 juin 91		* 31 juill. 91		
d° - Tachet, Pierre, B.d Magenta, 56	*	Delp. de Visme				12 janv. 91	
Dubrana - Devas, Pierre, r. des Grands Augustins 26	*	Pineau				* 1 juill. 91	
Dubreuil - Fournier, Victor, s.d.c.	*	Dubourg				* 5 janv. 91	
d° - Thueux, Louis, rue Marie - Louise, 2	*	Tricaud				* 6 août 91	
Dubrule, Louis, const. mécn à Boulogne, r. de la Saussière		Hécaen	24 juill. 90		(4)		
Dubuis, Adrien, entrep. peinture au Perreux, r. de la Station 9		Lesage	14 av. 91				
Dubuisson - Anquetil, Jules, rue St-Antoine, 206	*	Raynaud				* 2 fév. 91	
d° - Boisbrunon, Edmond, s.d.c.	*	Marmottans				* 13 fév. 91	
d° - Fischer, Charles, rue Secrétan, 63	*	Ferté				23 nov 91	
Dubus - Antiquenave, Léon, faub. Montmartre, 17	*	Gavelin				* 24 fév. 91	
Ducarre, Pierre, entrep. de peinture, rue des Pyrénées 239		Barbou	16 nov. 91				
Ducasse - Ravin, Louis, rue Rochechouart, 36	*	Gibon				* 3 déc. 90	
Duchassaing, Antoine, pelletier, rue des Pyrénées, 83		Beaugé L.	4 mars 91	3 juill. 91	(5)		
Duchemin Emile, m.d de vins, rue Jean Bologne, 13		Châle	28 mars 87		(6)		
d° (D.e) ancien rôtisseur, à Noisy-le-Sec, r. St-Denis, 28		Destrez	20 oct. 91				
d° - Colin, Alphonse, s.d.c.	*	Mercier				* 7 juill. 91	
Duchêne (D.lle) Gabrielle, comm.e en march, r. de l'Europe		Destrez	18 oct. 90		* 19 nov. 90		
d° - Audibert, Emile, faub. St-Martin, 177	*	Barbou				* 15 déc. 90	
Duchesne, François, négt en grainterie, rue Garan 16		Boussard	23 janv. 91	13 mai 91	(7)		
d° Franck, Louis, s.d.c.	*	Guyot-Sionnest				* 15 mai 91	

(1) Dubois & Noël 23 juin 91 résolution.
(2) Dubos & Cie Abandon de l'actif réalisé et en sous distribution d'une somme de 56000. 2.84% unique répartition
(3) Dubost (D.lle) Intégralité en 2 ans par 1/2
(4) Dubrule 3.71% unique répartition
(5) Duchassaing 20% en 5 ans par 1/5 de l'homol.
(6) Duchemin 2.06% unique répartition
(7) Duchesne 20% en 5 ans, par 1/5 de l'homolog.

Noms, Prénoms, Professions & Domiciles	Indique * la liquidation — Astérisque avant Des insuffisances — Divorce ou Interdiction	Syndics ou Avoués	Faillites ou Liquidations	Dates des homologations de Concordats	Insuffisances ou Unions	Séparations de biens judiciaires ou Divorces	Cons. Jud. ou Interdict.
Duclos, md de modes, rue du Caire, 21		Beaugé	10 déc. 84		(1)		
Ducourtioux-Cochard, Félix, rue Myrrha, 90	*	Musnier				*1 juill. 91	
Ducret-Beckens, Pierre, à Petit-Bry, rue du Parc 7	*	Richard				*28 nov. 90	
Ducrocq, Charles, négt en soieries, Av. de l'Opéra, 36		Maillard	18 juin 90	16 janv. 91	(2)		
Ducrot-Baudon, Joseph, à Clichy, Imp. Cathrine, 17	*	Maza				*5 av. 90	
Ducreux, Léon, bijouterie, rue Réaumur, 43		Beaujeu I.	20 oct. 91				
Ducroux, Lucien, md de vins, rue Condorcet, 69		Bonneau	13 oct. 91		*31 oct. 91		
Ducruix, Antoine, négt en vins à Bercy, rue Gallois, 10		Priot I.	17 mars 91	25 mai 91	(3)		
Dudam-Rousselet, Léonard, s.d.c.	*	Thomas				*8 juin 91	
Ducruix-Pierquin, Antoine, négt, Bd St Germain 189		Dubourg				15 juin 91	
Dudouy-Gaultier de la Terrière, Alfd, r. N.D. du Viet..m, 38	*	Foucault				*25 mars 91	
Dufay-Mortier, Ferdinand, rue des Alouettes, 15	*	Raynaud				*19 juin 91	
Dufarges, Guillaume, nourrisseur, à St Maudé, r. de Charonne, 15		Rochette I.	20 oct. 91				
Dufco-Carpentier, Etienne, s.d.c.	*	Garon				*9 mars 91	
Duffaud & Cie Charles, ornemt pr tapissiers, faub. St Ant, 148		Lupy I.	29 avril 90		(4)		
do — Duffaud, Charles, faubourg St Antoine, 56	*	Forté				13 av. 91	
do — Loyal, Daniel, rue Antony, 10	*	Bertinot				*6 av. 91	
Dufflot-Grain, Joseph, anc. pharmacien, rue Baudin, 17	*	Mignon				1 juin 91	
Dufoure, Paul, anc. md de vins en gros, r. Clignancourt, 12		Pouchelon	20 mai 91	8 août 91	(5)		
Dufresne-Dufour, Paul, quai de la Rapée, 2	*	Demoreuil				23 mars 91	
Dugal-Bruyère, Fçois, à St Ouen, rue des Rosiers, 66	*	Raveton				6 avril 91	
Dugast, tapissier, rue du Château d'Eau, 29 bis		Lesage	27 fév. 91				
do — Fragin, Ernest, tapissier, r. Caulaincourt, 95bis	*	Danpeley				16 nov. 91	
Duglon-Rogé, Etienne, rue Cler, 39	*	Hureau				*17 fév. 91	
Dugloud, fab. de couronnes, r. Latour, 46		Mauger	23 oct. 91				
Dufour, Philippe, équip. militaires, faub. St Martin, 162		Bonneau	6 janv. 91		*15 avril 91		
Dugué, Louis, md de vins, à St Maudé, Av. Ste Marie, 65		Lesage	8 juill. 90		(6)		
do (Dme) Anna, à Villemomble, rue des Trois-Frères, 16	*	Benoist					*5 mars 91
Duguet, entrep. de maçonnerie, à Aubervilliers, r. des Cités, 92		Brotrez	25 sept. 91				
Duhamel, tissus, rue de Charonne, 43		Pouchelon	21 oct. 90		*16 déc. 90		
do — Chaillon, Louis, à Boulogne s/S r. de l'Église	*	Roche				*8 déc. 90	
Duhen-Kauffmann, Florimond, s.d.c.	*	Picard				*2 juill. 91	
Dujols-Carnus, Jean, anc. md de vins, r. de Breteuil, 74	*	Delnoaille				9 mars 91	
Dulaurens-Mélogan, Gustave, rue de Dunkerque, 61	*	Forté				*19 janv. 91	
Duluard, Paul (Voir: Gaytte fils & Duluard)							
do — Gaytte, Paul, rue Lafayette, 26	*	Jacob				4 mai 91	
Dumans-Lépinard, Ernest, rue de Babylone, 15	*	Ferté				*31 déc. 90	
Dumarcet, anc. md de vins, rue de Crimée, 148		Rochette	11 déc. 91				
Dumas, commr en fruits, rue des Déchargeurs, 9		Godmer	4 avril 91		*30 av. 91		
do — Martinet, Louis, Av. d'Italie, 18 bis	*	Pavion				*10 avril 91	
do — Vanneson, Camille, s.d.c.	*	Delepouve				*4 mai 91	

(1) Duclos 43.27 % unique répartition

(2) Ducrocq. Abandon de son actif réalisé et à réaliser en outre 60,000 f. à répartir au marc le franc en 10 ans par 1/10 de l'homol. 30 % 1re répartition 6 % 2e répart. 20 xbre 91 et 20 juin 92, 7 1/2 % les 20 xbre 92 et 20 juin 93 10 % le 20 déc. 1893.

(3) Ducruix 40 % savoir 5 % 15 jours après l'homol. 5 % lors

(4) Duffaud & Cie 0.70 % unique répartition

(5) Dufoure 25 % en 5 ans par 1/5

(6) Dugué 29.10 % unique répartition

Noms, Prénoms, Professions & Domiciles		Syndics ou Avoués	Faillites ou Liquidations	Dates des homologations de Concordats	Jugements ou Unions	Séparat.ons de biens Judiciaires / Divorces	Cons. Jud. ou Interdiction
Duménil-Pelletier, Louis, r. d'Angoulême, 35	*	Roche				* 27 juill. 91	
d° - Valeau, Gustave, s.d.c.	*	deBiéville				* 25 mai 91	
Dumont, Anatole, m.d de vins, rue des Abbesses, 5		Bonneau	4 déc. 91				
d° Lingerie, rue du Commerce, 7		Godmer	14 janv. 90		(1)		
d° fils aîné, négt. en huiles à S.Ouen, Av. du Pont de la Rev.		Planque	22 mai 90		(2)		
d° Louis, entrep. de serrurerie à Adainville r. de la Rep. 5		Mauger	2 déc. 91				
d° (D°) Marie, rue Schoffer, 5	*	Raveton					* 18 avril 91
d° - Bourguignon, Constant, s.d.c.	*	Viver				* 26 juin 91	
d° - Durand, Jules, rue Ste Marthe, 15	*	Norgeot				* 25 juin 91	
d° - Tripet, Isidore, rue Rambuteau, 64	*	Gillon				* 1 juin 91	
Dumoulin m.d de vins, Bd Sébastopol, 3		Bernard	13 av. 88	21 janv. 91	(3)		
d° Michel, négt. en bouchons au G.d Montrouge		Pondebot	16 juin 91		(4)		
Dunezat-Petitpied, Remy, s.d.c.	*	Daupoley				* 20 mars 91	
Dupas-Janin, Georges, rue de Charonne, 149	*	Bernard				* 4 mai 91	
d° -Lemonnier, Isidore, r. Hernel prolongée, 17	*	Pérard				* 23 janv. 91	
Dupille-Bardin, Georges, propre, rue de la Trémoille, 3	*	Bourgoin				14 déc. 91	
Dupin de la Guerivière, Marie, restaur. r. de Rivoli, 39		Lupy	9 avril 91		(5)		
d° - Aussaru, rue Truffaut, 22	*	Mercier				30 nov. 91	
Dupland-Lacaud, Martial, s.d.c.	*	Allain				* 17 nov. 90	
Dupond, Léon, fab. d'allum.-feu à Levallois r. de Bruxelles 30		Destrez	24 juin 90	20 déc. 90	(6)		
Dupont Jacques, teinturier, rue Godot de Mauroi, 43		Lesage	20 mai 90	23 juin 91	(7)		
d° entrep. de transports, r. du Buisson St-Louis, 23		Lupy	16 sept. 90		* 19 nov. 90		
d° m.d d'ustensiles de ménage, Bd d Belleville, 5		Rochotte	8 mai 91		* 30 juin 91		
d° - Chossard, Charles, rue Pixérécourt, 69	*	Collet				* 1 juill. 91	
d° - Fouquet, Henri, à Aubervilliers, r. des Cités, 10	*	Fromageot				* 20 av. 91	
d° - Gallet, Auguste, faub. St-Denis, 29	*	Gillet				23 nov. 91	
d° - Gillard, Ernest, r. de Bretonvilliers, 3	*	Pineau				* 7 août 91	
d° - Hureau, Albert, r. Godot de Mauroi, 42	*	Sarigual				27 avril 91	
Dupon (D°) Isabelle, m.de foraine, r. de la Roquette, 57		Mauger	25 nov. 90	29 mai 91	(8)		
Dupoux-Milsant, Célestin, Av. Philippe-Aug.ste, 33	*	Lemonnier				10 août 91	
Dupré, Paul, ppre, avenue de Villiers, 80	*	Fromageot					16 mai 91
d° - Banchot, Claude, Pass. Vaucouleurs, 16	*	Raynaud				* 25 mai 91	
d° - Lefort, Charles, rue Bezout, 27	*	Guyot-Sionnest				* 19 mars 91	
Dupuis, Alfred, épicier, m.d de vin, r. du Ruisseau, 40		Rochotte	31 janv. 91		* 15 avril 91		
d° - Ball, Arsène, rue des Frères Herbert, 38, à Lev.l		Péronne				20 avril 91	
d° - Brelière, Louis, rue de Vaugirard, 135	*	Bonfils				* 18 av. 91	
d° - Dutéis, Jean, rue Germain Pilon, 13	*					7 déc. 91	
d° - Huaut, Charles, rue Daguerre, 15	*	Michel				* 8 déc. 90	
d° - Schœffer, Jean, rue d'Amsterdam, 45	*	Rivière				* 4 mars 89	
Dapuy, menuiserie d'art, rue de Rocroy, 5		Chardon	7 oct. 90	1 avril 91	(9)		

(1) Dumont 5.02 % unique répartition
(2) Dumont fils aîné 14.90 % 1ere répartition
(3) Dumoulin. Abandon de la totalité de l'actif 20.17 % espèces 68.13 % billets unique répartition
(4) Dumoulin Michel 1.04 % unique répartition
(5) Dupin de la Guerivière 34.83 % unique répartition
(6) Dupond 20 % en 5 ans par 1/5 de l'homolog.
(7) Dupont 20 % en 5 ans par 1/5 de l'homolog.
(8) Dupon (D°) 25 % en 3 ans par 1/3 le 1er janvier
(9) Dapuy 10 % en 5 ans par 1/5 de l'homolog.

Noms, Prénoms, Professions & Domiciles	Indique liquidation * Astérisque ayant insuffisance Divorce et interdiction	Syndics ou Avoués	Faillites ou Liquidations	Dates des homologations de Concordat	Insuffis.ces ou Unions	Séparat.ns de biens judiciaires Divorces	Cons. Jud. ou Interdict.
Dupuy-Dellisse, Louis, s. d. c.	*	Henriet				* 27 avril 91	
d° — de Rossignol, Victor, r. des Batig.les 13	*	Salato				12 janv. 91	
Duraffourg — Mariotte, Lucien, rue Feydeau, 26	*	Tricon				* 8 déc. 90	
Durand, David, m.d de draperies, rue Vivienne, 8		Menau L	9 août 89		(1)		
d° — Carpentier, Charles, rue de l'Orillon, 27	*	Terté				* 20 avril 91	
d° — Fernbach, Paul, rue Hauteville, 80	*	Dubourg				* 24 juill. 91	
d° — Legrusley, Jules, avenue de St Ouen, 81	*	Pottier				* 19 déc. 90	
d° — Presle, Marie, à Courbevoie, Ar. de la Défense	*	Dumesnil				* 6 fév. 91	
d° — Veerschoore, Louis, s. d. c.	*	Gizy				* 17 juill. 91	
Durandet — Chatelain, Paul, rue Pastourelle, 36	*	Rocque				* 1 août 91	
Duranthon, Jean, m.d de vins, rue Saussure, 8		Lesage	27 juin 90		(2)		
d° — Barnier, Pierre, quai des G.ds Augustins 37	*	Adam				27 juin 91	
d° — Fouquet, Jean, m.d de vins, rue du Renard	*	Barberon				22 juin 91	
Duranton, Joseph, m.d de vins et charb. r. de Charenton 68		Lupy	7 avril 91		(3)		
Durbec, Fernand, comm.re en fruits, r. St Honoré, 2		Hécaen	17 déc. 90		* 23 juill. 91		
d° — Louis, comm.re en produits chim. r. de Rivoli, 68		Bernard	23 janv. 91		* 30 juin 91		
Durée — Tellier, Jean, à Gentilly, rue des Barons 3	*	Picard				* 6 nov. 90	
Duret — Galet, Louis, m.d tripier, r. Turenne, 42	*	Guignon				26 janv. 91	
Duretz, Victor, entrep. de maçonnerie, r. Pelleport, 86		Rouchert L	4 déc. 91				
Durier — Jolin, Louis, rue de la Nation, 5	*	Pottier				* 4 juin 91	
d° — Rabier, Édouard, rue de Bercy, 223	*	Bauvist				20 av. 91	
Durieux — Vignerelle, Marius, rue de Vauvilliers, 33	*	Passion				* 14 août 91	
Durotoy — Gravois, Firmin, à Abbeville (Somme)	*	Salato				* 21 avril 91	
Duroy, Ernest, anc. m.d de vins, faub. St Antoine 264		Hécaen	6 mai 91	9 oct. 91	(4)		
Durozoi, Pierre, const.r, rue Riblette, 13		Boussard	14 mars 89		* 15 juin 91		
d° & Cie appareils hydrauliques, r. Michel Bizot, 100		Cotty	18 avril 91		(5)		
Durruthy, Jules, appareils électriques, r. de Tocqueville, 89		Boussard	1 déc. 85	26 août 86	(6)		
Dusanier — Turrel, av. de la République, 208	*	Thorel				27 avril 91	
Duter — Wagner, Ignace, rue des G.ds Augustins, 7	*	Pineau				* 27 déc. 89	
Dutheil — Bonneau, Antoine, s. d. c.	*	Charreau				* 30 avril 91	
d° — Boutin, Alfred, à Malakoff, r. d'Épinay, 9	*	Briquet				* 13 mars 91	
Dubruin — Lefèvre, Charles, rue de la Procession, 8	*	B. de Longef				* 20 avril 91	
Dutoit & Cie bains et lavoirs à Vitry, av. du Ch.n de fer		Menau	21 nov. 90		* 31 déc. 90		
Dutrain — Villain, Émile, rue Meslay, 22	*	Tourastel				27 déc. 90	
Dutroix, Martial, entrep. de transports de viandes, Av. Ségur, 63		Lupy	20 fév. 91				
Duval, Auguste, Café-brasserie, rue Oberkampf, 127		Bonneau	24 août 91				
d° fab. de martinets, rue de Loos, 18		Lupy	31 oct. 90		* 29 nov. 90		
d° et Cie nég.ts en vins, B.d Poissonnière, 12		Barbour	10 oct. 90		* 19 nov. 90		
d° (D.lle) Jeanne, à Vanves, rue Fabret, 2	*	Jenart					* 30 juill. 90
d° — Barrois, Dieudonné, Cité de la Marne, 3	*	Menau				2 nov. 91	

(1) Durand 2% 5e répartition
(2) Duranthon 0.09% unique répartition
(3) Duranton 16.99% d° d°
(4) Duroy. Abandon de tout l'actif réalisé
(5) Durozoi & Cie 16 déc. 91 refus d'homologation
(6) Durruthy 10.10% 2e et dernière répartition

Noms, Prénoms, Professions & Domiciles	Indique liquidation. * Abréviation: avoué: faillite ou interdiction	Syndics et Avoués	Faillites ou Liquidat.	Dates des homologations de Concordats	Insuffis. ou Unions	Séparat. de biens judiciaires ou Divorces	Cons. Jud. et Interdict.
Duval-Dubuc, Louis, à Créteil, Gde rue, 26	*	Maucomble				* 2 fév. 91	
d° - Rebour, Alfred, rue des Buttes, 49	*	(Mut-Dange)				8 juin 91	
Duverne, Jean, tailleur, rue des Martyrs, 22		Beaujeu	22 mai 91	29 sept. 91	(1)		
d° - Niaux, Jacques, rue des 3 Frères, 26	*	Laisney				* 20 avril 91	
Duviallard, md de vins, rue de Malte, 2		Ozéré	9 juill. 91		* 31 oct. 91		
Duwimaux, Jacques, négt en fleurs artificielles, Faub. St Denis, 79		Boussard	22 nov. 87		* 27 janv. 91		
Duysters-Turner, Prosper, rue Antoinette, 26	*	Marais				* 20 janv. 91	

E

Noms, Prénoms, Professions & Domiciles		Syndics et Avoués	Faillites ou Liquidat.	Dates des homologations de Concordats	Insuffis. ou Unions	Séparat. de biens judiciaires ou Divorces	Cons. Jud. et Interdict.
Ecalle-Dousselin, Alexandre, rue d'Arras, 9	*	Marais				* 26 oct. 91	
Echard-Martin, Léon, à Clichy, rue des Bonnaires, 36	*	Cortot-Jacob				* 9 mars 91	
Echès, Antoine, anc. entrepr. de transports, rue Bolivar, 113		Lupy	1 avril 91		(2)		
Edinger, Guillaume, libraire, rue de la Montagne-Ste-Geneviève, 34		Bonneau	23 avril 91				
Edouard-Drodelot, Jean, rue de Poissy, 5	*	Ducrange				* 15 déc. 90	
Egasse, produits chimiques, rue de la Chapelle, 29		Bernard	4 juill. 85		* 16 déc. 91		
Essling-Kaffel, Charles, négt rue de Saintonge, 64	*	Roche				23 fév. 91	
Ehrenhaus, Arthur, horloger, rue de Paradis, 6		Godinet L	16 juill. 91	29 sept. 91	(3)		
Elene & Cie entrep. de travaux publics, Bd de Reuilly, 72		Planque	11 déc. 91				
Elie de Beaumont-Holker, J. Bapt. rue des Sts Pères, 11	*	Laisney				15 juin 91	
Elie de Beaumont Jean Bapt. rue des Sts Pères, 11	*	Laisney					16 juill. 91
Elisabeth & Ras, Jules, représentation, rue Bouchae, 8		Colty	7 avril 91				
d° - Cornuau, Abel, rue N.D. des Victoires, 32	*	Bertot				* 14 avril 91	
Eloy, Pierre, md de vins, à Montrouge, Rte Stratégique, 8		Bonneau	15 sept. 91		* 31 oct. 91		
Ely-Larrive, François, rue Delambre, 13	*	Picard				20 avril 91	
Emerial, md de vins, rue de Cléry, 87		Mauger	14 oct. 90		* 29 nov. 90		
Emery, Désiré, pharmacien, rue de Provence, 98		Rouchon	16 mars 91		* 30 avril 91		
Emmanuelli, chapelier, rue Ramey, 18		Destroz	1 août 91		* 31 août 91		
Enault, Adolphe, lingerie, r. N.D. de Lorette, 23 & 25		Mauger	7 déc. 91				
Engel, Alphonse, boulanger, rue Popincourt, 8		Hécaen	23 déc. 90		* 28 fév. 91		
Englebert (Vve) brasserie, rue de Tracy, 6		Bernard	13 janv. 91		* 28 fév. 91		
Enguehard-Vérité, Amédée, s. d. c.	*	Passion				* 20 avril 91	
Etris, Félix, banquier, Bd du Temple, 36		Hécaen	25 août 91				
Enkirche-Floquet, Edouard, rue des Panoyaux, 76	*	Francastel				* 17 mars 91	
Enters-Cailleau, Guillaume, s. d. c.	*	Carles				* 2 fév. 91	
Erichsen, Charles, négt en sucres, rue Tiquetonne, 64		Ozéré L	17 mars 91	23 juin 91	(4)		
Erlanger (Dce) mde de soldes, rue Greneta, 8		Meunier	5 janv. 91		(5)		
Ernie, Albert, md de couleurs, r. du Pont-Louis-Philippe, 6		Chardon	13 mai 91		* 31 juill. 91		
Erpelding, Jean, fab. de meubles, rue des Haies, 100		Lupy L	9 mai 91	1 août 91	(6)		
Esclafin-Quilico, Guillaume, à la Garenne-Colombes	*	Briquet				9 mars 91	
Escoffier-Fourcroy, Auguste, rue Ganneron, 22	*	Fontaine				6 juill. 91	

(1) Duverne 40% en 5 ans par 1/5 de l'homologation
(2) Echès 1.90% unique répartition
(3) Ehrenhaus 30% en 6 ans par 1/6 de l'homologation
(4) Erichsen. Abandon de l'actif réalisé 2% unique répartition
(5) Erlanger (Dce) faillite annulée par jugt du 8 avril 91
(6) Erpelding 30% en 5 ans par 1/5 de l'homologation

Noms, Prénoms, Professions & Domiciles	Indique liquidation * Astérisque avoué, Interdiction et substitution	Syndics ou Avoués	Faillites ou Liquidat°	Dates des homologations de Concordats	Insuffis.ces ou Unions	Séparat.ns de biens judiciaires Divorces	Cons. Jud. ou Interdict.
Escuret et Calvo, md. de draps, rue du Mail, 10		Planque	16 sept. 91				
Esnault-Vivier, Mary, s. d. c.	*	Martin				22 juill. 90	
Espagnac-Monzani (Comte d') Honoré, r. de l'Université, 119	*	Montpharine				30 juin 91	
Espanet-Moitrier, Jean, s. d. c.	*	Maza				5 janv. 91	
Espaullard-Rousseau, Henri, à Noisy-le-Sec, r. du Goulu, 55	*	Fontaine				4 août 91	
Epinasse-Carret, Louis, à l'Hospice des Vieillards d'Ivry	*	Milhaud				17 avril 91	
Esquiron (Dme) Marie, rue des Bons Enfants, 20	*	Passion					18 mars 91
Esterbet, Théophile, limonadier, rue Turbigo, 14		Bonneau	5 mai 91		* 15 juin 91		
Estève, Louis, layetier emballeur, rue de Chabrol, 21		Châle	4 avril 91		(1)		
Estienne, Sébastien, fab. de tresse, rue Pajol, 4		Manger I.	15 avril 91	25 juill. 91	(2)		
Etiembre-Thévenon, Jean, s. d. c.	*	Guy Stenner				15 mai 91	
Etienne, Auguste, fab. de plumes & fleurs, r. d'Aboukir, 35		Lesage	4 juill. 90		(3)		
d°. (Vve d') Clotilde, loueuse de voitures, r. Lamarck, 102		Cottze	24 janv. 90	13 août 90	(4)		
d°. -Blandin, Prosper, B'd Arago, 24	*	Choiseau				26 juin 91	
Etlinger-Plessis, Auguste, Asile de Villejuif	*	Denormandie				6 fév. 91	
Eveillard-Poulet, Jules, rue Lagrange, 10	*	Poullet				27 juin 91	
Evette-Rogier, Charles, fab. d'éventails, B'd Montmartre, 14	*	Deville				14 nov. 91	

F

Noms, Prénoms, Professions & Domiciles		Syndics ou Avoués	Faillites ou Liquidat°	Dates des homologations de Concordats	Insuffis.ces ou Unions	Séparat.ns de biens judiciaires Divorces	Cons. Jud. ou Interdict.
Fabre, md. de vins, rue St. Germain l'Auxerrois, 28		Menaux	10 mars 91		* 30 avril 91		
d°. md. de vins, rue de la Chapelle, 23		Lupy	2 janv. 91		* 20 mai 91		
Faccini, gargotier et logeur, B'd de la Gare, 98		Bernard	26 déc. 91				
Fache-Cordelette, Charles, rue St. Maur, 154	*	Filiatre				13 mars 91	
Fageau-Glangetas, Alfred, rue St. Louis en l'Isle, 88	*	Goirand				25 mai 91	
Faguet de Champcourt, Jules, produits chimiques, r. du Helder, 1		Chardon I.	21 avril 91	11 août 91	(5)		
Faivre, Alexandre, entrep. de trav. publics, rue St. Dominique, 149		Godmer					
d°. Ferdinand (Voir: Bourgeois et Faivre)							
d°. Pierre (Voir: Scobart aîné et Faivre)							
Falateuf, Jeanne, spécialité de cafés, rue Doudeauville, 47		Lupy	9 mai 91		* 11 juin 91		
Falbert-Lefort, Vital, rue St. Denis, 253	*	Raynaud				10 nov. 91	
Falizé, Joseph, brodeur, rue St. Lazare, 10		Godmer	15 janv. 91		* 30 avril 91		
Fallet, Félix, boulanger, à Nogent s/S. G. de rue 151		Beaujeu	18 oct. 88		(6)		
Fallouey-Pommier, Etienne, rue Bouret, 10	*	Dumesnil				13 avril 91	
Falp, Joseph, comm.re en vins, rue Petit-Bercy, 28		Ponchelet I.	17 mars 91	18 août 91	(7)		
Falq-Elie, Joseph, s. d. c.	*	Musnier				2 nov. 91	
Fandard, Arthur, nourrisseur, rue de Chalon, 36		Bernard	21 juill. 91				
Fanguin, md. de vins, rue des Trois Couronnes, 45		Manger	8 sept. 91				
Faré Emmanuel anc. Md. de vins, à Ivry, quai d'Ivry, 72		Manger	12 fév. 91		(8)		
Farges-Nourrisseau, Auguste, rue du Prévot, 6	*	Perard				15 mai 91	

(1) Estève 1.82 % unique répartition
(2) Estienne 20 % sans intérêts en 5 ans par 1/5 de l'homologation
(3) Etienne 3.54 % unique répartition
(4) d°. (Vve d') 12 déc. 91 résolution
(5) Faguet de Champcourt. Abandon de l'actif réalisé et à réaliser, et 50 % en 5 ans par 1/5: 9.73 % unique répartition
(6) Fallet 42.50 % 2e et dern. répartition
(7) Falp 25 % savoir: 5 % 2 mois après l'homologation 4 % le 31 Xbre 91, 30 juin 92, 31 Xbre 92, 30 juin 93, 31 Xbre 93
(8) Faré 40 % 1re répartition 0.79 % 2e et dern. répartition

Noms, Prénoms, Professions & Domiciles	L Indique Liquidation / * Astérisque / avoué, Insuffisance / Divorce / et Interdiction	Syndics et Avoués	Faillites en Liquidations	Dates des homologations de Concordats	Insuffis.ces ou Unions	Séparat. des biens judiciaires Divorces	Cons. Jud. ou Interdict.
Farnault-Marme, Pierre, à St Ouen, Imp. Monsieux, 6	*	Audouin				* 15 déc. 90	
Farouel, Joseph, limonadier, rue des Petits Champs, 15		18 nov. 91					
Fau, md de vins et charbons, à St Ouen, Av. Kléber, 30		Kléaen	25 avril 91			* 30 juin 91	
Faucon, Casimir, md de bois et charbons, rue Nervin, 13		Cotty	27 nov. 91				
Fauquet-Karel, Auguste, Pass. de Ménilmontant, 17	*	Mrunier				* 5 déc. 90	
Fauveau-Lamotte, Eugène, à Versailles, r. St Charles, 28	*	Colmet Dange				* 23 fév. 91	
Fauvel, Auguste, md de vins, à Pantin, rue Courte, 19		Godmer	22 juin 91		(1)		
Favard, René, anc. coiffeur puis md de vins à Ivry, r. Raspail, 214 bis		Beaujeu	12 déc. 91				
Favennec-Houry, Antoine, rue d'Aguesseau, 14	*	Gimlar				* 16 nov. 91	
Favette-Camus, Dominique, à la C.ie française et étrangère du gaz	*	Dubail				* 26 mars 91	
Favié-Riubanys, Charles, s. d. c.	*	Delepouve				* 23 mars 91	
Favier-Buntzly, Charles, rue Pierre-Guérin, 21	*	Lugrand				10 août 91	
Favières, boulanger, rue des Billettes, 6		Bernard	27 juill 86		* 31 mai 87	(2)	
Favre, md de vins, Bd de Ménilmontant, 126		Godmer	11 juill. 90		(3)		
Favreau-Tréhaud, Jean, r. Château-Landon, 6	*	Maza				* 27 avril 91	
Fayadan-Clairjean, Lucien, s. d. c.	*	Ferté				* 28 juill. 90	
Fayart & Cie (Vve) Jeanne, couleurs, à Courbevoie, Av. Marny, 8	*	Destrez	6 mai 91		(4)		
Fayau, Edouard, vins et liqueurs, rue de Lévis, 8		Rochette	4 fév. 91		(5)		
Farje, Benoit, apprêteur, rue d'Allemagne, 151		Bernard	7 janv. 91		(6)		
Faynou (Dlle) Octavie, rue Fontaine, 29	*	Mouillefaine					* 24 mars 91
Fraytlinn, Daniel, tailleur pr dames, rue de Cléry, 23		Bourreau	2 avril 91				
Fécheroulle (Vve) Marie, lingerie, Pass. Vero Dodat 20-22		Boisard L	23 juin 91				
Félix, Charles, épicier, rue Clauzel, 13		Roucher	11 fév. 91	23 juin 91	(7)		
d°: boulanger, rue de la Procession, 82		Meuaut	9 janv. 91		* 15 fév 91		
d°: - Thevenet, Georges, rue Lacaille, 4	*	Giry				* 8 janv. 91	
Feller, Nicolas, loueur de voitures, Pass. Brandui, 3		Mocaux	4 juill. 89	20 nov. 91	(8)		
Felt-Olivier, Eugène, s. d. c.	*	Ferté				* 6 avril 91	
Fenouillat & Cie, Victor, md tailleur, rue du Louvre, 40		Boucheba I	29 déc. 91				
Féral, Jr Bte patissier, rue Marbeuf, 8		Rochette	17 fév. 91		(9)		
Férani-Burghelle, Conrad, rue Vieille du Temple, 36	*	Pollen				12 août 91	
Ferlié, Alphonse, scieur à la mécanique Bd Edgar Quinet, 79		Lupy I	16 janv. 91	1 avril 91	(10)		
Fernaux, Gustave, ndg.t en vins, rue Valette, 19 & 21		Chardon I	14 juin 89	28 sept. 89	(11)		
Ferrandini-Damoin, Lucon, à Pantin, rue Lapérouse, 15	*	Berton				* 16 mars 91	
Ferrari anc. ndg.t en verres et vitres, rue Truffault, 92		Planque	27 oct. 91				
d°: Frères, entrep. de fumisterie, r. Bernard de Palissy, 5		Roucher	10 oct. 91				
d°: Jacques (Voir: Ferrari Frères)							

(1) Fauvel 11.48 % unique répartition
(2) Favières 1 août 91 rapport de clôture
(3) Favre 28.89 % unique répartition.
(4) Fayard & Cie 17 nov. 91. Refus d'homologation
(5) Fayau 8.64 % unique répartition
(6) Farje 14.14 % d°: d°:
(7) Félix. Abandon de l'actif réalisé et 20 % en 5 ans par 1/5

un an de l'homologation
(8) Feller 25 % en 3 ans, savoir: 5 % 3 mois après l'hom. 5 % 9 mois après, — 5 % 15 mois après, — 5 % 2 ans après, 5 % 3 ans après 1.40 % unique répartition
(9) Féral 3.63 % unique répartition
(10) Ferlié. Abandon d'actif réalisé et à réaliser 30.01 % uniq. rép.
(11) Fernaux 4.11 % 2.e et dern. répartition.

Noms, Prénoms, Professions & Domiciles	*	Syndics et Avoués	Faillites ou Liquidations	Dates des Homologations de Concordats	Insuffis. ou Unions	Séparat. de biens judiciaires Divorces	Cons. Jud. ou Interdict.
Ferrat, Clément, rue des Écoles, 17		Ozéré	8 janv. 91		* 28 fév. 91		
Ferry, Jean, appareils électriques, Bd Pereire, 143		Bonneau	20 sept. 90	21 fév. 91	(1)		
d° - Boismare, Joseph, s.d.c.	*	Chagnes				* 26 oct. 91	
Fesche, Eugène, électricien, rue de Rivoli, 116		Hécaen	18 sept. 91				
d° - Biéchy, Gustave, à Nanterre, r. du Chem. de fer		Legrand				* 12 nov. 90	
Fessou - Bault, Hippolyte, charron, rue de la Santé, 54	*	Michel				2 av. 91	
Fetat - Vialet, Claude, s.d.c.	*	Bozon				* 7 mars 91	
Fetter, Joseph, fab. d'instrum. de précision, r. du Texel, 4		Beaugé T.	26 xbre 91				
Feugère, Md de vins, rue de Sèvres, 89		Barboux	26 mai 91		* 24 juin 91		
Feuillet & Crozet, Gustave, porcelaines & cristaux, r. de Belleville 2g		Pouchela T.	5 sept. 90		(2)		
d° & Krautz, Gustave, avec md de verrerie, r. de Belleville 31	*	Rivière				15 juin 91	
Février, entrepositr à Bourg-la-Reine, Rte de l'Hay, 35		Hémou	2 janv. 91		* 31 janv. 91		
d° Pierre, carrier, à Champigny, rue des Sapins		Maillard	13 juill. 80		(3)		
Feyer et Stave, commerçe en march. Passe. Violet, 9		Menaut	13 août 91		[illegible]		
Feytit & Cie, imprimerie, rue des Jeûneurs, 14		Pouchelet	28 avril 91				
Fideler - Guénon, Pierre, rue de l'Orillon, 36	*	Guignon				* 21 nov. 91	
Fiévet - Peltier, Gilbert, rue Ste Anne, 14	*	Violette				* 6 avril 91	
Filleul, fab. de conserves, rue Ducouëdic, 25		Plauque	8 nov. 89		(4)		
Filliatre, Arthur, fab. de chaussures, rue St-Laurent, 7		Lesage T.	17 fév. 91				
Fillion - Aumasson, Henri, peintre, à Asnières, r. Gambetta 16	*	Gorand				22 juin 91	
Finet - Mathieu, Martin, s.d.c.	*	Roche				* 12 juin 91	
Finzi - Jubault, Joseph, Faub. St-Antoine, 273	*	Mutel				* 24 nov. 90	
Fiquet, sœurs (Dlles) pâtissier - glacier, rue Drouot, 14		Beaujeu	24 mai 89		* 31 oct. 91		
Firminhac - Cadillac, Passage Brady, 41		Collin				* 1 août 91	
Firu - Morin, Grégoire, docteur en médecine Bd Magenta 1g	*	Michel				9 fév. 91	
Fischer, Nicolas, md de chaussures, à Pantin, r. de Paris, 52		Lupy	11 nov. 90		* 29 nov. 90		
d° - Winkel, Nicolas, à Pantin, rue des Prés, 16		Carvès				9 mars 91	
Fissiaux - Génard, Joseph, s.d.c.	*	Lamara				* 3 juill. 91	
Flageul - Tourtal, Émile, s.d.c.	*	Cailler				* 16 mars 91	
Flamand - Boyer, Hubert, s.d.c.	*	Labat				* 2 nov. 91	
Flamann, Gustave, négoc en prod. pharmaceutiques, Bd de Belleville, 33		Bonneau L.	20 janv. 91	17 nov. 91	(5)		
d° - Duprat, J.B. employé à la Cie du Canal de Suez		Goirand				* 14 avril 91	
Flamens, Joseph, limonadier, rue de l'Église, 81		Lissoty	10 avril 91		* 30 mai 91		
Flauner, Joseph, entrep. de pavage à Courbevoie r. ...		Roucher	5 sept. 91				
Fleuret - Terrin, Alfred, rue Beaurepaire, 19	*	Raynaud				* 9 mars 91	
Fleuriet, Eugène, boulanger, rue Oumaire, 51		Menaut	3 juill. 91		* 22 août 91		
Fleuret, Gabriel, Compt. Agricol du Sud-Ouest, rue de Provence, 65		Lupy	30 juin 91		* 23 juill. 91		
Fleury, Joseph, entrep. de charp. à St-Mandé, Av. Herbillon, 54		Mercier	12 déc. 88		(6)		
d° Victorine, épicerie et vins, rue des Pyrénées, 94		Ozéré	10 avril 91		* 31 juill. 91		
Flobert, boulanger, rue des Partants, 35		Hécaen	3 mars 91		* 30 avril 91		

(1) Ferry. Abandon de l'actif réalisé 20% unique répartition
(2) Feuillet et Crozet 1.96% unique répartition
(3) Février 15.58 % unique répartition
(4) Filleul 3.10 % unique répartition
(5) Flamann 30% sans intérêt en 5 ans par 1/5 de l'homol.
(6) Fleury 19.90% unique répartition

Noms, Prénoms, Professions & Domiciles		Syndics et Avoués	Faillites ou Liquidations	Dates des homologations de Concordats	Insuffisances ou Unions	Séparations de biens judiciaires / Divorces	Cons. Jud. ou Interdict.
Flobert, Auguste, Md de vins, Bd Barbès, 78		Godmer	3 nov. 91				
Floch-Favé, Eugène, sans domicile connu	*	Messelon				23 juin 90	
Floderer, anc. md de vins, rue Championnet, 153		Meneux	16 oct. 91		* 31 oct. 91		
Florens, Jean, Nouveautés pour modes, rue Montmartre, 141		Lissoty	5 mai 91				
Floret, Henri, négt en droguerie, rue des Tournelles, 42		Plauqua L	5 juin 91	26 sept. 91	(1)		
do - Wallet, rue St Lazare, 14 act. à Rueil	*	Delinon				23 fév. 91	
Foëbel-Fabre, Gérard, Pass. St Michel, 5	*	Ducaruge				* 9 fév. 91	
Folcher, Louis (Voir: Charbury & Folcher)							
Fond-Grandin, Pierre, Bd Richard Lenoir, 17	*	Barberon				* 27 janv. 90	
Fontaine père, machines à coudre, rue de l'Echelle, 9		Cotty	30 mai 86	27 mai 91	(2)		
do - Wallon, Auguste, s. d. c.	*	Tricaud				* 4 mai 91	
do Jules, commt en march. à Levallois, r. de Villiers, 66		Châle	29 sept. 90		* 20 déc. 90		
do - Appert, Adolphe, à Levallois r. de comrce	*	Mutel				9 nov. 91	
do - Banquiés, Henri, rue St Honoré, 181	*	Chain				22 juin 91	
do - Besson, Joseph, rue de la Victoire, 41	*	Daupeley				20 avril 91	
do - Legros, Paul, rue Veroigny, 18	*	Raynaud				* 21 juill. 90	
Fontan-Voirier, Paul, à la Garenne-Colombes, Pass. des Vignes, 4	*	Bouflo				16 mars 91	
Fontanié-Bastide, Simon, rue Coustou, 15	*	Mignon				* 19 janv. 91	
Fontanier-Portalier, Emile, rue Nollet, 109	*	Boudin				* 26 janv. 91	
Fontix, coupeur de poils, rue Caron, 5		Chevillon	25 mars 90	4 mai 91	(3)		
Forcade (de) Alfred anc. changeur, Pass. des Princes		Rochette	11 janv. 89		(4)		
do de la Roquette (de) Louis, r. de Penthièvre, 26	*	Ducaruge				(5)	30 oct. 82
Force Jne et Cie fab. de sacs, rue de Vaugirard, 217		Bernard L	24 déc. 90	27 avril 91	(6)		
Foret-Panier Léonard, à Ivry, rue Nationale, 67	*	Cahen				* 15 déc. 90	
Forge (Vve) Pauline, mde de chaussures, Bd St Martin, 33		Hébani L	6 nov. 90	26 janv. 91	(7)		
Forêt-Lagarde, Emile, rue de la Chapelle, 108	*	Poisson				* 2 mars 91	
Fort, Dominique (Voir: Portafain & Fort)							
Fortemaison-Conversen, Henry, Av. Ledru Rollin, 152	*	Lemonnier				* 8 déc. 90	
Fortel, Louis, entrep. de fumisterie, rue Ballu, 6		Ranchu L	16 mai 91	4 août 91	(8)		
Fortin, Jules, anc. négt en prod. réfractaires, quai de la Rapée, 22		Oréré	23 janv. 91	8 août 91	(9)		
do (Dlle) Alice, fab. de poupées, Bd Sébastopol, 102		Meuant	11 nov. 90		(10)		
do Pognor, Pascal, rue Fontaine du Temple, 7	*	Dunesnil				* 23 juin 91	
do & Cie entrep. de plomberie, Av. Parmentier, 107		Boussard	9 avril 91				
Fossard-Morain, Philibert, rue de Cléry, 9	*	Senart				3 août 91	
Fossé, Alfred, anc. md de vins à St Denis, rue Compoise, 13		Oréré	11 juin 91		* 31 oct. 91		
Fouache, Edgard, entrep. de travaux publics, rue Lacuée, 1		Bernard	23 août 87		(11)		
Foubert, banquier, rue de la Banque, 6		Manger	17 mars 91		* 23 juill. 91		

(1) Floret 25% en 5 ans par 1/5 un an de l'homologation
(2) Fontaine. Intégralité dans les 3 mois de l'homologation
(3) Fontix 25% dans le mois de l'homologation
(4) Forcade (de) 3.45% unique répartition
(5) Forcade de la Roquette (de) 16 avril 91 main levée
(6) Force Jne & Cie 75%, savoir: 5% dans le mois de l'homolog. & 70% en 5 ans par 1/10 6 mois de l'homolog.
(7) Forge (Vve). Abandon de l'actif réalisé & à réaliser, à l'exception de son mobilier personnel. 7.69% unique répartition
(8) Fortel. 50% savoir: 5% le 31 juillet 1892; — 6% le 31 juillet 93; — 6% le 31 juillet 1894; — 9% le 31 juillet 95; 10% le 31 juillet 96; — et 12% le 31 juillet 97.
(9) Fortin. 15% en 10 ans par 1/10 de l'homolog.
(10) Fortin (Dlle) 1.57% unique répartition
(11) Fouache 8.45% unique répartition.

Noms, Prénoms, Professions & Domiciles		Syndics ou Avoués	Faillites ou Liquidations	Dates des homologations de Concordats	Insuffisances ou Unions	Séparations Judiciaires Divorces	Cons. Jud. ou Interdict.
Foucard - Foucard, Jules, Ingénieur, rue Daval, 5	*	Morel				* 5 mars 91	
Foucart, Ernest, libraire, Bd St Michel, 27		Bernard	16 mai 90	20 déc. 90	(1)		
Foucault, Md de lavoir, rue de la Folie-Méricourt, 52		Chardon	6 juin 90		* 10 déc. 90		
d° Victor, Md tailleur, r. de la Michodière, 7		Cotty	2 janv. 91		* 28 fév. 91		
d° - de Mondion, Adalbert, banquier, r. de Balzac, 4		Maillard	30 mars 81		(2)		
d° - Bousquet, Alfred, rue Lecombe, 81	*	Ferté				* 16 mars 91	
Fouchard-Delasaussois, Émile, à New-York	*	Passion				* 13 juill. 91	
Fouché - Courtin, Auguste, quai de l'Hôtel de ville, 54	*	Auzoux				* 24 août 91	
Toucher, négt en lingerie, rue du Sentier, 8		Rochette	20 fév. 91		* 30 avril 91		
d° Adolphe (Voir: Bertin & Toucher)							
d° Thomann, Louis, s. d. c.	*	Coche				* 12 déc. 90	
Fouchy - Pescheux, Pierre, rue de la Folie-Méricourt, 15	*	Jacob				* 29 déc. 90	
Fouer, Ézéchiel, épicier, rue du Temple, 175		Godmer	12 mai 91		* 15 juin 91		
Fouinat - Boydens, Paul, rue de l'Ouest, 101	*	Tissier				* 23 janv. 91	
Foulbœuf - Mercier, Paul, s. d. c.	*	Picard				* 7 juill. 90	
Foulon, Auguste, md de chaussures, r. des Petits Carreaux, 24		Menaux L	16 sept. 90		(3)		
d° - Decot, Auguste, rue de Lancry, 50	*	Guignon				9 mars 90	
Fouqué - Choplin, Louis, Pass. Alexandra, 4	*	Pineau				* 28 juill. 90	
Fouquet, Émile, négt en produits alimentaires, r. de Rivoli 138		Beaujeu	12 mai 91	19 nov. 91	(4)		
d° (Dlle) Justine, limonadière Bd Bonne Nouvelle, 42 bis		Bernard	6 avril 91		* 30 avril 91		
d° - Colombel, Isidore, rue du Bac, 63	*	Coller				* 22 déc. 90	
Fourcade - Groslevin, Édouard, rue de Vaugirard, 59	*	Chat Daage				* 28 juill. 91	
Fourché, Théodore, entrep. de serrurerie, rue Vavin, 11		Beaugé	22 sept. 91				
Fourdrinier, Paul, md de vannerie en gros, rue des Marais, 91		Bonneau I	17 nov. 91				
Fourex, md de vins logeur, rue Frémicourt, 12		Ozéré	12 août 90	21 avril 91	(5)		
Fourmelle - Traricux, Louis, rue de la Chapelle, 46	*	Gosselin				* 12 juin 91	
Fourmy - Catois, Pierre, md de chevaux, rue Durel, 34		Bourgoin				2 mars 91	
Fournen, Gustave, tapissier, rue d'Anjou, 78		Barbou I	20 nov. 90	31 janv. 91	(6)		
d° Maurice, tapissier, rue Taitbout, 13		Bernard	24 déc. 91				
d° - Desbayes, Gustave, tapissier, rue d'Anjou, 78	*	Martin				29 déc. 90	
Fourni - Vetter, Nicolas, rue Boursu, 33	*	Lamare				* 12 janv. 91	
Fournier, md de vins, rue des Poissonniers, 8		Pouchelu	23 juill. 91		* 31 août 91		
d° ancien épicier, rue des Entrepreneurs, 62		Boussard	16 déc. 90		* 16 janv. 91		
d° & Cie, Eugène, boulangers, rue des Orteaux, 29		Bernard	25 mai 91				
d° Hippolyte, fab. de carrelue de plâtre, r. Oberkampf, 137		Bernard I	10 déc. 91				
d° - Husard, Charles, rue Nicole. 24	*	Berton				* 18 juill. 91	
Tourré (Dlle) Delphine, mde de bois de phrage, r. de Citeaux, 33		Kérien I	6 août 91				
Fourreau, Alexandre, Couronnes mortuaires, rue du Gd Prieuré, 10		Cotty	2 juin 88		* 31 août 88	(7)	
Fourreau - Traquin, Fulgence, à Levallois, rue Carnot, 1	*	Gosselin				* 8 juin 91	

(1) Foucart 25 % en 5 ans par 1/5 de l'homologation
(2) Foucault de Mondion 8.24 % unique répartition
(3) Foulon 17.68 % unique répartition
(4) Fouquet 20 % en 10 ans par 1/10, un an de l'homolog.
(5) Fourex, 25 % sans intérêts, savoir : 1/4 dans les six mois de l'homolog. et les 3 autres quarts de 6 en 6 mois
(6) Fournen 25 % en 5 ans par 1/5 de l'homolog.
(7) Fourreau 20 oct. 91 rapport de clôture.

Noms, Prénoms, Professions & Domiciles.	Indique Liquidation / ✻ Clôture / Avoué, Insuffisance / Divorce / et Interdiction.	Syndics et Avoués	Faillites en Liquidations	Dates des homologations de Concordats	Insuffis.ces ou Unions.	Séparat. de l'inst. judiciaires Divorces	Cons. Jud ou Interdict.
Fourrier, Edmond, Md. de cafés à Levallois, r. Rivay, 39		Bonneau I	14 nov. 90	11 fév. 91	(1)		
Fousset-Allais, Louis, à Alfortville, rue de l'Usine, 21	✻	Pagès				6 juill. 91	
Foynat, Félix, vins & spiritueux, rue du Docteur, 12		Rochette	29 mai 91				
Fraisse-Fourès, Joseph, p. d. c.	✻	Castaigne				✻ 8 juin 91	
d°. - Hudin, André, rue Auber, 3	✻	Allam				21 mars 91	
d°. - Martinet, Jean, rue du Sommerard, 35	✻	Guignot				✻ 27 avril 91	
Franc, Pierre, Md. de vins traiteur, rue Curial, 26		Hécaen	6 mai 91	9 oct. 91	(2)		
Franche-Bravay, Jean, rue de Verneuil, 32	✻	Garot				✻ 22 avril 91	
François Lucien, papetier impr., rue Constance, 2		Rochette	8 déc. 91				
d°. négociant en vins, rue de Flandre, 119		Hécaen	12 mai 91		✻ 30 mai 91		
d°. Édouard, négt. en engrais, rue de Flandre, 95		Roucher	16 oct. 91		✻ 17 nov. 91		
d°. - Courbeau, Nicolas, à Pantin, r. du Ch. Vert, 30	✻	Adam				✻ 1 déc. 90	
d°. - Thormion, Charles, rue Gay-Lussac, 27	✻	Delp. de Vorre				1 juin 91	
Francurot-Devergie, Philippe, à St-Ouen, av. Michelet, 101	✻	Foucault				✻ 16 juin 91	
Franquet, Eugène, loueur de voitures, rue Rosenwald, 13		Chardon	7 janv. 88		(3)		
Fransioli, cabaretier & peintre en bâtiment, rue Duchesne, 100		Lesage	19 déc. 90		✻ 31 janv. 91		
Frantzen, Arthur, négt. en essences, r. Ste-Croix de la Bret., 8		Destrez I	24 avril 91				
Frasey (Vve) Amélie, nouveautés, faub. du Temple, 112		Pouchekt	11 oct. 90		(4)		
Fraysse-Fourès, Joseph, rue des Jardins St. Paul	✻	Castaigne				✻ 8 juin 91	
Fressard, Martin, négt. en vins, à Colombes, r. St-Denis, 101		Châtel	29 déc. 91				
Fréchengues (D°) Clémentine (Voir: Steimberg & Cie)							
Fréchou, Étienne, négt. en déchets de coton, rue Dunois, 78		Lupy	17 avril 91				
Frédègue-Lelu, Charles, forain, rue des Écluses St. Martin 39		Dinaz				23 fév. 91	
Frédègues, forain rue des Écluses St. Martin, 39		Lesage	22 août 90	10 juin 91	(5)		
Frédureau (Vve) épicière, rue des Marais, 44		Beaujan	25 sept. 91				
Fréchel-Guth, Jules, à Neuilly, rue de Sablonville 34	✻	Rowdon				✻ 16 nov. 91	
Freland, Gustave, négt. en pierres fines, rue des Fontaines, 25		Chardon	16 janv. 91				
d°. - Laforet, Gustave, rue des Fontaines, 25	✻	Mutel				27 avril 91	
Frémoux, Élie, md. de porcelaines, faub. Poissonnière, 153		Menau	7 janv. 91		✻ 30 avril 91		
Freschi, commr. en march. rue Richer 20-22		Chardon	15 oct. 91				
Fretin, Auguste, md. de chaussures, rue de Rennes, 64		Lesage I	10 juill. 91				
Freysch, Henri, fab. de meubles, rue de Montreuil, 31		Boussard I	21 nov. 91				
Fribourg (Dle) Élise, mercière, Bd. Voltaire, 91		Cottin	5 juin 91		✻ 30 juin 91		
Fric-Kolub, Jean, boulanger, rue des Juifs, 14	✻	Pottier				4 mai 91	
Friche-Vacher, Marcelin, p. d. c.	✻	Longeron				✻ 9 août 91	
Friedlander, ancien banquier, Bd. Bonne-Nouvelle, 20		Mauger	5 sept. 91		✻ 25 sept. 91		
Fringand & Marcadé, produits chimiques, r. du Temple 104		Godier I	6 août 91				
Friquet (Vve) Louise, hôtel meublé, .. des Bourdonnais, 34		Boussard	28 fév. 91				
Frisch-Delarue, Pierre, charon au Pré St Gervais g. rue 27		Vivot				5 janv. 91	
Froger-Deschênes, Louis, rue de Chaillot, 71	✻	Perard					12 nov. 91
d°. (Vve) Marie, rue de Chaillot, 71	✻	Perard					21 avril 91

(1) Fourrier 25 % en 5 ans par 1/5 de l'homolog.
(2) Franc 15 % en 5 ans par 1/5 de l'homolog.
(3) Franquet 1.16 % unique répartition
(4) Frasey (Vve) 2.16 % unique répartition
(5) Frédègues 30 % en 5 ans par 1/5 de l'homolog.

Noms, Prénoms, Professions & Domiciles		Syndics et Avoués	Faillites en Liquidations	Dates des homologations du Concordats	Insuff.ces ou Unions	Séparat. de corps judiciaires Divorces	Cons. Jud. et Interdict.
Froguet, Jules, négt en lingerie, Av. des Gobelins, 70		Lupy	24 déc. 90	*	16 janv. 91		
Froidure, Louis, entrepr. de terrassemt, rue de Longchamp, 48		Beaujeu	15 avril 89		(1)		
Froissard, Jean Bapt. md de vins, r. du Cherche Midi, 117		Menaux	19 fév. 91		(2)		
Fromont, blanchisseur, à Boulogne s/S, rue d'Aguesseau 107		Lesage	31 oct. 90	*	31 déc. 90		
do - Berthet, Albert, rue Vivienne, 4	*	Pérard				10 août 91	
Frontin, anc. restaurateur, Bd de la Villette, 76		Châl.	.		(3)		
Frontou - Breuil, Jacques, s.d.c.		Lilastre				* 8 déc. 90	
Frossard, Auguste, blanchisseur, rue d'Amboise, 10		Destrez	2 sept. 91		* 25 sept. 91		
Frotiée - Cabaret, Louis, s.d.c.	*	Audouin				* 27 nov. 90	
Frugier - Cartier, Emile, s.d.c.	*	Charneau				5 mai 91	
Fuhrer (Dlle) Marie, internée Asile de Villejuif						*	17 nov. 91
Fulgraff - Landaux, Emile, à Bagnolet, r. des Coutures, 72	*	Roche				6 avril 91	
Fuschen, Pierre, md de vins, Bd Bonne Nouvelle, 16		Lupy	24 juill. 90	*	29 nov. 90		

<h1 style="text-align:center">G</h1>

Noms, Prénoms, Professions & Domiciles		Syndics et Avoués	Faillites en Liquidations	Dates des homologations du Concordats	Insuff.ces ou Unions	Séparat. de corps judiciaires Divorces	Cons. Jud. et Interdict.
Gabriel - Silady, Jean Bapt. rue Rameau, 60	*	Garce				* 1 déc. 90	
Gachet - Barère, Henri, à Asnières, rue de Paris, 16	*	Guignon				* 26 déc. 90	
Gaget, Legrand & Cie, tissus, rue de Cléry, 4		Hoceau	7 mars 91	4 mai 91	(4)		
Gagnage - Ageorges, Jules, s.d.c.	*	Marmottan				* 1 déc. 90	
Gagnaux, Pierre, md de chaussures, à Asnières Gde rue 41		Ozéré	10 juill. 86		(5)		
Gagnepain, md de fouets, Bd de la Villette, 97		Chevillon	21 oct. 90	*	31 déc. 90		
Gagneux, Léon, anc. boulanger, av. de Clichy, 79		Planque	19 mai 91	*	30 juin 91		
Gagny - Dutertre, Paul, Pass. Alexandre Lécuyer 22	*	Audouin				* 2 mars 91	
Gaude - Chevronnay - Lebaluc, Jules, r. de Miromesnil, 22	*	Dubourg				* 8 déc. 90	
Gaillard, Louis, md de vins, rue Marcadet, 138		Lonchola T.	30 sept. 91	15 déc. 91	(6)		
do - d'Andel, restaurateur, Bd des Capucines, 30		Maillard	22 déc. 91				
do - Canal, Jean, s.d.c.	*	Chaguet				* 25 mai 91	
do - Desormeaux, Barthélemy, rue Germain-Pilon, 12	*	Charneau				* 30 avril 91	
Galantomini - Gelé, André, avenue Parmentier, 120	*	Ratier				* 27 mai 91	
Galaup, Elie, md de vins en gros, à Bois Colombes, rue Raspail, 11		Fouchelet	17 juill. 91	*	21 sept. 91		
Galichet, directeur de théâtre, rue de la Gaîté, 20		Planque	17 janv. 91	*	21 mars 91		
do - Habert, Gabriel, rue Popincourt, 26	*	Milhaud				* 12 juin 91	
Galimard - Belyn, Joseph, à Clichy-la-Gare, rue Cousin, 10	*	Benoist				11 mai 91	
Galland, François, charpentier & md de vins, rue St Maur, 20		Boussard	19 déc. 89	16 mars 91	(7)		
Gallard Elphège, entrep. de maçonnerie, à Joinville le Pont		Lisorty	16 juill. 90	*	28 fév. 91		
Gallet Marco, Prosper, à Gand rue de la Pêcherie, 24	*	Picard				* 2 nov. 91	
Gallien - Géraud, Stanislas, à Bourg-la-Reine, Gde rue 31	*	Pagès				* 19 janv. 91	
Gallois (Dr) Hélène, mde de couronnes, rue Quincampoix, 86		Rochette	6 mai 91	8 sept. 91	(8)		
do - Henri, md de vins restaur. rue du Mont-Cenis, 83		Boussard	16 janv. 91	*	28 fév. 91		
do - Allioume, Paul, avoué, Bd Bonne-Nouvelle	*	Collin				* 6 mai 91	

(1) Froidure 2.78 % 2e et dern. répartition
(2) Froissard 7.03 % unique répartition
(3) Frontin 34.27 % 2e et dern. répartition
(4) Gaget, Legrand & Cie 1% en 4 ans par 1/4 de l'homol. 30% 1re répartition.
(5) Gagnam 2.06 % unique répartition
(6) Gaillard 100% en 7 ans par 1/14 de l'homolog.
(7) Galland 25% en 5 ans par 1/5 de la reddition de compte.
(8) Gallois (Dr) 25% en 5 ans par 1/5, un an de l'homol.

Noms, Prénoms, Professions & Domiciles	Indique Liquidation * Abstention / avoué insuffisantes / Divorce et Interdiction	Syndics ou Avoués	Faillites ou Liquidations	Dates des homologations de Concordats	Insuffis^ces ou Unions	Séparat^s judiciaires Divorces	Cons. Jud. ou Interdict.
Gallois - Lamy, Désiré, à Vitry s/Seine, rue du Parc, 3	*	Déglise				* 20 avril 91	
Gallon (D^me) Eugénie, épicière, rue de la Tombe Issoire, 95		Planque	26 sept. 91		* 31 oct. 91		
d° - Vallin, Félix, à Levallois, rue Danton, 29	*	Brémard				* 5 janv. 91	
Gallon, Gustave, limonadier, rue Soufflot, 18		Ozéré	21 mai 87	5 juill. 90	(1)		
d° Paul (Voir: Lacbarme, Gallon & Raynaud)							
Galorin, Eugène, épicier à Clichy, rue de Paris, 107		Beaujeu I	3 oct. 91				
Gallotti, Paul, entrep^r de trav. publ. à Levallois, B^d Bineau, 27		Tinor I	7 mai 89	20 janv. 90	(2)		
Galloux, m^d de vins, rue de l'Église, 88		Ozéré	23 août 87		* 25 nov. 90		
Galpy - Lalonde, Jules, à St Maudé, Av. Ste Marie, 44	*	Jacob				9 mars 91	
Galteau - Briancourt, Arthur, B^d Montparnasse, 50	*	Tricot				* 25 mai 91	
Galu - Daligault, Gabriel, s. d. c.	*	Pellerin				* 16 mars 91	
Gamba - Mercier, Charles, s. d. c.	*	Goiraud				* 11 mai 91	
Gamel - Baptiste, m^d de vins, rue Tombe Issoire, 82		Châle	6 janv. 88		(3)		
Gancel - Gosselin, Paul, rue Jouffroy, 68	*	Poinson				* 26 oct. 91	
Gandon - Devillers, Clément, rue de l'Ouest, 67	*	Labar				* 17 mars 91	
d° - Grézy, Louis, au Pré St Gervais, G^de rue, 75	*	Longeron				* 16 mars 91	
Gangloff - Montion, Jules, s. d. c.	*	Delesalle				* 31 oct. 90	
Gandon - Rocher, Eugène, rue de l'Arc de Triomphe, 24	*	Popelin				* 22 juin 91	
Gangloff - Saintin, Fernand, avenue Richerand, 16	*	Ancelot				* 8 déc. 90	
Garnreau, Paul, joaillier-bijoutier, rue de Provence, 114		Godmer	9 janv. 91		(4)		
Gans, Henri, nég^t en diamants, rue Milton, 18		Lesage	15 juill. 90		(5)		
Gansemer, Jean, anc. épicier à St Ouen, r. de l'Entrepôt, 4		Godmer	18 nov. 90		* 31 janv. 91		
Gansoinat - Dupont, Albert, B^d de la Chapelle		Illustre				* 22 juin 91	
Garaboux - Toulin, Joseph, rue de Tunis, 7	*	Chaquet				* 16 janv. 91	
Garandel, Jules, épicier, m^d de vins, à St Denis, r. du Saulger, 16		Bernard	29 oct. 90		* 29 nov. 90		
Garaux - Garaux, Constant, faub. Poissonnière, 27	*	Colmet-Daage				* 16 mars 91	
Garceau, fils, tapissier, rue Joubert, 33		Bernard	16 déc. 90		* 28 fév. 91		
Garcia Francisco, confiseur, Faub. St Honoré, 131		Beaugé	28 avril 91	29 oct. 91	(6)		
Garcin & Cie épiciers, rue St Maur, 165		Ozéré	7 mai 89		(7)		
Garé - Fondrillon, François, rue Hauteville, 58	*	Youillefarine				* 29 mai 91	
Gariguac - Dauviossan, Pierre, Pass. des Mousquet. 2	*	Barberon				* 20 avril 91	
Garnery vins, vinaigres & spiritueux, r. de l'Entrepôt, 26		Godmer I	4 nov. 91				
Garnier, André, boulanger, rue du Château, 28		Lesage	16 sept. 91		* 31 oct. 91		
d° Charles, m^d de vins, rue de Dunkerque, 27		Bernard I	14 mai 90	6 avril 91	(8)		
d° M^d de Cafés en gros, rue du Banquier, 11		Ponchelet	28 avril 91		* 11 juin 91		
d° Ernest, casseur de sucre, rue Lafayette, 208		Beaujeu	13 fév. 91	23 juin 91	(9)		
d° Eugène, m^d de matériaux p^r bâtiments, rue Commines, 4		Manger I	28 nov. 91				

(1) Gallon 21 Oct. 1891 résolution
(2) Gallotti 14.92 % 2e et dern^e répartition
(3) Gamel 1. 24 % unique répartition
(4) Garneau 1. 06 % 2e et dern. répartition
(5) Gans 0. 34 % unique répartition
(6) Garcia 50 % en 5 ans par 1/5 vu au de l'homol.
(7) Garcin & Cie 5.34 % unique répartition
(8) Garnier, Charles 40 % en 8 ans par 1/8 de l'homol.
(9) Garnier, Ernest; Abandon de 1° tout l'actif mobilier réalisé & à réaliser à l'exception des effets mobiliers de ménage ou effets d'habillement; 2° tous les immeubles qu'il possède sans exception ni réserve; 3° tous prix d'immeubles qui lui sont dûs en principal & intérêts; 4° ... bijoux provenant de sa mère. 10 % 1re répartition.

Noms, Prénoms, Professions & Domiciles (Indique Liquidation — * Astérisque avant Souffrance Divorce ou Interdiction)	Syndics ou Avoués	Faillites ou Liquidations	Dates des Homologations de Concordats	Insuffis.ces ou Unions	Séparat.ons de biens judiciaires Divorces	Cons. Jud. ou Interdict.
Garnier, Jules, md boucher, rue des 2 Gares, 3	Destrez	19 sept. 91		* 12 oct. 91		
do Louis, md de vins à Nanterre, Bd du Midi, 1	Lupy, L	12 juin 91	25 août 91	(1)		
do Ovide, commiss.re en armes, Pass. des Petites Écuries, 22	Beaujeu	22 sept. 87		(2)		
do (Dme) md d'alcool en détail, rue Barbey du Jouy, 142	Châle	11 sept. 91		* 21 oct. 91		
do - Gouvenez, Étienne, Bd Magenta, 125 *	Chaffotte				* 24 nov. 90	
Garon - Desarnaud, Charles, r. de l'École Polytechnique, 6 *	Gioules				10 août 91	
Garraudé, Marcel, impr. lithographe, Faub. St Denis, 162	Godmer	2 déc. 91				
Garreau - Bernier, Charles, à Colombes, P. Galilée, 3 *	Thorel				* 24 nov. 90	
do - Touly, François, à Colombes, r. des Aubépines, 85 *	Tissier				* 23 fév. 91	
Garrigoux, md de vins et charbons, Imp. Truillot, 7	Chardon	9 oct. 91				
Garrigue et Cie, éditeurs de musique, Faub. St Denis, 65	Oreré	31 janv. 91		(3)		
Garrigues - Buxanton, Jean, Boul.d de Port-Royal, 10 *	Raveton				30 nov. 91	
Garrouste - Daudet, Antoine, au Bourget, r. de Flandre, 7 *	Diner				6 juill. 91	
Garzend - Mestas, Maxime, rue Labrouste, 14 *	Adam				* 12 déc. 90	
Gaschet - Behner, Jacques, rue de Nantes, 9 *	Bourgoin				* 19 mai 91	
Gascon - Brayer, Edmond, rue Réaumur, 30 *	Jacob				* 26 janv. 91	
Gaspard, md de vins, Bd de Charonne, 46	Châle	13 mars 91		* 20 mai 91		
do - Menorer, Étienne, rue Beuren, 3 *	Toutaine				* 2 mars 91	
Gasseau - Gautier, Isidore, rue Vercingétorix, 53 *	Chaut-Daage				* 13 juill. 91	
Gastal, Jean, md de vins charbons, rue Vandrezanne, 19	Planque	16 déc. 90		* 24 fév. 91		
do - Lagane, Jean, md de vins, charbons, r. Vandrezanne, 19 *	Engrand				13 av. 91	
Gastine - Choppin, Louis, Imp. Frémur, 3 *	Cahen				27 juill. 91	
Gattet (Vve) mercière, rue St Marc, 19	Chardon	25 nov. 90		* 24 fév. 91		
Gaucheron, Émile, fab. de fil de fer, Faub. St Denis, 55	Bonneau	9 oct. 91		* 31 oct. 91		
Gaudey, plumassier, Faubourg St Denis, 23	Châle	16 nov. 89		(4)		
Gaudin - Bourcier, Lucien, à Robinson *	Delasalle				* 25 mars 91	
Gaudrier, François, anc. limonadier, rue Rollin, 13	Destrez	5 fév. 91		(5)		
Gaulon distillateur-liquoriste, rue St Roch, 1	Cotty	26 juill. 89	18 sept. 90	(6)		
Gaume - Clarinval, François, distillateur, r. de Moscou, 84 *	Rivière				30 nov. 91	
Gauthier, épicier, avenue de Suffren, 14	Destrez	19 déc. 90		* 16 janv. 91		
do fruitier, av. des Ternes, 95	Bernard	18 déc. 91				
do loueur de voitures à Adamville, rue Garibaldi, 88	Hécaen	17 juill. 91		* 31 juill. 91		
do Toussaint, limonadier, rue de Clichy, 84	Chardon	4 juin 91		* 31 août 91		
do - Constant, François, rue de la Terrasse, 17 *	Bozon				* 23 juin 90	
do - de Cybuloka, Jean, s. d. c. *	Roche				* 30 juin 91	
do - Folibert, Charles, s. d. c. *	Delaunay				* 13 avril 91	
Gautier, anc. md de vins, rue d'Angoulême, 42	Cotty	4 déc. 91				
do - Bassard, Pierre, s. d. c. *	Michel				* 13 janv. 90	
Gautreau - Avegno, Pierre, rue Remoquin, 53 *	Masson				13 avril 91	
Gauvion - Voinot, Édouard, s. d. c. *	Deville				* 26 janv. 91	

(1) Garnier. Intégralité des créances sans intérêts en 5 ans par 1/20, le 1er paiement 3 mois après l'homologation.
(2) Garnier, Ovide, 2.83 % 3e et dernière répartition
(3) Garrigue & Cie 20 % unique répartition
(4) Gaudey 3.11 % unique répartition
(5) Gaudrier 8.07 % do do
(6) Gaulon 5.23 % 2e et 3e répartition

Noms, Prénoms, Professions & Domiciles		Syndics ou Avoués	Faillites ou Liquidat	Dates des homologations de Concordats	Insuffis.ces ou Unions	Séparat. de biens judiciaires / Divorces	Cons. Jud. ou Interdict.
Gavigneaux, Alfred, horloger, avenue de Clichy, 23		Châle	14 av. 90		(1)		
Gavignet, Adolphe (Voi: Desplanches & Gavignet)							
Gavroy - Royer, Antoine, rue du Rendez-Vous, 26	*	Lefoullon				* 19 déc. 90	
Gay, anc. md de vins, rue Coypel, 14		Lesage	10 mars 91		* 31 mars 91		
d° Louis, ancien boulanger, rue Montmorency, 44		Hécaen	26 août 90		(2)		
d° - Rolland, Joseph, s.d.c.	*	Mercier				* 16 mars 91	
Gayat, Alfred, anc. md de vins, rue du Bac, 116		Godmer	2 mai 90		(3)		
Gaytte, fils & Duluard, opérations de banque, Bd St Germ., 21		Boucha L	2 mars 91	12 août 91	(4)		
d° - Blanc, Fernand, banquier, rue Bleue, 15	*	Jacob				20 avril 91	
Gedschwind - Bauget-Lingrat, J. Bte, rue du Temple, 106	*	Plocque				4 mai 91	
Geffroy, Léopold, md de vins, Faub. St Martin, 123		Rochette	22 juin 91				
Gellerat, fils, entrep. de trav. publics, rue Bassano, 3		Mauger	10 déc. 89	25 avril 91	(5)		
Genasi - Derode, Alfred, rue Grange-Batelière, 18	*	Plocque				* 5 janv. 91	
Gendarme - Simonin, Nicolas, à Pantin, r. Denis Papin, 10	*	Chaffotte				8 déc. 90	
Gendrier fils, Victor, rue de Rennes, 76	*	Rougeot					27 déc. 90
Gendron, Eugène, md de bois de sciage, à Vincennes, r. de Fontenay, 137		Lesage	18 juin 90				
Genest - Hatterer, Eugène, rue Richer, 39	*	Thomas				8 oct. 91	
Genevois - Gareau, Charles, rue du Pont-aux-Choux, 19	*	Guignot				* 11 août 91	
Genin (Vve) épicière, à la Varenne St Hilaire, Av. du Mesnil, 28		Cottry	14 oct. 90		* 26 déc. 90		
d° Jules, changeur, Place de la Bourse, 3		Bernard	3 nov. 90		* 31 mars 91		
d° - Huile, Emile, Bd de Courcelles, 59	*	Mignou				* 23 fév. 91	
Géniole, blanchisseur, à Montreuil, rue de Paris, 57		Lupy	12 déc. 90		* 31 déc. 91		
Genoud, Maurice, md de vins, rue de Mouzaïa, 55		Barbeux	19 mai 91		* 24 juin 91		
d° - Gombert, Maurice, anc. md de vins, r. de Monzaïn, 33	*	Chain				2 déc. 91	
Gentet - Gaudy, Etienne, Place Dauphine, 22	*	Lamare				* 6 juill. 90	
Genteur - Muton, Désiré, à Suresnes, Bd de Versailles, 88	*	Potonié				19 janv. 91	
Genton - Thevenon, Jean, rue St Victor, 14	*	Senart				17 nov. 90	
Genty - Leroy, Henri, anc. épicier, r. du Champ de l'Alouette, 4	*	Dumorin				14 déc. 91	
d° - Portallier, Jean, rue de Fécamp, 18	*	Lamare				* 6 déc. 90	
Geoffroy, Isidore (Voi: Deverny & Cie)							
d° Louis, entrep. de serrurerie, rue St Martin, 94		Hécaen	16 déc. 91				
d° - Bonnefoy, Charles, rue de Montreuil, 98	*	Tricon				* 25 mars 91	
d° - Delicros, Louis, rue Etienne Marcel, 23	*	Passion				* 12 janv. 91	
d° - Marlet, Célestin, rue des Abbesses, 38	*	Husson				* 25 fév. 91	
d° de Villeneuve - Legrez, René, pp. r. Caumartin, 5	*	Bereyer				12 janv. 91	
d° - Quénon, Julien, rue de Torcy, 42	*	Déglise				* 24 juill. 91	
George, Emile, rue Soufflot, 9	*	Rép. Dumesnil					* 19 fév. 91
Georges - Woitlet, J. Bte, rue des Poissonniers, 45	*	Guinbo				* 22 juin 91	
Georget, Ferdinand, cartonnier, rue St Anastase, 9		Hécaen L	18 mars 91	3 juill. 91	* (6)		
d° - Bayle, Léon, rue de Flandre, 14	*	Laisney				* 15 juin 91	

(1) Gavigneaux. 9.04 % unique répartition
(2) Gay 26.68% unique répartition
(3) Gayat 21.01 % unique répartition
(4) Gaytte fils & Duluard. Abandon de tout l'actif réalisé à obligation de parfaire 60% en 5 ans par 1/5, un an de l'homolog. 41.65% unique répartition
(5) Gellerat fils 20% en 4 ans par 1/4 un an de l'homol.
(6) Georget 25% en 5 ans par 1/5 de l'homol.

Noms, Prénoms, Professions & Domiciles (Indique liquidation * astérisque avant ... Divorce ou interdiction)	Syndics et Agréés	Faillites et Liquidations	Dates des homologations de Concordats	Insuffis... et Unions	Séparat... judiciaires Divorces	Cons. Jud. ou Interdict.
Gérard, Édouard, négt en cuirs, rue Henri-Chevreau, 13-14	Pinet L	31 déc. 91				
d° Ernest, limonadier, av. Victoria, 17	Lupy	2 sept. 90		(1)		
d° - Oyens, agent d'affaires, rue Boudreau, 9	Destrez	27 oct. 91				
d° - Caquereau, Médéric, rue Mollien, 3	* Boudin				* 28 nov. 90	
d° - Kirchy, Joseph, à Aubervilliers, rue Solférino, 4	Cortot				* 13 fév. 91	
Gérardou-Jaboeuf, Charles, à Courbevoie, rue Gambetta, 50	Francastel				* 10 avril 91	
Gerd, Paul, laveur, rue de Vincennes, 14	Lesage	5 sept. 90		* 31 oct. 90 (2)		
Gerardo - Lemonnier, Victor, s. d. c.	* Pineau				* 2 fév. 91	
Germain, md de bières, Avenue de St-Ouen, 123	Meraux	9 déc. 90		* 24 fév. 91		
d° Berloquin, Louis, à Etray-le-Ferron (Seine)	Lortet Jacob				* 5 mai 90	
Gerod - Rimaxniol, nourrisseur, Bd Voltaire, 207	Destrez	27 fév. 91		* 31 mars 91		
Gerson, Émile, négt en cuirs, act: s. d. c.	Boussard	24 juill. 91				
Gerspach - Blu, Jacques, s. d. c.	* Muenier				* 1 déc. 90	
Gervais - Budouir, Jules, Pass. Liquier, 13	* Audouin				* 22 janv. 91	
d° - Pissard, Louis, rue de Flandre, 173	* Roche				* 4 mai 91	
Gervois, Louis (Voir: Martefoy & Gervois)						
Gervoy, md de vins, à Charenton, av. du Marché, 13	Destrez	1 nov. 90		* 29 nov. 90		
Gerry - Bassuyau, René, agent d'affaires, r. de Rivoli 108 *	Berryer				22 déc. 90	
Geobert, Alexandre, nouveautés, Bd de la Villette, 120	Godmer	21 janv. 90		* 28 fév. 91		
d° Rondeau, Alphonse, rue Legendre, 189	* Cortot				* 18 déc. 90	
Gesell - Nicolle, Jules, av. du Maine, 49	* Déglise				* 6 avril 91	
Geslin - Buroland, René, rue de Beauce, 16	* Boudin				* 30 juin 90	
Geste, anc. épicier, rue St Honoré 277	Hécaen	4 déc. 91				
Géva - Marchais, Clovis, act: s. d. c.	* Senart				* 22 avril 91	
Ghceraerdts - Normand, Pierre, Chaussée d'Antin, 38 *	Laisney				* 10 juill. 91	
Gibault, Auguste, fabt de plâtre, à Romny-s-bois	Beaugé	11 fév. 87		(3)		
Gibert, liquoriste, rue Descartes, 10	Châle	9 janv. 91		* 28 fév. 91		
d° md de vins, rue St Maur, 46	Lesage	15 déc. 91				
Gibran, md de vins, rue de Belleville, 319	Bonneau	8 mai 91		(4)		
Gigon (Dme) Mélanie, confections, rue St Lazare, 20	Roucher	18 sept. 90	21 avril 91	(5)		
Gigot, Jean, rue Juliette-Lambert, 40	* Pérard					17 fév. 91
Gil, Nicolas, entrep. de maçonnerie, rue Surcouf, 12	Destrez	9 nov. 91				
Gilardin, Charles, md de vins, rue du Poteau, 89	Lesage	6 nov. 90		* 31 janv. 91		
Gilbert, Hippolyte, fab. de couronnes, rue des Rasselins, 18	Barbour	23 avril 91		(6)		
d° Sylvain, entrep. de maçonnerie, à Asnières, r. Michelet, 7	Hécaen	15 juill. 91				
d° (Vve) Charlotte, Confections, à Aubervilliers, r. Solférino, 3	Bernard	11 août 91		* 25 sept. 91		
Gillaud - Bouzon Léonard, à Alfortville, rue Villeneuve, 2 *	Garos				* 23 janv. 91	
Gilles - Hautbois, Jn Bte, rue de Chartres, 14	* Gouger				* 2 mars 91	
Gillet, Henri, anc. limonadier, rue d'Orsel, 32 bis	Lupy	11 juin 90	23 mars 91	(7)		
d° Laurenty, Albert, rue Basfroi, 10	* Cuzrand				* 5 juin 91	

(1) Gérard 16.38% unique répartition et 15% en 5 ans par 1/5 m an après celui des 2 %
(2) Gerd 17 sept. 1891, rapport de clôture
(3) Gibault 11.67 % unique répartition
(4) Gibran 13.64 % espèces 21.61% billets, unique répartition
(5) Gigon (Dme) 17% savoir: 2% un mois après l'homolog.
(6) Gilbert, 1.38 % unique répartition
(7) Gillet. Abandon de l'actif réalisé à évalué à 12%, le sieur Gillet père offre en outre de payer 18 % ce qui porterait à 30 % le dividende 20.26 % unique répartition.

Noms, Prénoms, Professions & Domiciles.		Syndics et Avoués	Faillites et Liquidations	Dates des Homologations de Concordats	Transferts et Unions	Séparations de biens judiciaires Divorces	Cons. Jud. et Interdict.
Gilliard (D²) Julie (Voir : Borelle & Gilliard)							
Gilliet - Leber, Lucien, rue Basfroi, 23	*	Passion				* 9 mars 91	
Gillot - Chaumet, Joseph, à S¹ Ouen l'Aumône (S&O)	*	Mercier				* 4 déc. 90	
d° - Fertin, J^n B^te, rue S¹ Maur, 99	*	Fontaine				* 15 juin 91	
Gilly, Antoine, fab. de chaussures, rue de Chabrol, 36		Lupsy I	21 avril 91	3 juillet 91	(1)		
d° (D²) Anna, lingère, Pass. Moncey, 11		Lupsy I	28 oct. 91				
Guntzburger - Wolff, Louis, av. de Choisy, 151	*	Passion				* 23 fév. 91	
Gion, Auguste, B^d du Palais, 13	*	Adam					* 30 avril 91
Girard Jules, négt. en bois, rue de la Cerisaie, 18		Destrez I	13 janv. 91	1 avril 91	(2)		
d° (Vve) Anna, md² au Temple, act: à Adainville		Barboux	20 oct. 91				
d° - Lemaire, Léon, s. d. c.	*	Ferté				7 juill. 90	
d° - Quirin, Marie, rue du Petit Musc, 27	*	Milhaud				* 29 juin 91	
d° - Rodt, Virgile, Pass. des Petites Écuries, 5	*	Dernis				* 20 avril 91	
Girardin, Eugène, pharmacien, rue de Lancry, 67		Hécaen	15 juill. 91		* 31 août 91		
d° - Jeannin, Georges, faub. St Denis, 80	*	Berthot j^r				* 3 mars 91	
Giraud, Frédéric, négt. en vins, rue Vivienne, 47		Menaut	30 juill. 91		* 25 sept. 91		
d° - Garçon, Pierre, B^d de la Villette, 136	*	Pagès				* 11 mai 91	
d° - Rouget, Jean-Bapt. s. d. c.	*	Chagnon				* 24 nov. 90	
Giraudeau - Risset, Baptiste, à Charenton, r. Bordelaise, 1	*	Auroux				* 16 avril 91	
Giraux - Bourgeois, Victor, s. d. c.	*	Auzoux				* 4 mars 91	
Girerd - Chrétien, Antoine, rue Bisson, 8	*	Bonfils				* 27 janv. 91	
Gizod, Maxime, distillateur, r. de Belleville, 37		Lesage	22 sept. 91				
Giron, Félix, rue de la Bienfaisance, 46	*	Baudouin					12 janv. 91
Gizou, Omer, comm^t en march. B^d de Strasbourg, 53		Chardon	30 mai 91				
d° - Muller, Jean, négt. B^d de Strasbourg, 53	*	Demoreuil				13 avril 91	
Giroux, Alfred, m^d de vins, B^d Voltaire, 251		Cotty I	16 janv. 91		(3)		
d° François, tailleur, à St Mandé, G^de Rue, 28 bis		Planque	8 oct. 90		* 19 nov. 90		
Giuntini - Heider, François, rue Montmartre, 157	*	Bozou				27 juill. 91	
Glatigny, m^d de vins, quai de la Rapée, 52		Lupsy	6 juin 91		* 30 juin 91		
d° - Chabrel, Charles, quai de la Rapée 52	*	Mutel				9 nov. 91	
Glatron - Leibner, Ledon, rue de Vaugirard, 46	*	Tricon				* 2 mars 91	
Gleizes, Jean, agent d'affaires, rue des Couronnes, 26		Bouneau	27 oct. 90		* 31 déc. 90		
Glorian - Kein, Louis, tapissier, rue des Juifs, 17	*	Chaffotte				* 24 nov. 91	
Gobert & Cie appareils électriques, rue Chapon, 30		Touchelot	4 juin 90		(4)		
Godard - Clémenn, Henri, Place Dauphine, 13	*	Thorel				* 25 juin 91	
d° - Vincenn, Louis, s. d. c.	*	Caillou				* 8 juin 91	
Godefroy - Lefèvre, Gaston, à la Varenne S¹ Hil: Av. Daussen, 58 bis	*	Fouquet				9 fév. 91	
Godet - Chevallon, Jules, rue Clignancourt, 45	*	Deville				* 20 mars 91	
Godier, m^d de vins, rue du Cygne, 14		Planque	4 déc. 91				
Godillon - Guinnebault, Claude, s. d. c.	*	Baudouin				* 22 juin 91	
Godin, anc. m^d de vins, Avenue de St Ouen, 177		Pothery	25 août 91				

(1) Gilly 35% en 5 ans par 1/5, un an de l'homolog.
(2) Girard 25% en 5 ans par 1/5, un an de l'homolog.
(3) Giroux 21.66% unique répartition
(4) Gobert & Cie 5.68% unique répartition

Noms, Prénoms, Professions & Domiciles	Indique liquidation. * Astérisque avant faillite. Divorce et Interdiction	Syndics ou Arbitres	Faillites et Liquidations	Dates des homologations de Concordats	Concordats ou Unions	Séparations Actions judiciaires Divorces	Cons. Jud. ou Interdict.
Godin (D.), Eugénie, entrep. de plomberie à Villemomble		Godmer	12 nov. 90		* 31 déc. 90		
d° (D.e) Julie, mercière, rue Myrha, 37		Beaujeu	19 juin 91		* 31 juill. 91		
d° et Théard, chaudronnerie, rue de Charonne, 166		Menaut L.	2 sept. 91				
Godon-Peron, Pierre, rue Taitbout, 46	*	Bertinot				8 mai 91	
Godcuil-Lenevey, Pierre, av. de Clichy 188	*	Fouquet				2 fév. 91	
Goetzer, Achille, fab. d'appareils à gaz, rue Lafayette, 182		Chardon	17 mai 89	4 mars 90	(1)		
d° - Destombes, Achille, à Asnières, Imp. de Laloziéra, 10	*	Pilastre				23 fév. 91	
Gogois, Eugène, md de vins, traiteur, à Pantin, route de Flandre 120		Piner	5 av. 83		* 29 nov. 90		
Goldhurmer-Mardochée, Alfred, rue du Château d'Eau, 55	*	Passim				27 av. 91	
Gompel, Oscar, représentant de fabriques, rue de Cléry, 40		Menaut L.	27 fév. 91	23 juin 91	(2)		
Gonneau-Goudesone, Pierre, s. d. c.	*	Raynaud				* 19 oct. 91	
Gonon-Lecrique, Armand à St Denis, B.d de Château...	*	Norgeot				* 20 juill. 91	
Gontard, Louis, nég. en conserves aliment. Faub. St Martin, 266		Lesage L.	5 déc. 90	21 fév. 91	(3)		
Gontaut-Bizon (de) Ferdinand, Av. de la Grande Armée 10	*	Pagès					12 nov. 91
Gontier, jeune, Armand, md de grains, Quai de Gesvres, 6		Beaujeu	23 oct. 91				
d° - Mercia, Edouard, rue de Maubeuge, 38	*	Giry				* 17 nov. 91	
Goossens, Charles, quincaillier, Av. d'Italie 1 ter		Lesage	31 mai 91		(4)		
d° François, md de vins restaur. Faub. St Antoine, 208		Boussard	11 avril 91	16 juill. 91	(5)		
d° - Archevêque Charles, négt à Gentilly, r. des Barons, 45	*	Lebocq				9 nov. 91	
Gordonnet, épicier, md de vins, rue Monge, 104.		Hémon	2 mars 89		(6)		
Goreau de St Morési, herboriste, B.d Voltaire, 60		Chardon	15 nov. 90		* 27 janv. 91		
d° Gaudin, Emile, rue St Sébastien, 38	*	Ratier				27 juill. 91	
Gorion-Raquet, à Malakoff, rue Victor-Hugo, 9	*	Deville				6 juill. 91	
Gorisse-Dollez, Louis, anc. not. à Gonesse (S.&O.)	*	Descousseaux				26 janv. 91	
Gorod, Salomon, fab. de casquettes, rue Ste Croix de la Bret. 20		Destrez	10 juill. 89	26 déc. 89	(7)		
Gosset, Georges, md d'épicerie foraine, B.d Pereire, 181		Rochette L.	13 nov. 90	26 janv. 91	(8)		
d° fils, Léon, carrossier, à Joinville-le-Pont, r. de Paris, 10		Godmer L.	24 avril 89	14 juin 89	(9)		
Golty, Germain, anc. nourrisseur, rue Didot, 63		Ozéré	6 janv. 91		* 31 oct. 91		
Gouault, Frères, changeurs, rue Royale, 22		Barbonx	16 oct. 91				
d° Léon (voir: Gouault frères)							
d° - Gouriet, Léon, rue de la Paix, 4, act.: s.d.c.	*	Meunier				23 nov. 91	
Goubeau & fils, entrep. de transp. rue Tiquetonne, 56		Boussard	30 sept. 91				
Goubert-Dommergue, Antoine, r. Ferdinand Berthoud	*	Pagès				* 25 fév. 91	
Goubet, Jules, fab. de corsets, rue Clavel, 12		Menaut L.	8 nov. 90	2 fév. 91	(10)		
Goudeaux-Godart, Jean-Bapt. s. d. c.	*	Goizand				* 2 fév. 91	
Gouin-Boucher, Henri, à Pantin, r. des Petits Ponts, 17	*	Jacob				* 17 nov. 90	
Gouiraud & Cie, Constructions mécaniques, quai Jemmapes 176		Poncholon	2 mai 91	9 oct. 91	(11)		

(1) Goetzer 4 % 2e répartition
(2) Gompel 25 % en 5 ans par 1/5 de l'homolog.
(3) Gontard 25 % en 5 ans par 1/5 de l'homolog.
(4) Goossens 4.33 % unique répartition
(5) Goossens, Franç. 50 % en 5 ans par 1/5 de l'homolog.
(6) Gordonnet 1.41 % unique répartition.
(7) Gorod 11 déc. 91 résolution.
(8) Gosset. Abandon d'actif réalisé ou à réaliser et engagement de compléter 20 % en 2 ans par 1/2. 20.04 % unique le part.
(9) Gasot, fils 27 oct. 91 résolution ou déclaration de faillite.
(10) Goubet 25 % en 5 ans par 1/5 de l'homolog.
(11) Gouiraud & Cie 50 % savoir : 6 % un an après l'homol. 6 % la 2e année ; 8 % la 3e année & 10 % chacune des 3 années suivantes.

Noms, Prénoms, Professions & Domiciles		Syndics et Avoués	Faillites en Liquidations	Dates des homologations de Concordats	Insuffisces ou Unions	Séparat. de biens judiciaires Divorces	Cons. Jud. ou Interdict.
Goujon, Auguste, fab. de tapis, Faub. St Antoine, 20		Bernard L	20 août 90	13 janv. 91	(1)		
d° — de St Thomas, Louis, rue Chevreul, 13	*	Diner					20 juill. 91
d° d° anc. md de beurre & œuf, Neuilly..., 18		Ozéré	23 juin 91		* 31 oct. 91		
d° — Lacroix, Georges, rue de la Roquette, 48	*	Durmerin				* 4 août 90	
d° — Martin, Pierre, rue Madame, 1	*	Savignac				* 5 juin 91	
Goulbon — Lemoine, Albert, imprimeur à Bagnolet	*	Toller				* 12 fév. 91	
Goulley — Dubourg, Henry, rue de Londres, 48						4 mai 91	
Gounon (D°) Caroline, couturière, rue Taitbout, 32		Godmer	3 juill. 91				
Gourçat — Marc, Jean, rue Ménilmontant, 14	*	Bourgeois				* 9 mars 91	
Gourdain — Ernoufn, Octave, av. de Choisy, 180	*	Boudin				16 mars 91	
Gourdé — Lafontaine, Louis, fab. de boutons, rue Mora, 30	*	Guignot				11 mai 91	
Gourdon (D°) Mathilde, bains, rue Cambronne, 81		Menaur	14 déc. 88		(2)		
Gournais — Duponcelle, Jules, au Bd St Gervais, r. Baudin, 4	*	Cortot				* 27 nov. 90	
Gourp, Jules, fab. de bronzes d'art, Bd Richard-Lenoir, 52 bis		Chevillot L	4 nov. 90	18 fév. 91	(3)		
Gourzat — Marc, Jean, rue Ménilmontant, 14	*	Bourgeois				* 9 mars 91	
Gousseault & Cie, Faub. St Antoine, 102		Ozéré	23 fév. 88		(4)		
Goutal — Goutal, Jean, rue de Clignancourt, 41	*	Jacob				* 17 mars 91	
Goutz, md de vins, Faub. St Antoine, 212		Pouchelon	9 mai 91		* 15 juin 91		
Goyon — Boissavi, Claude, s.d.c.	*	Toller				* 1 déc. 90	
Goyer — Rajon, René, r. N.D. de Lorette, 50	*	Pottier				* 5 oct. 90	
Graillot (D°) Marie, Confections p. dames, rue Réaumur, 8		Beaugé	25 av. 91		(5)		
Grammon — Chautret, Jean, Bd Ménilmontant, 30	*	Bourse				* 16 fév. 91	
Grand, pharmacien, Place de la Bastille, 7		Lissoty	31 juill. 91		* 23 sept. 91		
Grandé Cie d'Assurances, rue Le Peletier, 51		Beaugé	7 juin 84		(6)		
Grandjamy — Dubus, Jules, Faub. Poissonnière, 109	*	Berton				30 av. 91	
Grandjean, aîné, Pierre, fab. de jouets, r. de Montmorency, 16		Bonneau	19 mai 91		* 25 sept. 91		
d° — Dubois, François, s.d.c.		Gosselin				3 juin 91	
Grandrie — Maillochon, Armand, rue de Reuilly, 58		Giry				26 oct. 91	
Grand Vuillemin — Blondel, Émile, s.d.c.	*	Husson				* 12 déc. 90	
Granier — Trénty, Antoine, rue St Victor, 16	*	Violette				* 19 juill. 91	
Granier de Cassagnac — Balensy (de) Georges, r. Taitbout, 13	*	Jacob				7 juin 91	
Granjux — Granjux, Jules, r. de Lourmel, 93	*	Carvès				* 16 mars 91	
Grapin, Charles, fab. d'engrais, à Ivry route de Choisy, 98		Menaur	17 fév. 91				
d° & Cie Ferdinand, entrep. de trav. rue de Vaugirard, 115		Lupy	18 juill. 91		* 21 sept. 91		
Gras, vins, hôtel meublé, à Courbevoie, rue de l'Industrie, 18		Chardon	7 janv. 91		* 21 mars 91		
Grasset, Émile, épicier, Faub. St Martin, 82		Maugin L	12 nov. 91				
d° Lefèvre, Frédéric, rue St Rustique, 12	*	Cabasson				* 30 juin 91	
Grassin — Seguin, Eugène, Faub. St Antoine, 173	*	Charreau				* 23 mars 91	

(1) Goujon. Abandonne son actif réalisé à l'exception de son mobilier personnel et de l'immeuble qu'il possède à Adamville. Il s'oblige en outre à verser à ses créanciers les 2/3 des bénéfices qui lui seraient attribués dans la Sté qui doit être formée entre lui et la personne qui deviendrait cessionnaire de l'actif, et ce, pendant la durée de la Sté. 15% 1ère répartition; 1% 2e répartition

(2) Gourdon (D°) 10.54% unique répartition

(3) Gourp. 20% savoir: 10% dans le mois qui suivra l'homolog. 10% en 5 ans par 1/5, le 1er paiement le 15 février 1892.

(4) Gousseault & Cie 10.72% unique répartition
(5) Graillot (D°) 1.84% unique répartition
(6) G de Cie d'Assurances 20% 3e répartition
(7) Grapin 12.18% unique répartition

Noms, Prénoms, Professions & Domiciles	Indique liquidation / * Astérisque avant Divorce et Interdiction	Syndics et Avoués	Faillites et Liquidations	Dates des homologations de Concordats	Insuffisances d'actif Unions	Séparations judiciaires Divorces	Cons. Jud. et Interdict.
Gratadeix-Roux, Baptiste, Bd Raspail 222	*	Tricot				* 22 déc. 90	
Gratiot, md de vins au panier, rue Lambert, 26		Châle.	28 août 91		* 25 sept. 91		
Grattay-Bouthier, Prosper, s. d. c.	*	Cortot				* 29 juin 91	
Grau, entrepr. de vitrerie, rue Rochechouart, 57		Bernard	2 déc. 90		* 31 déc. 90		
Gravel (Vve) Rose, boulangère, à Montreuil, rue du Pré, 50		Lesage	9 av. 91				
Gravez-Bouillet, Jules, s. d. c.	*	Marin				18 av. 91	
Greff, Jean-Bapt. md de vins, rue des Boulets, 105		Lissorcy	12 mai 90	24 déc. 91	(1)		
Greiff-Lichten, Louis, s. d. c.	*	Popelin				11 mai 91	
Grégoire, Firmin, md de vins, rue Grégoire de Tours, 32		Mauger	23 oct. 91				
d° négt en bois et charbons, Bd Voltaire, 231		Godmer	23 juin 91		* 31 juill. 91		
d° - Boujaux, Pierre, rue Daru, 27	*	Daupeley				* 23 janv. 91	
Grelley, Denis, anc. md de vins, à Maisons-Alfort, r. du Ch. de fer		Oreré	13 fév. 91	9 déc. 91	(2)		
Grenat ayant tenu hôtel meublé, r. St-Denis 349		Chardon	27 janv. 91		* 31 mars 91		
Grenier, François, négt en carrelages, r. Papillon, 3		Roucher	31 oct. 89	15 déc. 91	(3)		
d° - Bellé, Pierre, Pl. St-Opportune, 8	*	Lefoullon				* 29 déc. 90	
d° - Lefèvre, Arthur, s. d. c.	*	Dolinon				* 11 mai 91	
Grenouiller, md de vins, rue Sedaine, 51		Godmer	4 sept. 91		* 25 sept. 91		
Grésilles-Radet, Victor, rue Greffulhe, 11	*	Guignot				* 1 juin 91	
Grifeuille, Antoine, fab. de chaudronnerie, r. St-Maur 29		Godmer	5 nov. 89	16 déc. 91	(4)		
Griguac, md de vins, Bd Pereire, 29		Maillard	21 av. 91		* 30 mai 91		
Grillers, boulanger, à Montreuil, rue de Paris, 292		Châle.	4 sept 91				
Grillot (Dlle) Angeline, md de comestibles		Destrez	12 oct. 89		(5)		
Grimaud, Louis, restaurateur, rue St-Honoré, 65		Barboux	11 av. 91	4 juill. 91	(6)		
Grimault, Adolphe, comm. en cuirs, rue St-Sauveur, 15		Oreré	16 mai 91				
Grisel-Geoffroy, Amand, Faub. St-Antoine, 283 bis	*	Poinsot				* 12 janv. 91	
Grolf, Charles, limonadier à Ivry, rue de l'Ouest, 45		Beaujeu	26 sept. 90		* 15 av. 91		
Groote (Vve de), Thérèse, mde de chaussures, rue du Bac, 142		Lesage	13 av. 91		(7)		
Gros, md de vins et charbons, à Billancourt, r. te de Versailles, 138		Destrez	20 mars 91		* 30 av. 91		
Grosbeury, Pierre, md de vins, rue des Batignolles, 66		Rochette	26 août 91				
Grosmenil, Edmond, entrepr. de maçonnerie, Impasse de la Défense, 3		Lupy	20 janv. 91		* 30 av. 91		
Gross-Cahen, Isaac, négt av. des Gobelins, 39	*	Delaunay					
Grossé, ancien md de vins, rue Chazy, 32		Godmer	31 oct. 90		(8)		
d° - Béringer, Félix, rue Dauphine, 31	*	Ransous				* 16 mars 91	
d° - Labitte, Georges, s. d. c.	*	Devormandie				* 3 août 91	
Grossetête, Auguste, restaurateur, rue St-Augustin, 30		Destrez	11 juill. 91				
d° - Cuper, Jules, restaurateur, rue du Louvre 7 bis	*					22 juin 91	
Groule, Félix, avenue Malakoff, 103	*	Adam					9 sept. 91
Gruchy, Pierre, Café restaurant du Sport à Colombes		Mauger	30 juill. 91		* 17 nov. 91		

(1) Greff. Abandon de tout l'actif réalisé et obligation de verser avant l'homolog. 20% ou repr. 47.28% unique répartit.
(2) Grelley. Abandon de l'actif
(3) Grenier 3% en 6 ans par 1/6 de l'homolog.
(4) Grifeuille 20% en 6 ans par 1/6 de l'homolog.
(5) Grillot (Dlle) 8.98% unique répartition
(6) Grimaud 10% un an après l'homolog. et pour le cas où le propriétaire renouvellerait le bail, le failli paierait les 90% restant dans le mois de l'obtention
(7) Groote (Vve) 4.05% unique répartition
(8) Grossé 10.95% unique répartition

Noms, Prénoms, Professions & Domiciles	Judic. liquidation * Abréviation avoué, procureur ou interdiction	Syndics ou Avoués	Faillites ou Liquidat.	Dates des homologations de Concordats	Insuff.es ou Unions	Séparat. de biens judiciaires Divorces	Cons. Jud. ou Interdict.
Gruel (Dlle) Pauline, rue Boissy d'Anglas, 43	*	Roche				*	10 nov. 91
Grujard, Louis, pharmacien, rue St Denis, 31		Maillard	7 mars 91		* 10 juill. 91		
Grunet, Armand, puisatier, au Gd Montrouge Rte Stratégique		Chardon	18 sept. 91		* 31 oct. 91		
Gruson-Benazen, Raoul, rue des Prêcheurs, 9	*	Tricot				9 mars 91	
Guédé-Vubert, Jules, s. d. c.	*	Eugraud				* 9 fév. 91	
Guedener-Pernon, Charles, rue du Marché Popincourt, 4	*	Vanderwalle				* 9 mars 91	
Guédu, Gaston, bijoutier, Passage Jouffroy, 59		Mauger L	14 mai 91	22 août 91	(1)		
Gueho-Coudray, Paul, à Suresnes, rue de Neuilly, 11	*	Guyot-Siomont				23 mars 91	
Guénault, Camille, libraire, à Puteaux Bd Richard Wallace, 32		Ponchelet	24 av. 91		* 31 juill. 91		
Guépy, lavoir, rue de Vanves, 65		Cotty	31 mars 91				
Guérard & Cie, confections pr dames, rue Paul Lelong, 8		Barboux L	2 nov. 91				
Guerbe, Émile, fab. de ruches, rue Étienne Marcel, 3		Planque L	10 juill. 91	19 sept. 91	(2)		
Guerden, Victor, emballeur, à Bagnolet, rue grain d'Orge, 5		Godmer L	28 juin 91	18 sept. 91	(3)		
Gueriat-Delouche, Jean, s. d. c.	*	Boudin				* 25 fév. 91	
Guérigny-Metzger, Charles, rue Baudelique, 25	*	Briquet				* 15 déc. 90	
Guerin, Antoine, fab. de chaussures, rue Meslay, 20		Godmer L	18 août 91	11 nov. 91	(4)		
d° changeur Bd St Martin, 1		Lupsy	8 juill. 90		(5)		
d° Édouard, limonadier, Faub. Poissonnière, 31		Planque	1 juin 91		* 30 juin 91		
d° - Chabot, Auguste, rue Surcouf, 8	*	Delapoure				9 nov. 91	
d° - Marchand, Charles, rue Meslay, 42	*	Fouquet				9 nov. 91	
Guerou-Hébert, Louis, rue Bonaparte, 86	*	Berton				14 déc. 91	
Guerrey, Léopold, loueur de chevaux à Levallois, rue Corneille 85 bis		Destrez	27 déc. 90		(6)		
Guerrier-Milon, Eugène, anc. md boucher, r. de la Sablonnière, 6	*	Raynaud				13 av. 91	
Guesdon-Barbier, Eugène, à Charenton, r. des 4 Vents, 26	*	Viollette				9 mars 91	
d° - Dupuis, Luc, rue St Denis, 172	*	Bourgeois				* 12 déc. 90	
Guéton-Babin, Martin, anc. md de vins, à Meudon	*	Bozon				11 mai 91	
Guettron, Arthur, rue de la Victoire, 89	*	Suif					25 mars 91
Guglielmino, Jean, fab. d'articles de voyage, r. St Maur, 204		Planque	24 mars 91		(7)		
Guibal, md de vins et charbons, Pass. Dumoner, 13		Châle	17 oct. 90		* 29 nov. 90		
Guibert, épicier, rue de Tourtille, 40		Cotty	8 août 91		* 31 oct. 91		
d° - Echaubard, Prosper, rue des Boulangers, 6	*	Pineau				* 29 mai 91	
d° - Lebreton, Georges, rue Niepce, 15	*	Henriet				* 19 janv. 91	
d° - Travaillé, Joseph, rue des Moines, 47	*	Milhaud				* 19 juin 91	
Guibourgé-Danvin, Augustin, rue Gueroam, 12	*	Maza				* 28 janv. 89	
Guidoller-Gébrath, Bd Richard-Lenoir, 66	*	Baudouin				* 27 déc. 89	
Guidon, Gabriel, md de vins, rue d'Hautefeuille, 7		Godmer	25 nov. 90		(8)		
Guignard, Constant, épicier, rue de Tournon, 31		Rochette	23 av. 91		* 30 mai 91		
d° - Barat, Osmond, rue de Rivoli, 8	*	Adam				1 juin 91	
Guigne - Clouet, Pierre, s. d. c.	*	Adam				* 25 nov. 90	
Guilhaumie-Ponchaux, François, rue Gay-Lussac, 49	*	Cormier-Jack				* 24 nov. 90	

(1) Guédu 25% en 5 ans par 1/5 de l'homol.
(2) Guerbe 30% en 3 ans par 1/4 un an de l'homolog.
(3) Guerden 10% payables 15 jours après l'homolog.
(4) Guérin 30% en 5 ans par 1/5 un an de l'homolog.
(5) Guérin, 9.29% unique répartition
(6) Guerrey 26 mai 91 refus d'homol. 8.15% unique répartition
(7) Guglielmino 3.74% unique répartition
(8) Guidon 3.61% unique répartition.

Noms, Prénoms, Professions & Domiciles		Syndics ou Avoués	Faillites ou Liquidations	Dates des homologations de Concordats	Inscriptions et Unions	Séparations de biens Judiciaires Divorces	Cons. Jud. et Interdict
Guillain, Henri, anc. courtier en march. à Asnières, Av. des Grésillons		Boussard	3 oct. 90		(1)		
d° - Largent, Henri, s. d. c.	*	Thorel				* 9 mars 91	
Guillaume, Jean, cabaretier, rue St-Dominique, 15		Poncelet	5 déc. 90		* 31 déc. 90		
d° loueur de force-motrice, Av. d'Ivry, 113		Hécaen	17 av. 91		* 31 août 91		
d° et Bertrand, Charles, fondeurs en zinc, r. Amelot 76		Chardon I	14 oct. 90		(2)		
d° et Kilstorf, peausserie, rue Étienne-Marcel, 33		Roucher I	2 nov. 91				
d° - Brivois, Charles, rue Beaubourg, 47	*	Roche				* 22 déc. 90	
d° - Champendal, Arcade, r. Grange aux B... 19	*	Longeron				* 1 déc. 90	
d° - Magnan, Ernest, Av. d'Ivry, 113		Nauche				29 fév. 91	
d° - Neveu, Auguste, s. d. c.	*	Roche				* 16 nov. 91	
Guillaumin, Jean-Bapt. fab. de boucles p. chaussures, r. de Pallation, 8		Menault	26 nov. 91				
Guillemain - Brézard, Louis, rue Morel, 8	*	Bourgoin				* 11 août 90	
Guillemard - Selle, Eugène, rue de la République, 23	*	Viver				* 15 déc. 90	
Guillemet, chemisier, à St-Mandé, rue Montgenot, 9		Chevillot	26 déc. 90		* 28 fév. 91		
Guillois, Georges, md. de cuivreries, Bd. du Temple, 38		Roucher	7 mai 89		(3)		
Guillou (Dme) Geneviève, hôtel meublé, rue Dulong, 60		Chardon	5 janv. 91	10 juin 91	(4)		
Guillot, Eugène, Md. de lavoir, rue de Nauves, 119		Hécaen I	17 mars 91	10 juin 91	(5)		
d° Félix, anc. boulanger, Av. du Maine, 41		Bernard	29 déc. 91				
d° & Marceau, entrep. de maçonnerie à Levallois, r. Marjolin 54		Chevillot	7 mai 89	4 juin 91	(6)		
d° - Chanut, Antoine, rue de Charenton, 256	*	Adam				* 28 nov. 90	
d° - Mathis, Lucien, rue Boudreauville, 80	*	Raymond				* 25 juin 91	
Guilloux, Charles, anc. marbrier, rue Roger 10bis		Roucher	16 oct. 91				
d° (Vve) Louise, mercière, Bd. Picpus, 3		Lupy	15 janv. 91		* 24 fév. 91		
Guimbert, anc. md. de vins rest. à St-Denis, r. Denfert-Rochereau 17		Lupy	31 juill. 91		* 31 août 91		
Guiraux, Émile, taillandier, rue de Reuilly, 39		Cotty	23 fév. 86		* 24 fév. 91		
Guinet, dessin. pour fabriques, rue du Mail, 9		Godmer	11 sept. 91				
Guintini, François, limonadier, rue Montmartre, 157		Bonbonne I	17 juin 91	14 oct. 91			
Guiral - Touzon, Adrien, charbonnier, r. de Billancourt, 46	*	Bourgoin				6 juill. 91	
Guiraud & Cie, entrep. de constructions, quai Jemmapes, 176		Ponchelet	2 mai 91				
Guiraudie (Dme) Eugénie md. de vins, act. rue des Lombards, 46		Beaujon	10 juin 90		* 19 nov. 90		
Guircsch (Dme) Julie, chemiserie - lingerie, Pass. Vero-Dodat 20-22		Boussard I	23 juin 91				
Guison - Hanzo, Émile, Pass. Julien-Lacroix, 16	*	Goujon				24 nov. 91	
Guitard - Deville, Louis, rue Véronèse, 1	*	Tricaud				15 juin 91	
d° - Laprévoté, Pierre, rue d'Aubervilliers, 1	*	Dinot				* 24 nov. 90	
d° - Perzet, Jean, rue St-Maur, 14	*	Delp. de Vise				* 2 janv. 91	
Guittard, Pierre, prod. chimiques à Puteaux, r. de Neuilly, 152		Roucher	7 nov. 90		* 29 nov. 90		
d° Gabarel, Pierre, s. d. c.	*	Husson				8 janv. 91	
Guitton - Coquillot, Prosper, s. d. c.	*	Goirand				* 27 av. 91	
Guy anc. md. de vins, rue de la Glacière, 103, act. s. d. c.		Godmer	20 mars 91		* 30 av. 91		
d° & Vallet, vins, rue Saussure, 8		Cotty	12 fév. 91		* 15 av. 91		

(1) Guillain 1.03 % unique répartition
(2) Guillaume & Bertrand 26.34 % unique répartition
(3) Guillois 4.61 % unique répartition
(4) Guillon 25 % en 5 ans par 1/5 un an de l'homolog.
(5) Guillot 20 % sans intérêts en 5 ans par 1/5 de l'homol.
(6) Guillot & Marceau. Abandon de l'actif réalisé et 10 % en 3 ans par 1/3 de l'homol. 68.75 % unique répartition
(7) Guintini 20 % en 5 ans par 1/5 de l'homolog.

Noms, Prénoms, Professions & Domiciles		Syndics ou Avoués	Faillites ou Liquidat°	Dates des homologations de Concordats	Insuffis.ces ou Unions	Séparat°ns de biens judiciaires Divorces	Cons. Jud. ou Interdict°
Guyard, épicier, rue Reille, 31, act; s. d. c.		Châle	31 oct 90		✱ 10 déc. 90		
d° imprimeur, rue des Filles du Calvaire, 15		Ozère	13 mai 91		✱ 25 nov. 90		
d° Gaston, agent d'affaires, rue Bleu, 2		Rochette	18 juill. 91		✱ 31 août 91		
d° - Jouvin, Charles, rue des Morillons, 46	✱	Collet				✱ 7 juill. 90	
Guyonnet, Daniel, entrep. de transp. funèbres, r. Myrha, 52		Boussard	31 juill. 91				
Guyon, m⁴ de bois & charbons, à Charenton, r. des Carrières, 4		Chardon	12 mai 91		✱ 17 nov. 91		
d° m⁴ de vins, rue Ordener, 83		Lesage	19 juin 91	19 nov. 91	(1)		
d° (D°) Virginie anc. m⁴ᵉ de vins, rue Bélidor, 5			24 mars 91		✱ 19 juin 91		
d° - Mulay, Léopold, s. d. c.	✱	Tricaud				✱ 24 nov. 90	

H

Noms, Prénoms, Professions & Domiciles		Syndics ou Avoués	Faillites ou Liquidat°	Dates des homologations de Concordats	Insuffis.ces ou Unions	Séparat°ns de biens judiciaires Divorces	Cons. Jud. ou Interdict°
Haas-Senary, Emile, s. d. c.	✱	Tricaud				✱ 4 mai 91	
Haber-Lenoir, Jacob, av. d'Ivry, 83	✱	Martin du [?]				✱ 22 juin 91	
Haberer & Keller, fab. de chaussures, rue Villehardouin		Planque I.	3 janv. 91	16 mars 91	(2)		
Habert-Tatout, Victor, tailleur, Faub. St Denis, 11	✱	Escarra				✱ 5 déc. 90	
Hacherelle-Racary, rue Cambronne, 71	✱	Goujon				✱ 22 déc. 90	
Hacquin-Maudou, Auguste, rue de la Procession, 17	✱	Tissier				✱ 14 nov. 90	
Haderer-Badin, Ferdinand, rue Ordener, 45	✱	Lebocq				✱ 24 nov. 90	
Haffner-Bonnefoy, Frédéric, pharmacien, rte de Versailles, 97	✱	Berton				22 mars 91	
Hagé, Laurent, boulanger, à St Denis, rue Samson, 21		Godmer	18 juill. 90	16 déc. 90	(3)		
Hagen-Gaillon, Édouard, Bd de Belleville, 80	✱	Roche				✱ 13 avril 91	
Haguenauer-Lévy, Isidore, s. d. c.	✱	Jacob				✱ 10 août 91	
Hainaut-Karel (d') Jules, s. d. c.	✱	Leroy				✱ 9 mars 91	
Hairon-Cornubert, Alexandre, rue Commines, 2	✱	Michel				✱ 16 mars 91	
Half (Vᵛᵉ) Clarisse (Voir: Vᵛᵉ Baruch)							
Halin-Rimbaux, Jean, courtier en vins, Faub. St Martin, 242	✱	Delp. de Nitre				8 juin 91	
Hallu, Jean, papetier, rue de Fourcy, 6		Lesage L.	29 mai 91				
d° Piot, Jean, papetier, rue de Fourcy, 6	✱	Cheranny				1 oct. 91	
Halphen-Fribourg, Simon, s. d. c.	✱	Pagès				✱ 29 juin 91	
Halter-Lemoine, Joseph, rue de Sambre & Meuse, 26		Chaffotte				✱ 1 juill. 91	
Hamel, Germain, rue Vivienne, 48		Pouchelot	26 sept. 90		✱ 27 janv. 91		
Hamelin, Édouard, papetier, à Neuilly, av. du Roule, 75		Beaujou	31 mars 91		✱ 30 avril 91		
d° - Faure, Antoine, rue d'Orsel, 11	✱	Castaigne				✱ 5 janv. 91	
Hance, (Vᵛᵉ) Alexandrine, lavoir, rue Coypeau, 5		Boussard	21 juill. 91				
Hangard-Fralin, Edmond, rue Pavée, 8	✱	Polit-Feigny				✱ 26 oct. 91	
Hanne, Gustave, négt en rubans, Bd Sébastopol, 61		Mauger L.	20 déc. 90	11 mars 91	(4)		
d° - Carriol, Louis, rue Cail, 10	✱	Mutel				✱ 24 fév. 91	
Hannequin, René, m⁴ de vins, rue Geoffroy St Hilaire, 34		Roucher	30 déc. 91				
d° Sueur, Jacques, anc. notaire, s. d. c.	✱	de Biéville				22 déc. 90	
Hanon-Buissart, Jules, Av. des Ternes, 100	✱	Eugrand				20 av. 91	

(1) Guyon. Abandon de l'actif réalisé et de la créance Flobert; en outre 10% en 2 ans par 1/2 un an de l'homolog.
(2) Haberer & Keller, 25% en 5 ans par 1/5, 6 mois de l'homol.
(3) Hagé. Abandon de l'actif réalisé & à réaliser 1.56% espèces 36.74% billets, unique répartition.
(4) Hanne 40% en 5 ans par 1/5 de l'homolog.

Noms, Prénoms, Professions & Domiciles		Syndics ou Avoués	Faillites ou Liquidations	Dates des homologations de Concordats	Insuffisances ou Unions	Séparations de biens judiciaires / Divorces	Cons. Jud. ou Interdict.
Hanscoote, md de beurre aux Halles Centrales		Menaux	11 nov. 90		*29 nov. 90		
Happe-Demonceaux, Louis, s.d.c.	*	Rivière				*1 déc. 90	
Hardy-Buffet, Auguste, menuisier, r. des Petites Écuries, 45	*	Lefoulon				2 fév. 91	
Hariveau, Georges, fabt de cartonnages, Pass. Reilhac, 15-17-19		Menaux I	2 juin 91	18 août 91	(1)		
Harndorff-Tillier, Charles, rue d'Alleray, 96	*	Goirand				*9 fév. 91	
Harris & Herlicq, machines agricoles, rue d'Angoulême, 66		Boussard I	15 oct. 90	13 janv. 91	(2)		
Hartmann-Coquillard, Georges, à Suresnes, r. de la Cerisaie, 2	*	Jacob				*11 août 91	
Harvey, Arthur, bijoutier, Bd des Capucines, 23		Chardon I	14 avril 91	25 août 91	(3)		
Hascoët, boulanger, à Pantin, rue Magenta, 29		Rochette	17 janv. 91	22 av. 91	(4)		
d° - Cloué, François, à Pantin, r. de Villette-St-Denis, 35		Marin				9 mars 91	
Hatiez-Oziard, Désiré, à Fresnes	*	Bremond				17 avril 91	
Haton de la Goupillière, Charles, Bd St-Michel, 60	*	Goujon					27 janv. 91
Haufeurt, représentant de commerce, à Levallois, Av. de Villiers, 17		Rochette	5 mai 91		*15 juin 91		
Hauperich-Coquerelle, Charles, rue de Nantes, 14	*	Potier				*29 déc. 90	
Haurio-Muraine, Joseph, s.d.c.	*	Carlos				*20 déc. 90	
Hautemer, cidres & poirés, rue Buzenval, 21		Bernard	12 oct. 88		*31 oct. 88	(5)	
Hay-Tabton, Raymond, Pass. Julien-Lacroix, 16	*	Vandewalle				21 mars 91	
Hayem de Laharpe, prod. pharmaceutiques, r. du Temple, 19		Lesage	13 oct. 91				
Hazé (Dlle) Céline, fab. de couronnes, r. de l'Arc de Triomphe		Rochette	19 déc. 90		*20 mai 91		
Héau, nouveautés, rue N.-D. de Lorette, 19		Lissoty	17 juill. 91		*21 sept. 91		
Hébert-Clémerin, Charles, à B.-Colombes, r. des Aubépines, 76	*	Oneauge				13 mars 91	
d° - Lelogeais, Alexandre, Pass. Tivoli, 3	*	Carven				29 avril 91	
d° - Vivant, Gustave, s.d.c.	*	François				*7 août 91	
d° - Zimmermann, Georges, à Neuilly, av. du Roule, 25	*	Goirand				*18 juill. 91	
Hébrard-Joanin, Antoine, rue Baudelique, 19	*	Beau				*1 déc. 90	
Hector, Paul, mécanicien, rue Commines, 18		Lesage	15 nov. 90		*28 fév. 91		
Hedoux-De Sevaux, Constant, rue Berthollet, 21	*	Corton				25 juill. 91	
Hein-Richard, Léon, rue de la Procession, 2	*	Perard				16 nov. 91	
Hélie & Cie, négociants, rue Montmartre, 130		Loiseau	22 août 91		*25 sept. 91		
Helleisen-Daugy, ébéniste, rue de Cîteaux, 43	*	Pilastre				28 juill. 90	
Héloin Alexis, fab. de chaux, rue Petit, 63		Bernard L	29 oct. 90	21 fév. 91	(6)		
Helsby-Tacquard, James, à Puteaux, av. de la République	*					29 avril 91	
Hémery-Richard, Émiland, s.d.c.	*	Dép. Dumesnil				*29 déc. 90	
Hénaobe, Gaston, Concert, rue du Cardinal Lemoine, 28		Hécaen	14 nov. 90		*31 déc. 90		
Hendeberr, Gaston, rue de Ponthieu, 53	*	Dumesnil					16 fév. 91
Hcnriker, Alfred, entrep. de transports, à Joinville, r. de Paris, 10		Poucheler	29 mai 91				
Henno, md de vins, à Neuilly, Av. du Roule, 71 bis		Bonneau	5 mai 91		*30 juin 91		
d° - Bougault, Adrien, à Neuilly, av. du Roule, 71 bis	*	Pottier				15 juin 91	
Henot-Avenel, Bernard, rue Leibnitz, 28	*	Dernis				*22 juin 91	

(1) Hariveau 30% en 5 ans, savoir : 5% chacune des 2 premres années ; 6% chacune des 2 années suivantes ; 8% la 5e.

(2) Harris & Herlicq. Abandon de la totalité de l'actif et engagement de parfaire 15% en 5 ans, par 1/5, un an de la reddition de compte. 2.89% unique répartition

(3) Harvey 30% sans intérêts, savoir : 10% dans les 3 jours qui suivront la reddition de compte et 20% en 3 ans de l'homolog. en 6 paiements égaux.

(4) Hascoët. 40% en 5 ans par 1/5 de l'homolog.

(5) Hautemer, 27 fév. 91 rapport de clôture 10% uniq. rép.

(6) Héloin 20% sans intérêts en 5 ans par 1/5 de l'homologation.

Noms, Prénoms, Professions & Domiciles	*	Syndics et Avoués	Faillites ou Liquidations	Dates des homologations de Concordats	Insuffis.ces ou Unions	Séparat. de biens Judiciaires Divorces	Cons. Jud. et Interdict.
Henric anc. md de vins, Faub. St Martin, 25		Louchelet	24 fév. 91				
Henrion - Elie, Emile, rue des Chamaillards, 56	*	Leboucq				* 13 mars 91	
Henry, Etienne, nourrisseur; r. de l'Arc de Triomphe, 16		Roucher	18 déc. 89		(1)		
d° Jean-Bapt. bijoutier, rue Papillon, 6		Oréré	14 fév. 91		* 30 av. 91		
d° Jules, anc. md de vins à Vincennes, rue de l'Egalité, 6		Planque	19 oct. 91		* 31 oct. 91		
d° Louis, épicier md de vins, à Levallois, Imp. Granel, 20		Chardon	17 juill. 91				
d° - Guillon, François, rue Vaugirard, 201	*	Carvès				* 11 août 91	
d° - Renard, Ernest, peintre, rue Mademoiselle, 41	*	Pelletier				* 6 nov. 91	
d° - Thoumir, Jean, s. d. c.	*	Merville				* 3 juill. 91	
d° - Vincent, Charles, s. d. c.	*	Roche				9 fév. 91	
Hepply - Thomas, Eugène, s. d. c.	*	Pineau				19 janv. 91	
Hérard - Zorne, Eugène, r. N.D. de Nazareth, 61	*	Plocque				* 26 janv. 91	
Héraud - Chassin, Paul rue des 3 Bornes, 22	*	Chaffotte				* 17 juill. 91	
Héraut - Roche, Marius, rue Montmartre, 162	*	Marais				* 20 avril 91	
Herbin - Didier, Oscar, s. d. c.	*	Bromard				* 3 août 91	
Heren, md de vins épicier, à Puteaux, B. de l'Eglise, 1		Barboux	29 déc. 91				
Herfort - Coince, Isidore s. d. c.	*	Delp. de Villes				* 6 janv. 91	
Hergott, Adam, fab. de sièges sculptés, r. de Charonne, 26		Boussard L.	9 sept. 91	15 déc. 91	(2)		
Héringer, anc. épicier, rue de Charonne, 33		Lesage	2 sept. 90		* 19 nov. 90		
Hériot, Elisée (Voir: Atger & Cie)							
Herlicq, Louis (Voir: Harris & Herlicq)							
Herman - Mege, Emile, rue Gounod, 9	*	Castaiguet				20 juill. 91	
Hermand-Gauthier, Louis, tapissier, r. des Jeuneurs, 37	*	Langeron				* 24 janv. 91	
Hermann, Nicolas, ébéniste, rue Popincourt, 32		Hécaen	11 oct. 90		* 31 déc. 90		
d° - Dauge, Nicolas, ébéniste, rue Rochebrune, 2		Collee				27 av. 91	
Hermann - Simon, Victor, s. d. c.	*	Ferté				* 5 juin 91	
Hermann - Kirt, Auguste, Bd Magenta, 52	*	Roche				* 17 janv. 91	
Hermerel - Barbour, rue St Maur, 209	*	Jacob				* 6 juill. 91	
Hermier - Villain, Edmond, rue Turbigo, 13	*	Giry				8 déc. 90	
Hermieu - Lormier, Etienne, à St Denis, r. Aubert prolongée		Tricaud				* 8 déc. 90	
Hernault - Maugé, Laurent, rue St Lazare, 70	*	Pilastre				* 18 mars 91	
Herouard (D.) Nella, café restaurant, Av. des Ternes, 7		Godmer	20 avril 91		* 30 avril 91		
Hertz - Monsollier, Joseph, rue Richard-Lenoir, 47	*	Pineau				* 9 fév. 91	
Hervé - Simon, François, rue Tournon, 10	*	Tricaud				* 27 juill. 91	
d° du Lorin Bénéteau - Saunier, Florin, à Neuilly, r. Jacq. Dulud	*	Denormandie				27 av. 91	
Hervier, Charles, fab. de malles, rue Alumaire, 33		Beaujeu	18 mai 87		(3)		
Hervieu - Boutard, Victor, rue Monceau, 50	*	Daupeley				8 juin 91	
Hervieux, Charles anc. limonadier act. à Brunoy (S&O)		Boussard L.	17 août 89	22 mars 90	(4)		
d° - Bender Jean Bapt. à Malakoff, rue Paul Bert, 17		Tricaud				* 4 mai 91	
Herzog, Hermann, md de chaussures, r. N.D. de Lorette, 14		Godmer	8 août 91		* 31 août 91		
Hespel, (Vve) hôtel meublé, r. de Ponthieu, 20, act. s. d. c.		Lesage	20 oct. 91				

(1) Henry 46.89 % unique répartition
(2) Hergott 50 % sans intérêts en 6 ans par 1/6 de l'homolog.
(3) Hervier 3.75 % 2e & dern. répartition
(4) Hervieux 5 % 2e répartition

Noms, Prénoms, Professions & Domiciles		Syndics et Avoués	Faillites en Liquidations	Dates des homologations de Concordats	Insuffisances et Unions	Séparations de biens judiciaires, Divorces	Cons. Jud. et Interdict.
Hess, Jean, anc. Nég.t en fleurs, rue du Helder, 14		Roucher	18 déc. 91				
Hesse - Julien, md de porcelaines, r. Étienne Marcel, 30		Chardon L	31 juill. 91	9 oct. 91	(1)		
d° (Mme) Elisa, cartonnages, Faub. du Temple, 41		Rochette	6 fév. 91				
Hettinger - Delamare, Charles, Faub. St-Denis, 150	*	Pottier				6 av. 91	
Heudebert, Gaston, rue de Ponthieu, 53	*	Dumcouil					16 fév. 91
Heurteaux - Laignel, Célestin, Av. de Choisy, 35	*	Leroy				* 9 mars 91	
Heurtefeux - Frazey, Charles, s. d. c.	*	Franckel				* 15 déc. 90	
Heuvrard, Alfred, fab. de meubles, rue Paul Bert, 9		Planque L	15 nov. 90	24 fév. 91	(2)		
Heuzé, Armand, entrep. de trav.x publics, à St-Maurice (Seine)		Godmer	4 déc. 90		* 30 av. 91		
Heymann - Heymann, rue des Rosiers, 13	*	Messelon				* 25 fév. 91	
Heynderickx - Erhard, Joseph, s. d. c.	*	Barberon				* 7 juill. 90	
Hiboud - Basin, Pierre, rue du Caire, 11	*	Pinet				* 29 mai 91	
Hilarion - Fulvé, Edouard, rue de Cléry, 80	*	Corton				* 13 juill. 91	
Hilbert - Aughuer, Bernard, rue Fourcroy, 4	*	Corton				* 13 juin 91	
Hild - Persem, Etienne, rue des Poissonniers, 56	*	Cheramy				* 18 déc. 90	
Hildinfenger - Henry, Paul, rue Boyer, 15	*	Briquet				* 26 janv. 91	
Hincourt, Victor, entrep. de maçonnerie à Bagnolet, r. de Paris		Godmer	22 av. 91		* 30 mai 91		
Hinrichsen, Carl, libraire, rue de Verneuil, 22		Hécart L	14 août 91	30 oct. 91	(3)		
Hippeau - Poirier, Théodore, s. d. c.	*	Delapouve				* 9 fév. 91	
Hiriberry - Michel, François, rue Molière, 3	*	N. Marin				* 20 mars 91	
Hirsch, Manuel, nég.t, rue Franklin, 3	*	Thorel					* 19 fév. 91
Hirtz - Cossarr, Achille, s. d. c.	*	Bourse				* 9 fév. 91	
Hitier - Pater, Jules, Bd de Ménilmontant, 101	*	Daupeley				11 mars 91	
Hoche & Cie, cartonniers, Faub. St-Denis, 16		Destrez	15 mai 91				
Hocmelle, rue de Ponthieu, 45	*	Dubail					* 23 déc. 90
Hocquard - Gérard. Jean, rue de Nice, 8	*	Salats				* 28 juill. 90	
Hodard - Molard, Jean, s. d. c.	*	Colmet Darage				18 avril 91	
Hodeng, Emile, fab. de chapeaux, r. St-Augustin, 5		Châle L	10 juin 91	25 août 91	(4)		
Hoel - Bolnar, Lucien, quai des Célestins, 38	*	Bourgeois				14 déc. 91	
Hofer, frères, mde de couleurs, r. des Grands Augins, 3		Chevillot	16 janv. 91		* 31 mars 91		
Hoffbourg, anc. épicier, Faub. St-Honoré, 48		Lupoy	4 sept. 90		* 31 déc. 90		
Hoagen (Vve de) Cécile, Café, Bd St-Martin, 45		Touchelot	3 juin 91		* 23 juill. 91		
Hohl - Olivier, François, Bd de Strasbourg, 73	*	Collin				* 10 juin 91	
Hollebecke - Bonhert, Hre au Gd Montrouge, Av. de la République	*	Bertinot				19 janv. 91	
Hollebcke, mécanicien, av. du Maine, 145		Menuau	23 mai 90		(5)		
Honecker - Boulet, Jean, à Pantin, rue de Paris, 69	*	Tissier				* 5 mai 91	
Honnet, Gustave, limonadier, rue de la Clef, 15	*	Prévost					15 oct. 91
Honoré - Begnier, Isidore, s. d. c.	*	Musnier				* 30 janv. 91	
Hospitalier - Rol, Jean, Pass. Tocanier, 9	*	Carvès				* 8 mai 91	
Hostellet - Gerny, Armand, rue du Poteau, 24	*	Tissier				* 5 janv. 91	
Holz - Ramax, Charles, Chaussée d'Antin, 12	*	Corton				19 mars 91	

(1) Hesse 30% en 6 ans par 1/6 de l'homolog.
(2) Heuvrard, 50% en 6 ans, savoir: 8% les 5 premières années, et 10% la sixième.
(3) Hinrichsen 15% en 3 ans par 1/3
(4) Hodeng 20% en 4 ans par 1/4 un an de l'homolog.
(5) Hollebcke, 4.13% unique répartition.

Noms, Prénoms, Professions & Domiciles	Indique Liquidation. Astérisque avant pr Divorce et Interdiction	Syndics et Arbitres	Faillites et Liquidations	Dates des homologations de Concordats	Insuffis. et Unions	Séparations judiciaires ou Divorces	Cons. Jud. ou Interdict.
Houdain (d') André, statuaire, r. de Babylone, 12	*	Vandewalle					19 déc. 91
Houdart-Brenu, Charles, rue Montenotte, 5	*	Dumesnil				8 déc. 90	
Houdot, Charles, bandagiste, Faub. St Honoré, 168		Bernard	8 août 91		* 31 août 91		
Houet, fils & Cie, fab. de savon, à Clichy, rue du Landy, 24		Godmer	8 avril 91		* 30 avril 91		
Houllé-Delsforge, Charles, rue des Forges, 5	*	Maza				* 16 fév. 91	
Houry, Jules, négt en objets d'art, Faub. Poissonnière, 50		Destrez L	5 mars 91				
d°-Romain, Charles, Faub. Poissonnière, 52	*	Norgeon				22 août 91	
Houssoit-Grapin, Léouard, s.d.c.	*	Engrand				* 7 nov. 90	
Houvet-Farnault, Auguste, Pass. des Deux-Nèthes	*	Heriot				* 26 janv. 91	
Hove, md de vins, à St Denis, rue du Chemin de fer 23		Ozéré	6 août 89		* 30 juin 91		
Hubeaux-Fligneaux, Gustave, Pass. Gaudeles, 7	*	Lortat Jacob				* 16 mars 91	
Hubert, Hippolyte, négt en verreries, rue St Denis, 15		Chevillot	28 nov. 90	8 mai 91	(1)		
d° Théodore, r. de la Ferronnerie, 9	*	Cahen				* 17 juin 91	
Huck (Vve) Marie, md de bijouterie, rue Turbigo, 51		Boussard L	14 avril 91	26 juin 91	(2)		
Hue, Edmond, négt en rideaux, rue de Cléry, 22		Planque	11 nov. 84		(3)		
d°-Ferran, Armand, rue de Charenton, 182b	*	de Biéville				27 avril 91	
d°-Sergent, Pierre, anc. épicier, av. des Gobelins, 19	*	Dimer				26 janv. 91	
Hueber-Fauvel, Jules, quai Valmy, 93	*	Diver				* 2 nov. 91	
Huet, François, restaurateur, rue Cambon, 14		Mauger L	11 avril 89		(4)		
d° Gustave, boulanger, à Neuilly, av. de Neuilly 215		Menaux	26 mars 90		(5)		
d° (Vve) Marguerite, mde de meubles, rue Maubeuge, 20		Barboux	27 oct. 91				
d°-Fournier, Xavier, s.d.c.	*	Roche				* 4 juill. 90	
d°-Testard, Francis, s.d.c.	*	Picard				* 7 juill. 90	
Huez & Vallée, matér. de construct. à Nogent, Rte de Bry, 119		Cotty	24 juill. 91		(6)		
Hugot (Dme) Émilie, Bd des Batignolles, 58	*	Lortat Jacob					* 28 mai 91
Huguenin & Cie, Négt en vins, rue Laban, 47		Destrez	7 oct. 90		* 26 déc. 90		
d°-Meuron, Jules, anc. négt Faub. St Denis 148	*	Laisney				30 nov. 91	
Hugueny, J. Bte, loueur de voitures, rue Picot, 6		Planque			(7)		
Hugues, Henri, md tailleur, rue Bourdeau, 11		Rochette	3 juill. 91		(8)		
Huguet-Degrange, Élie, Bd de Bercy, 44	*	Marais				* 8 déc. 90	
Huisse, Eugène, fondeur, rue de la Belle, 9		Bernard	16 juill. 91		* 25 sept. 91		
Humbert, Alfred, md de vins Bd de Charonne, 93		Lupy	16 janv. 91		* 15 fév. 91	(9)	
d° Jean, entrep. de transports, rue de Buci, 9		Godmer	16 fév. 91				
d° (Dme) Caroline, Café, rue St Antoine, 110bis		Lesage	11 déc. 90		* 15 av. 91		
d° (Dme) Fleurs et plumes, rue de l'Entrepôt, 30		Rochette	31 juill. 91		* 31 août 91		
d°-Mercier Edmond, Imp. de l'Orillon, 7	*	Moucomble				* 22 déc. 90	
Hunion-Martelle, Félix, charpentier, r. Monznia, 21	*	Popelin				5 janv. 91	
Huppenoire-Bordier, Louis, s.d.c.	*	Tricon				* 29 déc. 90	
Huré-Pierru, Édouard, à Levallois, rue Rivay, 35 bis	*	Duclos				* 5 mai 91	

(1) Hubert 25% savoir : 15% dans le mois qui suivra l'homolog. 5% un an après; et 5% 2 ans après.
(2) Huck Vve 20% en 5 ans par 1/5 de l'homolog.
(3) Hue 9 juin 91 refus d'homologation
(4) Huet 14.53% unique répartition
(5) Huet, Gustave, 6.22% 2e et dern. répartition
(6) Huez & Vallée 2.30% unique répartition
(7) Hugueny 2.80% espèces 14.60% billets, unique répartition
(8) Hugues 30% payables : 5% dans le mois de l'homolog. et 25% en 5 ans par 1/5 de l'homologation.
(9) Humbert 22 avril 91 rapport de clôture.

Noms, Prénoms, Professions & Domiciles	Syndics et Avoués	Faillites et Liquidations	Dates des homologations de Concordats	Insuffis. ou Unions	Séparations judiciaires Divorces	Cons. Jud. ou Interdict.
Huret, anc. md de vins, rue des Bernardins, 13	Bonneau	5 août 90		(1)		
d° — Lemoine, Auguste, rue des Bernardins, 13 *	de Biéville				* 29 déc. 90	
Hurgon (D°) Agnès, md. de vins, à Clichy, rue de Ligny, 3	Chevillon	10 sept. 91				
Huel, Charles (Voir : Maheu & Huel)						
d° — Houry, Charles, à Clichy, B⁴ National, 114 *	Bertinot				2 juin 91	
Husson (D°) Marie, robes & manteaux, B⁴ Haussmann, 44	Godmer	9 mai 91	8 sept. 91	(2)		
Husser (Vᵛᵉ) Louise, lavoir, rue Delambre, 11	Chardon I.	21 mars 91		(3)		
Huteau, Jean-Bapt. entrep. de maçonnerie, Épinay, r. de Paris	Rochette I.	1 déc. 91				
Hutellier, Anthime, anc. md. de vins, Pass. Bourgoin, 16	Ozée	12 mai 91		* 31 juill. 91		
Huveau, Armand, md. de vins, B⁴ de Strasbourg, 30	Godmer	10 août 91				
Huyard — Carlier, Ernest, md. d'abats, rue de Verneuil, 112 *	Milhau				* 5 janv. 91	
Hyesch, Émile, comm. en marchandises, rue Chaptal, 21 *	Rouchal	18 nov. 91				

I.J.K.

Noms, Prénoms, Professions & Domiciles	Syndics et Avoués	Faillites et Liquidations	Dates des homologations de Concordats	Insuffis. ou Unions	Séparations judiciaires Divorces	Cons. Jud. ou Interdict.
Imbault, Louis, grainetier, à Gentilly, rue Frileuse, 64	Godmer	26 fév. 91		(4)		
Imbert, md. de vins, hôtel meublé, rue de Turenne, 77	Lupy	29 sept. 91				
d° — Pinon, Victor, rue de la Chapelle, 174 *	Bourgoin				* 13 mars 91	
Infelt — Barbier, Jules, rue Gandon, 34 *	Savignat				* 1 août 90	
Ismeur, anc. md. de vins, à Argenteuil, rue de Calais, 33	Desbrez	1ᵉʳ août 91		* 31 août 91		
Israël & Cⁱᵉ, banquiers, rue de la Victoire, 31	Godmer	21 avril 91		(5)		
Isserte — Lac, Justin, md. de vins, Pass. Raoul, 24 *	Chaim				* 8 déc. 90	
Issorel, Jean-Bapt., md. de vins, à Puteaux, r. Parmentier, 8	Rochette	6 nov. 89		(6)		
Itier, md. de vins et charb. rue des Entrepreneurs, 62	Hécaen	13 janv. 91		* 15 fév. 91		
Itel, Gustave, négt. en vins, à Boulogne s/S., rue du Port, 6	Bernard	10 mars 91		* 30 av. 91		
Iwanof — Lefebvre, Achille, rue Le Bua, 27 *	Picard				* 21 juill. 90	
Jabert, Charles, (Voir : Rigot & Cⁱᵉ)						
Jacob — Chavernoz, Pascal, rue de Terre Neuve, 17 *	Daupeley				* 28 nov. 90	
Jacotin — Frochard, François, rue du Four, 4 *	Picard				6 juill. 91	
Jacquelin — Voukaire, Georges, Pass. Garbois, 21 *	Francastel				* 2 juin 91	
Jacquemart (Dᵐᵉ) Laure, md. de bijouterie, av. de Clichy, 23	Mauger	18 juin 91		* 31 juill. 91		
Jacquemin & Cⁱᵉ, négt. en cidres & vins, rue Gustave Courbet, 18	Godmer	10 oct. 90		* 31 janv. 91		
Jacques — Robillard, Philogène, av. Bosquet, 44 *	Foucault			* 10 nov. 90		
Jacquet, comm. en march. rue Dareau, 107	Mauger	9 nov. 89		(7)		
d° & Faye, représent. de commerce, r. Sᵗᵉ Cr. de la Bret., 39	Roucher	14 nov. 90		* 16 janv. 91		
Jacquier, Henri, Café, rue du Temple, 119	Lesage	5 juill. 90		(8)		
d° Pierre, ferblantier, rue aux Ours, 8	Bonneau	29 nov. 87	20 déc. 90	(9)		
Jacquin — Leyrin, Charles, à Londres Charlotte Street, 97 *	Marais				* 8 déc. 90	
Jacquot — Lehullier, Charles, s. d. c. *	Cheramy				* 6 juill. 91	

(1) Huret 11.63 % unique répartition
(2) Husson (D°) 5 % en principal, intérêts et frais, fin avril 1892
  3.29 % unique répartition
(3) Husser (Vᵛᵉ) 1 juill. 91 refus d'homolog. 21.53 % unique répart.
(4) Imbault 3.90 % unique répartition
(5) Israël & Cⁱᵉ 30.43 % unique répartition

(6) Issorel 12.86 % unique répartition
(7) Jacquet 1.30 % 1ʳ d°
(8) Jacquier 3.72 % d° d°
(9) Jacquier 15 % savoir : 5 % dans les 6 mois de l'homolog. 5 % un an après et 5 % l'année suivante.

Noms, Prénoms, Professions & Domiciles		Syndics et Avoués	Faillites en Liquidations	Dates des homologations de Concordats	Insuffisances ou Unions	Séparations de biens judiciaires / Divorces	Cons. Jud. et Interdict.
Jacquot - Mairet, Jean, s. d. c.	*	Marmottan				* 15 déc. 90	
Jaeger - Mascré, Christophe, B⁴ Magenta, 165	*	Bertinot				* 25 av. 91	
Jaffrain - Bioret, Benjamin, à St Ouen, chemin de Halage	*	Foucault				* 10 août 91	
Jaignet, Louis, escompteur, à Boulogne, route de la Reine, 64		Mercaut	19 mai 91	18 août 91	(1)		
Jaime - Loiselet, Michel, rue de Sambre & Meuse, 51	*	B. de Longchamp				* 2 mars 91	
Jalabert (Vᵛᵉ) Marianne, internée Asile de Ste Catherine (Allier)	*	Cahen					* 18 juin 91
Jallifier, bijoutier, Av. de l'Opéra, 38		Planque	9 mars 91				
Jalowitz - Rosen, Isaac, s. d. c.	*	Coche				* 4 mai 91	
Jamais, nourrisseur, rue de Châlons, 36		Rochette	5 déc. 90		* 16 janv. 91		
d° - Auger, Louis, rue Cadet, 9	*	Mercier				20 avril 91	
Jamart, entrepr. de charpentes à St Ouen, B⁴ Victor Hugo, 146		Cotty	16 oct. 91				
Jambon, Eugène, anc. épicier, rue Bolivar, 23		Mauger	14 janv. 90		(2)		
d° Wanlin, Eugène, rue Bolivar, 23	*	Senart				20 avril 91	
Jametton - Boullay, Joseph, B⁴ Pereire 249	*	Berton				* 1 mai 91	
Jammet, commᵗ en march. B⁴ Bonne Nouvelle, 28		Châle	4 sept. 91		* 25 sept. 91		
Jarnois - Noé, Prosper, rue du Commerce, 71	*	Berton				* 8 déc. 90	
Jandaud, Henri, coiffeur, Faub. Poissonnière, 165		Boussard	3 sept. 91		* 25 sept. 91		
Jandon Voelckel, Jean, rue d'Angoulême, 20	*	Laisney				* 27 juill. 91	
Janet - Cornemillon, Félix, B⁴ Arago, 17	*	Allain			*	2 nov. 91	
Janiaux, Constant, anc. épicier, à Malakoff, Rᵗᵉ de Montrouge, 106		Lupy I.	31 déc. 91				
Jaunet - Lerasle, Joseph, rue des 3 Bornes, 19	*	Pottier				* 12 juin 91	
Jardin - Giri, Joseph, rue des Halles, 9	*	Olivier-Dange				* 4 mai 91	
Jarlier - Rauvier, Michel, à St Ouen, rue Montmartre, 55	*	R. Main				12 janv. 91	
Jarreton - Bezet, Jean, fondeur, Pass. Cardinet, 12	*	Collin				* 27 juill. 91	
Jarry, anc. restaurateur, rue Jean Jacques Rousseau, 3		Barboux	20 nov. 91				
Jaubert, Paul, anc. négt en papeterie, rue Turbigo, 11		Barboux	27 oct. 91				
Jauneau - Touet, Georges, s. d. c.	*	Thomas				* 24 fév. 91	
Jaunet - Capelle, Armand, s. d. c.	*	Déglise				* 11 mai 91	
Jaunex - Couvre, Georges, Av. Victor Hugo, 104	*	deBiéville				* 11 juin 91	
Jaurand, Jules, imprimeur, rue de Saintonge, 17		Hécaen I.	2 juin 91	22 sept. 91	(3)		
Jauzom & Cie fab. de chaussures, r. Richard Lenoir, 49		Lupy	2 juin 91		* 30 juin 91		
Jay, Adolphe, banquier, rue Lafayette, 43		Châle	22 mai 85	8 sept. 91	(4)		
d° - Clavel, Louis, rue du Chemin Vert, 1 bis	*	Fontaine				* 10 nov. 90	
Jean, Edouard, épicier, md de vins, à Aubervilliers, rⁱ de la Rép.ᵗ 96		Lupy	9 fév. 91	29 juill. 91	(5)		
d° (Vᵛᵉ) Rose, fabᵗᵉ d'encriers, rue Pastourelle, 11		Destrez	21 sept. 88		(6)		
d° - Baudeau, Alphonse, rue Lord Byron, 21	*	Fontaine				* 1 juin 91	
d° - Canivet, Ernest, rue Mouge, 86	*	Roux				* 1 juill. 91	
Jeaubert - Pouchard, Jacques, Av. Suffren, 15	*	Ducamp				* 22 juin 91	
Jeandel, Emile, entrepr. de maçonnerie, rue Erlanger, 61		Rouchez	27 août 87	23 mars 88	(7)		

(1) Jaignet 40 0/0 en 8 ans par 1/8 de l'homolog.
(2) Jambon 11.77 0/0 unique répartition
(3) Jaurand 40 0/0 en 4 ans par 1/4 1ᵉʳ paiement le 1 Juillet 1892.
(4) Jay 100 0/0 dans le mois de l'homolog.
(5) Jean 20 0/0 sans intérêts en 5 ans un an del'hom.
(6) Jean (Vᵛᵉ) 0.37 0/0 unique répartition
(7) Jeandel 13 nov. 91 résolution.

Noms. Prénoms, Professions & Domiciles	Indique Liquidation * Astérisque, Avoué, Judicature, Divorce et Interdiction	Syndics et Avoués	Faillites et Liquidations	Dates des homologations de Concordats	Insuffisances et Unions	Séparations de biens Judiciaires Divorces	Cons. Jud. et Interdicti
Jean Marie - Dubuissoir, Valentin, s. d. c.	*	Mercier				* 24 nov. 90	
Jeannin - Écron, Arsène, rue Brezin, 18	*	Vien				* 11 mai 91	
d° - Thierry, Louis, rue Lalande, 17	*	Greules				* 16 mars 91	
Jeaunisson, Adolphe, imp., rue Aumaire, 15		Boussard	12 mai 91	13 oct. 91	(1)		
d° - Ville, Adolphe, rue Aumaire, 15	*	Dep. Dumesnil				11 août 91	
Jeannot - Commelin, Alexandre, s. d. c.	*	Déglise				* 23 mars 91	
d° - Vivenor, Adolphe, à Bar-le-Duc, r. St Jean, 9	*	Marin				* 26 mai 91	
Jebanne, Eugène, emballeur, rue de l'Ancienne Comédie, 16		Kécau I	8 sept. 91				
Jebl, Louis, brodeur, rue e Varvins, 24		Plauque	10 janv. 80	7 juill. 91	(2)		
Jicaumé (Vve) Marie, md de volailles, rue St Denis, 257		Kécau	28 nov. 90		* 31 déc. 90		
Joachim, Prosper, quincaillier, Pass. Molière, 16		Lissoty	7 août 91				
Joanneton-Lefèvre, Alph. à Nanterre, r. Thomas Lemaître, 21	*	Cailles				22 juin 91	
Jobkes - Huvoy, Henri, rue Oblin, 7	*	Violette				7 déc. 91	
Jodry - Treyssol, Charles, rue du Caire, 6	*	de Bieville				* 10 août 91	
Joël & Boisvord, Café brasserie, rue des Martyrs, 12		Mauger	16 oct. 85	13 janv. 91	(3)		
Joland - Bard, Gustave, rue des Vertus, 10	*	Roche				* 22 déc. 90	
Jolibois (D°) Augustine (Voir : Berle & Cie)							
Jolivet - Humbert, Jean, Place de l'École, 6	*	Lefoullon				* 9 fév. 91	
Jolivet & Cie cartonniers, rue des Gravilliers, 16		Beaugé	30 juin 91		* 22 août 91		
Jolly, anc. md de vins, Cité Laumière, 22		Lesage	31 mars 91		* 3 av. 91		
Joly - Garon, Jean à Levallois, rue du Bois, 65	*	R. Marin				23 mars 91	
d° - Mazon, Pierre, rue Marcadet, 264	*	Francastel				15 oct. 91	
Jouion (Vve) anc. md de vins, rue Curial, 50		Bonneau	5 juin 91		* 31 juill. 91		
Jorby, md de vins, à Suresnes, rue du Chemin Neuf, 1		Mauger	21 juill. 91				
Joreau (D°) Louise couturière, rue de l'Université, 58		Bernard	31 mars 91		(4)		
Joreaux - Férier, Auguste, s. d. c.	*	Chaquet				* 16 mars 91	
Joseph Gustave, fab. de meubles à Billancourt, r. du Dôme, 6		Boussard	6 août 90		(5)		
d° Henri, md de vins, à Choisy-le-Roi, r. de la Raffinerie, 13		Chevillot	8 nov. 90		* 28 fév. 91		
Josse, Charles, fab. de cuirs vernis à Vitry Bd Lamouroux, 52		Bonneau	26 mars 90		(6)		
Jost, md de vin, Faub. St Denis, 21		Lupy	5 déc. 91				
Jouanno, banquier, rue Richelieu, 59		Tinot	3 juin 91				
Jouard - Carré, Frédéric, rue de Provence, 64	*	Donormandie				* 15 juin 91	
Jouault - Billard, Charles, s. d. c.	*	Marmottin				* 14 août 91	
Joubert (D°), loueur de voitures, rue Picot, 6		Meneux	13 oct. 91		* 31 oct. 91		
Joubin, négt en liège, Cité Riverin, 10		Kécau	31 oct. 90		* 31 déc. 90		
d° - Flicoteaux, Jean, Pass. Guillaumot Laisné, 6	*	Danoreuil				* 16 fév. 91	
Jouchoux & Cie, commrt en marchandises, rue de Chabrol	*	Doctreez	7 juin 86		(7)		
Jouffroy - Moulin, Charles, rue Damrémont, 154	*	Mancouble				* 8 oct. 90	
Jouquet - Jouquer, Léon, s. d. c.	*	Ericaud				* 29 mars 91	
Jouhanel, md de vins, hôtel meublé, rue St Benoît, 28			10 mai 89		(8)		
Joulin, Joseph, boulanger à Vincennes, r. de la Prévoyance, 16		Godmer	7 janv. 90		(9)		

(1) Jeaunisson 20 % en 4 ans par 1/4 un an de l'homologation
(2) Jebl 25 % un mois après l'homolog.
(3) Joël en Boisvord 5.35 % unique répartition
(4) Joreau 19.43 % d° d°
(5) Joseph 7.89 % d° d°
(6) Josse 1.01 % unique répartition
(7) Jouchoux & Cie 8.42 % unique répart. Masse Duval
(8) Jouhanel 3.58 % unique répartition
(9) Joulin 2.28 % d° d°

Noms, Prénoms, Professions & Domiciles		Syndics ou Avoués	Faillites ou Liquidat.	Dates des homologation de Concordats	Insuffis.ces ou Unions	Séparat.ns des biens judiciaires / Divorces	Cons. Jud. ou Interdict.
Jourdain, Édouard, anc. marbrier, r. d'Hautpoul, 35		Hécart	16 déc. 91				
d° Paul, banquier, rue Richelieu, 86		Bonneau	20 juin 91		*31 juill. 91		
d° — Malnoury, Arthur, à St-Denis, Av. de Paris, 200	*	Milhaud				*12 déc. 90	
Jourdan, banquier, r. N.D. des Victoires, 38		Châle	20 fév. 90		*21 mars 91		
d° François, md de meubles, rue des Buttes, 49		Maillard	17 nov. 91				
Foureau-Sensamat, Claude, md de vins, r. de Strasbourg, 5	*	Jacob				*20 mai 90	
Fousse-Richou, Pierre, s.d.c.	*	Pelletier			.	*22 juin 91	
Fousset-Descombes, Antoine, rue d'Aubervilliers, 34	*	Bonfils				*12 janv. 91	
Jouxel et fils, conserves alimentaires, r. Lafayette, 207		Bernard	21 oct. 90		*29 nov. 90		
Jouve, Georges, chapelier, r. d'Aboukir, 115		Rochette	22 déc. 91				
Jouvenceau-Morlioz, Joseph, rue Myrrha, 28	*	Garet				*9 nov. 91	
Jouvenon, Émile, emballeur, av. Victor-Hugo, 19		Lupy				19 nov. 91	
Jouvente, Clément, nourriss. à Bourg-la-Reine, G.le rue 119		Lupy	9 juin 91		(1)		
Jouvin-Gautier, Armand, rue Drouot, 7	*	Viollette				*22 déc. 90	
Jubelin-Clootens, Pierre, s.d.c.	*	Hureau				*2 juin 90	
Jubertie-Dayre, Michel, rue de Charenton, 179	*	Risse				18 juill. 91	
Jubin-Deschamps, Marius, à l'Île St-Denis, r. M... 20	*	Laisney				10 nov. 91	
Jugand-Léger, Vincent, s.d.c.	*	Goirand				*5 juin 91	
Jugon-Kirch, Louis, rue Servan, 36	*	Bourgeois				*4 juill. 91	
Juillard-Buffe, Jean, av. Lumière, 32	*	de Bieville				*20 janv. 91	
Jules & Pascalin, Hôtel meublé, rue Bonaparte, 80		Bonneau	20 sept. 91		*31 oct. 91		
Julhes (Vve), débit de vins, hôtel meublé, rue Voltaire, 5		Allemant	3 mars 91		*30 avril 91		
Julien, Émile, md de vins traiteur, à Montreuil, r. Franklin, 32		Lesage	2 mars 91				
d°, Toussaint, entrep. de maçonnerie, r. Henri-Regnault, 29		Ezéré	24 mars 87		(2)		
d° & Cie, tailleurs pour dames, Bd des Italiens, 5		Roucher L.	2 sept. 91	24 nov. 91	(3)		
d° — Fresgot, Henri, rue St-Merri, 22	*	Tricot				*25 mai 91	
Julion-Olivier, François, rue Thorigny, 20	*	Pagès				*15 juin 91	
Julitte-Martin, Jules, s.d.c.	*	Labat				*11 mai 91	
Julliard-Debroise, Jules, rue Pradier, 17	*	Bertind Jr				*27 déc. 90	
Jullien-Ronger, Jules, rue St-Guillaume, 16	*	Caillet				1 juin 91	
Jumel, Georges (Voir: Debrieu & Jumel)							
Jung-Beau, André, taillandier, rue Pétion, 3	*	Dubail				2 mars 91	
d° — Gaspard, André, Bd de la Chapelle, 114	*	Beau				*22 juin 91	
d° — Weigert, Pierre, rue des Petites-Écuries, 37	*	Passion				23 mars 91	
Junget-Noël, Charles, s.d.c.	*	Francastel				*24 avril 90	
Jupin-Keitgen, Léon, rue Ramey, 63	*	Coffen				*27 avril 91	
Juranville, Jules, représ. de commerce, Bd St-Germain, 10		Hécart L.	2 mai 91	24 juill. 91	(4)		
Juredieu, Benoit, md de vins, Pass. St-Sébastien, 1 bis		Mauger	12 déc. 90		*31 déc. 90		
Turquet (Dlle) Marie, à Ivry, rue du Ste-Chemin, 22	*	François					*15 janv. 91
Justin-Carpentier, Alfred, rue Truffaut, 11	*	Goirand				*25 mai 91	

(1) Jouvente 9 juin 91 refus d'homolog. 3.88% unique répartition
(2) Julien 2.33% unique répartition
(3) Julien & Cie Intégralité des créances sans intérêts, savoir : 25% un an après l'homolog. 15% chacune des 2e, 3e et 4e années, 30% la 5e année.
(4) Juranville 45% en 6 ans tous les 6 mois

Noms, Prénoms, Professions & Domiciles	Indique Liquidation — Astérisque	Syndics ou Avoués	Faillites ou Liquidat.	Dates des homologations de Concordats	Insuffis.ces ou Unions	Séparat.ns de biens judiciaires / Divorces	Cons. Jud. ou Interdict.
Juvigny - Seron, Jean, rue de Bercy 102-104	*	Déglise				* 3 nov. 90	
Kahn, Lazare, md épicier, rue des Francs Bourgeois, 8		Plomque	16 déc. 90		* 31 mars 91		
Kaiser - Delanativité, Pierre, rue d'Orsel, 39	*	Salats				* 6 juill. 91	
Kalmbacher, Louis, anc. md de vins, à St-Denis, r. Raspail, 1		Menaux	4 août 91		* 31 août 91		
Kann - Spitz, Joseph, rue des Chaumeillards, 13	*	Berton				* 16 juin 91	
Kara - Lavrilleux, Jean-Bapt. s. d. c.	*	Déglise				* 29 déc. 90	
Kassky - Ledoux, Émile, rue Morand, 11	*	Ménilfourn.				* 12 janv. 91	
Kauffmann, Simon, anc. boucher, rue de Flandre, 13		Rocbette	17 fév. 88	6 juin 91	(1)		
do - Goy, Moïse, Bd Barbès, 18	*	Savigna				* 6 av. 91	
Kayser - Bentz, Nicolas, rue de Verneuil, 56	*	Ransous				* 26 janv. 91	
Kedinger - Dupieux, Pierre, à Neuilly, r. de Sablonville, 31	*	Mutel				* 13 juill. 91	
Keller, Charles (Voir: Haberer & Keller)							
Henick - Petit, Louis, Bd St-Germain, 84	*	Norgeot				* 11 août 91	
Kergen - Barthélemy, Henri, rue Madame, 20	*	Berryer				* 29 déc. 90	
Kiechle - Traversier, Jean, rue St-Louis en l'Isle, 10	*	Dubourg				20 avril 91	
Kiéné - Juif, Victor, s. d. c.	*	Gillet				* 15 déc. 90	
Kientz, Oscar, ancien boulanger, rue Crespin, 7		Destrez	19 déc. 90		(2)		
Kimmich - Montrach, Charles, rue Eugène Sue, 7	*	Vandewalle				* 4 mai 91	
Kinceler - Villemot, Pierre, rue Truffaut, 15	*	Raynaud				* 6 janv. 91	
Kinet - Méline, Alex. à Clichy, rue du Landy, 37	*	Déglise				* 6 mars 91	
Kipp, Henri, anc. épicier, Cité de l'Alma, 9		Oréré	21 oct. 90		* 16 déc. 90		
Kirner, Georges, bijoutier, rue des Pyramides, 6		Boussard	24 nov. 91				
Kistner - Dupré, Victor, Pass. Ménilmontant, 14	*	Poinsot				20 avril 91	
Kivel - Helgouarch, Jean, rue Bréda, 17	*	Péronne				* 27 mars 90	
Klein, Pierre, fab. de talons de chaussures, rue des Ardennes, 19		Chardon	6 juill. 91				
do (Dd) Caroline, fab. de lettres attributs, rue Charlot, 10		Hécaen	11 sept. 91		* 21 oct. 91		
do - Gilliard, Henri, à Colombes, rue de la Garenne, 4	*	Ratier				2 mars 91	
Kley, Joseph, md de tableaux, rue Scribe, 7		Chale	21 av. 91		* 31 juill. 91		
Klomann - Reu, Ernest, s. d. c.	*	Ducange				* 7 mars 91	
Klopfenstein & Cie, laiterie, rue de Flandre, 75		Chale	4 déc. 90		(3)		
do (Dd) Joseph (Voir: Cailleux & Cie)							
Klotz - Balochard, Charles, comm. en march. r. Oberkampf, 104	*	Giry				26 janv. 91	
do - Klotz, Baruch, md de toiles, rue de Maubeuge, 29	*	Ferté				26 janv. 91	
Koechler - Gasselin, Georges, av. de St-Ouen, 90	*	Boudin				* 20 fév. 91	
Koenig - Vauconsant, Charles, rue des Vinaigriers, 57	*	Lamare				* 11 mai 91	
Konsalik (Dd) Blanche, négt en fourrures, Bd Haussmann, 40		Lupy I	26 fév. 91	22 mai 91	(4)		
Koppel, md de vins, rue de la Pointe d'Ivry, 45			15 sept 91		* 31 oct. 91		
Kraemer, Edouard, tailleur, rue Montmartre, 176		Destrez	9 fév. 91		(5)		
Kretger - Léon, James, rue Albouy, 3	*	Colmet-Daage				3 août 91	
Krieger, md de vins, Av. du Cimetière du Nord, 9		Hécaen	8 sept. 91		* 21 oct. 91		

(1) Kauffmann 100 % en 10 ans tous les 3 mois, le 1er paiement chez M. Godon, notaire, à Paris, 3 mois après l'homol.
(2) Kientz 8.78 % unique répartition.
(3) Klopfenstein & Cie 0.61 % unique répartition.
(4) Konsalik (Dd) 25 % en 5 ans par 1/5 de l'homol.
(5) Kraemer 6.05 % unique répartition.

Noms, Prénoms, Professions & Domiciles	Indique liquid. judic. * / avoués	Syndics et Avoués	Faillites et Liquidat.	Dates des homologations de Concordats	Insuffis.ces ou Unions	Séparat. de biens judiciaires / Divorces	Cons. Jud. et Interdict.
Kronner - Déal, Claude, aux Lilas, r. de Romainville, 2	*	Colmet Dauge				* 16 mars 91	
Kuhn, plombier, à Levallois, rue Chevallier, 61		Destrez				* 31 août 91	
d° Michel, tailleur, avenue de l'Ormeux, 14		Lesage	9 janv. 91			* 28 fév. 91	
d° & Cie Café brasserie, Bd St Denis, 17		Lesage	20 mai 91			* 31 juill. 91	
d° - Poiton, Joseph, rue Lemarois, 12	*	Poitou Juret				7 déc. 91	
Kuner, blanchisseur, à Arcueil, r. de l'Abreuvoir, 3		Pouchelet	19 nov. 87		(1)		
Kuss - Lemaître, Charles, Av. de Villiers, 101	*	Boufils				* 19 oct. 91	
Kuster - Brenner, Antoine, s. d. c.	*	Norgeot				* 20 fév. 91	

L

Noms, Prénoms, Professions & Domiciles	Indique liquid. judic. * / avoués	Syndics et Avoués	Faillites et Liquidat.	Dates des homologations de Concordats	Insuffis.ces ou Unions	Séparat. de biens judiciaires / Divorces	Cons. Jud. et Interdict.
Labarthe & Cie, prod. chim. à St Denis, rue de Paris, 141		Barboux	15 déc. 91				
Labary - Belaigue, Jean, rue des Grands Degrés, 10	*	Chauveau				* 23 mars 91	
Labbé, Lazare, fab. de chaussures, rue Mouffetard, 89		Boussard	20 août 89			* 31 mars 91	
Labbé, Paul, rue Castelier, rue Valadou, 7		Meneau	16 av. 91			* 30 av. 91	
d° - Bourbon, Lazare, rue Mouffetard, 89	*	Tricot				3 août 91	
Labelle, ancien md de vin, rue Pixérécourt, 78		Lesage	13 janv. 91			* 28 fév. 91	
Labeye - Poidvin, Louis, s. d. c.	*	Eugraud				* 4 août 91	
Labielle & Cie, dessinateur, rue des Petits Champs, 35		Lesage	16 oct. 91				
Laborde - Belot, Paul, à Asnières, r. Lanandoux, 7	*	Delaunay				20 av. 91	
d° - Potdevin, Victor, rue de l'Ourcq, 59	*	Dubourg				* 11 mars 91	
Laboriale, Manuel, md de bois, à Fontenay aux Roses, Gde rue, 92		Cousin	4 avril 84		(2)		
Labouerie - Delecolle, Joseph, rue de Buci, 4	*	Eugraud				* 16 fév. 91	
Labrosse - Robin, Eugène, r. de l'Evangile, 13	*	Gillet				* 26 janv. 91	
Labrune, Pierre, liquoriste, Av. d'Orléans, 115		Godner	30 juill. 91			* 31 août 91	
Labrunie, Romain, négt en nouveautés Bd St Marcel, 49		Roucher L	15 oct. 90	27 déc. 90	(3)		
Labrunjère, Étienne, à la Varenne St Hilaire, rue Hoche, 39	*	Mouillefru					16 nov. 91
Lacarnoy, Jules, épurateur d'huiles, av. du Maine, 198		Bernard L	15 déc. 91				
Lacave, Louis, bourrelier, à Pantin, rue de Paris, 134		Boussard L	30 juin 91		(4)		
Lacaze, Louis, md de vins, Place Vintimille, 4		Maillard	28 fév. 91			* 15 av. 91	
Lachaize (Dlle) Louisa, hôtel meublé, rue Richer, 53		Jacob	30 juin 91	30 oct. 91	(5)		
Lacharme, Gallot & Raynaud, négt en vins, r. Charlot, 15&17		Bernard L	23 août 90	20 déc. 90	(6)		
Lacoste, Benjamin, négt en tissus, Pass. Saulnier, 10		Destrez L	1 oct. 91				
d° - Duranton, Jean, Bd de la Gare, 80	*	Escarra				* 11 Mai 91	
Lacombe, nourrisseur, rue Beccaria, 13		Lupy	27 janv. 91				
Lacoux - Ginisty, Jean, à St Denis, rue Victor-Hugo, 11	*	François				* 23 fév. 91	
Lacroix, Victor, orfèvrerie cuivre, Faub. Poissonnière, 60							
Lacroix - Lainy, orfèvrerie cuivre, Faub. Poissonnière, 60		Bonneau	22 sept. 91				
d° - Carbonnier, Alexandre, à Mont... Av. de la Gare, 5	*	Mercier				* 6 fév. 91	
d° - Carrillon, Constant, Bd Voltaire, 120	*	Pellerin				12 janv. 91	
d° - Guyon, Jacques, vétérinaire, rue de Flandre, 165	*	Cabasson				* 5 mars 91	

(1) Kuner 32.66% unique répartition
(2) Laboriale 20.06% d° d°
(3) Labrunie. Abandon de l'actif réalisé & à réaliser.
(4) Lacave 18.04% unique répartition
(5) Lachaize (Dlle) Abandon de l'actif réalisé
(6) Lacharme, Gallot & Raynaud. Abandon de l'actif réalisé à l'exception de leur mobilier personnel 10% 1er répart.

Noms, Prénoms, Professions & Domiciles	Syndics ou Agréés	Faillites ou Liquidations	Dates des homologations de Concordats	Insuffisances ou Unions	Séparations judiciaires / Divorces	Cons. Jud ou Interdict.
Lacroix - Jaubert, Louis, à Vanves, r. de la Mairie 18 *	Savignat				* 27 fév. 91	
d° - Ruelle, Eugène, à Levallois, r. de Villiers, 77 *	Dubourg				10 août 91	
Ladeuille - Soyer, Jean, à St Ouen, rue Klében, 16 *	Pilastre				* 9 déc. 90	
Ladmiral - Dugard, Louis, rue du Soleil, 3 *	Colbt Drouge				* 8 juin 91	
Ladonne, Émile, quincaillerie, rue de Charenton, 55	Bonneau I	11 déc. 91				
Ladoux, Alfred, négt en denrées coloniales, Bd Magenta, 16	Hécaen I	19 déc. 91				
Lafage - Fouquet, Jules, rue Boinod, 28 *	Fontaine		.		* 11 déc. 90	
d° - Roux, Cyprien, rue de Birague, 7 *	Guignon				* 13 mars 91	
Lafaille - Fouse, Paul, rue Manay, 3 *	Coller				* 15 mai 91	
Lafarge - Collin - Delavaud, Louis, rue Bellini, 7 *	Pineau				* 19 fév. 91	
Lafargue, Joseph, restaurant, rue La Tour d'Auvergne, 16	Rochelle	25 sept. 91				
Lafaurie, Auguste, hôtel meublé, r. Vieille du Temple, 85	Châle	18 déc. 91				
Lafaye - Mauguin, Louis, rue Marcadet, 49 *	Fontaine				29 juin 91	
Laffon - Boussuge, Jean, Bd St Germain, 45					* 22 juin 91	
Laflute - Jolivet, Louis, s. d. c.	Cheramy				* 22 juin 91	
Lafolie Perrot, Jules, à St Ouen, rue Debain, 14 *	Martin				* 2 nov. 91	
Lafon - Renevey, Léon, rept de comm., r. du Château d'Eau, 14	Gouges				16 mars 91	
Lafond, Daniel, md de chaussures à St Ouen, Av. de la Gare, 10	Lupy	21 oct. 91				
d° - Baron, Marius, rue de Charenton, 215 *	Lemonnier				* 24 nov. 90	
Laforge, Léopold, anc. boulanger, Pass. St Michel, 11	Chardon	18 juill. 90		(1)		
d° - Dupont, Noël, s. d. c.	Colbt Drouge				* 23 mars 91	
Lagarde, nourrisseur, à St Ouen, rue Mathieu, 22	Cotty	23 janv. 91				
d° md de bois & charbons, à Vincennes, r. du Moulin, 51	Hécaen	11 déc. 91				
d° - Querette, Charles, rue de Turenne, 114	Lorhet-Jacob				* 22 juin 91	
Lagarrigue, vins, Pass. Dubail, 5	Plauque	6 août 91				
Legay - Banegger, Jean, rue des Pyrénées, 47 *	Plocque				* 23 nov. 91	
Lage, négt en vins, rue François-Miron, 9	Poucheler	4 sept. 91		* 21 oct. 91		
Lagneau, père, Jean, boulanger, à Bobigny, r. de la Justice, 2	Cotty	24 juill. 88		(2)		
Lagorio, blanchisseur, à St Ouen, rue Georges, 9	Ozéré	7 avril 91				
Lagorsse - Vidal, Léonard, rue Rollin, 5 *	Delibu				23 fév. 91	
Lagoutte - Cazel, Louis, r. de Maubeuge, 10 *	Dince				* 24 janv. 91	
Lagresse - Piequot, Joseph, Cité Jarry, 9 *	Barberon				* 8 janv. 91	
Lagrèze, fab. de ouates, rue de la Procession, 31	Menaux	29 août 90	20 mars 91	(3)		
Laidebeure - Beaugier, Isidore, Av. de Wagram, 25 *	Picard				* 1 déc. 90	
Lainé, anc. épicier md de vins, rue St Luc. 11 bis	Plauque	2 oct. 91		* 31 oct. 91		
d° Émile, anc. boucher, rue de Flandre, 195	Boussard	8 août 91	1 sept. 91	(4)		
Lair, Gabriel, imprimerie, rue Jouffroy, 1	Lesage	30 déc. 90	20 juin 91	(5)		
d° Raphaël, imprimerie-papeterie, rue de l'Arcade, 25	Lesage	30 déc. 90	20 juin 91	(6)		
Lairet - Rousseaud, Eugène, rue d'Arras, 27 *	Benoist				* 23 av. 90	
Lairot - Hildibrand, Louis, rue Oberkampf, 121 *	Bourgoin				9 nov. 91	
Lajoie - Gourneux, Charles, rue de l'Ouest, 8 *	Michel				* 4 août 90	

(1) Laforge 15.18 % unique répartition
(2) Lagneau 4.32% d° d°
(3) Lagrèze 15% en 5 ans par 1/5 de l'homol.
(4) Lainé 15% en 5 ans par 1/5 un an après l'homologation.
(5) Lair, Gabriel verseur de 4000f pour être répartis aux créanciers 16.66% unique répartition
(6) Lair, Raphaël 50% savoir: 5% un an après l'hom. 10% chacune des 3 années suivantes & 15% la 5e année.

Noms, Prénoms, Professions & Domiciles	Syndics ou Avoués	Faillites ou Liquidations	Dates des Homologations de Concordats	Insuffis... et Unions	Séparat... de biens Judiciaires Divorces	Cons. Jud. ou Interdict
Lalanne, Émile, manège, rue Tilsitt, 32	Lupy L	29 déc. 91				
d° — Pinel, Antoine, Av. Daumesnil, 86 *	Carvès				9 nov. 91	
Laligam - Bourgeois, Denis, à Maisons-Alf... r. de Phalsbourg (annibe), 3*	Déglise				5 janv. 91	
Lalisse, André, vins, Pass. St Michel, 5	Lesage	23 juill. 91				
Lallé, Georges, fab. de voit..., r. de Clignancourt, 81	Roucher	25 janv. 90		(1)		
Lallemeur, Adrien, fab. de papier, quai Jemmapes, 86	Barbou L	13 mai 91	15 oct. 91	(2)		
d° — Herth, Adrien, quai Jemmapes, 86 *	Jacob				15 juin 91	
d° — Lantelme, Benjamin, J. D. C. *	Leroy				* 25 mai 91	
Lallier, Joseph, md de brosses & coul..., Bd Malesherbes, 71	Bernard L	14 av. 91	16 juill. 91	(3)		
Lalubie - Arthuis, Léon, r. du Marché Popincourt, 4	Popelin				* 27 av. 91	
Lamanille - Prunier, Paul, J. D. C. *	Carvès				* 6 mars 91	
Lamardelle - de Beausire (de) Emile, pp... r. de la Bienfaisance, 9 *	Pilastre				21 déc. 91	
Lamarque, Jean, md de volailles, à Pierrefitte, Av. de St Denis, 149	Foucheter	31 juill. 91		* 31 août 91		
Lamarre (Vve) Marie, rue de Picpus, 10 *	Roche				*	15 janv. 91
d° — Carpentier, Charles, rue Truiresse, 15 *	Bourgoin				* 11 août 90	
Lamart, Eugène, menuisier à Puteaux, Sentier du Haut-Chaute...	Lupy	27 janv. 91	5 août 91	(4)		
Lamaze Blaise, md de vins épicier, à Ivry, Av. de la République, 4	Lesage	23 nov. 91				
Lambel - Lance, Charles, rue de Rambuteau, 143	Boufils				* 26 janv. 91	
Lambert, entrep. de menuiserie à Pantin, r. Charles Nodier, 7	Beaujeu	14 nov. 91				
d° entrep. de charpentes, Av. du Maine, 218	Lesage	10 nov. 91				
d° banquier, rue Taitbout, 64, act: J. D. C.	Lupy	2 juin 91				
d° fab. de meubles, Bd Diderot, 64	Beaujeu	9 oct. 91		* 17 nov. 91		
d° Antoine, entrep. de maçon... r. du Ranelagh, 78	Boussard L	17 mars 91	11 juill. 91	(5)		
d° F... entrep. de charpentes, r. de la Chapelle, 123	Bonneau	1 sept. 90		(6)		
d° Léopold, banquier, rue de Clichy, 36	Lupy	6 juin 91		* 21 oct. 91		
d° (D°) Aurèle, comm... en march... Bd Magenta, 12	Lissoty	29 juin 91				
d° — Bauch, Fernand, Faub. St Denis, 50 *	Giry				* 15 juin 91	
d° — Dailly, Jean, J. D. C. *	Poller				* 27 oct. 90	
d° — Grenard, Joseph, rue Bailleul, 5 *	Manceau				* 16 mars 91	
Lambinet, Jacques, Md de lavoir, rue Bachelet, 5	Menaru L	14 nov. 91				
Lamotte Étienne, entrep. de serrurerie, r. Lecourbe, 148	Godwu L	16 av. 91	18 août 91	(7)		
d° — Poth, Emile, rue de la Petite Pierre, 12 *	Coche				* 9 mars 91	
Lamy de la Chapelle - Leriche de Chevigné, H... r. de l'Univers...	Dep. ...				31 juill. 91	
Lamy - Barbier, Edgard, Bd Rochechouart, 110 *	Poinsot				* 8 déc. 90	
Lancelin et Périer, soieries & lainages en gros, r. du 4 Septembre, 12	Planque L	9 janv. 91	27 av. 91	(8)		
Lauchon - Mauger, Ernest, J. D. C. *	Foucault				* 26 janv. 91	
Lanctuin - Devaux, Gustave, au Hâvre, r. Verte, 29 *	Audouin				* 29 nov. 91	

(1) Lallé 9.44 % unique répartition.
(2) Lallemeur. Abandon de tout l'actif réalisé ou du reliquat à revenir de MM. Offroy & Cie 24.16 % unique répartition.
(3) Lallier 15 % en 5 ans par 1/5
(4) Lamart intégralité des créances en principal, intérêts et frais en 5 ans par 1/10, 6 mois de l'homolog.
(5) Lambert 30 %, savoir : 4 % 4 ans après l'homologation ; 4 % 5 ans après ; 6 % 2 ans après ; 6 % 3 ans après ; 6 % 4 ans après et 4 % après le tout sans intérêts.
(6) Lambert Franç 45,76 % unique répartition.
(7) Lamotte Intégralité en 3 ans par 1/3 de l'homolog.
(8) Lancelin et Périer. Abandon pur et simple de tout l'actif réalisé à réaliser 25 % l'exig...

Noms, Prénoms, Professions & Domiciles	Indique Liquidation * Astérisque Avoué Insuffisance Divorce et Interdiction	Syndics et Avoués	Faillites en Liquidations	Dates des homologations de Concordats	Insuffisces et Unions	Séparat^ons de biens judiciaires Divorces	Cons. Jud et Interdiction
Landau - Klein, Moïse, m^d de nouv^tés r. de l'Aqueduc 58	*	Bezon				16 nov. 91	
Landes - Bernier, F^ois rue du Marais, 40	*	Husson				* 5 juin. 91	
Landron - Poirier, Alexis, av. de Clichy, 70 bis	*	Cabasson				26 janv. 91	
Lang Jacob, loueur de voitures, Av. de St Ouen, 18		Destrez	15 avril 90		(1)		
d° Frères, Comm^ces en march. rue Greneta 9		Lesage	9 janv. 91		* 30 avril 91		
d° - Lamy, Jacob, loueur de voitures, Av. de St Ouen, 18	*	Ingrand				30 nov. 91	
d° - Farrall, Gustave, rue du Louvre, 38	*	Rivière				* 26 janv. 91	
Langé, anc. boulanger, à Vanves, rue du Plateau, 15		Ozéré	17 nov. 90		* 16 janv. 91		
Langevin - Guet, Jules, rue de Charenton, 127	*	Cabasson				* 23 janv. 91	
Langhauser - Wobiel, Étienne, Faub. St Denis, 99	*	Berton				27 juill. 91	
Langlet - Hennequin, Eugène, r. des Chauffourriers, 33	*	Moreau				* 22 juin 91	
Langlois - Lavergne, Joseph, coiffeur, r. St Jacques, 262	*	Moreau				* 12 janv. 91	
d° - Schalck Jean Bapt. à Clichy B^d National, 109		Baudouin				* 24 nov. 90	
Langrand - Oddin, Victor, S.D.C.	*	Borel				* 13 av. 91	
Langrenay - Talbot, Cyprien, rue Dulong, 21	*	Rougeot				* 1 juin 91	
Lanier - Tacnet, Louis, horloger, Av. de Villiers, 80	*	Berton				* 29 déc. 90	
Lannes - Duchemin, Louis, rue Vicq d'Azyr, 9	*	Lemonnier				* 18 déc. 90	
Lanoue - Maurière, Xavier, B^d des Capucines, 16	*	Lortat-Jacob				* 26 janv. 91	
Lanquine frères, fab. de peintures, Faub. Poissonnière, 175		Bonneau	25 août 91				
Lantoine, Hôtel meublé, rue St Gilles, 11		Rochette	23 juin 91		(2)		
d° Justin, tailleur, rue St Marc, 34		Mercier	28 juin 86		(3)		
Lantuéjoul, Joseph, nourrisseur, rue Baudricourt, 17		Lesage	9 nov. 91				
Lamby, Léonard, scierie mécanique, r. de la Moselle, 5		Bonneau	15 nov. 90		* 27 janv. 91		
Lantz, Antoine, fab^t de meubles, à Bry s/M. B^ces au Parc, 7		Menau L	6 nov. 91				
d° David, quincaillier, rue Demours, 2		Rochette	29 nov. 90		(4)		
Laperche - Lefebvre, Paul, rue Émeriau, 53	*	Roche				13 avril 91	
Lapersonne - Hérold, Edmond, r. Montmartre, 152	*	Roche				* 19 janv. 91	
Lapeyre, F^ois, restaurant, Ile de la Grande Jatte		Rochette	17 juill. 91		* 31 août 91		
Laporte et Copin, banquiers, rue Feydeau, 26		Lesage	10 mars 90		(5)		
d° - Belu, Mathieu, rue de Lauriston, 80	*	Pellerin				* 1 déc. 90	
Lapouge - Bertrand, Louis, rue Ste Marguerite, 44	*	Dubail				* 6 fév. 91	
Lapreté - Manuel, Pierre, B^d Voltaire, 117	*	Berlinot				* 13 juill. 91	
Laprevotte, Louis, épicier, rue Morand, 10		Beaujeu	21 oct. 90		(6)		
Lapy - Garnier, Jules, rue Rodier, 50	*	Fontaine				* 26 mars 91	
Larché - François, Eugène rue Julien-Lacroix, 48	*	Dumesnil				* 1 déc. 90	
Larchevêque, Charles, m. de chaussures, B^d Poissonnière, 3		Lesage L	17 juin 91	16 sept. 91	(7)		
Larcier - Malèvre, Victor, à Alfortville, rue Villeneuve	*	Dubourg				* 27 nov. 90	
Lardé - Mercier, Louis, Av. des Ternes, 2	*	Rougeot				* 6 janv. 91	

(1) Lang 25 % 1re répartition
(2) Lantoine 10.60 % unique répartition
(3) Lantoine 6.14 % 2e et dernière répartition
(4) Lantz 100 % unique répartition
(5) Laporte et Copin 0.90 % unique répartition
(6) Laprevotte 2.81 % d° d°
(7) Larchevêque 20 % sans intérêts en 5 ans par 1/5 un an après l'homologation.

Noms, Prénoms, Professions & Domiciles		Syndics et Avoués	Faillites et Liquidations	Dates des homologations de Concordats	Insuffis. et Unions	Séparat. de biens judiciaires Divorces	Cons. Jud. et Interdiction
Lardonnois et Papon, entrep. de trav. publ. rue Turgot 19		Chevillot	11 juin 89	21 fév. 91	(1)		
Large-Pierre, tapissier, rue de Moscou, 9 bis		Roucher	14 fév. 84		(2)		
Larivière, Pierre, banquier, rue d'Amnale, 14		Maillard	27 janv. 76		(3)		
Larmurier-Terlin, Amédée, rue de Clignancourt, 7	*	Dupressoir				27 nov. 90	
Laroche, entrep. de menuiserie à Clamart, r. Chef-de-Ville		Manger	28 juill. 91				
d° (D°) md° de vins, rue Pigalle, 36		Touchelet	6 avril 88		(4)		
Laroque, Victor, Md tailleur, r. de la Ste Chapelle, 7		Menaux	30 oct. 91				
d° - Augé, Pierre, rue St Charles, 151	*	Bernard				23 avril 91	
Laroue-Gorgeret, Isidore, rue Montmartre, 56	*	Delaunay				11 mai 91	
Larousse-Maurice, Jean, rue de Provence, 91	*	Berton				8 déc. 90	
Larrieu, Md de chevaux, r. Demours, 7		Destrez	10 oct. 91		* 31 oct. 91		
d° - père, Md tailleur, r. N.D. des Champs, 56		Beaujeu	23 oct. 91				
d° - Bellecave, Pierre, rue Lebon, 6	*	Pilastre				17 nov. 90	
d° - Jelili, Armand à Meaux, r. de l'Hôtel de ville	*	Thomas				23 fév. 91	
Larroque, Alexis, Md de tabletterie, r. de l'Arc de Triomphe, 30		Beaugé	21 juill. 74	28 nov. 91	(5)		
Lartigue-Raoux, Antoine, r. de la Gde Truanderie, 39	*	Thoral				27 avril 91	
Lascari-Langlois, Joseph, rue Eugène-Sue, 12	*	Roche				9 nov. 91	
Lasne, Hippolyte, nég. en grains, rue Baudricourt, 5)		Chardon	2 avril 91		(6)		
d° - Gasnier, Étienne, r. du Moulin des Prés, 85	*	Fontaine				29 déc. 90	
Lasnier, cafetier, à Vincennes, rue de Paris, 30		Maillard	5 sept. 90		* 29 nov. 90		
d° - Lapierre, Auguste, Md de vins à la Garenne-Colombes	*	Roche				2 mars 91	
Lassalle-Gautier, Jules, à Fontainebleau, Bd de Paris, 4		Dumesnil				* 23 juin 90	
Lasson, Md de vins, r. de la Tombe-Issoire, 135		Menaux	13 janv. 91		* 19 juin 91		
Lataille Rigault, Fes ppres rue de Wattignies, 45	*	Carvès				23 nov. 91	
Latboud-Gireau, Auguste, rue Mazarine, 10	*	Marmottan				* 11 déc. 90	
Latour, Louis, entrep. de trav. publ. Faub. St Martin, 241		Destrez	16 juill. 86		* 31 juill. 91		
d° - Claykowitz, Henri, nég. en vins, r. de l'Échiquier, 32	*	Potonié				4 mai 91	
Laumaunier, Charles, Commre en march. rue Chapon, 20		Bonneau	16 oct. 91				
Launeau, briquetier, T.ce des Pyrénées, 3			12 fév. 85		(7)		
Launay-Martin, Édouard, à St Ouen, r. des Gravies, 6	*	Pelletier				* 4 mai 91	
Laur-Schmitt, Henri, Av. Reille, 7	*	Delibu				* 19 fév. 91	
Laurand-Schub, André, rue Brochant, 9	*	Jacquin				9 mars 90	
Laurenss-Ots, Eugène, coupeur, rue Gay-Lussac, 33	*	Guigna				9 nov. 91	
Lauras-Bidou, Pierre, rue Tiquetonne, 62	*	Foucault				27 avril 91	
Laurençot, commre en fruits, r. des Bourdonnais, 42		Planque	20 janv. 90		* 31 mars 91	(8)	
Laurent, Jean, Md tailleur, Faub. Poissonnière, 56		Roucher	19 août 91				
d° Pierre, cafetier, Av. de la Grande Armée, 13		Planque I	22 oct. 91				
d° Protais, loueur de voitures à Vincennes, r. de Fontenay, 147		Planque I	22 sept. 91				
d° (de) Aurèle, commre en march. Bd Magenta, 12		Lissoty I	19 juin 91				
d° - Borgès, Joseph, rue Méddaß, 18	*	Guignor				* 7 juill. 91	

(1) Lardonnois et Papon 25 % en 5 ans par 1/5 de l'homolog.
(2) Large 14.61 % unique répartition
(3) Larivière 1.58 % d° d°
(4) Laroche (D°) 4.92 % d° d°
(5) Larroque. Abandon de l'actif réalisé et à réaliser.
(6) Lasne 13.99 % unique répartition
(7) Launeau 6.88 % d° d°
(8) Laurençot 10 juin 91 rapport de clôture.

Noms, Prénoms, Professions & Domiciles	Syndics et Avoués	Faillites et Liquidat.	Dates des homologations de Concordats	Insuffis.ces et Unions	Séparat.ions de Biens judiciaires Divorces	Cons. Jud. et Interdict.
Laurent - Colonieu, Adolphe, rue de Belleville, 84 *	Vandewalle			*	30 juill. 91	
d° — Dupont, Philogène, à Pantin, r. de Flandre, 14 *	Gugès Simonnet			*	23 mars 91	
d° — Poyer, Alphonse, rue des Moines, 75 *	Bozon			*	29 juin 91	
Laurichesse, modes mercerie, Faub. St-Denis, 214	Oréré	24 nov. 91				
Laurier, père, fils aîné & Cie prod. p. liquoristes, à St-Mandé	Châle	12 déc. 90		* 28 fév. 91		
Laurissergue, Cyprien, tritier, à la Garenne Colombes, av. Vaubin	Oréré	3 déc. 91				
Lavadoux, Jean, anc. loueur de voitures, r. de Chambéry, 22	Châle	1 mai 91	16 déc. 91	(1)		
Lavanoux - Dubras, Marie-Louis, rue Balagny, 66 *	Delsalle			*	10 janv. 91	
Lavaud, md de vins, Bd de Belleville, 69	Mauger	6 mars 91		* 30 av. 91		
d° Jules, anc. md de vins, Pte des Vosges, 8	Rochette	13 juin 90		(2)		
Laveaux, Philibert, Henri, au Petit Ivry, rue Barbès, 19 *	Corton				* 25 juill. 91	
Lavedan - Pellegrin, Henri, Bd des Invalides, 15 *	Francastel					
Lavenan, Alphonse, bronzes d'art, rue Pastourelle, 7	Beaujeu	19 fév. 87		(3)		
Lavenas - Hanin, Alexandre, rue de la Villette, 70 *	Pollon				* 2 nov. 91	
Lavergne, md de vins et charbons, r. Doudeauville, 80	Lupy	31 oct. 91				
d° (Dlle) Blanche, anc. couturière, r. de la Michodière, 18	Plauqué I	11 mars 91	6 juin 91	(4)		
Laverheim - Téler, François, s. d. c. *	Montferrine				9 mars 91	
Laverzy & Cie chaussures, rue Lecourbe, 34	Cotty	12 fév. 91				
Laversanne, Frédéric, anc. md de vins, rue St-Antoine, 118	Hérau I	26 fév. 91		(5)		
Laviale, Hippolyte, md de vins, r. de Tocqueville, 97	Beaujeu	7 juin 90		(6)		
Lavier, md de vins, rue Dupuis, 6	Touchelet	7 août 91		* 25 sept. 91		
Lavigne - Labourdette, Vincent, anc. fruitier, r. du Ruisseau, 52	Ancelot				2 mars 91	
Lavoisier - Louis, Ernest, rue Lallier, 1	Charreau				9 juin 91	
Lavoix, Alexandre, commerce en drogueries, rue Philidor, 24	Pinet I	3 janv. 90	22 mars 90	(7)		
Layral, Jules, md de vins rest. Avenue Lowendahl, 2	Chardon	13 mars 91	12 août 91	(8)		
Lazard, Robert, Bd Haussmann, 155 *	Huet Dange					18 avril 91
Leautez - Fischer, Edme, Bd Arago, 44 *	Marin				9 mars 91	
Le Baron - Bouchard, Charles, à Maisons Alfort, rue Joua, 12 *	Milhaud				* 6 nov. 91	
Lebas Constantin, agent d'aff. rue du Sentier, 23	Roucher	13 janv. 91		* 28 fév. 91		
d° Gabriel, fournitures p. tapisseries, rue Maubeuge, 9	Lesage I	18 déc. 91	9 mai 91	(9)		
Lebeaux - Maréchaux, Alphonse, à Puteaux, Av. de la Défense, 14 *	Berton				* 25 mai 91	
Lebel, Frédéric, anc. md de vins à Aubervilliers, r. des Jardiniers	Destrez	17 fév. 89		(10)		
d° — Margoteau, Auguste, s. d. c. *	Briquet				* 24 juill. 91	
Lebertois, René, tailleur, rue des Abbesses, 26	Rochette	6 janv. 91				
Leblanc, Auguste, vins, rue Claude Bernard, 37	Plauqué	10 juin 86		* 30 mai 91		
d° Pierre, anc. boucher, rue du Commerce, 75	Sauvalle	20 juill. 88	24 déc. 90	(11)		

(1) Lavadoux 25 % en 5 ans par 1/5 de l'homologation.
(2) Lavaud, 28.44 % unique répartition
(3) Lavenan 1.41 % d°. d°.
(4) Lavergne (Dlle) Abandon de l'actif réalisé & 20 % en 5 ans par 1/5 de l'homolog. 7.02 % unique répartition
(5) Laversanne 92.71 % d°. d°.
(6) Laviale 7.86 % d°. d°.

(7) Lavoix 9.68 % unique répartition
(8) Layral Abandon de tout l'actif à l'exception des immeubles qu'il possède et son mobilier pers. en outre 2 % en 6 ans par 1/6 de l'homol.
(9) Le Bas Intégralité des créances en 10 ans par 1/10 un an après l'homol.
(10) Lebel 0.61 % unique répartition
(11) Leblanc Intégralité des créances en principal, intérêts et frais aussitôt l'homologation.

Noms, Prénoms, Professions & Domiciles	⚹ Indique Liquidation / ✻ Clôtures pour insuffisance, Divorce et Interdiction	Syndics et Avoués	Faillites en Liquidations	Dates des homologations de Concordats	Insuffisances ou Unions	Séparations de biens judiciaires, Divorces	Cons. Jud. ou Interdict.
Leblanc, Adolphe (Voir : Vᵛᵉ Leblanc & Fils)							
d⁰ & Fils (Vᵛᵉ) entrep. de champ. à Charenton, r. de la Répub. 37		Lesage L	20 mars 91				
Leblois, Henri, m⁴ de pierres fines, B⁴ de Strasbourg, 16		Bonneau	28 av. 90	16 mai 91	(1)		
Leboeuf-Touplet, Léonard, s. d. c.	✻	Roche				✻ 27 av. 91	
Lebois-Ozero, André, B⁴ Victor-Hugo, 73	✻	Rouy				✻ 15 mai 91	
Lebon (Vᵛᵉ) m⁴ foraine, à la Garenne-Colombes, r. de la Poix		Menaux	7 nov. 90		✻ 10 déc. 90		
Lebondidier-Roblot, Jules, à Gentilly, r. d'Arcueil, 7		Bozon				✻ 20 av. 91	
Lebréjal-Hugon, Antoine, à Clichy, rue Marthe, 67		Foucault				✻ 6 av. 91	
Le Bret-Butacq, Armand, rue de St-Petersbourg, 41	✻	Manconille				26 janv. 91	
d⁰ -Peinson, Pierre, rue Belhomme, 4	✻	Carvès				✻ 12 janv. 91	
Lebreton, Eugène, restaur⁴ Faub. St Martin		Mauger	22 juin 91				
d⁰ et Früh, Commission, rue Chapon, 4		Menaux L	16 juill. 89	14 déc. 90	(2)		
d⁰ -Lesage, Louis, s. d. c.	✻	Berton				✻ 3 août 91	
d⁰ -Trioux, Jean, s. d. c.	✻	Messeler				✻ 23 juin 90	
Lebrumenu, Georges, négt en rubans, B⁴ Sébastopol, 97		Maillard	26 déc. 91				
Lebrun-Bony, Emile, quai Conti, 11	✻	Vion				✻ 1 déc. 90	
d⁰ -Carré, Jean, s. d. c.	✻	Colmet Daage				✻ 2 mars 91	
d⁰ -Perlat, Eugène, rue Fontaine-au-Roi, 25	✻	Patenôtre				✻ 15 juin 91	
Lecaan, m⁴ de tapisseries, Faub. Montmartre, 33		Cotty	28 oct. 87		(3)		
Le Calvé-Leduc, Georges, Ing⁴ civil à Clou...	✻	Guignon				1 juin 91	
Lecamus-Berthereau, Anne, rue Nationale, 178	✻	Herbet				9 fév. 91	
Leccia & Cⁱᵉ Agents d'affaires, rue de Passy, 18		Beaugé	17 nov. 91				
Lecerf et Sarda, équipem⁴ militaires, r. de la Glacière, 58		Bonneau L	16 mars 89		(4)		
Lechartier, Georges, m⁴ de beurre et œufs, r. Ferme St-Lazare, 11 bis		Menaux	24 août 91		✻ 12 oct. 91		
Lechat, banquier, B⁴ Malesherbes, 85		Rochette	16 août 89		(5)		
Léchaudé, m⁴ de vins, rue Eugène Sue, 13		Beaujou	19 juin 91		✻ 31 nov. 91		
Lecherf-Gobinet de Villecholle, Alfred, rue Ramey, 19	✻	Fouquet				29 juin 91	
Leclerc, Henry, rue Labie, 6 (Voir : Anjugax, Leclerc & Cⁱᵉ)							
d⁰ Georges, épicier, rue des Rigoles, 23		Touchelot	17 oct. 90		✻ 31 mars 91		
d⁰ -Chardon, Narcisse, B⁴ de la Chapelle, 37	✻	Thomas				27 av. 91	
d⁰ -Kaiser, Henri, à Asnières, rue du Congrès, 1	✻	Lortat Jacob				24 nov. 90	
d⁰ -Leclerc, Henri, rue Labie, 6	✻	de Bicville				13 av. 91	
d⁰ -Notté, Louis, rue des Jardins St Paul, 22	✻	Bonfils				✻ 19 mai 90	
Leclère, Georges, entrep⁴ de bières, rue Picpus, 127 & 131		Chardon L	30 oct. 91				
d⁰ (Vᵛᵉ) Marie, M⁴ᵈ de vins, Pass. Raoul, 17		Touchelot	13 mai 91		✻ 24 juin 91		
Le Clerq Charles, fab. de papiers couleurs, r. Réaumur, 43		Mauger	15 juill. 91		✻ 22 août 91		
Lecointe-Nodon, Félix, à Boulogne s/S. R⁴ de la Reine, 16	✻	Thomas				✻ 12 juin 91	
Lecompte, Alphonse, entrep. de serrurerie, r. de Charonne, 99		Chevillot L	23 oct. 91				
Leconte, Charles, boucher, à Puteaux, rue Poireau, 56		Flauque	27 oct. 90		✻ 29 nov. 90		
d⁰ anc. m⁴ de vins, rue des Gravilliers, 61		Maillard	14 août 91				
d⁰ comm⁴ en fruits, r. Etienne Marcel 30		Kœcaen	31 mai 90		✻ 29 nov. 90		

(1) Leblois 20 % en 10 ans par 1/10 de l'homologation
(2) Le Breton et Früh 5.33 % 2⁰ en dern. répartition
(3) Lecaan 2.58 % unique répartition
(4) Lecerf et Sarda 2 % 2⁰ répartition
(5) Lechat 11.33 % unique répartition

Noms, Prénoms, Professions & Domiciles	* Astérisque Judique Liquidation Avoué, Insuffisance, Divorce et Interdiction	Syndics ou Avoués	Faillites ou Liquidations	Dates des homologations de Concordats	Insuffis. ou Unions	Séparations de biens Judiciaires Divorces	Cons. Jud. ou Interdict.
Lecomte, Claude, Charles, boucher, r. de la Chapelle, 22	*	Mutel				23 janv. 91	
do Verpade Jean, s. d. c.	*	Passion				* 24 déc. 90	
Lecomte, Joseph, Bd Lannes, 19	*	Ancelot				29 déc. 90	
Lecoq - Clerfaux, Charles, s. d. c.	*	Corton				* 27 janv. 91	
do - Cochet, Jean, à Stains Rte de Gonesse	*	la Biéville				* 7 juill. 90	
Lecot - Bouchoux, Alphonse, rue du Temple, 95	*	Marais				* 15 juin 91	
Lecu - Roche, Auguste, rue de Normandie, 14	*	Rouy				* 16 fév. 91	
Lecuyer épicier, md de vins, Faub. Poissonnière, 150		Barboux	4 déc. 91				
do - Derouet, Favien, rue des Écoles, 3		Potter				* 19 janv. 91	
Ledogar - Chatelain, Luise, à Puteaux, rue du Marché	*	Picard				* 9 nov. 91	
Ledoux, fils, Paul, Bd Malesherbes, 77	*	Tellemi				(1)	19 juin 84
Ledru-jeune Auguste, entrep. à St-Denis, Rte d'Aubervilliers		Mauger	17 déc. 91				
Leduc, Henri, nouveautés, rue du Rendez-Vous, 39-41		Châle L	26 août 91	17 nov. 91	(2)		
Lefam - Doumbios, Auguste, objets d'art, Bd Haussmann, 86		Beaugé	24 juin 87		* 20 déc. 90		
Lefebure, père, mégissier, à Gentilly, r. de Paroy, 17		Mauque	3 nov. 91				
Lefebvre, Désiré, md de vins, rue Javel, 82		Chardon	16 juill. 91		* 21 sept. 91		
do - Chabrus, Jacques, rue des Couronnes, 21	*	Bertinot jr				14 nov. 90	
do - Eury, Charles, rue de Flandre, 181	*	Mutel				* 21 juill. 90	
do - Garnier, Louis, Bd de Grenelle, 126	*	Barberon				* 20 avril 91	
do - Stortz, Albert, s. d. c.	*	Rougeot				* 6 avril 91	
Le Febvrier - Maincent, Julien, rue Mouge, 75 bis	*	Desp. de Vissec				26 oct. 91	
Lefèvre banquier, rue de Chateaudun, 5		Lupy	12 mai 91				
do Albert, anc. md boucher, rue Laroudenine, 60		Bonneau	13 mars 91		* 30 juin 91		
do Ernest, entrep. de serrurerie, rue St-Jacques, 71		Menaux	12 mars 88	10 nov. 90	(3)		
do François, anc. fruitier épicier, à St-Ouen, rue de Seine, 10		Boucher	30 déc. 90		(4)		
do Oméara, md de vins, avenue de Villiers, 122		Menaux	25 oct. 90		(5)		
do Paul, métaux précieux en feuilles, Faub. St-Martin 142		Mauger	9 juin 90	24 déc. 90	(6)		
do - Barguen, Oméara, md de vins r. Guillaume Tell, 28 bis	*	Jacob				15 juin 91	
do - Laban, Pierre, à Montreuil, r. de la Fédération, 47	*	B. de Longch				* 24 fév. 91	
do - Vaillon, Arthur, rue du Chateau, 185	*	Tissier				23 mars 91	
Lefin - Lefolle, Adolphe, s. d. c.	*	Dubourg				* 26 janv. 91	
Lefloc Aristogène, Jean, rue Lesueur, 11	*	Langeron				* 27 déc. 90	
Lefloch anc. boulanger, rue d'Angoulême, 49		Beaugé	4 nov. 84		(7)		
Leflohic - Audrain, Louis, rue de l'Église, 7	*	Goujon				* 17 nov. 90	
Lefort, Jean, emballeur, rue de Jouy, 5		Bonneau	23 mai 91		(8)		
do - Testart Jean, rue de Jouy, 5	*	Barberon				* 1 déc. 90	
Lefoulon, Louis, nég. comm., rue de Chabrol, 40		Beaujeu L	6 avril 89		(9)		
Lefranc, lapidaire, rue de Belleville, 37		Lissoty	23 déc. 90		* 16 janv. 91		

(1) Ledoux fils, 9 juill. 91   Main levée
(2) Leduc 50% en 5 ans par 1/5 un an de l'homologation
(3) Lefèvre 110% unique répartition
(4) do François 18.20% unique répartition
(5) do Oméara 28.89% do do
(6) Lefèvre, Paul. Abandon de l'actif réalisé 15% uniq. rép.
(7) Lefloch 10.26% unique répartition
(8) Lefort 2.51% do do
(9) Lefoulon 12.86% 2me & derne do

Noms, Prénoms, Professions & Domiciles.	(Indique: Liquidation ✠ / * fictitious / Avoués insuffisance / Divorce / et Interdiction)	Syndics et Avoués	Faillites en Liquidations	Dates des homologations du Concordats	Insuffisces et Unions	Séparatⁿˢ de biens judiciaires et Divorces	Cons. Jud. et Interdict.
Lefranc, Maurice, anc. passementier, r. d'Aboukir, 29		Roucher	17 oct. 90	22 avril 91	(1)		
Lefrançois (Voir: Bex et Lefrançois)							
d° Georges, mᵈ de cuirs, rue des Gobelins, 19		Boussard	31 janv. 91		* 28 fév. 91		
d° - Rouby, Georges, rue des Gobelins 19	*	Berthier				2 nov. 91	
Le Garff - Rivolain, Côme, rue Croix Nivert, 23	*	Dubail				2 fév. 91	
Legaye - Mutin, Joseph, rue de Saintonge, 12	*	Dubourg				* 22 juin 91	
Legendre, Louis, anc. mᵈ de vins en gros, rue Darcru 70		Manger L	20 nov. 91				
d° - Feraud, Eugène, rue de Duras, 9	*	Maza				* 13 mai 91	
d° - Joudrier, Jean, rue de l'Epinette 1 bis	*	Roche				* 23 fév. 91	
d° - Pégorier, Almira, fruitier, r. Ramponneau, 24	*	Milhaud				16 nov. 91	
Legentilhomme, négᵗ en vins, Cité des Fleurs, 35		Lupy	6 août 91		* 31 août 91		
Léger - Goupil, Louis, s.d.c.	*	Fontaine				* 2 janv. 91	
d° - Tanager, Auguste, rue Briscornet, 5	*	Martin				* 29 déc. 90	
Le Goff - Choller s.d.c.	*	Violette				* 10 nov. 90	
Legrain Noël, Léonard, rue des Deux Ecus, 20	*	Rivière				* 13 juin 91	
Legrais, aimé, nouveautés, Bᵈ Barbès, 57		Lesage	2 sept. 90	11 fév. 91	(2)		
Legrand, Amédée, pension de chevaux à Pantin, r. de Paris, 200		Chân	28 juill. 91				
d° Etienne, tanneur, rue des Gobelins, 17		Planque L	21 juill. 91				
d° Georges, banquier, rue St Lazare, 25		Hécaen	22 août 91				
d° fab. de lunettes, rue de Turenne, 2		Pouchelet	21 avril 91		* 11 juin 91		
d° fab. de baromètres, rue Albouy, 24		Lesage	24 mars 91		* 30 avril 91		
d° Gabriel (Voir: Gayet Legrand & Cⁱᵉ)							
d° Jean, mᵈ de vins rue de Paradis, 7 bis		Oziée L	25 avril 89		(3)		
d° Jules, courtier en march. Bᵈ St Germain, 176		Roucher	6 mai 90	31 oct. 91	(4)		
d° (Dᵉ) Marie, mᵈ de beurre et œufs, r. de la Roquette, 16		Manger	2 oct. 90		(5)		
d° - Lepesteur, Armand, rue Paul Bert, 17	*	Marais				9 mars 91	
d° - Mazier, Georges, rue St Lazare, 28	*	Messeler				9 nov. 91	
d° - Millard, Charles, rue du Roi de Sicile, 18	*	Berlinot J.				* 24 nov. 90	
d° - Mingom, Edouard, à St Denis, r. de la Boulangerie 35	*	Bozon				16 nov. 91	
d° - Roquet, Jacques, à Rocquigny (Ardennes)	*	Dep Dumesnil				* 18 août 91	
Legras Charles, mᵈ de vins et liqueurs, à Clichy r. Custon, 17		Rochette	6 mai 91				
d° Emmanuel, anc. mᵈ de vins traitᵗ rue de Rivoli, 154		Rochette L	29 déc. 91				
d° Jules, prod. chim. à Boulogne, Rᵗ de Versailles, 79		Beaujeu	19 oct. 91				
d° - Lepape, Emmanuel, rue de Rivoli, 154	*	Potonié				* 26 juin. 91	
Legraverand, Charles, mercier bonnetier, Bᵈ du Port Royal, 94		Rochette	7 mai 89	19 sept. 89	(6)		
Legris, Albert Mᵈ d'hôtel meublé, Bᵈ de la Villette, 174		Lesage L	24 juin 90		(7)		
d° - Landeau, Emile, z Plaisance, Bᵈ des Thermopyles, 55	*	Masse				* 4 déc. 90	
Legros, Sever, entrepᵗ de peinture, r. du Chemin Vert, 117		Normand	26 sept. 79		* 28 fév. 91		
d° - Auroux, Louis, Place de la Sorbonne, 3	*	Dupression					

(1) Lefranc 45% savoir: 15% 8 jours après l'homologation et 30% en 3 ans par 1/6, six mois après la reddition de compte
(2) Legrais 25% en 5 ans par 1/5 de l'homolog.
(3) Legrand Jean 10.39% unique répartition
 d° Jules. Abandon de tout l'actif réalisé ainsi que le solde restant à encaisser sur une créance Isnard, en outre 14% en 10 ans par 1/20, le 1ᵉʳ paiement le 15 juillet 92
(5) Legrand(Dᵉ) 34.22 % unique répartition
(6) Legraverand 8 nov. 91 résolution
(7) Legris 33.77 % unique répartition

Noms, Prénoms, Professions & Domiciles	Indique liquidation / * astérisque avoué, * affaires Divorce et interdiction	Syndics ou Avoués	Faillites ou Liquidations	Dates des homologations de Concordats	Unions ou * éunions	Séparations de biens Judiciaires ou Divorces	Cons. Jud. ou Interdict.
Legry, Léon, fab. de balances, à Bagnolet, r. de la Trav.re n° 25		Plauque	1 oct. 90	27 janv. 91	(1)		
Legué, Auguste, charcutier, rue du Dragon, 5		Gaube	27 avril 82	10 juin 91	(2)		
Le Guichard - Golfin, Jules, rue de Montreuil, 121	*	Husson				* 19 janv. 91	
Le Guilloux, Auguste, fruitier, rue d'Avron, 85		Ozéré	20 août 90				
Lehmann & Roth, peaux tannées, r. Beaurepaire, 26		Barboux	11 fév. 91	3 juill. 91	(3)		
Leim (D.) Marie, modiste; r. N.D. de Lorette, 54		Châle	31 déc. 90				
Lejeune, Fois md tailleur, rue Solférino, 7		Manger	28 août 91				
do - Defrain, Nicolas, md de vins, r. Quincampoix, 14	*	Berton				* 9 déc. 90	
do - Fouillade, Léon, r. de la Roquette, 165	*	Demoreuil				* 1 juill. 91	
do - Grenault, Jean, rue Marcadet, 9	*	Bourgeois				* 3 août 91	
Lelarge, Maurice, banquier, rue de la Bourse, 4		Bonneau	16 avril 91		(5)		
Leleu, négt en grains & fourrages, rue du Rendez-Vous, 56		Lissoty	31 oct. 90		* 16 déc. 90		
Lelong, Gustave, md de charbons, B. d'Ornano, 36		Lesage	21 fév. 90		(6)		
Leluin, Edgard, Place de la République, 21	*	Viollette				* 25 mai 91	
Lemaire, Arthur, anc. épicier, md de vins, rue Pelleport, 314		Bernard	15 oct. 90		* 26 déc. 90		
do Achille, filage de cordes, rue Jonquoy, 25		Barboux	28 avril 91		* 20 mai 91		
Le Maistre - De Beauchamp, Alcide, rue Mozart 54 bis	*	Lebouoq				* 5 août 91	
Lemaire du Leprêtre, bijoutier, rue Aubriot, 8		Destrez	7 avril 91		* 30 avril 91		
do - Dumont, Jules, anc. épicier, rue Pelleport, 34	*	Allain				22 juin 91	
Lemaître - André, Félix, rue Poncelet, 23	*	Berton				* 8 mai 91	
do - Lavaud, Albert, à Vincennes, r. Montebello, 2						22 juin 91	
Le Maréchal - Marc, Charles, rue de Tourin, 38	*	Perard				* 22 juin 91	
Lemardelé, Jules, md de vins liqueurs, Faub. St-Ant. 267		Rochette I	1 déc. 91				
Lemasson - Dieudonné, Paul, rue du Pin, 7	*	Ransons				* 26 déc. 90	
Lematte - Loret, Charles, rue des Gravilliers, 67	*	Ferté				* 29 juill. 91	
Lemay, md de vins, à Boulogne s/S. r.te de la Reine - 100 bis		Bonneau	31 oct. 90		* 10 déc. 90		
Lemel, anc. négt en mercerie, rue de Grenelle, 170		Maillard	5 sept. 90		* 29 nov. 90		
Lemercier, Léon (Voir: Lemercier & Cie)							
do. & Cie Imprimerie, rue de Seine, 57		Chardon L	1 août 91				
do - Devin, Léon, rue de Seine, 57	*	Barberon				17 juill. 91	
do - Hugot, Adolphe, rue André del Sarte, 19	*	Beau				* 20 avril 91	
do - Huline, Edmond, Faub. St-Antoine, 169	*	Laban				26 janv. 91	
Le Mercier, négt en bijouterie au Parc St-Maur, r. Ledru-Rollin 112		Manger	12 mai 91		* 24 juin 91		
Lemerle, Germain, commt en fruits, r. St-Honoré, 49		Godmer	22 août 90		(7)		
do - Seguin, Germain, Faub. St-Martin, 148	*	Giry				16 fév. 91	
Lemeunier - Fechoz, Joseph, au Gd Montrouge, rue Périer, 5	*	Tricaud				9 mars 91	
Lemistre, anc. boulanger, rue Nicolet, 12		Chevillot	13 nov. 91				
Lemmens, md de tablotterie, rue Scribe, 17		Manger	21 nov. 84		(8)		
Lemmer, Antoine, nourrisseur, à Levallois, rue d'Alsace, 27		Rochette	6 mars 91		(9)		
do Joseph nourrisseur, à Courbevoie, rue Lambrechts, 12		Manger	20 fév. 91	4 août 91	(10)		

(1) Legry, 40 % sans intérêts en 8 ans par 1/8 de l'homolog.
(2) Legué 15 % en 6 mois par 1/2 3 mois après l'homolog.
(3) Lehmann & Roth, 50 % comptant par les soins du syndic.
(4) Leim (D.) 8.96 % unique répartition
(5) Lelarge 0.63 % do. do.
(6) Lelong 2.08 % unique répartition
(7) Lemerle 63.74 % do. do.
(8) Lemmens 2.19 % do. do.
(9) Lemmer 6.56 % do. do.
(10) do. 25 % en 5 ans par 1/5 de l'homolog.

Faillites, Séparations, Divorces, Conseils Judiciaires, etc. de 1891

Noms, Prénoms, Professions & Domiciles		Syndics ou Avoués	Faillites et Liquidat.	Dates des homologations de Concordats	Insuffis.ces ou Unions	Séparat. de biens judiciaires Divorces	Cons. Jud. ou Interdict.
Lemoine, Jean; md de vins, rue de Naples 44		Lissoty	10 déc. 91				
d° – Limonadier, à Ivry, rue Nationale, 39		Cotty	27 mai. 91				
d° – Barjargeat, Adrien, à Neuilly r. Jacq. Dulac	*	Berryer				* 6 août 91	
d° – Fauvelle, Gaston, rue Blanche, 54	*	Perard				19 janv. 91	
d° – Husson, Adolphe, rue des Mignottes, 24	*	Chaguet				* 25 juin 91	
d° – Legendre, Charles, rue de l'Ouest, 29	*	Piucau				* 13 juill. 91	
d° – Mounieras, Edmond, rue des Panoyaux, 49	*	Delhu				* 29 mai 91	
Lemonnier (Mlle) Léontine; à Levallois, rue de Girard, 117		Ducaruge				*	28 juill. 91
d° – Gréboval, Prosper, rue Lafayette, 45	*	Carvés				* 15 déc. 90	
d° – Hatz, Charles, rue Joseph Dijon, 5	*	Vivet				* 8 déc. 90	
Lemoyne, Edmond, fab. de couvre-pieds, rue du Sentier 20		Bernard L.	11 avril 91	25 juin 91	(1)		
d° Pierre, anc. épicier, à Aubervilliers, r. de la Motte du Coq, 5		Rochette L.	7 nov. 91				
Lempereur, Agence de vente de fds de commerce, r. du Château d'Eau 46		Chevillon	18 août 91		* 21 oct. 91		
Leneveu, md de faïences, rue St-Sabin, 15		Chardon	3 oct. 90		* 25 nov. 90		
Lenfant (Voir: Chalot & Cie)							
Langlet (Vve) mde de faïences, rue Bourgeois, 5		Barboux	10 nov. 91				
Lenoir – Guillemin, Jules, rue de l'Hôtel Colbert, 10	*	Deville				* 12 déc. 90	
Lenormand, tailleur, rue Taitbout, 10		Boussard	3 sept. 84		(2)		
Lenthé, François, comm.t en march. rue du Sentier, 26		Mauger	14 sept. 85		(3)		
Lenvers – Gaydon, Jean, rue St-Julien le Pauvre, 8	*	Marquis				13 juill. 91	
Le Roy – Vetter, Joseph, rue Denoyez, 16	*	Bourgoin				9 fév. 91	
Lenzlinger, foudrier, à Montreuil, r. Etienne Marcel, 91		Lesage	28 oct. 90		* 29 nov. 90		
Léon, Fernand, manège, rue de Nemours, 9		Menaux	28 oct. 91				
d° Jacob, comm.t en march. r. des Petites Écuries, 29		Lissoty L.	23 oct. 90	23 janv. 91	(4)		
d° – Laforest, Charles, Bd Beaumarchais, 52	*	Garet				* 1 déc. 90	
d° – Ruef, Jacob, rue Laffitte, 32	*	Boudin				5 janv. 91	
Léonard, Alexandre, entrep. de couvertures, Pass. Duranton, 28		Boussard	30 août 90	21 avril 91	(5)		
d° – Coutret, Alex. d°. d°.	*	Beau				26 janv. 91	
Léonardo – Chizar, Jean, s. d. c.	*	Mercier				* 8 déc. 90	
Lepage – Bacquet, Louis, charron, à Boulogne, Rte de Versailles, 13	*	Senart				11 mai 91	
Le Pargneux, Georges, ach. Md de Santé de Mlle Evrard	*	Roche				*	17 mars 91
Lepaumier, Charles, md de vins rest. r. du Château d'Eau, 14		Godmer	18 sept. 91		* 21 oct. 91		
Lepauvre – Villette, Emile, à Nogent s/M. rue Charles VII, 17	*	Passion				* 30 juin 91	
Lepeintre – Risbourg, Louis, à Puteaux, Bd du Chn de fer, 13	*	Rivière				* 13 mars 91	
Le Pellerin (Voir: Steiner, Renaud & Le Pellerin)							
Lepelletier – Cornet, Oudoine, rue Pierre Levée, 17	*	Roche				26 janv. 91	
Lepesan, Eugène, md de vins, rue Damrémont, 37 bis		Beaugé	11 juin 91		* 21 sept. 91		
Lepeuve – Brunaux, Louis, s. d. c.	*	Duclos				* 20 nov. 91	
Lepigre, François, md de vins, rue des Abbesses, 6		Barboux	24 juin 91		* 31 juill. 91		
Lépine, Charles, fab. de meubles, Bd Beaumarchais, 23		Boussard L.	30 juill. 91	5 nov. 91	(6)		

(1) Lemoyne 40% sans intérêts en 5 ans par 1/5
(2) Lenormand 13 oct. 91 rapport de clôture
(3) Lenthé 15% 1re répartition. 15% 2e répartition
(4) Léon Jacob 25% savoir: 10% dans la quinzaine de l'homolog. et 15% en 3 ans par 1/3 à partir du 1er dividende
(5) Léonard 25% en 5 ans par 1/5 un an de la reddition de compte
(6) Lépine 60% savoir: 10% comptant aussitôt l'homol. par le liquidateur et les 50% en 5 ans, le 1er paiement un an après la reddition de compte

Noms, Prénoms, Professions & Domiciles	Syndics ou Avoués	Faillites ou Liquidat.	Dates des homologations de Concordats	Insuffis. ou Unions	Séparat. de biens judiciaires / Divorces	Cons. Jud. ou Interdict.
Leplat—Leplar, Louis, rue de Piepus, 126	* Passion				26 janv. 91	
Lopot, md de vins, rue Brantôme, 8	Lissoty	26 juin 91		* 21 sept. 91		
Leprêtre—Fontanié, Alphonse, rue Martel, 11	* Vandewalle				22 juin 91	
Lepreux—Hubert, Honoré, Bd Evelmans, 8	* Giry				6 fév. 91	
Leproux—Marguery, Auguste, rue de la Pompe, 74	* Maza				* 9 juin 90	
Lequet, Louis, restaurateur, rue Jacob, 4	Destrez	23 fév. 75	17 mars 91	(1)		
Lequin, direct. de la "Bourse Nationale" Bd St Denis, 16	Menaux	12 déc. 90		* 24 fév. 91		
Leret d'Aubigny—Desmaroux de Gaulmin, Octave, r. des Sts Pères, 12	Lortat Jacob				11 juin 91	
Leriche & Cie, Ulysse, exportateur, Pass. des Petites Ecuries, 9bis	Pouchelet	4 août 91				
Lermyte (Dlle) Ernestine, anc. boulangerie, r. Oberkampf, 13	Hécaen	24 nov. 91				
Letoux, Henri (Voir Stephano & Cie)						
do. & Cie, négt en papiers, Bd de la Villette, 12	Lissoty	1 déc. 91				
do.—Aubert, Louis S.d.C.	* Gosselin				* 24 avril 91	
Le Roux de la Ville, René, s-lieut. à Tours, r. St Sauveur, 6	* de Bieville					9 avril 91
Leroux—Ardin, Edmond à Neuilly rond point de Maillot, 4	* Chaffotte				* 22 déc. 90	
do.—Caminon, Louis, à Fontenay aux Roses, Ardt de la Seine	* Collin				* 16 mars 91	
do.—Robert, Eugène, Bd de la Gare, 183	* Demoreuil				11 mai 91	
Leroy, Achille, imprimeur, rue de Lancry, 56	Rochette	22 déc. 91				
do. Agent d'affaires, rue des Mines, 31	Ozéré	9 janv. 91				
do. Alphonse, fab. de brosses, rue du Loire, 23	Hécaen	15 mai 91	23 oct. 91	(2)		
do. restaurateur à Boulogne s/S. Bd de Strasbourg 235	Hécaen	25 nov. 90		* 31 déc. 90		
do. Adolphe, boulanger, rue de Lacondamine, 91	Boussard	1 sept. 90	27 fév. 91	(3)		
do. Charles, md boucher, à St Denis, rue Compoise, 30	Rochette	4 sept. 91				
do. Clément, entrep. de menuiserie, rue Borreau 95	Lupy	6 mai 91	27 nov. 91	(4)		
do. Franç. entrep. de maçonnerie, Bd de Grenelle, 63	Rochette	21 janv. 90		(5)		
do. Lucien, agent d'affaires, à Montreuil, rue Raspail 24	Roucher	29 août 91		* 25 sept. 91		
do. Commr en march. à Neuilly, Av. de Neuilly, 44	Planque	1 déc. 91				
do.—Brun, Georges S.d.C.	* Boron				* 9 juin 90	
do.—Chequu, Emile S.d.C.	* Toller				* 17 nov. 90	
do.—Gury, Augte md de vins, r. de l'Amiral Courbet, 4	* Giry				31 oct. 90	
do.—Laperche, Eugène, à Courbevoie, r. de Bezons, 12	Laisney				* 17 nov. 90	
do.—Lebert, Célestin, rue St Honoré, 324	* Denis				10 août 91	
do.—Longuet, Félix, Imp. du Pré Maudit, 4	* Beau				* 19 janv. 91	
do.—Topin, Louis, rue des Petites Ecuries, 14	* Charneau				* 9 juill. 91	
Lesage, Ludovic, Faub. St Antoine, 17	Roucher	20 oct. 90		(6)		
Lescarcelle, Francisque, agent de publicité, rue Taylor 18	Ozéré	23 nov. 89		(7)		
Lescaune—Catonet, Marin, rue Cambon, 45	* Viollette				* 10 août 91	
Lesignac—Aren, Louis, à Levallois, Pass. Touzelin, 9	Poinsot				* 31 juill. 91	
Lesné—Chapin, Joseph, rue des Plantes, 6	* Charneau				* 24 nov. 90	
Le Souder Renoual, Mathurin, infirmier à l'hôp. Lariboisière	* Martin				* 8 déc. 90	

(1) Lequet. Abandon de l'actif réalisé en 15% en 3 ans par 1/3 de l'homolog. 12.41% unique répartition

(2) Leroy 40% en 5 ans par 1/10 6 mois après la reddition de compte.

(3) Leroy Adolphe. Abandon de l'actif et 20% en 5 ans par 1/5 de l'homolog. 2.47% espèces 1.40% billets unique répartition.

(4) Leroy 100% en 8 ans par 1/8 de l'homolog.

(5) do. Franç. 3.06% unique répartition

(6) Lesage 7.13% do. do.

(7) Lescarcelle 16.77% do. do.

Noms, Prénoms, Professions & Domiciles	Divorce et interdiction	Syndics et Avoués	Faillites et Liquidations	Dates des homologations de Concordats	Insuffis. ou Unions	Séparat. de biens judiciaires / Divorces	Cons. Jud. et Interdict.
Lesourd, Jean, Bd Morland, 2b	*	Marmottan					21 avril 91
Lespagnol fils & Jourdan, mouv. rue Turbigo, 50 et r. Menge 118		Roucher	29 nov. 89		(1)		
Lespinasse-Marchand, Hyacinthe, rue Darceau, 79	*	Engrand				* 26 juin 91	
Lespine, Charles, fab. de brosserie, rue St-Honoré, 123		Châle	25 avril 91		(2)		
Lesquir-Pickaert, François, s. d. c.	*	Collen				* 19 mai 90	
Lestrade (Comte de) Olivier, rue de Varenne, 46	*	Barberon					26 mars 91
d° – Bisson, Guillaume, s. d. c.	*	Beau				* 24 fév. 91	
Lesueur, négt. en miroiterie, Faub. St-Honoré, 178		Destrez	29 mai 91				
d° – Pepin, Julien, à Malakoff, rue de la Tour, 19	*	Benoist				* 16 mars 91	
d° – Viau, md. de vins en gros, à Billancourt, Rte de Versailles, 133	*	Bernard	24 fév. 91		(3)		
d° – Viau, md. de vins à Billancourt, rte de Versailles, 133	*	Plocque				16 fév. 91	
Lesur, Eugène, pharmacien, Place de la Chapelle, 26		Lesage	2 oct. 91				
Letailleur, Henri, fab. d'armes blanches, rue Portefoin, 18		Mauger L	22 août 91	5 nov. 91	(4)		
d° & Cie, md. de faïences, rue de Chartres, 2		Boussard	16 janv. 91		* 18 fév. 91		
Leter, Émile, md. de pommes de terre en gros, r. Esquirol, 44		Hécaen	13 fév. 91		* 30 avril 91		
Letevé-Blondel, Jaleony, à Asnières, rue Diderot, 1	*	Bozon				4 mai 91	
Letocard-Montesquieu, Charles, à Boulogne, r. des Menus, 22b	*	Ancelon				* 27 avril 91	
Letort-Vitry, Louis, à Vaudoué (S. et M.)	*	A. Marin				26 mars 91	
Leturcq, Fénélon, anc. md. de bois & charb. au Gd Montrouge, Série, 7		Godmer	27 oct. 91				
Leuder & Cie tourneurs en bois, Pass. de la Procession, 7		Beaujeu	30 juin 91		(5)		
Leuillen, Charles, boucher, rue Custine, 21		Desprez	17 juin 91	18 sept. 91	(6)		
Leullier & Marie, Adolphe, comm. en drogueries, r. des Minimes, 5		Bernard L	2 juill. 91	26 sept. 91	(7)		
Levarlet, Albert, couverie-plomberie, rue d'Offémont, 20		Hécaen	5 juill. 90	21 avril 91	(8)		
Leveau (Vve) Mathilde. (voir: Dielissen & Leveau)							
Leveillé, Antoine, tailleur, rue St-Honoré, 167		Godmer	30 juin 91		* 31 juill. 91		
d° Emmanuel, épicier, rue des Martyrs, 41		Destrez L	10 juill. 91	2 oct. 91	(9)		
d° Georges, anc. nourrisseur, Imp. d'Antin, 16		Banneau L	2 nov. 91				
Leveillez, md. de vins, rue Tombe-Issoire, 82		Rochette	11 août 91		* 31 août 91		
Lévêque, anc. nourrisseur, rue Jacques Kablé, 8		Menaux	24 juill. 91		* 31 août 91		
d° – Doublet, Pierre, à Gentilly, r. de Montrouge, 37	*	Bourgoin				* 16 juin 90	
d° – Laurent, André, rue de la Roquette, 174	*	Dep. Dumouil				* 12 janv. 91	
Levert, Antoine, négt. en chaussures, rue des 4 Vents, 7		Destrez	4 août 91		* 31 août 91		
Lévi-Geismar, Isaac, s. d. c.	*	Jacob				* 5 janv. 91	
Levielle-Bigard, Eugène, rue de l'Université, 207	*	Francastel				* 6 fév. 91	
Levillain, Pierre, r. N.D. des Champs, 125	*	Gienles				(10)	4 janv. 79
Levilly, anc. md. de vins, Pass. de l'Épargne, 20		Boussard	31 juill. 91		* 31 août 91		
d° – Mercier, Victor, rue J.J. Rousseau, 56	*	Cabasson				14 déc. 91	
Levis, Eugène, négt. en chaussures, rue Vincent, 10		Roucher L	6 déc. 90	24 mars 91	(11)		
Levrez, Charles, restaurateur, Bd St-Martin, 10		Lupy	22 oct. 91				

(1) Lespagnol Fils & Jourdan 27.42% 2e et dernière répartition —
(2) Lespine 7.42% unique répartition.
(3) Lesueur-Viau, 9.99% espèces, 26.76% billets, unique répart.
(4) Letailleur, 50% en 5 ans par 1/5, un an après l'homolog.
(5) Leuder 20.46% unique répartition,
(6) Leuillen 25% en 5 ans par 1/5 de l'homologation —
(7) Leullier & Marie, 30% en 5 ans par 1/5 de l'hom.
(8) Levarlet 25% en 5 ans par 1/5 de l'homol.
(9) Leveillé. Abandon de tout l'actif réalisé
(10) Levillain 4 juin 91 Main levée.
(11) Lévis 50% en 5 ans par 1/5 de l'homolog.

Noms, Prénoms, Professions & Domiciles.	Indique : Liquidation ¤ Réhabilitation / Avoué, Insuffisance / Divorce / et Interdiction	Syndics et Avoués	Faillites en Liquidations	Dates des homologations de Concordats	Insuffisances ou Unions	Séparat.ns judiciaires Divorces	Cons. Jud. et Interdict.
Lévy Benoît, anc. boucher, rue du Vert-Bois, 49		Destrez	22 nov. 89	*	31 mars 91		
d° Charles, bijoutier, pass. Brady, 92		d°	10 nov. 85	19 oct. 91	(1)		
d° Charles, négt en chapellerie, B.d St Martin 2 ter		Lesage L	19 juin 91		(2)		
d° Charles-Gustave, fabt de porc.ne à Choisy, r. de la Raffe		Lesage L	7 juill. 91				
d° Eugène, commn en marchandises, r. Rochechouart, 67		Roucher	17 sept. 90	2 janv. 91	(3)		
d° Gaston (Voir : Lévy & Frère)							
d° Léopold, md boucher, B.d Barbès, 16		Roucher	28 juill. 90		(4)		
d° Léon, md de soldes, rue Boursault, 16		Bonneau	4 nov. 91				
d° Meyer, md de chaussures, B.d Ornano, 21		Lupy L	11 fév. 91	16 juill. 91	(5)		
d° Nathan, négt en bonneterie, rue de Rivoli, 120		Bernard L	28 juill. 91	9 oct. 91	(6)		
d° & Cie A. libraires, rue Montmartre, 131		Touchebœuf	14 fév. 89	*	29 nov. 90		
d° & Cie G. négt commn rue des Tournelles, 11		Destrez	8 août 91	*	31 août 91		
d° & Frère, Lucien, commn en march. r. de Marseille, 8		Lesage L	6 nov. 90	21 fév. 91	(7)		
d° - Frères, nouv.tés rue de Meaux, 33		Lesage	7 janv. 90		(8)		
d° (D.lle) Adèle, confection, B.d Haussmann, 40		Destrez	28 mai 91	9 oct. 91	(9)		
d° Daniel (V.ve) confectionneuse, rue des Jeuneurs, 141		Roucher	14 fév. 91	*	28 fév. 91		
d° - Astruc, Gaston, commn en march Av. de la Répub. 108		Bourgeois				27 avril 91	
d° - Bickart, Gerson, rue d'Alleray, 102	*	M. du Gard				24 janv. 91	
d° - Lévy, David, s. d. c.	*	Goirand				*17 nov. 90	
d° - Lévy, Léopold, rue Boinod, 15	*	Garer				2 fév. 91	
d° - Moch Nathan, rue Turbigo, 3	*	Jacob				27 août 91	
d° - Robert, Léopold, à Pantin, rue des Grilles, 17	*	Tricon				*12 juin 91	
d° - Schwob, Raphaël, négt rue de Paradis 22 bis	*	Cheramy				*13 mars 90	
d° - Sée, Joseph, s. d. c.	*	Gieules				*9 mars 91	
d° - Weil, Léopold, rue Condorcet, 53	*	Auzoux				8 juin 91	
Leys - Chevallier, Eusèbe, à Nogent s/M. r. du Moulin, 9	*	Leroy				10 sept. 91	
Lelyvastre & Cie robes, confection, Chaussée d'Antin, 8		Rochette L	20 fév. 91	27 avril 91	(10)		
Lewinski - Pereyre, Judas, bijoutier, r. des Archives, 37	*	Daupeley				20 avril 91	
Lhéritier - Laly, Joseph, s. d. c.	*	Denormandie				*1 Déc. 90	
Lhermitte - Eichenland, Jules, agent d'aff. r. de Meaux 116	*	Pottier				*2 fév. 91	
Lhomme - Pichot, Alfred, s. d. c.	*	Rivière				*23 mars 91	
Lhorte, md de vins, rue des Boulets, 123		Bonneau	27 nov. 91				
Lhote & Cie vins en gros, rue de Touraine, 24		Maugue L	10 nov. 91				
Lhotel, Lucien, joaillier, rue de Provence, 6		Mennut L	13 janv. 91	1 Avril 91	(11)		
Lhotellier (D.me) Marie, chapellerie, rue d'Avron, 126		Lesage	16 mars 91	18 Août 91	(12)		
Lhuillier & Cie comm. en march. Av. Trudaine, 31		Planque	1 Déc. 91				
Liard - Rabon, Charles, menuisier, Imp. du Moulin Joly, 11	*	Pineau				22 juin 91	
Libert - Nitterer, Jean, s. d. c.	*	Tricaud				*6 avril 91	

(1) Lévy, Charles. Abandon de l'actif réalisé à ce jour.
(2) d° 13.10% unique répartition
(3) d° Eugène 20% en 5 ans par 1/5 de l'homolog.
(4) d° Léopold 17.62% unique répartition
(5) d° Meyer 25% en 5 ans par 1/5 de l'homolog.
(6) d° Nathan 50% en 5 ans par 1/5 d°
(7) d° & Frère 35% en 5 ans, savoir : 4% un an après l'homol. 5% 2, 3 & 4 ans après ; 6% 5 ans après.
(8) Lévy frères 4.60% unique répartition
(9) Lévy (D.lle) 25% en 5 ans par 1/5 de l'homol.
(10) Lelyvastre & Cie Intégralité en 3 ans par 1/6
(11) Lhotel 35% sans intérêts en 4 ans par 1/8
(12) Lhotellier (D.me) 25% en 5 ans par 1/5 de l'homol.

Noms, Prénoms, Professions & Domiciles	Indique liquidation * Astérisque / Avoué insuffisant / Divorce ou interdiction	Syndics ou Avoués	Faillites ou Liquidations	Dates des homologations de Concordats	Insuffis. ou Unions	Séparat. de biens judiciaires ou Divorces	Cons. Jud. ou Interdict.
Libert - Torchy, Émile, rue de Valère, 26		Lebrucq				* 10 nov. 90	
Licot & Cie construct. mécanic. rue Alain-Chartier, 24		Rochette	17 janv. 91		(1)		
Lienart (D.) Victoire, Café brasserie, rue St Séverin, 40		Pouchelon	19 mai 91		* 30 juin 91		
Licvaux, Jn Bte, md tailleur, rue Ramey, 3		Godmer	29 sept. 91				
Liévin, Édouard (Voir: Notot & Liévin)							
Limousin, boulanger, rue des Panoyaux, 49		Lesage	21 nov. 90	4 mai 91	(2)		
Linard - Desjardins, Charles, rue Vivienne, 4	*	Cabassou				* 25 mai 91	
d° - Niderkorn, Léon, à Ste Savine r. des Noés, 41	*	Audouin				* 23 fév. 91	
Linet, Hippolyte, entrep. de maçonnerie, rue Lecourbe, 43		Boussard	17 oct. 88		(3)		
Lingée - Thomassin, Thomas, Pass. Vaucouleurs, 26	*	Vandewalle				* 20 juin 91	
Lingrand, Léon, pharmacien, Bd Haussmann, 116		Destrez L.	24 juill. 91	24 oct. 91	(4)		
Liniger - Bergère, Jérémie, s. d. c.	*	Herbet				* 11 mai 91	
Lionnet (D.) Céline, rue Gallois, 12		Roucher	5 janv. 91				
Lipman - Frandin, Robert, rue du Helder, 8	*	Pagès				* 5 août 91	
Lippmann, Charles, fab. de casquettes, rue Elzévir, 2		Barbou L.	8 janv. 91	19 mars 91	(5)		
Lips - Batréau, Gaspard, r. de l'Église, 45	*	Colmet-Daage				* 12 janv. 91	
Liraud - Langlade, Jean, rue Tournefort, 8	*	Dumesnil				* 1 déc. 90	
Liré, Claude, rue du Temple, 191	*	Goirand				*	7 fév. 91
Livet - Terrier, Aimé, à Pantin, rue du Chemin Vert, 9	*	Chaquel				* 18 nov. 91	
Lizard, Louis, banquier, rue Vivienne, 51		Bernard	4 fév. 90		* 29 nov. 90		
Lobbens & Cie orfèvrerie bijouterie, rue de Braque, 2		Pouchelon	1 juin 91				
d° - Schmitt, Charles, rue de Braque, 2	*	Patenôtre				8 oct. 91	
Lobert, Auguste, papetier, Bd Voltaire, 259		Godmer	20 août 90		* 29 nov. 90		
d° - Koenig, Auguste, Bd Voltaire, 259	*	Charreau				10 nov. 90	
Lobjeois, Édouard, construct. mécanic. rue de Charonne, 147		Beaujeu	18 déc. 91				
Locard, md d'huiles, Faub. St Martin, 261		Hécaen	25 déc. 77		(6)		
Loew dit Loen, Henri, négt en horlogerie, r. des Fontaines du Temp. 10		Dinet	5 déc. 78		* 25 nov. 90		
Logerio, Julien, menuisier, rue Mandar, 9		Beaujeu			* 31 août 91		
Lointier, Louis, directeur de théâtre, rue Blanche, 11 bis		Barbou	10 fév. 91				
d° - Devy, Jean, s. d. c.	*	Husson				9 nov. 91	
Loir, anc. cafetier, Av. de St Mandé, 61 act. s. d. c		Lesage	17 fév. 91		* 30 avril 91		
Loiseau - Boizard, Clément, épicier, r. de Constantinople, 85	*	Delepouve				* 30 déc. 90	
Loisel - Bender, Félix, s. d. c.	*	Savignat				* 15 déc. 90	
Loiseleur, fab. de porte-monnaie, rue Reberal, 3		Godmer	28 oct. 91				
Loiselle - Coudert, Auguste, rue Lepic, 110	*	Tricot				* 25 mai 91	
Loison, Élie, parfumeur, Bd de Strasbourg, 81		Chardon L.	26 juin 91	8 sept. 91	(7)		
d° Léon, lampiste, Faub. St Martin, 71		Bonneau	6 oct. 91		* 31 oct. 91		
d° - Maitron, Pass. Kuszner, 10	*	Morceau				* 19 mai 90	

(1) Licot & Cie 1 Mai 91 refus d'homologation
(2) Limousin. Abandon de l'actif réalisé & à réaliser et 10% dans le mois de l'homolog. 19.38% unique répartition.
(3) Linet 9.01 %   d°   d°
(4) Lingrand 35% en 7 ans par 1/7 un an après l'homolog.
(5) Lippmann 35% en 4 ans de l'homolog. le 1er paiement de 8% et les 3 autres de 9.%
(6) Locard 21.03% unique répartition
(7) Loison 42% en 7 ans par 1/14 les 15 mars et 15 sept. de chaque année.

Noms, Prénoms, Professions & Domiciles	Indic.	Syndics ou Avoués	Faillites ou Liquidations	Dates des homologations de Concordats	Insuffis. ou Unions	Séparations judiciaires / Divorces	Cons. Jud. ou Interdict.
Lombard & Cie, fab. de machines, Bd Beaumarchais, 79		Chardon	17 juill. 90	6 avril 91	(1)		
Long - Bourgis, Pierre, rue de la Glacière, 193	❋	Péronne				❋ 22 déc. 90	
Longin, Alexandre, entrep. de maçonn. Av. du Maine, 150		Boussard L	9 avril 89		(2)		
Longueville & Cie chemisiers, rue Vivienne, 47		Bernard	18 déc. 91				
Loujarret - Logeau, Marie, s. d. c.	❋	Carvès				❋ 20 fév. 91	
Loos, fab. de peignes, rue de Bellevue, 1		Lupy	21 juill. 91				
Looz - Corswarem - de Portugal de Faria, Ch. s.d.c.	❋	Denormandie				❋ 20 fév. 91	
Lopez, Antonio, courtier en vins, à l'entrepôt, Gd Bréau, 37		Châle	12 mars 89		(3)		
Lorain - Jardin, Emile, Bd Richard Lenoir, 64	❋	Cabasson				❋ 19 janv. 91	
Loraux, Emile, droguiste, rue St Denis, 10		Chardon L	9 sept. 91				
Lorenzo, Alexandre, à Ivry rue du Gd Gord, 2	❋	Marais					❋ 14 fév. 91
Lorin, Albert, Asile National de Charenton	❋	Tricaud					22 oct. 91
Lorrain - Neveu, Emile, comptable, rue Pasteur, 8	❋	Marais				7 déc. 91	
Loth - Varnat, Pierre, rue de Richelieu, 99	❋	Raynaud				❋ 16 mars 91	
Louason, Gustave, Faub. Poissonnière, 44	❋	Tricon					5 déc. 91
Louar, Victor, négt en parfumerie, rue de Paradis, 21		Lupy L	27 oct. 91				
Loubière, Louis, charron, à Bagnolet, rue de Paris, 38		Rochotte	24 juill. 90	20 déc. 90	(4)		
Loubiès - Serveré, Julien, rue Coquillière, 30	❋	Giclos				❋ 16 juill. 91	
Loué - Pelry, Vincent, à Villemomble, Allée Erasme	❋	Patroche				❋ 25 mai 91	
Louette, Eugène, anc. cafetier à Ivry, rue Nationale 39		Lupy	31 mars 91			❋ 31 oct. 91	
Louis, Emile, nourrisseur, à Boulogne/S. x. de Billancourt, 57		Dastrez L	7 oct. 90	24 déc. 90	(5)		
d° Victor, entrep. de construct. r. du Mont-Cenis, 97	❋	Lissotte	2 déc. 90			❋ 16 janv. 91	
d° Joseph, au Perreux, rue de la Station, 17	❋	Tricou					❋ 5 mars 91
d° - Gomez, Joseph, rue des Récollets, 21	❋	Duclos				❋ 24 nov. 90	
d° - Pitou, Henri, rue des Poissonniers, 83	❋	Mutel				❋ 15 avril 91	
Louradour, J. Bte négt en tissus, Bd Sébastopol, 83		Bonneau L	21 avril 91	18 août 91	(6)		
d° - Charageat, J. Bte négt Bd St Michel, 65	❋	Beau				15 juin 91	
Loussert vins bois et charb. rue du Vert Bois, 27		Roubert	25 mai 89		(7)		
Louvel - Desnos, Auguste interné asile de Villejuif	❋	Raveton					8 juin 91
Louvyrette, Joseph (Voir: Delage, Louvyrelte & Rigouriet)							
Lovera & Cie, mds de clous et fers, rue de Rome, 66		Boussard	8 sept. 91				
Loyauté, Gustave, boucher, rue Rochechouart, 9		Blécaon L	14 août 91	22 oct. 91	(8)		
Loyer, Md de vins, rue Sauval, 1 act: s. d. c.		Boussard	14 nov. 90			❋ 29 nov. 90	
Loynès (de) Edgard (Voir: Paul Dubos & Cie)							
Loyseau de Grandmaison - Arlin, François & Dejean, 7	❋	Martin				13 avril 91	
Lozé - Bété, Edouard, s. d. c.	❋	Passion				❋ 19 déc. 90	
Luc, François, entrep. de serrurerie, rue Domrémy, 64		Lupy	6 mai 90		(9)		

(1) Lombard & Cie 25% en 5 ans par 1/5 de l'homolog.
(2) Longin 7.53% unique répartition
(3) Lopez 5.62% d° d°
(4) Loubière 50% savoir: 5% un mois après la reddition de comptes, 10% un an après l'homolog. 10% pendant les 2 années et 15% un an après
(5) Louis. Abandon de l'actif réalisé & à réaliser par les soins du syndic 20.28% unique répartition
(6) Louradour. Abandon de tout l'actif réalisé & un outre 5% savoir: 2% dans 2 ans de l'homolog. et 1% chacune des 3 années suivantes 2.39% unique répartition.
(7) Loussert 11.86%
(8) Loyauté. Intégralité en 2 ans par 1/2 un an de l'homolog.
(9) Luc 1.85% unique répartition.

Noms, Prénoms, Professions & Domiciles.	Indique Liquidation, Historique, Avoué, Insuffisance, Divorce et Interdiction	Syndics et Avoués	Faillites et Liquidations	Dates des homologations du Concordats	Insuffisances ou Unions	Séparations de biens judiciaires / Divorces	Cons. Jud. et Interdictions
Luc - Godefroy (Dde) Elisa, anc. mde de lab.lit Av. de l'Opéra 13		Châle.	29 oct. 86		*31 janv. 89	(1)	
d° - Schmitt, Charles, s. d. c.	*	Giry				*13 avril 91	
Lucas, anc. boulanger à St Denis, rue de la Fromagerie 8		Bernard	23 janv. 91	22 juill. 91	(2)		
d° (Vve) Louise, mde de vins, rue de Montreuil, 50		Bonneau	5 fév. 91		*15 avril 91		
d° - Lemasson, Albert, à Boulogne/S r. Escudier 60	*	Fontaine				*28 avril 91	
d° - Leturny, Pierre, à St Denis, r. de la Fromag.ie 13	*	Thorel				22 juin 91	
Luce - Cathiard, Laurent, rue de Gentilly, 31	*	Mignon				10 août 91	
Luguet François, entrep. de maçonnerie r. St Gm l'Auxerrois 24		Mauger	11 fév 91				
d° Martin, Fois d° Av. d'Orléans, 29	*	Gosselin				30 nov 91	
Luling - Dollfus, Albert, rue de la Pompe, 111	*	Collet				25 fév. 91	
Luneau, Pierre, md de vins rest.t r. Champollion, 19		Chardon	18 Sept. 91		*31 oct. 91		
Lunel - de Beaupin de Beauvallon, Armand, rue Gluck, 4	*	Francastel				18 juill 90	
Lutheret - Gaspard, François, s. d. c.	*	Potonié				*26 janv. 91	
Lutier - Terrolle, Emile, rue Milton, 29	*	François				*5 janv. 91	
Lutz, Jules, const.r de fours, rue St Charles 129 bis		Châle.	16 août 90	6 mars 91	(3)		
Lyon - Lévy, Jules, fab. de cravates, rue d'Aboukir, 168		Cahen				19 janv. 91	

M

Noms, Prénoms, Professions & Domiciles.	Indique Liquidation, Historique, Avoué, Insuffisance, Divorce et Interdiction	Syndics et Avoués	Faillites et Liquidations	Dates des homologations du Concordats	Insuffisances ou Unions	Séparations de biens judiciaires / Divorces	Cons. Jud. et Interdictions
Macadré - Mignon, François rue Ménilmont.t 47	*	Chaffotte				*14 nov. 90	
Macquart, Léon, const.r mécanic.en rue d'Allemagne, 124		Chardon L	25 nov. 90	22 avril 91	(4)		
Maffre, Léandre, négt en vins, à Charenton, r. de l'Embarcadère		Lupy	18 juill. 91				
Magne - Delorme, Paul, à Bois Colombes, r. des Aubépines, 9	*	Auzoux				*5 juin 91	
Magne, md de vins restaur.t act: rue St Sauveur, 5		Pouchelet	15 mai 91		*30 juin 91		
d° Meneyrol, Léonce, Av. Victor Hugo, 125	*	Lefoullon				*1 mai 91	
Magnet - Loth, Placide, négt à Vincennes, r. Montebello 24	*	Ducaruge				29 juin 91	
Magniny, Louis, électricien, rue Vivienne, 34		Chardon	25 oct. 90		*30 avril 91		
Mabeu & Kirn, libraires, act: rue Truffaut, 39		Godmer	16 juill. 89		*31 août 91	(5)	
Maigret - Provot, Henri, rue Petit, 26	*	Bernis				*25 mai 91	
Mailfer, Jules, négt en charbons, rue des Ardennes, 36		Planque L	10 fév. 91	16 mai 91	(6)		
d° - Mathelin Jules d° d°	*	Guignot					
Mailhan, Germain, chapelier rue Michel le Comte, 30		Mauger L	22 oct. 91				
Maillac & Cie, md de comestibles, rue de l'Echelle, 6		Pouchelet	4 avril 90		(7)		
Maillard, md crémier, rue de Vaugirard, 303		Rochette	16 déc. 91				
d° Mde de lavoir, à Boulogne s/S, rue de Silly, 71		Pouchelet	30 juill. 91				
d° md de vins à Bois Colombes, r. des Bourguignons 73		Menaux	14 janv. 90	26 juill. 90	(8)		
d° Anatole, fab. de passementerie, rue Chapon, 11		Lupy	19 sept 91				
d° - Chavoutier, Jacques, architecte, r. Saussure, 43	*	Lortat Jacob				29 juin 91	
d° Célestin, pâtissier, à St Denis, r. Compoise, 43		Pinet	7 oct. 90		*27 janv. 91		
Maillaud - Petit, Henri, s. d. c.	*	Ducaruge				*6 août 91	

(1) Luc - Godefroy 12 mai 1891, rapport de clôture
(2) Lucas 25% en 5 ans par 1/5 de l'homolog.
(3) Lutz 40% en 5 ans par 1/5 d°.
(4) Macquart Léon 50% en 6 ans, savoir : 14% un an après l'homolog. 6% 2 ans après & 10% chacune des 4 années suivantes.
(5) Mabeu & Kirn 17 fév. 1891 rapport de clôture.
(6) Mailfer 25% en 5 ans par 1/5 de l'homolog.
(7) Maillac & Cie 88.91% unique répartition.
(8) Maillard 10.70% espèces ; 39.64% billets unique répart.

Noms, Prénoms, Professions & Domiciles	Judique Liquidation amiable / * Astérisque / Divorce et Interdiction	Syndics ou Avoués	Faillites ou Liquidations	Dates des Homologation de Concordats	Insuffi. ou Unions	Séparat. de biens Judiciaires / Divorces	Cons. Jud. et Interdict.
Mailly-Nicole-de Goulaine (Comte de) Robert, rue de Lille, 34		Castaignes				* 18 mars 91	
Maître, Louis, épicier md de vins, Bd Voltaire, 101		Colly	18 nov. 91				
d° – Clerc Jacques, rue de Crussol, 7	*	Cabasson				* 12 juill. 91	
d° – Detouche, Alphonse, quai de la Loire, 88	*	Goujon				1 juin 91	
d° – Roy, Adrien, Faub. du Temple, 118	*	Dep. d'avoué				* 2 fév. 91	
Maitron, Léon, md carrier, rue d'Aubervilliers, 112		Planque L.	14 janv. 91	21 avril 91	(1)		
Malapart, Jean, hôtel meublé, rue Basfroi, 31		Chevillot	10 oct. 91				
Malapert, pharmacien, rue Rochechouart, 12		Destrez	11 août 91		* 31 août 91		
Malart-Rajon, Louis, tapissier, rue de Maubeuge, 9	*	Main				* 9 fév. 91	
Malber, Alfred, md de vins restaurateur, r. Taitbout, 8		Rochette	9 avril 91	9 oct. 91	(2)		
Malet, André, nourrisseur, Bd de la Villette, 81		Rochette L.	12 sept. 91	28 nov. 91	(3)		
Malewski, Maximilien, pharmacien, rue du Commerce, 16		Lupy	24 mars 91	9 oct. 91	(4)		
Malfray, Clovis, md de primeurs, r. N.D. de Lorette, 44		Mereaux	14 août 91		* 31 oct. 91		
d° Agent d'affaires, rue Cadet, 26, act: s. d. c.		Colly	16 janv. 91		* 28 fév. 91		
Malherbe-Lepeltier, Just, rue de Vaugirard, 267	*	Beaudouin				15 déc. 90	
Mallet, Paul, mécanicien, rue Oberkampf, 91		Roucher	24 juill. 89	31 juill. 90	(5)		
Mallet Jean Bapt: (voir: Mallet & Cie)							
Mallet & Cie bijouterie-joaillerie, rue de Saintonge, 13		Hécaen	16 juill. 91		(6)		
d° – Briard, Émile, à Nanterre, rue St Germain, 30	*	Fouquet				* 28 nov. 90	
d° – Challemel, Bertrand, rue Cambacérès, 10	*	Ducange				25 mai 91	
Mallez-Dumisnil, Paul, Bd Denain, 12	*	Durnerin				* 18 juin 91	
Malnoury-Burvingt Jean Bapt. s. d. c.	*	Mouillefarine				27 avril 91	
Malon-Conard, Victor, à St Denis, rue de Paris, 256	*	Tissier				27 janv. 91	
Malvaux-Allion, Henri, mécanicien, Av. Ledru Rollin, 38	*	Marquis				* 6 avril 91	
Mamet, entrep. de charpentes, rue des Pyrénées, 218		Lesage	9 janv. 91		* 21 mars 91		
Mamy-Bové, Ernest, rue de Cîteaux, 25	*	Martin				* 27 juill. 91	
d° – Lorson, Gustave, rue Debelleyme, 33	*	Salats				* 23 fév. 91	
Manceau-Soing, Noël, s. d. c.	*	Dubail				* 20 juill. 91	
Mandot-Legrand, Joachim, r. des Chamaillards, 53	*	Marquis				* 20 avril 91	
Mangeol-Grandelaude, Joseph, s. d. c.	*	Jacquin				* 22 déc. 90	
Mangin-Pelletier, Georges, rue du Val de Grâce, 11	*	Berryer				* 10 juill. 91	
Manière Adolphe, boulanger, rue du Printemps, 30		Bonneau	21 mai 91		* 31 juill. 91		
Maniez-Rogié, Camille, herboriste, Av. des Ternes, 53	*	Chagnet				* 19 janv. 91	
Manin-Closse (Vve) vins, Pass. Valette, 3		Lupy	28 juill. 91		* 31 août 91		
Mannez (de) Félix, md de meubles & tapissier, r. Buffon, 31		Ozéré	19 août 91				
Manoury-Bouden, Casimir, à St Ouen, Bd de la République, 49	*	Tissier				* 13 avril 91	
Manseau, Charles, confect. r. N.D. des Victoires, 50		Bernard L.	3 janv. 91				
Maisoux, Pierre, maroquinier, r. de Franche-Comté, 2		Ozéré	2 mai 90	28 oct. 90	(7)		
Mantz (D.) Juliette, restaurant, rue des Dames, 4		Roucher	7 oct. 90		(8)		
Manufacture Universelle des Biscuits Georges, r. du Temple, 21		Maillard	24 oct. 90		(9)		

(1) Maitron 20 % sans intérêts en 5 ans par 1/5 un an de l'homol.
(2) Malber 30 % en 6 ans par 1/6 de l'homolog.
(3) Malet 25 % en 5 ans par 1/5 d°.
(4) Malewski. Abandon de l'actif réalisé et 10 % en 5 ans par 1/5 2 ans de l'homolog. 6.68 % unique répartition
(5) Mallet abandon de l'actif réalisé 21.42 % unique répart.
(6) Mallet & Cie 25.75 % unique répartition
(7) Maisoux, 26 déc. 91 résolution
(8) Mantz (D.) 5.35 % unique répartition
(9) Manufacture Universelle 30 % 1re répartition

Noms, Prénoms, Professions & Domiciles		Syndics et Avoués	Faillites en Liquidat.	Dates des homologations de Concordats	Insuffis. ou Unions	Séparat. de biens judiciaires Divorces	Cons. Jud. et Interdict.
Maquan & Cie négt en tissus, rue du Sentier, 10		Michel	3 nov. 91				
Maquard, Georges, anc. tourneur, r. St Marc 190		Chevillon	29 déc. 69	3 janv. 91	(1)		
Maquet Servais, Augustin, rue Croix Nivert, 110	*	Milhaud				* 15 mai 91	
Maraby, frères, boulangers, rue de Wattignies, 64		Barboux	12 déc. 90		* 16 janv. 91		
Marache, commt en march. rue de Clignancourt, 36		Mauger	24 avril 91		* 30 mai 91		
Maranzac-Balet, Jean, s. d. c.	*	Ancelon				* 23 juill. 91	
Marc, entrepr. de couvertures, à Boulogne s/S rue de Paris, 52		Lesage	12 juin 91				
d° - Noyer, Jean, rue des Cévennes, 67	*	Leroy				20 juill. 91	
d° - Perre, Alfred, à Boulogne s/S, rue de l'Est, 28	*	Hureau				3 août 91	
Marcadé, Charles (Voir: Fringaut & Marcadé)							
Marcastel-Bestière, Antne à St Denis, r. de Strasb., 7	*	Bonfils				* 10 nov. 90	
Marceau (Voir: Guillot & Marceau)							
Marchadier-Grière, Eugène, s. d. c.	*	Jacob				* 25 avril 91	
Marchais-Nicolin, Auguste, anc. md de vins Bd Beaumarchais 2	*	Jacquin				9 nov. 91	
Marchal, Léon, grainetier à Vincennes, r. de Fontenay, 26		Destrez L.	23 oct. 91				
d° (Vve) md de vins à Orsay puis r. Joseph Dijon, 8		Lissoty	26 juin 91		* 31 août 91		
d° - Lédard, Adolphe, rue des Acacias, 30	*	Laban				* 15 mai 91	
d° - Pathier, Jean, md de vins à Courbevoie, r. de Bezons 55 bis		Collin				* 4 août 90	
Marchand, limonadier, rue Girando, 20		Planque	17 oct. 90		* 25 nov. 90		
d° md de comestibles, rue St Martin, 5		Destrez	23 oct. 91				
d° frères, vins fins & spiritueux, r. St Antoine, 222		Pinet L.	19 mars 89		(2)		
d° - Dupont, Jn Bte, à Neuilly, Av. de Neuilly, 155	*	Popelin				* 5 juin 91	
Marcheix-Pellerin, Pierre, à Courbevoie, rue Barbès, 8	*	Herbert				9 mars 91	
Marchetti-Louveaux, Jean, rue Deguerry, 8	*	Deglise				* 29 juin 91	
Marcauzen-Fabre, Pierre, rue Chéroy, 3	*	Carvès				* 2 nov. 91	
Mardon-Choine, Alfred, Av. de Versailles 173 bis	*	Dep. Dumesnil				9 nov. 91	
Maré, Eugène, anc. boucher, Bd des Batignolles, 72		Lupy	9 janv. 91		* 16 janv. 91		
Maréchal & Cie Sucres & Cafés, rue des Archives, 39		Lesage	13 oct. 91				
d° négt en draps, rue Boëda 3		Lupy	12 mai 91		* 30 mai 91		
d° - Boullerez, Auguste, Place Clichy, 16	*	Ducaruge				* 27 déc. 90	
d° - Bourgeois, Claude, r. de Charenton 180	*	Marais				* 22 juin 91	
d° - Coutam, Clément, r. Oberkampf, 111	*	Berton				* 12 janv. 91	
d° - Lachambre, Joseph, à Alfortville, r. de l'Hermitage	*	Poller				2 mars 91	
Marelle, René, constructeur mécanicien z. D'Allemagne, 125		Chardon	19 sept. 88		* 29 nov. 90		
Marcos, md de vins & charbons, rue des Pyrénées, 138		Destrez	30 oct. 91				
Margottar, épicier, à la Varenne St Hilaire rue du Bac, 48		Godurer	22 mai 91			29 nov. 91	
Marguerite-Guinet, Charles, à Boulogne s/S, rue de Silly, 42		Gieules					
Maricot, Paul, commnt expéditeur, Pass. Violet, 3		Destrez	3 nov. 88		(3)		
Marie Célestin, rue Germain-Pilon, 26	*	Martin du Gard					10 fév. 91
d° Edouard Av. Daumesnil, 174 (Voir: Feuillier & Marie)							
d° Ernest, Editeur, rue Lafayette, 208		Mauger	29 déc. 91				
d° Jean, fruitier, rue de Sèvres, 48		Chevillon	10 nov. 91				

(1) Maquard 50% dans un mois de l'homolog.
(2) Marchand frères 3.09% 2e et dern. répartition
(3) Maricot, faillite annulée par jugement du 23 fév. 1891

Noms, Prénoms, Professions & Domiciles	Indique liquidation / * Astérisque / Avoué Insuffisance / Divorce et interdiction	Syndics ou Avoués	Faillites ou Liquidations	Dates des homologations de Concordats	Insuffiss ou Unions	Séparat'ns judiciaires ou Divorces	Cons. Jud. ou Interdiction
Marie-Deisch, Alexis, à Vincennes, r. Diderot, 18	*	Raynaud				* 23 nov. 91	
d° - Delozier, Alphonse, s. d. c.	*	Audouin				* 19 juill. 91	
Mariens - Covens, Égide, à S' Denis, Av. de Paris, 30	*	Delpoure				* 19 déc. 90	
Marigaux, m'd de vins, Avenue de Clichy, 147		Rochette	16 janv. 91		(1)		
d° - Bulton, av. de Clichy, 147	*	Marin				22 juin 91	
Marin, Louis (Voir : Mirault et Marin)							
Marinus - Delatre, Ferdinand, à Jarzune (Belgique)	*	Marais				* 11 juin 91	
Marleix, Pierre, m'd de vins & charb. Pass. de la Main d'Or, 8		Ozéré	30 déc. 91				
Marlin, Charles, construct' mécanicien, rue Giffard, 8		Hécru I	31 déc. 90	16 mars 91	(2)		
d° - Bixson, Henri, Cité du Talus, 4	*	Berryer				* 16 nov. 91	
Marly & C'e, comm'res rue Turbigo, 79		Bonneau	17 nov. 91				
Marnier, limonadier, r. Hauteville, 24 act : s. d. c.		Godmer	11 sept. 91				
Marnat, frères, entrep' de serrurerie, r. Ménilmontant, 14		Châle I	17 nov. 91				
Maronne - Cuzol, Antoine, à S' Ouen, r. Nicolas, 7	*	Pérard				* 4 mai 91	
Marotte - Rollin, François, Cité Griset, 14	*	Hureau				* 11 mai 91	
Maroux (V've) herboriste, rue Letellier, 30		Lissoty	26 déc. 91				
Marquet - Fabre, Prosper, Pass. Saulnier, 5	*	Masse				* 10 fév. 91	
Marquié - Tallion, Paul, rue des Gobelins, 20	*	Thorel				* 4 mai 91	
Marquigny - Renard, Charles, s. d. c.	*	Coller				* 26 janv. 91	
Marre - Locan, Basile, s. d. c.	*	Déglise				* 7 nov. 90	
d° - Lecouturier, Emmanuel, B'd de Courcelles, 89	*	Forté				* 7 nov. 90	
Marseau - Poupart, Auguste, à S' Mandé, r. Herbillon		Dubourg				10 août 91	
Marsan, vins, hôtel meublé, rue de Kabylie, 4		Chevillot	7 juill. 91		* 31 oct. 91		
Martel, Louis, m'd de vins, rue Ramey, 23		Colty	24 oct. 88		* 31 oct. 91		
d° Victor, fab. de chaux, à Charlebourg, R'e d'Bezons, 8		Planque	27 avril 91				
d° - Broucker, Louis, Av. d'Orléans, 106	*	Poinsot				* 27 mai 91	
d° - Yvon, Auguste, r. de l'Annonciation, 22	*	Raynaud				* 6 avril 91	
Martelen - Oloux, Camille, à Amiens, rue de la Voirie, 171	*	Legrand				* 8 janv. 91	
Martelli, Dominique, m'd de vins restaur', rue du Poliveau, 22		Lupy	5 août 91		(3)		
Marteroy et Gervois, chaussures, rue Turbigo, 18		Lupy	1 mai 91		* 30 juin 91		
Marthouret - Laville, Denis, Ingén' civil rue Secrétan, 84	*	Bexton				2 mars 91	
Martin, boulanger, rue de l'Ancienne Comédie...		Boussard	2 juin 91		* 30 juin 91		
d° m'd de chaussures, rue Erard, 1		Destrez	26 déc. 90		* 15 fév. 91		
d° Antoine, entrep' de maç', rue de Vaugirard, 368		Rochette	18 fév. 88		* 24 juin 91		
d° Jules, fab' de toiles cirées, rue S'e Marguerite, 24		Bernard L	31 mars 91	10 juill. 91			
d° Jules, m'd de fourrages, à Nanterre, r. S' Germain, 36		Bonneau	13 avril 88		* 30 mai 91		
d° m'd de vins, rue S'e Isaure, 8		Barboux	30 oct. 91				
d° aue, m'd de vins, rue Mouffetard, 52		Destrez	4 août 91		* 31 août 91		
d° Edmond, confect' p' dames, rue d'Aboukir, 89		Menaux	16 juill. 91		* 31 août 91		
d° Jules, fab. de chapellerie, à Puteaux r. Bellini, 9		Châle	24 mars 91		(4)		
d° Lazare, fab' d'ébénisterie, r. de Bagnolet, 137		Planque	7 juill. 91		* 21 oct. 91		

(1) Marigaux, 5.07 % unique répartition.
(2) Marlin 25 % en 5 ans par 1/5 de l'homologation
(3) Martelli 18.95 % unique répartition

(4) Martin 25 % en 6 ans, savoir : 2½ % un an après l'homol. 2½ % 2 ans après & 5 % chacune des 4 années suivantes
(4) Martin 1.33 % unique répartition

Noms, Prénoms, Professions & Domiciles	(indication liquidation / * astérisque)	Syndics et Avoués	Faillites ou Liquidat	Dates des homologations de Concordats	Insuffis. ou Unions	Séparat. de biens judiciaires Divorces	Cons. Jud. et Interdict.
Martin, Louis, loueur de chex. à Levallois, B? Bineau 19		Lissoty	3 juill. 91				
d° (D?) md de tissus, rue Myrrha, 14		Chardon	14 oct. 90		* 15 fév. 91		
d° (D?) Ernestine, couturière, rue de Clichy, 62		Lesage	28 nov. 90		* 3 avril 91		
d° & Cie fab. de boutons, rue St-Maur, 109		Bonneau L	12 mai 91	18 août 91	(1)		
d° & Munier, fab. de roulettes p. meubles, r. Keller, 25		Lupy	24 déc. 91				
d° dit Mortier & Cie fleurs & feuillages, r. d'Aboukir, 80		Boussard	22 nov. 90		* 31 janv. 91		
d° - Pelfrène, Alfred, md de diamants, r. Réaumur, 7		Bernard	14 oct. 90		(2)		
d° - Bas, Jean, rue de la Bastille, 1	*	Goizard				20 avril 91	
d° - Cauwin, Jules, B? de Charonne, 109	*	Marmottan				27 juin 90	
d° - Debusschère, Jean, rue Custine, 11	*	Barberon				9 mars 91	
d° - Dubois, Étienne m? forain Pass. Dureautin, 24	*	Carlos				22 déc. 90	
d° - Letrop, Auguste, rue Morand, 8	*	Vollet				27 juill. 91	
d° - Petit, François, rue Duphot, 18	*	Goizard				23 juin 91	
d° - Roux, rue de Loudrec, 22	*	Durnerin				20 avril 91	
d° - ViXard, Dominique, charcutier, r. de la Roq. 54	*	Ducaruge				2 avril 91	
Martineau - Girard, Jean, md de vins, quai d'Orsay 85	*	Raveton				9 nov. 91	
Martineault - Sebire, Napoléon, Av. de la Bourdonnais, 69	*	Passion				10 fév. 91	
Martinet, Pierre, md boucher, à St-Maurice (S?) rue 158		Thuque	15 sept. 91				
d° (D?) Anne, fab. de bronze, rue Vieille du Temple, 119		Boussard L	22 juill. 91		(3)		
Martinez Bonifacio, nég? en vins d'Espagne B? du Temple, 18		Cotty	15 mai 91				
Marty, Louis, anc. md de vins & charb. rue Chénier, 3		Pouchelon	3 mars 91		* 30 nov. 91		
d° - Piery, Louis rue Chénier, 3	*	Raveton				10 août 91	
Marvier, nég? en vins, rue du Temple, 154		Cotty	10 av. 91		* 31 juill. 91		
Marx dit Désiré - Vaillant, Guillaume, s.d.c		Allain				16 fév. 90	
Mary, md de vins liqueurs à Neuilly, Av. du Roule 173		Lissoty	29 déc. 91				
d° - Pascou, Louis, r. Ducouëdic, 56		Collet				* 23 fév. 91	
Masfaraud - Begon, Fernand, rue Clavel, 29		Raynaud				20 juill. 91	
Masquilier, Frères, tailleurs, rue St-Lazare, 17		Hécaen L	13 août 91				
d° Eugène (Voir: Masquilier, Frères)							
Massart, fab. de talons à Montrouge, oct. r. Alph? 3/0 Paris		Lupy	7 août 90		* 19 oct. 90	(4)	
Masselman - Guerra, Maurice, rue de Soudray, 9	*	Bourgeois				1 juin 91	
Massenon, Md de vins, B? St-Denis, 13		Hécaen	9 nov. 89		(5)		
Masseron, md de vins, à Montreuil, r. F? Arago, 22		Beaujeu	18 nov. 90		* 10 déc. 90		
d° - Mion, Jean, à Issy, R? des Moulin, 68	*	Tricaud				23 fév. 91	
Massiani, Philippe, à Lanboine, r. d'Ermont, 1	*	Choramy				*	18 août 91
Massieu - Pétry, Charles, rue Aubriot, 5	*	Guiguor				* 2 fév. 91	
Massin Léon, md de bois en gros, à St-Denis, r. de Paris, 102		Hécaen L	5 août 91	21 oct. 91	(6)		
d° - Loyer, Victor, nég? à St-Denis, r. de Paris, 102	*	Pellerin				15 juin 91	
Masson, Auguste, épicier, Pass. Montgalet, 10		Menaut L	25 nov. 90	7 fév. 91	(7)		
d° Jean, md de vins, B? Beaumarchais, 4, ach.		Chevillon	4 sept. 91		* 31 oct. 91		

(1) Martin & Cie. Abandon de l'actif réalisé en 5% en 5 ans par 1/5 an au de l'homol. 14.38% unique répartition
(2) Martin - Pelfrène 7.03% d° d°
(3) Martinet (D?) 3.35% d° d°
(4) Massart 8 mai 91 rapport de clôture 4.68% unique répart.
(5) Massenon 17 mars 91, refus d'homolog.
(6) Massin. Abandon de tout l'actif mobilier réalisé & à réaliser
(7) Masson 20% en 5 ans par 1/5 de l'homolog

Noms, Prénoms, Professions & Domiciles	Indique liquidation * Astérisque avant Insuffisance Divorce et Interdiction	Syndics et Avoués	Faillites et Liquidations	Dates des homologations de Concordats	Insuffis. ou Unions	Séparat. de biens judiciaires ou Divorces	Cons. Jud. ou Interdict.
MASSON, Louis, entrep. de messageries, Pl. Wagram, 4		Hécaen	26 juill. 89		(1)		
d° Louis à Fontenay aux bois, r. de la Pépinière, 10	*	Bourse					* 30 avril 91
MASSOT, Adolphe, Imp. papetier, rue Vavin, 12		Godmer I.	17 déc. 90	16 mars 91	(2)		
MASVIGNIER, entrep. de maçonnerie, rue Jean Dollfus, 10		Lesage	20 nov. 91				
MATHELIN - AVISSE, Edme, à Fontenay-s-Bois, Av. Marigny		Beau				* 1 août 91	
MATHEY, Jean, nég. courtier en ch., rue de Reuilly, 81		Hécaen	23 juill. 89	25 mai 91	(3)		
MATHIEU - ECOCHARD, Ernest, s. d. c.	*	Allain				* 17 fév. 91	
MATHIEU, J-Bte, md de vins & liqueurs, rue des Moulins		Hécaen	6 fév. 83	21 av. 91	(4)		
d° md de meubles, Faub. St. Antoine, 66		Hécaen	14 déc. 82		(5)		
d° - GUILBON, Paul, rue de l'Arbre Sec, 20	*	Caben				9 nov. 91	
d° - MAYEUX Félix, s. d. c.	*	Leboucq				17 nov. 91	
MATHION Emile, limonadier, rue de Boudy, 7		Lesage	23 mars 91		(6)		
d° - LACAROLLE, Emile, limonadier, r. Bonnerepaire, 23	*	Garet				30 nov. 91	
MATHON, Joseph, md de tapioca, rue des Rosiers, 3 bis		Rochette	11 av. 91		(7)		
MATIGNON, fab. de paillassons à Bois-Colombes, r. des Buissons, 55		Boussard	17 juill.				
d° - SAMSON, Pierre, couturier, à la Garenne-Colombes, r. de Paris, 62		Châle	4 sept. 91				
MARTISCHANG, Jean, nourrisseur, rue de Reuilly, 125		Barboue	27 oct. 91				
MATIVET-JUNOD, Charles, s. d. c.	*	Langeron				* 15 juin 91	
MATTERN, fab. de courroierie à Gentilly, r. de la Glacière, 114		Chevillot	24 juill. 91		* 21 oct. 91		
MATTHEY - GALOPIN, Joseph, quai de Valmy, 123	*	Téronne				* 4 déc. 90	
MATTI, nourrisseur à Colombes, rue du Puits, 6		Chardon	28 av. 91		* 31 juill. 91		
MATRY - VAUTHIER, Armand, rue Lepic, 7	*	Francastel				* 24 nov. 90	
MAUBERQUÉ, Henri, fab. d'horlogerie, r. des Archives, 65 & 67		Cotty	14 nov. 90	30 nov. 91	(8)		
d° - MARAIS, Henri, fab. d'horlogerie, Av. Parmentier		Rodde				11 mai 91	
MAUCHE - CHERRUEL, Antoine, rue de Javel, 20	*	Téronne				20 juin 91	
MAUCLAIRE - SIMON, Claude, rue Etienne Marcel, 18	*	Foucquet				* 7 mai 89	
MAUGIS - MATHERET, Louis, s. d. c.	*	Touquet				* 20 av. 91	
MAUMENER - BIGOT, Louis, rue St. Jacques, 169	*	Collin				* 5 fév. 91	
MAUNECHEZ - DENLIKER, Léon, Av. Philippaux, 16	*	Ducarouge				* 10 fév. 88	
MAUPOIX - DEBILLE, Alfred, pâtissier, r. Rambuteau, 1		Bourse				26 janv. 91	
MAUTEL, Alphonse, md de lingerie, Bd. Magenta, 150		Lesage	17 fév. 91		* 30 av. 91		
MAURIS - VAYRON Louis, s. d. c.	*	Ferté				27 fév. 91	
MAURY (D.) md de vins, épicerie, rue St. Maur, 152		Ponchelon	23 oct. 91				
d° - BOUILLARD, Jean, Bd. de l'hôpital, 56	*	Tissier				* 11 mai 91	
MAUTÉ, Louis (Vve: Caudron & Cie							
MAUXION - COUETTE, Louis, rue Damrémont, 140	*	Vien				* 8 déc. 90	
MAY & BEAUPIN, comm. , rue d'Aboukir, 60		Godmer	29 oct. 89		(9)		
MAYENCE, épicier md de vins, Bd. Sébastopol, 21		Bernard	26 déc. 91				
MAYER, fab. de bijouterie, rue de Turenne, 113		Pinot	20 nov. 91				
MAYER (D.) Sarah, md de meubles, r. St. André des Arts, 59		Oxéré	27 déc. 90		* 30 av. 91		

(1) Masson 7.01 % 2e. et dern. répartition
(2) Masson 30 % en 5 ans par 1/5 de l'homolog.
(3) Mathey 100 % en principal, intérêts & frais, 1 mois de l'homol.
(4) Mathieu abandon de l'actif réalisé ou 15 % en 5 ans par 1/5 de l'homolog. 71.81 % unique répartition.
(5) Mathieu 2.20 % unique répartition
(6) Mathion 25.47 % d°. d°.
(7) Mathon 16.77 % d°. d°.
(8) Mauberqué 100 % en 10 ans par 1/10 de l'homol.
(9) May & Beaupin 5.57 % 2e. & dern. répartition

Noms, Prénoms, Professions & Domiciles.		Syndics et Avoués	Faillites ou Liquidations	Dates des Homologations du Concordats	Insuffisances ou Unions	Séparations de biens judiciaires ou Divorces	Cons. Jud. ou Interdict.
Mayer, Joseph, md de machines, rue Meslay, 19		Rochette	10 oct. 90	20 déc. 90	(1)		
do — Schwob, Léon, rue Rochechouart, 7	*	Dubail				4 mai 91	
Mayery-Mayery, Claude, rue Simart, 16	*	Delepoux				* 22 juin 91	
Maynie, Alexandre, md de vins & charb. r. Cl. Vignaux 10		Rochette	12 juin 91		* 22 août 91		
Mayoussier-Baul, Pierre, à St Maur, Bd de Champig. 71	*	Chagnes				12 janv. 91	
Mazaroz, Jean, fab. de meubles Bd Richard Lenoir, 94		Beaugé	26 déc. 89	1 avril 90	(2)		
Mazel-Salomon, Émile, rue de Grenelle, 2	*	Ransons				* 20 juill. 91	
Mazen-Gouriet, Claude, r. Monsieur le Prince, 24	*	Jacob				* 17 avril 91	
Méchain, boulanger, au Parc St Maur, Av. de la Mairie		Godmer	6 oct. 91		* 31 oct. 91		
Médard-Schuerb, Victor, S. d. c.	*	Labar				* 20 avril 91	
Medevielle-Jacotot, Émile, anc. négt. r. St Barthy	*	Hureau				1 juin 91	
Mégard épicier md de vins, Av. de Châtillon, 54		Barboux	10 oct. 90		(3)		
Mège Frères, couv. & plomb. à Bois Colombes, r. des Bourguig. 17		Roubert I.	2 oct. 90	24 déc. 90	(4)		
Meiffre & Cie Commn en maroq, rue Martel, 6		Beaugé I.	9 juill. 90	17 mars 91	(5)		
do Alfred (Noir : Meiffre & Cie*)							
Melez, Edme, graveur, rue de Rennes, 146		Chardon	2 déc. 91				
Melin Charles, propr. Bd des Filles du Calvaire 16	*	Braudouin					* 12 mai 91
do Eugène act: asile d'aliénés de Cadillac (Gironde)	*	Rivière					* 15 janv. 91
Mellerio, Henri, entrep. de fumisterie rue Fabert 40 bis		Barboux	28 nov. 91				
do — Get, Gustave, négt. rue Martel, 12	*	Marais				23 nov. 91	
Mellet-Riam, Philippe, rue Rebeval, 27	*	Berlioz				* 20 mars 91	
Menrasse-Saunier, Victor, à Brie Comte Robert G.	*	Berlioz				* 27 avril 91	
Meunier, Jules, anc. md de vins, rue Michel Bizot 28		Chardon	18 sept. 91		* 31 oct. 91		
Ménard, Gaston, banquier, r. Paul Lelong, 6		Maillard	18 sept. 91		* 17 nov. 91		
Ménétiau, Pierre, md de vins en gros à Courbevoie r. de l'Abreuvoir		Lesage I.	11 juill. 91	9 oct. 91	(6)		
Menuetret-Boudeville, Edmond, rue de Siam, 16	*	Pagès				17 avril 91	
Menétrier Cécilien, impr. rue Blainville, 7		Beaujeu	1 juill. 90		(7)		
do — Vogin, Achille, rue Mouffetard, 25	*	Engrand				* 5 janv. 91	
Menez-Laurens, Thomas, bijoutier, r. Dupetit-Thouars 12	*	Delibu				* 27 av. 91	
Menné-Quennesson, Fernand, rue Condorcet, 26	*	Guignon				* 13 juill. 91	
Mentienne-Jourdain, Armand à Bry/M. r. de Presvoi 5	*	Petit-Bergau				* 6 juillet 91	
Mequignon, Hubert, fab. d'art. de religion, r. Étienne Marcel, 14		Mauger I.	18 nov. 91				
Méral-Pascal, Antoine, à Gentilly, Rte de Fontainebleau 73		Berton				* 19 nov. 91	
Mercadier-Dubrujeaud, Jean, rue Brézin, 5	*	Ducauge				5 janv. 91	
Mercier, Gabriel, sciage à la mécanique, r. de la Moselle 5 et 7		Barboux	24 fév. 91		* 31 mars 91		
do (Dlle) Antoinette, md de vins, r. de Montreuil, 74		Bonneau	28 avril 91		* 30 juin 91		
do — Corrio, Édouard, Faub. St Martin, 214	*	Transtel				* 21 fév. 91	
do — Simonnet, Jules, r. des Petites Écuries, 15	*	Delibu				15 juin 91	

(1) Mayer 25 % en 5 ans par 1/5 de l'homologation —
(2) Mazaroz. 10 % 4e répartition
(3) Mégard 27.06 % unique répartition
(4) Mège frères 50 % en 5 ans par. 1/5. le 1er paiemt. le 31 Xbre 91
(5) Meiffre & Cie. Abandon de tout l'actif réalisé et engagt de compléter 25 % savoir :
Complémt de 20 % dans le délai d'un an de l'homol. et les 5 % restant dans le délai de 2 autres années, à raison de 2 1/2 % par an. 11 % 1er répart. 4.31 % 2e deux répart.
(6) Ménétiau, 40 % en 8 mois par 1/8 dpl homol.
(7) Ménétrier. 20 juin 1891 refus d'homolog. 28.55 % aux créanciers privilégiés unique répartition

Noms, Prénoms, Professions & Domiciles	Syndics ou Avoués	Faillites ou Liquidations	Dates des Homologations de Concordats	Insuffi. ou Unions	Séparat. de biens judiciaires ou Divorces	Cons. Jud. ou Interdict.
Mercy-Huguet (de) Florimond, s. d. c. *	Bourgeois				*22 déc. 90	
Mergault-été Ste Croix, Georges, r. de Thorigny, 6 *	Ferté				*9 mars 91	
Merk, Guillaume; charcutier, rue Neuve des Boulets, 19	Barboux	13 juin 91		*30 juin 91		
Merle, md de vins, rue Patay, 52	Menaux	23 oct. 91				
d° -Sadoul-Zéphirin, s. d. c. *	Jacob				*7 juill. 90	
Merlin-Hadoux, Côme, s. d. c. *	Ferté				*22 déc. 90	
Mermet-Brunerol, Victor, Bd Voltaire, 229 *	Passion				*6 avril 91	
Mermier, Félix, md de pommes de terre à Montreuil, r. de Paris	Menaux	30 oct. 91				
Mesanti-Vanesse, Jean, à Pantin, rue Vaucanson, 26	Bertin J.				*28 nov. 90	
Mésières-Henu, René, Bd de la Villette, 19 *	Caillet				*25 mai 91	
Métayer-Clerc, Aristide, s. d. c. *	Delrion				*2 nov. 91	
Métivier, entrep. de transports, Av. de St Ouen, 44	Chardon	7 nov. 88		*20 déc. 90		
d° -Ledantec, Louis, rue d'Enghien, 15 *	Collin				23 mars 91	
Métraz, Célestin, grainetier, rue de la Glacière, 78	Rochette	26 juill. 89		*30 juin 91		
Mettez-Harmand, Jules, s. d. c. *	Pineau				*13 juill. 91	
Melton, Charles, à St Maurice Grande rue, 21 *	Laisney					*7 mars 91
Meunier, Aloïs, md de cuirs, rue Perdonnet, 16	Cotty	19 août 91		*31 oct. 91		
d° Raoul, imprimeur, rue Lafayette, 120, act: s.d.c.	Destrez	22 mai 90	14 nov. 90	(1)		
d° -Rohault, Pierre, rue Beurer, 33 *	Coller				*28 juill. 90	
Meurice-Leleu, Narcisse, rue Thevenot, 20, act: s.d.c. *	Bourgoin				*6 juill. 91	
Meyer, Myrtil (Voir: Yeil et Meyer)						
d° Sylvain, mercerie en gros, rue Bourg l'Abbé, 3	Planque	20 nov. 91				
d° (Vve) Appoline md de crépins, rue Bayen, 9	Planque	20 mai 91		*10 juin 91		
d° et Puig, négt en dentelles, rue d'Aboukir, 56	Bernard I.	26 déc. 91				
d° -Larue, Joseph, rue Lamarck, 116 *	Normandie				*1 juin 91	
Meyrieux-Ramet, Alexandre, s. d. c. *	Gazer				*2 fév. 91	
Mialbe-Weiss, Jean, s. d. c. *	Marais				*19 nov. 90	
Mialon & Cie limonadiers restaurat., rue d'Allemagne, 181	Poncelet	12 juin 91		*31 août 91		
Miaux, Fçois entrep. de couvertures, Avenue d'Italie, 91	Beaujeu	30 sept. 91				
Michaud-Claverie, Thomas, rue Pierre Charron, 14 *	Bozon				*26 déc. 90	
d° -Mathieu, Joseph, rue du Bac, 77 *	Audouin				2 nov. 91	
d° -Roulon, Louis, Faub. du Temple, 77 *	Bourse				*13 déc. 90	
Michault, anc. md de beurre, rue Crozatier, 17	Lissoty	8 nov. 89		*18 fév. 90	(2)	
Michaux-Collin, Victor, quai de la Gare, 53 *	Dubourg				*11 mai 91	
Michaux, Henri, Bd de Picpus, 53 *	Jacob					12 mars 91
d° -Monneau, Étienne, à Lyon, Gde rue Guillotière, 25 *	Delasalle				*8 juill. 91	
d° -Quatremains, Eugène, à St Denis, Bd de Chateaudun, 23 *	Salato				9 mars 91	
Michel, Joseph, fab. de chaussures, rue de Crussol, 33	Rochette I.	9 juill. 91	22 sept. 91	(3)		
d° (Dse) Éloïse, modes, rue St Augustin, 10	Hécaen	18 mars 86	11 fév. 91	(4)		
d° -Humblon, Gustave, Bd des Invalides, 44 *	Manceau				*5 août 91	
d° -Leleu, Remy, rue St Augustin, 10 *	Bourgeois				9 nov. 91	
d° -Le Gall, François à Issy, rue des Glaises, 3 *	Burnerin				14 déc. 91	

(1) Meunier 17 déc. 1891 résolution
(2) Michault 30 juin 91 rapport de clôture
(3) Michel 30 % en 5 ans par 1/5 an au de l'homol.
(4) d° (Dse) 10 % un mois après l'homolog.

Noms, Prénoms, Professions & Domiciles	Indique liquidation / * Astérisque avant nom / Divorce ou interdiction	Syndics ou Arbitres	Faillites ou Liquidations	Dates des homologations de Concordats	Insuffisances d'actif ou Unions	Séparations judiciaires / Divorces	Conseils Judiciaires ou Interdictions
Michel - Massenot, Charles, rue de Sévigné 15	*	Carvès				* 23 mars 91	
d° - Trévost, Edmond, à Noisiel (S&M)	*	Mouillefarine				* 13 juill. 91	
Michelot - Vinçonneau, Albert, rue des Fourneaux 17	*	Normandie				* 28 nov. 90	
Michez, md de vins, à Vitry rue Damétal, 25		Menaux	20 nov. 91				
Michielo - Moutin, Léopold, rue d'Aboukir, 41	*	Ferté				* 27 oct. 90	
Michu - Nollet, Eugène, Maison de Santé de Nanterre	*	Guignon				* 2 janv. 91	
Micollet, Georges, loueur de voitures à Clichy, Imp. Vasson 11		Lupy	7 mars 91	19 août 91	(1)		
Miel, Louis, md de vins, rue Montmartre 149		Lesage	1 avril 90		(2)		
Mignaton, Joseph, entrep. de maçonnerie, r. de la Réunion 119		Boussard L.	13 janv. 91	21 avril 91	(3)		
Milan - Corbay, Charles, rue d'Alleray, 87	*	Salats				23 mars 91	
Millaud (D°) Henriette, vins restaurant, Pce de l'Alma, 5		Chardon	10 avril 91				
Miller, limonadier restaurant, Pass. Trouillet, 3		Beaujeu	26 juin 91		* 31 août 91		
d° - Michel, Joseph, rue Rochechouart, 15	*	Dupressoir				* 28 nov. 90	
d° - Millet, Alfred, rue Rubinkorff, 9	*	Senart				3 août 91	
Milliary - Tordeux, Jacques, Bd de la Chapelle 25	*	Thorel				19 janv. 91	
Millon, fab. de chaussures, rue de la Villette, 37		Godmer	25 nov. 90		* 31 déc. 90		
Millot, md de vins, rue des Partants, 52		Rochette	6 oct. 91		* 31 oct. 91		
d° agent d'affaires, rue Coquillière, 14		Hécaen	21 avril 91		* 24 juin 91		
d° md de vins, Pass. des Bondonneaux, 13		Lupy	9 juin 91				
d° de Boulmary Arthur, rue de l'Arcade, 29	*	Rivière					* 16 avril 91
Milon - Landry Fre s. d. c.	*	Violletta				* 6 juill. 91	
Minaux & Fils aîné papiers & cordages, r. Michel le Comte 23		Destrez	8 juill. 87		(4)		
d° - Péquet, Emile, négt, rue Michel-le-Comte, 23	*	Kusson				16 nov. 91	
Minne, Albert, entrepr. de maçonn. à Charenton, r. Gabrielle, 32 ter		Rochette L.	15 avril 91	22 juill. 91	(5)		
Minnello - Tinel, Baptiste, s. d. c.	*	Picard				* 13 juill. 91	
Miquel, md de vins & charb. à St Ouen, Pass. de l'Avenue, 54		Lupy	12 juin 91		(6)		
d° Jean, nourrisseur, à Ivry, rue Nationale, 28 bis		Lesage	26 mai 91				
Mirault & Marin, Louis, négt en vins, r. de Vaugirard, 314		Lesage	2 juin 91				
Mireau - Vallagnosc, Edouard, s. d. c.	*	Gosselin				* 2 fév. 91	
Mixonneau (D°) bijoutière, rue Guilhem, 26		Chardon	4 sept. 91		* 17 nov. 91		
Mirondon, Claude, horloger, Bd Sébastopol, 23		Destrez	28 nov. 87		(7)		
Moch (D°) Sophie, modes, à Asnières, rue de Paris, 40		Beaugé	28 sept. 91				
d° - Sang, Georges, rue Vieille du Temple, 75	*	Mutel				* 12 janv. 91	
Modenel - Meyer, Pierre, rue des Fermières, 19	*	Corton				* 12 janv. 91	
Moës, boulanger, av. de la République, 6		Hécaen	17 mai 90		(8)		
Moeuf, Louis, fondeur de cuivre, rue de Turenne, 84		Beaugé	23 mai 91				
d° - Paillard, Louis, Bd Voltaire, 59	*	Legrand				* 26 oct. 91	
Moïse - Mayer, md de chaussures, r. de la Roquette, 53		Godmer L.	27 nov. 91				
Moissard, Théodule, fab. de briquettes, r. de Maubeuge, 65		Ozéré	26 sept. 87		* 29 nov. 90		
Moisson, Charles, avenue Malakoff, 92		Ranson					26 fév. 91

(1) Micollet, 50 % en 5 ans par 1/5 de l'homolog.
(2) Miel 3.99 % unique répartition
(3) Mignaton 30 % sans intérêts en 6 ans par 1/6 de l'homolog.
(4) Minaux & fils aîné 2.19 % unique répartition
(5) Minne 50 % en 5 ans par 1/5 de l'homolog.
(6) Miquel 25 % 1re répartition
(7) Mirondor 8.11 % unique répartition
(8) Moës 5.52 % do do

Noms, Prénoms, Professions & Domiciles		Syndics et Avoués	Faillites en Liquidations	Dates des homologations de Concordats	Insuffisance ou Unions	Séparations judiciaires ou Divorces	Conseils Judiciaires ou Interdictions
Moitrier - Meyer, Charles, rue Réaumur, 5	*	Potonié				* 3 août 91	
d° - Solège, Louis, rue Daguerre, 47	*	Postel-Dubois				* 3 août 91	
Moitry - Monnier, Charles, rue Ménilmontant, 58	*	Dubail				* 4 mai 91	
Molleur - Danel, Léonard, rue St Petersbourg, 31	*	Audouin				* 29 janv. 91	
Mollière - Laboulaye, Eugène, avocat, B⁴ du Temple, 9	*	Martin					23 mars 91
Molliex - Strouck, Joseph, Place de la Nation, 1	*	Colier				* 2 août 90	
Moumaton, md de vins & liqueurs, rue St Honoré, 2		Lissoty	7 juill. 91				
Moncet, Adrien, md de vins & charb. Av. de St Ouen, 87		Mauger	18 av. 91		* 30 juin 91		
Mouchablon, Auguste, nourrisseur, à Boulogne/S, r. de Silly 102		Hécaen	30 juill. 86		(1)		
Mondelet - Foulat, Edme, Cité Riverin, 5	*	Guignot				* 23 juin 91	
Mondo - Burguière, Alfred rue de la Chapelle, 162	*	Norgeot				13 avril 91	
Monet, Jn Bte, tailleur, rue Dupin, 5		Destrez	3 août 91				
Monfroy, Henri, md de vins trait² à St Denis, r. de Paris 12		Hécaen	30 janv. 91		* 28 fév. 91		
Mongrolle - Casse, Victor, à Rosny-s/Bois, r. de Villemomble 22	*	Chaquet				* 22 déc. 90	
Monin, Eugène, md de vins, rue St Maur, 153		Godinier L	11 avril 91	18 août 91	(2)		
Monnier (D²) teinturière, Pass. St Dominique, 4		Bonneau	29 août 91		* 21 oct. 91		
d° - Vandenberghe, Frédéric, quai Jemmapes 22	*	Laisney				* 3 août 91	
Monnier, négt en vins, rue Brunel, 29 act: s.d.c.		Bonneau	19 sept. 91		* 31 oct. 91		
d° - Lesenne, Joseph, rue St Denis, 215	*	Perard				* 4 déc. 90	
d° - Popon, Victor, rue du Départ, 19	*	Durmerin				10 août 91	
Monnot, chapeaux pr dames, rue Bergère, 9, act: s.d.c.		Bernard	17 nov. 91				
d° Étienne, fab. de suspensions, rue de Saintonge 20		Rochette L	11 nov. 91				
d° - Belon, Edmond, act: à St Fons (Rhône)	*	Herbet				* 8 janv. 91	
d° - Coigneaud, Paul, r. N.D. de Nazareth, 18	*	Raynaud				* 12 janv. 91	
d° - Guénin, Auguste, à Vincennes, av. de la Répl. 71	*	Norgeot				3 sept. 91	
d° - Oudot, Pierre, md de meubles, rue Bleue, 18	*	Audouin				6 fév. 91	
d° - Taule, Joseph, anc. fab. de bonneterie, rue Gudin 16	*	Mutel				19 janv. 91	
Monor, Augustin, md de vins trait² rue de Turenne, 49		Boussard	4 fév. 91		* 28 fév. 91		
d° - Chevreuse, Augustin, anc. md de vins B⁴ Montparn. 62	*	Gieules				16 nov. 91	
d° - Milcent, Émile, à Vincennes, rue de Lagny, 25	*	Raveton				* 28 nov. 90	
Monribou - Bégein, Pierre, à Épinay, av. de Paris, 8	*	Passion				30 juill. 91	
Montel, négt en prod. chim. B⁴ de la Chapelle, 49		Ozéré	10 avril 91		* 30 juin 91		
Montesson - de Girard de Charnacé (Comte de) Robert...		Rougeot				* 27 mai 91	
Monthieux - Dehaynin, Jacques, av. Montaigne, 51	*	Cheramy				18 mars 91	
Montigny - Cottier, négt en vins, rue de la Chapelle, 112		Destrez	17 nov. 91				
Montmort - de Villeneuve - Bargemont (Comte de) Gabl. L. Bernard 12		Hureau				27 av. 91	
Montois, épicier, Faub. St Denis, 203		Cotty	28 août 85		(3)		
Monton - Ruto, Augm à Romainville, rue St Pierre, 36	*	Salats				* 28 juill. 90	
Montreuil, Thomas, Confections B⁴ Magenta, 75		Barboux L	14 oct. 91				
Mora, Laurent, entrep. de trav. publics, rue des Gâtines, 13		Hécaen	31 déc. 91				
Morand, Hilaire, bains, Faub. St Denis, 86		Bonneau L	27 août 90	18 fév. 91	(4)		

(1) Mouchablon 4.77 % unique répartition
(2) Monin : Intégralité des créances, sans intérêts en 6 ans par 1/x, 6 mois de l'homologation
(3) Montois 18.14 % unique répartition
(4) Morand. Abandon de la totalité de l'actif réalisé et à réaliser 38.46 % unique répartition

Noms, Prénoms, Professions & Domiciles	Indique liquidation * astérisque séparation de biens / Divorce ou interdiction	Syndics ou Avoués	Faillites ou Liquidations	Dates des jugements de Concordats	Insuffis ou Unions	Séparations judiciaires / Divorces	Cons. Jud. ou Interdictions
Morange-Marquet, Jules, s. d. c.	*	Audonin				* 4 mai 91	
Moreau, Alph. md de beurre et œufs, à Clichy, r. de Paris 21 bis		Rochette	17 nov. 91				
d° Eugène, entrepr. de transp. à Gentilly, r. du Kremlin, 50		Cotty	2 oct. 89		(1)		
d° Jean, md de vins, rue Montmartre, 70		Bernard	20 janv 91		* 28 fév. 91		
d° Louis, fab. d'acide fluorhydrique, à Ivry, r. du Four, 21		Lesage I	13 déc. 91				
d° Pierre, nég. en bijouterie, rue Grenier St Lazare, 7		Lissoty I	18 avril 91		(2)		
d° brocanteur, Bd Magenta, 32, act. Bd Ornano 7bis		Mauger	20 fév. 91		* 31 mars 91		
d° - Charpentier, Aubert, rue Esquirol, 55	*	Bozon				* 21 janv. 91	
d° - Emonière, Isidore, à St Ouen, rue St Pierre, 5	*	Cabasson				9 fév. 91	
d° - Guedon, Edouard au 1er rég. de la légion étrangère	*	Adam				* 5 juin 91	
d° - Legris, Léon, s. d. c.	*	Barberon				* 1 déc. 90	
Morel, Henri, anc. imprimeur, Faub. St Denis, 19		Bonneau	9 oct. 90		(3)		
d° Louis, md de vins, rue Desaugiers, 3		Planque	18 août 91		* 25 sept. 91		
d° (Vve) épicière, md de vins, rue des Panoyaux, 38		Menaus	31 mars 91		* 30 avril 91		
d° - Galatin, Simon s. d. c.	*	Nansot				* 26 mai 91	
d° - Louvencourt, Désiré, rue Grenier St Lazare 16	*	Beaudoin				* 11 août 90	
d° - Poussain, Appolinaire, anc. not. Bd de la Ville... 13		Ransous				11 mai 91	
Morelle-Lemaire, Jean, r. Philippe de Girard, 56	*	Lemonnier				23 fév 91	
Morelon (Dlle) Anna, trousseaux, rue d'Aboukir, 68		Bonneau	14 juin 89		* 31 mars 91		
Morera, Etienne, Louis, rue Letort, 2/5	*	Labar				* 19 janv. 91	
Morès - de Hoffmann (Marquis de) Antoine, r. de l'Elysée	*	Corlet Jacob				13 avril 91	
Moret, Francois, confectionneur, Faub. St Denis, 230		Beaugé	20 oct. 77		* 22 août 82	(4)	
d° Bailly (Vve) Anna, lunetterie en gros, Bd Magenta, 12		Beaugé	20 janv. 91		(5)		
d° - Rabany, Edouard, rue des Archives, 88	*	Delaunay				6 juill. 91	
Morette-Rossignol, Charles, s. d. c.	*	Herben				* 22 déc. 90	
Morho, md de vins, rue Letort, 4		Pinet	16 oct. 91				
Morice, md de vins, épicier, rue St Jacques, 216		Bousard	2 juin 91		* 30 juin 91		
d° - Baur Ollier, rue Bisson, 47	*	Bertinet aîné				1 déc. 90	
d° - Marnet, Henri, s. d. c.	*	Ferté				* 23 fév. 91	
Morillon, Alfred, entrepr. de menuiserie, rue Michel Bizot, 212		Beaujeu	13 fév. 91		* 30 mai 91		
d° - Jacques, Alfred, rue Michel Bizot, 212	*	Langeron				9 nov. 91	
Morin, Achille md de vins et charb. à Boulogne s/S Bd de Strasbourg, 119		Touchelet	13 juin 91				
d° Ambroise, md de meubles, Av. du Maine, 173		Dupy I	1 déc. 91				
d° Georges, md de jouets, rue St Martin, 241		Godmer	14 avril 91				
d° (Vve) Françoise (Voir: J. Sauvé & fils)							
d° - Bastien, Michel, s. d. c.	*	Briquet				* 28 nov. 90	
d° de la Pillière-Guillot, Eugène, nég. r. de Chateaudun		Mouillefarine				16 nov. 91	
Morlet - Brevier, Claude, à St Denis rue Compoise, 54		Deville				* 15 mai 91	
Morsomme, Etienne, anc. Md d'hôtel meublé, r. des Ecoles, 39		Godmer	12 sept. 90		(6)		
Mort, Victor, anc. Md de la voie, rue de Charonne, 151		Bonneau	22 juin 88		* 30 avril 91	(7)	

(1) Moreau 10 % 1er répartition
(2) d° Pierre 17.17 % unique répartition.
(3) Morel 19.08 % unique répartition
(4) Moret 1 mai 1891 rappel de clôture
(5) Moret-Bailly (Vve) 16.20 % unique répartition
(6) Morsomme 10.96 % d° d°
(7) Mort 14 fév. 91 résolution

Noms, Prénoms, Professions & Domiciles.		Syndics et Avoués	Faillites en Liquidations	Dates des homologations du Concordats	Insuffis.ces ou Unions	Séparat.ions de Corps judiciaires Divorces	Cons. Jud. ou Interdict.
Mortal - Tournache, Claude, à St Malo, r. Dauph. 28	*	Masse				* 10 mars 91	
Mortier - Martot, Auguste, s. d. c.	*	Raynaud				* 20 avril 91	
Mortreux, Georges, fab. de céramiques, B? Jourdan 2 bis		Bernard I	12 mai 91	16 sept. 91	(1)		
Moru, Henri, md de vins, Faub. St Martin, 147		Bernard	7 avril 91		(2)		
Mosson, Louis, grainetier à Ivry, Rte de Choisy, 165		Destrez	1 juill. 87		* 30 juin 91	(3)	
Mothe - Poudra, Pierre, rue de l'École Polytechnique, 14	*	Benoist				* 3 août 91	
Motreuil (Vve) Joséphine, vins à St Denis, rue du Chemin de fer, 33		Mauger	23 juin 90		(4)		
Mottet, Léon, horloger, bijoutier, Faub. St Denis, 228		Bonneau	31 juill. 85	31 janv. 91	(5)		
d° - Messein, Adolphe, nég.t en sucres, Place d'Anvers, 2	*	Foucault				27 avril 91	
Mouchon - Flusin, Louis, rue des Beaux Arts, 9	*	Corton				13 mai 91	
Mougeot - Marchand, Jean, rue Jean - Robert, 3	*	Chaqnez				19 janv. 91	
Mougenot - Rottanger, Adrien, s. d. c.	*	Escarra				26 mai 91	
Mougin, Eugène, gainier, rue Castex, 6		Lesage	1 déc. 90		* 31 janv. 91		
d° - Braucourt, Eugène, rue Castex, 6	*	Berton				11 mai 91	
Mougue - Coulaxulu, Louis, rue Cambronne, 68	*	Roche				11 mai 91	
Mougue, Pierre, nourrisseur, rue Cambronne, 68		Bernard	28 juill. 91		* 31 août 91		
Mouillefarine, Antoine, fromages en gros, à Montrouge, Av. Ve Hugo		Châle	29 oct. 89		* 21 avril 90	(6)	
Moulin (D?) fab.t de chaussures, Av. d'Ivry, 87		Lesage	20 mars 91		* 15 avril 91		
d° maréchal ferrant, à Nanterre, rue du Chemin de fer, 47		Rochette	4 sept. 91		* 25 sept. 91		
d° Gustave, entrep.t de plomberie à Choisy-le-roi, rue du Pont, 11		Châle	17 mars 90	13 janv. 91	(7)		
d° - Dragon, Ernest, rue Simart, 28	*	Mouillefarine				3 juill. 91	
d° - Rousselet, Gabriel, à Nanterre r. du Ch.in de fer 47	*	d°				22 juin 91	
Mouline - Camus, Georges, rue Montmartre, 96	*	Benoist				2 mars 91	
Moulinet, François, entrep.t de maçonnerie, Cité Marcadet, 5		Lesage I	12 déc. 90	10 mars 91	(8)		
d° (D?) Marie, Asile de Charenton	*	Collin					29 janv. 91
Moullard ? Barthélemy, bois de sciage, Av. Ledru Rollin, 157		Rochette	15 déc. 91				
Moureaux, Fernand (Voir : Rousseau ? Moureaux)							
Mourgues - Cussac, Jean, rue Popincourt, 59	*	Maza				* 24 avril 91	
Mourlot, Paul, nég.t en porcelaines, rue de Paradis, 33		Hécaen	28 juill. 91				
d° - Sallez, Joseph, s. d. c.	*	Portal Dubois				* 9 mars 91	
Mousseau, Henri, Café restaurant, rue St Augustin 21 & 23		Lissig	22 avril 91		* 22 août 91		
Mousselet - Beaudoux, Jean Faub. Poissonnière, 183	*	Duprevoir				* 23 mars 91	
Mousseron, Jules, entrep. de fumisterie, Bd des Tilleuls du Calv.re 20		Rouchor	20 avril 85		* 28 fév. 91		
Moussoy - Danglard, Louis, Bd Barbès, 29	*	Dernis				* 11 mai 91	
Mouton - Dufraisne, nég. en bois, à Choisy-le-roi, rue Nicolas, 5		Bernard	13 mars 91				
Moutreuil - Puis, Frédéric, s. d. c.	*	de Biéville				* 7 août 91	
Moyse, tailleur, rue de la Chapelle, 1		Destrez	20 oct. 91				
Mugnier - Richard, Auguste, anc. md de vins, rue Blomet, 48		Rouchez	18 nov. 91				
Muller, boulanger, à Montrouge, route d'Orléans, 62		Maillard	3 oct. 90		* 25 nov. 90		

(1) Mortreux 40% en 7 ans, savoir : 4% la 1re année, 5% chacune des 3 années suivantes, 6% la 5e, 7% la 6e et 8% la 7e
(2) Moru 20.14% unique répartition
(3) Mosson 13 février 1891 résolution
(4) Motreuil (Vve) 7.18% - unique répartition
(5) Mottet. Abandon de tout l'actif réalisé et à réaliser 16.03% unique répartition
(6) Mouillefarine 8 sept. 1891 rapport de clôture
(7) Moulin 25% en 5 ans par 1/5 de l'homolog.
(8) Moulinet 40% sans intérêt en 6 ans par 1/6 de l'homol.

Noms, Prénoms, Professions & Domiciles	Indique liquidation judiciaire avoué insuffisance d'actif et subvention	Syndics ou Avoués	Faillites ou Liquidations	Dates des Homologations de Concordats	Insuffis. ou Unions	Séparations Judiciaires Divorces	Cons. Jud. ou Interdict
Muller, Camille, bandagiste, rue Mandar, 12-14		Bernard L	31 mars 91	19 août 91	(1)		
d°. Émile, fab. de bijouterie imitation, rue Pastourelle, 15		Lissoty	5 mai 91		* 24 juin 91		
d°. Gustave, fab. de soies, B. Sébastopol, 61		Maillard	9 sept. 90		* 19 nov. 90		
d°. - Blanchonnet, Albert, rue Pastourelle, 15	*	Ducaruge				1 oct. 91	
d°. - Cler, Eugène, rue Brochant, 18	*	Pineau				* 16 mars 91	
d°. - Domer, Sébastien, s. d. c.	*	Musnier				* 13 avril 91	
d°. - Horsch, Eugène, rue de l'Université, 174	*	Caben				* 27 juill. 91	
d°. - Robreque, Arthur, rue des Poissonniers bg	*	Tricaud				* 9 mars 91	
Mullot (D°) Rose Mme, meublé, B. Montmorency, 61			27 oct. 91				
Murrier, Henri (Voir: Martin — Murrier) &c.							
Murat - Léan, F., architecte, Av. de St Mandé, 86	*	Mutel				3 nov. 91	
Musidan - Barbé, Charles, rue St Denis, 9	*	Maza				* 20 avril 91	
Mussard - Chanoine, Louis, rue Myrrha, 67	*	Berton				* 16 mai 91	
Musson, Auguste, md de chaussures, rue du Temple 173		Planque	17 juill. 91				
Mutrel - Lassay, Victorin, rue Van-Loo, 18	*	Derousseau				* 30 avril 91	
Muyard, md de chaussures, B. St Germain, 123		Ozéré	3 oct. 90		* 16 déc. 90		

NO

Noms, Prénoms, Professions & Domiciles	Indique liquidation	Syndics ou Avoués	Faillites ou Liquidations	Dates des Homologations de Concordats	Insuffis. ou Unions	Séparations Judiciaires Divorces	Cons. Jud. ou Interdict
Nabarron, Pierre, fab. d'eau de Seltz, à St Ouen, r. de la Chapelle 9		Lupy	4 mars 91		(2)		
Nalot - Mouchonnet, Charles, s. d. c.	*	Giry				* 1 juill. 91	
Namur - Tanner, Jules, Hôtel du Commerce, Pass. du ...	*	Passion				* 15 juin 91	
Narbonne, Louis, boulanger, rue de l'Ouest, 99		Hécaen	30 juill. 91				
Nassoy - Bleu, Jean, à Ivry, rue du Milieu, 42	*	Passion				22 juin 91	
Nastors (D°) md de vins, rue Duranti, 12		Destrez	20 mai 91		(3)		
Natanson, Georges, rue de la Pompe, 85	*	Maza				* 29 oct. 91	
Nathan, Achille, Pass. Colbert, 16	*	Montefaine					9 avril 91
d°. - Klein, Jules, rue Hauteville, 8	*	Berton				* 31 janv. 91	
Naudin - Desaphrix, Pierre, Pte Nationale, 113						* 27 fév. 91	
Navel - Royer, Louis, r. de la Montagne Ste Geneviève, 40	*	Passion				* 29 janv. 91	
Navet (Vve) Louise, entrepr. de peinture, rue de Bretagne, 9		Normand	27 fév. 85		(4)		
Naville (D°) md de vins, rue d'Odessa, 17		Beaujeu	16 janv. 91				
Neboux & Cie, vins esprit. au Pereux, B. de la Liberté, 23		Ponchel	13 oct. 91				
Neel, fab. de chapeaux, rue Beaubourg, 50		Roebotte	22 déc. 91				
Négrel, Émile, fab. d'éventails, rue Meslay, 22		Lupy	5 mai 90		* 29 nov. 90		
Melissen, Albert, md de vins, B. de Belleville, 73		Godmer	10 juill. 91		25 sept. 91		
Nemr, Edouard, rue de Clichy, 21	*	Marquis				(5)	28 juin 84
Nermond, François (Voir: Petit & Nermond)							
Netter - Lisig, Nephtali, rue des Francs Bourgeois, 26	*	Berton				* 23 janv. 91	

(1) Muller 25 % sans intérêts en 5 ans par 1/5 de l'homol.
(2) Nabarron 4.13 % unique répartition
(3) Nastors 7.13 % espèces 14 % billets unique répartition
(4) Navet (Vve) 9 janv. 1891 rapport de clôture 13.86 % unique répartition
(5) Nemr 10 mars 1891 Main levée

Noms, Prénoms, Professions & Domiciles	Syndics et Avoués	Faillites ou Liquidations	Dates des Homologations de Concordats	Insuffis.ces ou Unions	Séparations de biens ou judiciaires / Divorces	Cons. Jud. ou Interdict.
Neumann, boulanger, rue des Haies, 50	Cotty	11 oct. 89		* 18 fév. 91		
Nounez, Stanislas, nég.t en ouate, Pass. Nicam, 5	Beaugé	25 avril 91		* 11 juin 91		
Neute - Levasseur, Honoré, rue St Martin, 160 *	Picard				5 août 91	
Neuville - Marre, Alphonse, rue des Pyrénées, 64 *	Delibu				* 24 nov. 90	
Neveu - Emery, Lucien, rue Ordener, 99 *	Bourgeois				* 5 juin 91	
do - Hallen, Jean, rue Liancourt, 7 *	Popelin				* 17 avril 91	
do - Montré, Auguste, rue des Feuillantines, 19 *	Lefoullon				* 1 juin 91	
Neveux - D'Haenens, Constant, s. d. c. *	Déglise				* 7 nov. 90	
Neymark - Lang, Maurice, nég.t r. de St Quentin, 24	Corton				29 déc. 90	
Nicaby - Coudry, Jean, à Courbevoie, r. Adelaïde, 3 *	Raveton				* 22 avril 91	
Nicaud - Lamoureux, Alfred, rue Delaître, 6					* 22 juin 91	
Nicolas, nég.t en cuirs, rue St Jacques, 289	Mauger	21 mars 91		* 15 avril 91		
do - Zahn, hôtelier, avenue Bosquet, 58	Chardon	31 mars 91		* 30 avril 91		
do - Briotet, Ephrem, rue des Haies, 106 *	Raynaud				15 déc. 90	
do - Coz, Jean, rue Cambronne, 67 *	Duclos				* 29 juin 91	
do - Garret, Louis, à Boulogne s/s rue d'Aguesseau, 44 *	Bourgeois				* 12 juin 91	
Nicole - Robidou, François, s. d. c. *	Pelletier					
Nicolle - Defaye, Paul, rue Poulet, 14 *	Mouillefarine				* 28 mai 91	
do - Drouet, Albert, s. d. c. *	Dumesnil				* 12 janv. 91	
Nicaud, Henri (Voir: Leys & Cie)						
Nicq, loueur de voitures, à Levallois, rue d'Alsace, 9	Pinet	4 déc. 91				
Nifeker, Ernest (Voir Labarthe & Cie)						
Nigaud, Jean, construct.r mécanicien, r. St Maur, 145	Chevillot	9 août 90	2 janv. 91	(1)		
Noaille, Emile, fab. de chapeaux, rue Aubriot, 9	Lupy	9 mars 91		* 30 avril 91		
Noal, Joseph, épicier, rue des Dragons, 21	Chardon L.	31 juill. 91				
Noblecourt, Charles, robes, rue du Temple, 189	Bernard	7 fév. 91	26 mai 91	(2)		
Noël, anc. épicier, rue Neuve des Boulets, 17	Godmer	20 fév. 91	1 juill. 91	(3)		
do Ambroise (Voir: Dubois et Noël.)						
do Eugène, anc. Md de lavoir, à Montrouge, Gde Rue, 6	Maillard	13 mai 91		(4)		
do Lucien, md de bouteilles, quai des Célestins, 38	Boussard L.	7 mars 91		(5)		
do Victor, md de chaussures, rue de Sèvres, 111	Ozéré L.	1 sept. 91	20 nov. 91	(6)		
do & Blondeau, fab. de chaussures, r. St Merri, 24	Planque	27 juill. 91		* 31 août 91		
do Ruffier & Cie, terre cuite d'art à Boulogne s/s r. de l'Ouest, 44	Boussard			* 23 juill. 91	(7)	
do - Balnan, Lucien, quai des Célestins, 38 *	Bourgeois				14 déc. 91	
do - Boulard, Victor, rue d'Enghien, 30 *	Foucault				11 nov. 91	
do - Chalbos, Victor, rue de Sèvres, 111 *	Daupeley				14 oct. 91	
do - Hardyau, Charles, rue Racine, 15 *	Vandewalle				9 mars 91	
do - Lehour, Félix, Faub. St Martin, 180 *	Bozon				* 24 nov. 90	
do - Locheron, Charles à Rosny s/Bois r. de Paris, 19 *	Vandewalle				13 avril 91	
do - Mauger, Eugène, à Montrouge Gde Rue, 15 *	Collin				26 janv. 91	

(1) Nigaud 40% en 5 ans par 1/5 de l'homol.
(2) Noblecourt, Charles 40% en 5 ans par 1/5 de l'homol.
(3) Noël. Abandon de l'actif réalisé en 5% en 2 ans par 1/2 un an après l'homol. 5.96% unique répartition
(4) Noël, Eugène 13.46% unique répartition
(5) do Lucien 3.49% do do
(6) do Victor 30% en 4 ans par 1/4 de l'homolog.
(7) do - Ruffier & Cie 14 mai 1891 résolution

Noms, Prénoms, Professions & Domiciles		Syndics et Avoués	Faillites ou Liquidations	Dates des homologations de Concordats	Jugements d'Unions	Séparations judiciaires et Divorces	Conseils Judiciaires et Interdictions
Noellet - Floury, Louis, rue St Ambroise, 17	*	L'ineau				* 20 nov 90	
Noiton, Henri, imprimeur, rue de l'Abbaye, 22		Menaux	7 déc 91				
Noizette - Turlin, Eugène, Pass. du Petit-Cerf, 7	*	Masse				27 avril 91	
Noja duchesse de Bojano (de) Livia, rue de Monceau y..		Chain					14 nov 91
Nolais, md de chaussures, rue Rambuteau, 31		Bernard	17 oct 90		* 29 nov 90		
Nolon, entrep. de fumisterie, rue Fondary, 62		Menau	14 avril 91		* 30 avril 91		
Nordman & Terquem, bijouterie, B.d Magenta, 35		Destrez L	23 mai 91	18 août 91	(1)		
Normand, vins liqueurs, rue Laugier, 36		Boussard	22 juill 91		* 31 août 91		
do - Jumel, Abel, rue Popincourt, 4	*	Viven				* 1 mai 91	
do - Louis, Eugène, rue Bridaine, 15	*	Petit Bergan				* 17 juill 91	
Notot & Liévin, fab. de jouets, rue Chapon, 18		Cotty	29 avril 91	22 juill 91	(2)		
Notrel, md de chaussures, rue Ramponneau, 47		Châle	11 nov 87	7 août 91	(3)		
Nouat - Ziégler, Edouard, s. d. c.	*	Escarra				* 1 déc 90	
Noué - Stevenson, Humbert, rue St Honoré, 360	*	Berton				* 4 mai 91	
Nourrin Louis (Voir Thomas & Nourrin)							
Nourry (Dlle) Jeanne, plumes & fleurs, rue du Four, 40		Lissoty	10 juill 91		* 25 sept 91		
Noyé - Laurens, Frédéric, Av. Kléber, 104	*	Leroy				21 déc 91	
Noyer, Antoine, md de chaussures, rue Secrétan 18		Châle L	21 oct 90	2 janv 91	(4)		
do - Charles Pierre, rue Marcadet, 10	*	Benoist				* 15 déc 90	
Nuc, Pierre, charbonnier, à Pantin, rue de Paris, 103		Châle	5 juin 85	23 janv 91	(5)		
Nucci, Suter frères & Cie (de) importateurs, rue de Bercy 57		Chardon	28 mai 89		(6)		
Nugem, fumiste, rue Yvon - Villarceau, 13		Chardon	3 mars 91		* 15 avril 91		
Nurin, François, anc. md de vins, rue Civiale, 11		Godman L	17 juill 91	26 oct 91	(7)		
Oberhauser - Gourlaud, Victor, à Longjumeau (S.et O.)	*	Ducaruge				* 30 juill 91	
Oberlin - Vaudichon, Georges, rue Condorcet, 69	*	Dernis				* 5 mai 91	
Obert, fils (Voir: Obern & Cie)							
do et Cie, entrepreneur de serrurerie, Pass. Leschevin, 14		Planque	3 sept 91				
Ochsner, Jean, nourrisseur, à Montreuil, rue Parmentier, 21		Godmer	3 août 89		(8)		
do - Kislocher, Jean, à Montreuil, rue Parmentier, 21	*	Collin				5 fév 91	
Odoul, Antoine, md de vins, rue Drevet, 7		Destrez	14 mai 91		* 23 juill 91		
Offray, teinturier, rue Montorgueil, 53		Boineau	12 mai 85		(9')		
Oger - Perreau, Joseph, rue St Sauveur, 67	*	Herbet				* 5 janv 91	
Ogerdias - Leprince, Jn Bte, rue de Paradis, 8	*	Viollette				* 26 oct 91	
Olaguon - Laffay, Jean, à la Courneuve, r. d'Aubervill. 1	*	Allain				4 mai 91	
Olivier, Michel (Voir: Soujade & Cie)							
do Noël, anc. tapissier, Faub. Poissonnière, 34		Bernard	5 juin 91		* 31 juill 91		
Ollivier - Leconte, Adolphe, Faub. Montmartre, 8	*	Poller				13 avril 91	
Onfray, Eugène, grainetier, à St Denis, Av. de Paris 29-31		Planque	11 avril 88		* 19 juin 91	(10)	
Onillon, boulanger, rue de la Clef, 37		Beaujen	28 oct 90		* 20 déc 90		

(1) Nordman et Terquem, 25 % en 3 ans par 1/3
(2) Notot et Liévin 25 % en 5 ans par 1/5 sans intérêts
(3) Notrel, 20 % savoir: 5 % dans le mois de l'homolog. 15 % par 1/3 à partir du 1er paiement.
(4) Noyer 40 % en 5 ans par 1/5 de l'homolog.
(5) Nuc. Abandon de tout l'actif 50.10 % unique répartition

(6) Nucci, Suter, frères & Cie (de) 6.34 % unique répart.
(7) Nurin 30 % en 6 ans par 1/6 de l'homol.
(8) Ochsner 13.36 % unique répartition
(9') Offray 21 fév. 91 rapport de clôture, 22.83 % uniq. rép.
(10) Onfray 19 mai 1891 résolution.

Noms, Prénoms, Professions & Domiciles		Syndics ou Avoués	Faillites ou Liquidat.	Dates des homologations de Concordats	Insuffis.ces ou Unions	Séparat.ons de biens judiciaires Divorces	Cons. Jud. ou Interdict.
Ora, François, Md de lavoir au Pré St Gervais, Gde rue, 59		Hécaen	25 avril 89		(1)		
Orfila del Campo-Demange, Raphaël r. de Marseille 4	*	Adam				29 déc. 90	
Oriez, Émile, constructeur, rue Pergolèze, 12		Beaugé	4 déc. 83		* 18 déc. 85	(2)	
d° - Manaux, Émile, architecte, rue des Pyrénées, 287	*	Petit Bergeret				8 juin 91	
Ottenwald, md de vins, rue Neuve Popincourt, 3		Lupy	10 oct. 90		(3)		
d° - Redieux Jules, anc. md de vins B. des Italiens, 26		Collot				16 nov. 91	
Ottiker - Desmarais, Auguste, s. d. c.	*	Jacob				* 26 janv. 91	
Oudart, Émile, entrepr. de Construct. rue Christiani, 13		Destrez	5 oct. 91				
Oudin Sey fils, confectionneur, rue de Rivoli, 134		Châle	14 nov. 90		* 10 déc. 90		
d° - Leveau, Eugène, à Joinville le Pont, rue de Paris, 35	*	Lamare				* 7 nov. 90	
Oudor, confectionneur, rue de Mulhouse, 9		Lupy	17 juin 90		(4)		
Ousson - Genes Jn Bte, rue Nationale, 6	*	Cahen				* 13 mars 91	
Ouvrard - Debrie, Ernest, rue Aumaire, 49	*	Tricaud				17 sept. 91	
Ouvrier - Lacite, Pierre, rue des Amorets, 15	*	Duclos				* 30 juill. 91	
Ozanne - Darras, Jn Bte, rue de Dunkerque, 59	*	Thomas				3 août 91	
d° - Korn, Joseph, rue J.J. Rousseau, 23	*	Cahen				* 15 mai 91	

P

Noms, Prénoms, Professions & Domiciles		Syndics ou Avoués	Faillites ou Liquidat.	Dates des homologations de Concordats	Insuffis.ces ou Unions	Séparat.ons de biens judiciaires Divorces	Cons. Jud. ou Interdict.
Pacaud - Bernard, Pierre, s. d. c.	*	Lefoullon				* 1 juin 91	
Paccalin, Pierre, entrep. de maçon., à La Varenne St Hilaire		Godmer	16 juill. 91		* 31 juill. 91		
Pacelli, md de comestibles, rue des Martyrs, 16		Boussard	20 nov. 91				
Pacoret - Fournier, Étienne, rue Saussure, 16	*	Gosselin				10 août 91	
Pagès, hôtel meublé, rue Alibert, 8		Boussard	5 juin 91		* 30 juin 91		
d° & Cie vins liqueurs, hôtel meublé, rue Beccaria, 7		d°	16 déc. 91				
Pagis - Delpierre, Henri s. d. c.	*	Viollette				* 18 nov. 91	
Pagny, Paul, négt en ameublements, rue St Denis, 285		Godmer	4 oct. 90		(5)		
d° ! Morel, Paul, rue des Mûriers, 4	*	Martin				* 26 juill. 91	
Paichoux - Sadé, Mathurin, à la Nouvelle-Orléans	*	Cocton				* 26 janv. 91	
Pailberer fils aîné, md de vins, rue des Ardennes, 16		Mauger	9 juin 91		* 31 juill. 91		
Paillet, Romain, bourrelier à Ivry, rue du Lidgate, 85		Châle	28 mai 90		* 14 août 90	(6)	
d° - Delarue, Romain, bourrelier à Ivry rue Voltaire, 9	*	Michel				23 fév. 91	
Paillon, anc. md de vins, rue du Temple, 145		Hécaen	4 août 91				
Pair & Raimbault, entrep. de menuiserie à Alfortville, r. Morville, 31		Godmer	3 sept. 89		(7)		
Paita - Anglard, Joseph, rue du Bac, 95	*	Flocque				20 avril 91	
Pajor, François, bois & charbons, à Boulogne s/S. rue Escavart, 11		Rochette L.	12 déc. 89		(8)		
Pallet - Darselle, Barthélemy, rue Meyerbeer, 7	*	Bertinoeud				9 oct. 90	
Pallu, Victor, entrep. de serrurerie, Imp. Broussault, 4		Lissoty	1 déc. 91				
Palmieri - Bellet, rue Lafayette, 151	*	Paternotre				16 nov. 91	

(1) Ora 5.27 % unique répartition
(2) Oriez 2 fév. 91 rapport de clôture 0.60% unique répartition
(3) Ottenwald 9.68 % unique répartition
(4) Oudor 9.89 % d° d°

(5) Pagny 6.48% unique répartition
(6) Paillet 1 oct. 91 rapport de clôture
(7) Pair & Raimbault 0.97% unique répartition
(8) Pajor 33.85% d° d°

Faillites, Séparations, Divorces, Conseils Judiciaires, etc. de 1891.

Noms, Prénoms, Professions & Domiciles		Syndics ou Avoués	Faillites ou Liquidat.ons	Dates des homologations de Concordats	Ouvert.ces ou Unions	Séparat.ons de biens judiciaires Divorces	Cons. Jud. ou Interdict.
Pamart, Auguste, bijoutier, rue des Haudriettes, 3		Destrez	31 déc. 89		(1)		
Papadacci-Stéphanopoli, D.me, Av. Lowendall, 8	*	Gillen				* 13 août 91	
Papigny-Fiklcissen, Hippolyte, Av. d'Orléans, 60	*	Foucault				* 23 mars 91	
Papon, Pierre, trav.x publics (Voir: Lardennois & Papon)							
Paquier, Henri, artificier à Malakoff, r.te de Montrouge, 152		Destrez	23 oct. 89	17 juin 91	(2)		
Paquis, Eugène, nég.t en perrusseries, rue des Marais, 33		Planque	11 fév. 89		(3)		
Paquotte-Beaupied, Henri, luthier, B.d St Germain 99	*	Delp. de Nône				* 2 mars 91	
Pardigon-Cotonay, Félix, rue de Rivoli, 42 bis	*	Savignat				* 27 oct. 90	
Parar, Jean, anc. pharmacien, rue du Louvre, 38		Planque	19 juin 91	17 oct. 91	(4)		
Pardinel-Quidam, Charles, rue des Beaux Arts, 6	*	Bertinam				* 16 mai 91	
Pardon, Félix, dir. de théâtre, Av. de Clichy, 50		Bonneau	23 janv. 91		* 31 mars 91		
Parenthoux-Mulard Jean, rue de l'Aqueduc, 56	*	Messelen				* 24 juill. 91	
Parer-Seyschab, Louis, s. d. c.	*	de Bièville				* 16 juin 91	
Paris, Elie (Voir: Pradelle, Paris-Baradue.)							
d°. (P.) Marie, anc. md. de chaussures, rue Navin, 5		Godmer	20 mars 91		* 30 avril 91		
d°.-Pecqueux, Alfred, rue de Montreuil, 21	*	Bourgeois				* 4 août 91	
Pariser Philibert distillat. à Clichy r. de la Fabrique, 5		Boussard	9 mai 91		* 15 juin 91		
Parison md. de beurre et œufs act. rue du Commerce, 35		Cotty	27 oct. 91				
d°.-Adam, Frédéric, rue Roche, 4	*	Raynaud				* 26 mars 91	
Parmentier-Garnon, Charles s. d. c.	*	Pineau				* 9 nov. 91	
Parot, entrep. de maçon.ie, rue Ordener, 107		Rochette	20 oct. 91				
Parquet, Louis, tanneur, rue Broca, 21 & 23		Hécaen	10 sept. 91				
Parron, Camille, teinturier, rue Bonaparte, 24		Hécaen	26 sept. 74		(5)		
Parvy, Léonard, galochier, à Montreuil, rue de Paris, 146		Menau	28 déc. 91				
Pary, Georges, nourrisseur à Gentilly R.te de Fontainebleau, 121		Chardon	9 janv. 91		* 28 fév. 91	(6)	
d°.-Vauge, Georges à Gentilly, R.te de Fontainebleau, 121	*	Fontaine				22 juin 91	
Pascalin (D.) Adèle (Voir: Jules & Pascalin.)							
Pascard-Héroguer, Henri, rue de Loos, 31	*	Marais				* 27 juill. 91	
Pasquet-Simon, Pierre, B.d du Temple, 14	*	Ducange				* 16 fév. 91	
Pasquier (Voir: Decor & C.ie)							
Passy, Joseph, fab. de vis act. B.d Richard-Lenoir, 81		Godmer	13 oct. 91				
Pastré, Ange-Jules, rue Pasquier, 4	*	Petit Bergue					30 juin 91
Patin-Trouen, Modeste, s. d. c.						* 15 avril 91	
Paloche, Francisque, fab. de vis, rue St Sébastien, 25		Boussard I.	1 déc. 91				
d°.-Dion d°. d°. d°.						2 nov. 91	
Patois-Messager, Louis, à Asnières, Av. de Courbevoie 26	*	Benoist				* 10 août 91	
Patris, md. de charbon de terre, à Charenton, r. de Paris, 125		Bonneau	12 mai 91		* 30 juin 91		
Patry-Bonneau, Edouard, rue du Télégraphe, 45	*	Cortor				* 22 juin 91	
d°.-Lemie, Richard, rue Fromont, 26	*	Coche				* 6 avril 91	
Patte frères, importation act. rue d'Enghien, 7		Bonneau I.	10 sept. 90	2 oct. 91	(7)		

(1) Pamart 1.92% unique répartition
(2) Paquier. Intégralité des créances en principal
(3) Paquis 10.74% unique répartition
(4) Parar. Abandon de tout l'actif y compris la somme provenant de la vente du fonds.

(5) Parron 40% 2e et dern. répartition
(6) Pary 25 avril 1891 rapport de clôture
(7) Patte frères 50 % en 5 ans par 1/5, le 1er paiement le 31 décembre 1892 — 11.19 % unique répartition

 Faillites, Séparations, Divorces, Conseils Judiciaires, etc. de 1891

Noms, Prénoms, Professions & Domiciles.	L indique Liquidation / * Astérisque / Avoué, Insuffisance / Divorce / et Interdiction	Syndics et Avoués	Faillites en Liquidations	Dates des Homologations des Concordats	Insuffisces ou Unions	Séparat.ons de corps judiciaires Divorces	Cons. Jud. ou Interdict.
Pattou - Thomas, Albert, rue Rebeval, 18	*	Mamavau				* 10 nov. 90	
Pauchet - Plisser, Stanislas à Puteaux, Av. de la Défense, 29	*	Charueau				* 2 mars 91	
Pauffin, frères & Cie produits chimiques, quai d'Orléans, 14		Roucher	26 juin 90	31 janv. 91	(1)		
Paul, Ludovic, prod. chim. à Ivry Port, r. de Seine, 20		Destrez L	13 août 91	23 oct. 91	(2)		
d° - Laus, Pierre, s. d. c.	*	Bourgeois				* 2 mars 91	
Pauli - Bonner, Théophile, s. d. c.	*	Poller				* 16 mars 91	
Paulier - Mayler, Fernand, libraire, rue de Condé 11	*	Giry				29 juin 91	
Paulin, Augustin, md de confections, r. Montorgueil 32		Roucher	7 mars 89		* 30 avril 91	(3)	
d° md de bois & charbons, rue de Chabrol, 31		Lesage	18 déc. 91				
Paulnier et Boudin, mds bouchers, rue de Flandre, 205		Lupy	20 fév. 91	9 oct. 91	(4)		
Paupe, Léon, anc. boucher act: rue Monge, 75 bis		Menaux	17 juin 90		(5)		
Pauquet - Leleu, Alfred, tailleur R. de Charonne, 31	*	Tricaud				* 23 mars 91	
Laurelle, Auguste, md de vins, rue Dupetit-Thouars, 12		Chevillot	24 oct. 91				
Lautard - Lamotte, Raphaël, rue St. Benoît, 22	*	de Bieville				* 9 déc. 90	
Lautre (Dme) Palmyre, couturière, rue Richepanse, 4		Hocmen	30 sept. 90	11 fév. 91	(6)		
d° - Mathieu, François s. d. c.	*	Delepouve				* 1 déc. 90	
Lavageau, pharmacien, à Courbevoie, r. St-Denis, 111		Boussard	31 juill. 91		* 23 oct. 91		
d° - Gillet, François d° d°	*	Picard				7 déc. 91	
Paravey & Cie direct. de théâtre av. Victoria, 5		Bonneau	29 août 91				
Payer - Breton, huron, à Fontainebleau, r. St. Merry, 68	*	Petit Berganz				* 23 fév. 91	
Péan de St Gilles, André, rue de Berne, 21	*	Castaignos				(7)	28 juin 86
Peccate - Michel, Hippolyte, à Épinay, rue de l'Église 7	*	Martin				22 juin 91	
d° - Parfain, Adolphe, avenue Marceau, 7	*	Morgeot				* 15 juin 91	
Péchon - Lebègue, Louis, s. d. c.	*	Vien				* 15 déc. 90	
Pécoul, Jn Bte, md de bois & charb. rue de l'Armorique, 8		Châk L	11 avril 91	7 juill. 91	(8)		
Pecquereau, Théodore, fab. de meubles, rue du Chemin Vert, 7		Linot L	20 fév. 90		(9)		
Pédon - Sancivré, Jules, rue Lisfranc, 3		Jacquin				* 28 nov. 90	
Péguy (Dme) Eugénie, robes & manteaux Bd Haussmann 25		Lesage	30 juill. 91				
Pelgrim - Couard, Albert, rue Notta, 5	*	Tricaud				* 13 avril 91	
Pelion, Charles, fab. de maroquinerie, rue Bichat, 6		Manger L	14 mars 91				
Pelissier, Henri, courtier en diamants, rue d'Hauteville, 66		Rochette	1 sept. 91				
d° Henri nourrisseur au Pré St-Gervais, r. de la Villette, 29		Manger	18 août 91		* 25 sept. 91		
d° - Drillon Henri, act: s. d. c.	*	Tricaud				* 1 juin 91	
Pellard - Maundrell, Pierre, s. d. c.	*	Dubourg				1 juin 91	
Pellegrini librairie-papeterie r. N.D. de Lorette, 15		Lesage	15 oct. 91				
Pellorin - Baudet, Aristide, à la Garenne-Colombes, r. de l'Aigle, 1	*	Bourgeois				* 27 oct. 90	
Pellet (Vve) fab. de corsets à Bois-Colombes r. de la Côte, 69 bis		Bonneau	1 juin 86		(10)		
Pelletier, Alfred, anc. boulanger, rue Brezin, 31		Bernard	7 fév. 90		(11)		

(1) Pauffin frères & Cie 20% en 2 ans par 1/4.
(2) Paul 50% en 5 ans par 1/5 de l'homolog.
(3) Paulin 21 mars 91 résolution
(4) Paulnier. Abandon de l'actif réalisé ou à réaliser, en outre 10% en 5 ans par 1/5 de l'homolog. 0.94% unique répartition
(5) Paupe 15.44% unique répartition

(6) Lautre (Dme) 50% en 5 ans par 1/5 un an ap. ½ de l'homolog.
(7) Péan de St Gilles 11 nov. 91 Main-levée
(8) Pécoul 30% en 5 ans par 1/5 de l'homolog.
(9) Pecquereau 10% unique répartition
(10) Pellet Vve 12.40% d° d°
(11) Pelletier 10.89% d° d°

Noms, Prénoms, Professions & Domiciles		Syndics et Avoués	Faillites et Liquidat.	Dates des homologations de Concordats	Insuff.ces ou Unions	Séparations de biens judiciaires / Divorces	Cons. Jud. et Interdict.
Pelletier, Émile, md d'épicerie et vins, r. de la Chapelle, 89		Lonchambt I	23 mai 91	18 août 91	(1)		
do. Ernest, entrep. de maçonnerie, rue Lagbaux 17		Pinet	7 mars 88		* 31 août 91	(2)	
do. et Cie serrurerie, rue Beauregard, 14		Pinet	3 fév. 88		* 30 avril 91		
do. - Baillon, Émile, rue de la Chapelle, 89	*	Lugrand				10 août 91	
do. - Dardenne, Joseph, à Pantin, route de Flandre, 74	*	Audouin				* 24 janv. 91	
do. - Hardouin, Eugène, rue de Montsouris, 18	*	Demouil				16 fév. 91	
do. - Jacob, Auguste, rue Gabrielle, 29	*	Pagès				* 23 fév. 91	
do. - Longuet, Xavier, rue St-Bernard, 12	*	Collin				* 1 juin 91	
Peltier - Nicquet, Louis, rue de la Lingerie 2 bis	*	Mercier				13 juill. 91	
do. md de vins en détail, rue Vieille du Temple, 78		Hécaen	27 nov. 91				
do. Pierre, md de chaussures, Faub. St-Martin, 211		Lupy	29 juin 91				
Pelton, Joseph, md boucher, rue Hauteville, 14		Orété	22 sept. 91		* 17 nov. 91		
Pénard, Louis, concessionnaire de marchés à Charenton, rue Guérin, 18		L.	26 avril 89		(3)		
Penaud & Cie, direct. du théâtre moderne, Faub. Poissonnière, 10		Pinet	15 avril 91				
Pennellier (Vve) Joséphine, restaurant à Chatenay		Bonneau	12 nov. 91				
Pény - Liroux, Henri, pharmacien, à Neuilly, r. Chauveau, 22	*	Rougeot				11 mai 91	
Pépin - Desbarres, anc. agent d'affaires, r. St-André des Arts, 37		Planque	24 oct. 90		* 29 nov. 90		
do. - Magard, Ernest, s. d. c.	*	Cocho				* 15 déc. 90	
do. - Passeux, Auguste, s. d. c.	*	Rivière				* 24 nov. 90	
Perdereau, fils, Alfred, Bd Diderot, 7	*	de Bièville					24 nov. 90
do. - Héricourt, Denis, à Clichy, rue de Paris, 59	*	Jacob				* 7 avril 90	
Perder (Vve) boulangère, rue de Malte-Brun, 19		Destrez	21 janv. 90		* 29 nov. 90	(4)	
Perdriguen, Jules, chemisier, Chaussée d'Antin, 17		Lesage	7 juill. 91				
Péreard - Métral, à Buenos-Ayres	*	Guignon				* 15 déc. 90	
Peret - Costes, Privat, Passage Clichy, 16	*	Bozon				* 24 avril 91	
do. - Guérin, Pierre, rue Ste-Appoline, 29	*	Dolibu				23 fév. 91	
Péri - Thiwen, Paul, rue de Londres, 16	*	Tradoux				* 2 déc. 90	
Péricau, épicier, rue Gauthey, 31		Lupy	26 mai 91		* 24 juin 91		
Perlé, ancien md. de vins Bd de Grenelle, 154 act. s.d.c.		Menaux	23 oct. 91				
Périer, Louis (Voir : Lancelin et Périer)							
Périgault (Dlle) Irma, à Champigny, Gde rue 127	*	Dubail				* 26 mars 91	
Perriau - Druynaud, Michel, s. d. c.	*	Montfaine				* 5 juill. 91	
Pernette & Cie entrep. de voit. de place, rue des Gdes Carrières, 24		Chavillon	19 juin 91		* 25 sept. 91		
Pernon, fils, anc. limonadier, rue Trazel, 32		Destrez	13 oct. 91				
do. - Dombret, Napoléon, à St-Ouen, Bd Vtor Hugo, 115	*	Poinson				* 29 juin 91	
Perois - Goutte, Alfred, rue St-Lazare, 69	*	Bertinot Jne				* 16 juill. 91	
Péron, Henri, fab. de cartonnages, r. Beaurepaire, 2		Rochotte I	27 fév. 91	15 juill. 91	(5)		
do. et Cie md de vins, Bd des Capucines, 20		Barboux	21 mars 91		* 30 avril 91		
do. - De Coatandon, Émile, à St-Denis, Av. de Paris, 224	*	Pinet				* 23 juill. 91	
Péronne, François, négt en soieries, rue d'Aboukir, 27		Roucha I	7 mars 91	10 juin 91	(6)		

(1) Pelletier. Abandon de l'actif réalisé 32.56% unique répartition.
(2) do. Ernest, 9 juin 91 résolution
(3) Pénard 16.04% unique répartition.
(4) Perder (Vve) 1 oct. 1891 rapport de clôture

(5) Péron, 25% en 7 ans, savoir : 3% les 31 janv. 93, 1894, 1895 ; 4% les 31 janv. de chacune des 4 années suivantes.
(6) Péronne 25% en 5 ans par 1/5 de l'homol.

Faillites, Séparations, Divorces, Conseils Judiciaires, etc. de 1891

Noms, Prénoms, Professions & Domiciles		Syndics et Avoués	Faillites en Liquidations	Dates des homologations de Concordats	Insuffisances ou Unions	Séparations de corps judiciaires Divorces	Cons. Jud. et Interdict.
Tirou fils, md de meubles, rue de Reuilly, 18		Châle	6 nov. 90		* 29 nov. 90		
Terrault, Charles, md tailleur, rue St-Denis, 144		Chardon L	8 sept. 91				
Terreau, Abel, banquier, Faub. Montmartre, 52		Lesage	2 juin 91				
Terreaux, Salmain, boucher, à Ivry, rue Nationale, 55		Chevillon	17 oct. 90		* 31 déc. 90		
Terrenoud, anc. limonadier, rue Dulong, 34		Barboux	21 oct. 86		(1)		
d° Louis, fab. de meubles, rue de Bondy, 70		Chevillon L	28 fév. 91		(2)		
Terriaux (D°) Julie, couf. pour dames, r. de Châteaudun, 4		Maillard	22 juin 91				
d° - Chevalier, Armand, tapissier Imp. des Prêtres, 5	*	Delinon				* 27 nov. 91	
Perrichen, Eugène, tapissier, rue Chabanais, 6		Beaugé	19 juin 91				
Terrier - Miché, Adolphe, rue St-Maur, 5	*	Coche				* 30 oct. 91	
Terrin-Latour, Charles, rue Esquirol, 15	*	Berton				* 22 juin 91	
Terrion, md de vins, rue N.D. des Champs, 11		Lissoty	17 juill. 91		* 31 août 91		
Perrod, Cafetier, rue de Turenne, 103		Hécaen	5 juin 91	24 nov. 91	(3)		
d° (D°) Justine, md de vins, rue de Montreuil, 101		Rochette	2 sept. 91		* 25 sept. 91		
d° - Aubry, Georges rue de Turenne, 103	*	Rouy				* 22 juin 91	
Perron, Adolphe, entrep. serrurerie, Av. d'Ivry, 88		Beaujeu	3r avril 88	9 janv. 91	(4)		
d° - Bonnamy, Jules, rue Lafayette, 131	*	Gouget				* 13 janv. 91	
Perrotin (V°), mercière, rue de la Chapelle, 117		Planque	24 avril 91		* 24 juin 91		
Perruchetti - Berthaux, Ambroise, rue Ramponneau, 32	*	Marin				13 juill. 91	
Terrusson, Edouard, md tailleur, rue de Seine, 111		Hécaen	13 août 91		* 31 août 91		
Perthuison, anc. md de vins, rue Lauriston, 70		Beaujeu	3 juin 90		(5)		
Pesterbe - Guénou, Louis, s. d. c.	*	Tricon				* 15 mai 91	
Pesquet, chapelier, rue de Turenne, 21		Loucheler	23 janv. 91				
Pesquiès - Stœckel, Charles, rue de Lübeck, 32	*	Berton				16 mars 91	
Peter - Verheyden, Alexis, s. d. c.	*	Dimer				* 31 mars 91	
Peters, restaurateur, rue d'Allemagne, 194		Desirez					
d° Emile, md de vins, rue des Boulets, 105		Destrez	9 oct. 91				
Petibon, Camille, affineur de métaux, B° d'Italie, 75		Planque L	11 juill. 91	17 nov. 91	(6)		
d° - Bracher, Louis, nég. B° Arago, 31	*	Tissier				10 sept. 91	
Petillon, Louis, négt en robes, Pass. Josset, 7		Planque	2 déc. 86		* 30 juin 91	(7)	
d° & Pinson, entrep. serrurerie, Av. de St-Ouen, 115		Destrez L	29 juin 91				
Petit, anc. restaurateur, act: rue Charlot, 4		Châle	20 nov. 90		(8)		
d° négt en vins, rue du Mont-Cenis, 112		Lupy	28 oct. 90		* 25 nov. 90		
d° Alexandre, carrossier, act: Pass. Joinville, 13		Hécaen	21 déc. 91				
d° Alexandre, anc. boulanger, r. du Moulin de la Pointe, 32			24 nov. 82		(9)		
d° Charles (Voir: Petit frères)							
d° Emile, épicier fruitier, rue de Patay, 112		Boussard	6 fév. 91		* 28 fév. 91		
d° Emile imprimeur, rue Baudelicque, 5		Lupy	20 fév. 91		* 15 av. 91		
d° J. md de baleine, act: rue du Poteau, 18		Barboux	10 mars 91		* 15 av. 91		

(1) Perrenoud. Faillite rapportée par jugt du 12 déc. 91.
(2) d° Louis 20% savoir: 5% un mois après l'homolog, 5% 6 mois plus tard, 5% un an après le 2e paiement, et 5% un an après ce dernier paiement.
(3) Perrod 50% en 10 ans par 1/20 6 mois de l'homolog.
(4) Perron 60% en 5 ans par 1/5 de l'homolog.
(5) Perthuison 2.30% unique répartition
(6) Pétibon: Abandon de l'actif réalisé et à réaliser et engagements de parfaire 26% après la reddition de compte
(7) Pétillon 26 mai 91 résolution
(8) Petit 12% 1ère répartition
(9) d° Alexandre 32.58% unique répartition

Noms, Prénoms, Professions & Domiciles	(L indique liquidation, * Astérisque avoué insuffisance, Divorce et Interdiction)	Syndics et Avoués	Faillites ou Liquidations	Dates des Homologations de Concordats	Insuffis. et Unions	Séparat. et biens Judiciaires Divorces	Cons. Jud. et Interdict.
Petit Marie, anc. md. de vins, act; r. Marcadet, 68		Fouchelé	7 août 91				
d° Paul, restaurateur, rue Turbigo, 74		Bernard	15 oct. 90		(1)		
d° Sylvain, anc. fab. de cadres, rue Rampon, 11		Ozéré	8 oct. 91				
d° (D°) md. de modes au Temple; act. s.d.c.		Chardon	21 nov. 90		*16 janv. 91		
d° (Dlle) Antonine, à Vanves, rue Fabrois, 2	*	Picard					*2 juill. 91
d° (Dlle) Thérèse, mercerie, rue des Fourneaux, 1		Mauger	15 déc. 91				
d° Frères, fab. de chaussures, B. de la Chapelle, 11		Cotty	15 oct. 91				
d° et Hermond, entrep. de maçonnerie, B. de Vaugirard, 126		Beaujeu L	11 nov. 91				
d°. - Crevat, Georges, quai des Fleurs, 21	*	Gamard				11 mai 91	
d°. - Hanauer, Joseph, rue de la Michodière, 4	*	Barberon				28 déc. 91	
d°. - Mercoux, Adolphe, rue Oberkampf, 91	*	Berton				*7 déc. 91	-
d°. - Millier, Félix, av. Parmentier, 13	*	Pelletier				*23 juill. 91	
d°. - Sorton, François, fruitier, rue de Provence, 63	*	Maucourt				*15 janv. 91	
Petitier, Pierre, entrep. de transports, rue de Tourniel, 109		Lesage	12 déc. 91				
Petit-Jean, Armand, emballeur, à Ivry-Port, r. Nationale, 49		Menaux	4 juill. 91				
Petitpas, Léon, rue Balagny, 8		Roche					*16 mai 91
Petritzi, Nicolas, comm. en march. rue de Paradis, 47		Mauger L	6 nov. 90	16 mars 91	(2)		
Petrold - Coulon, Charles, horloger, r. Championnet, 123	*	Coller				*15 mai 91	
Peuch, nourrisseur, rue Jean-Robert, 4		Menaux	2 janv. 91		(3)		
Peuter, md. de vins, av. Rapp, 13		Châle	17 mars 91			*15 avril 91	
Peyri, François, nourrisseur à Neuilly, rue de l'Église, 16		Lesage	Cozin 90		(4)		
Peyrounic - Baudin, Raynaud, r. Boissy-d'Anglas, 27	*	Masse				*29 nov. 90	
Peyron - Likin, Auguste, rue Doudeauville, 34	*	Maze				*15 déc. 90	
Pfeiffer, Frédéric, confectionneur, rue d'Aboukir, 7		Planque	19 fév. 83		(5)		
d° Louis, Confections pr. dames, rue d'Aboukir, 113		Bernard L	6 janv. 91		(6)		
Philiber - Camax, Félix, à Maisons-Alfort, rue Victor Hugo, 63	*	Briquet				8 oct. 91	
Philippart (D°) Léonie, nourrisseur, à Fontenay-aux-Roses, San-Butin		Bernard	28 mars 89		(7)		
Philippe - Lameyra, Alphonse, r. de Château-Landon, 28	*	Pellerin				2 fév. 91	
Philippeau, Louis, fab. de sièges, rue de Cîteaux, 19		Chardon	21 juill. 91	19 août 91	(8)		
Philippeaux - Ravaux, Henri, à Fontenay-aux-Roses	*	Chagner				*8 janv. 91	
Piager & Cie exploitation de journ. rue Paul Lelong, 8		Mauger	4 déc. 90				
Piat, Charles, nég. en drogueries, rue du Temple, 57		Bonnomet L	14 mai 91		(9)		
d° - boucher, rue du Château d'Eau, 33		Lissoty	2 juin 91			*23 juill. 91	
d°. - Anquetil, Jean, rue Soufflot, 21	*	Breau				16 nov. 91	
Picard, Isaac, md. de bestiaux, rue d'Allemagne, 169		Ozéré	17 sept. 89		(10)		
d°: J. fab. de carreaux de plâtre à Montreuil, r. d. St-Mandé, 31		Ozéré	3 oct. 91				
d° - Lohberger, Charles, s. d. c.	*	Baudouin				*3 janv. 90	
Picart - Maire, Alfred, rue de l'Orillon, 15	*	Laban				*13 nov. 91	

(1) Petit Paul 15.82 % unique répartition
(2) Petritzi 50 % savoir : 5 % un mois après l'homolog. 5 % 3 mois après et 4 % cinq ans par 1/4 de l'homolog.
(3) Peuch 9.09 % unique répartition
(4) Peyri 12.96 % d° d°
(5) Pfeiffer 41.08 % d° d°
(6) Pfeiffer 0.74 % unique répartition
(7) Philippart (D°) 7.60 % d° d°
(8) Philippeau. Abandon de l'actif réalisé et à réaliser et 10 % en 10 ans par 1/10 un an de l'homolog.
(9) Piat 30 % 1re répart. 25 % 2e répart.
(10) Picard 1.33 % unique répartition.

Noms, Prénoms, Professions & Domiciles	* Indique liquidation / Astérisque avant = insuffisance / Divorce ou interdiction	Syndics et Avoués	Faillites et Liquidations	Dates des homologations de Concordats	Insuffis. ou Unions	Séparat. de biens judiciaires Divorces	Cons. Jud. ou Interdict.
Picault, Jean, à St-Maur, B? de Créteil, 105		Lupy	1 août 91	15 déc. 91	(1)		
Pichon, Félix, changeur, rue de Dunkerque, 23		Bernard	20 juin 90		(2)		
d° Marcel, entrep. de maçonnerie, rue de Clémeau, 7		Ponchelet	29 mai 91		* 21 sept. 91		
Pichoud-Rostaing, Jean, B? Voltaire, 76	*	Poller				* 5 janv. 91	
Picou, m? de charbons et vins, rue Cardinet, 33		Chardon	18 sept. 91		* 31 oct. 91		
Picq-Mourey, François, à Suresnes, R? de Versailles, 1	*	Mignon				* 28 fév. 91	
Pidou, Charles, fab. de vernis, act: à St-Denis, Av. de Paris, 126		Hécaen	22 avril 91	11 nov. 91	3)		
Piclard, Georges, passementier, rue St-Sauveur, 75		Rochette	30 mai 91		* 31 juill. 91		
Pieren-Delpierre, Alexis, rue Delaître, 10	*	Collin				* 8 déc. 90	
Pierrué, François, anc. m? de vins, act: R? de la Contrescarpe, 38		Menant	8 oct. 91				
Pierquin (Vve) fab. de meubles, rue St-Bernard, 24		Chardon	29 juill. 90		* 27 janv. 91		
Pierre (D?) boulangerie, rue Croix Nivert, 49		Chardon	22 août 91				
d° Émile, anc. confiseur, rue Turbigo, 55		Chardon	1 août 90		(4)		
d° Paulin, m? de vins restaurant, rue du Regard, 16		Oréré	15 déc. 91				
Pierre de Bernis (Vte de) Raymond, rue de Lincoln, 9	*	Allain					23 juin 91
Pierron-Lanneau, Charles, rue des Trois Frères, 2	*	Fontaine				* 3 déc. 90	
Pierson-Millon, Louis, rue du Cherche-Midi, 78						* 4 août 91	
Pietrin, Léon, anc. épicier act: à Clichy, rue Marthe, 104		Rochette	1 mai 90		(5)		
Tiffault, Eugène, boulanger, rue des Amandiers, 19		Menant	14 oct. 89		(6)		
Pigeon-Sollas, Étienne, rue Vollet, 92	*	Cailler				* 20 janv. 91	
Pigeon, entrep. menuiserie, Faub. St-Martin, 156		Lupy	14 oct. 90		* 29 nov. 90		
Pignatel-Marcou, Pierre, rue de Miromesnil, 26	*	Rivière				20 avril 91	
Piguet-Ishm, Charles, rue Bourtibourg, 21	*	Cabra				* 8 déc. 90	
Pignot-Guay, Louis, Av. des Gobelins, 31	*	Postel Duhis				* 27 avril 91	
Pigot-Daniel, J. Bte à Montreuil, rue de Rosny, 18	*	Messeler				* 1 juin 91	
Pinard-Didriche, Louis, rue de la Villette, 13	*	Pellerin				* 24 avril 91	
Pinaud, François, confect. pour dames, r. Croix des Petits Ch., 50		Cotty	19 mai 86	30 sept. 91	(7)		
Pinault-Coliquer, Jean-Bapt. s. d. c.	*	de Bieville				* 25 avril 91	
d° - Touzand, Clément, s. d. c.	*	Passion				* 15 mai 91	
Pingaud, entrep. de maçonnerie, rue Lebouteux, 8		Lesage	4 nov. 90		* 26 déc. 90		
Pinier-Daugé, Alexis, rue Ordener, 181	*	Foucault				12 janv. 91	
Pinoir, Jules, m? de vins, rue de Charenton, 50		Godmer	21 avril 91		(8)		
Pinon, m? de vins, rue Coustou, 4		Hécaen	24 avril 91		* 30 juin 91		
d° - Delion, Pierre, Av. de l'Opéra, 3	*	Langeron				* 15 déc. 90	
Pinson, Léon (Voir: Petillon & Pinson)							
Pinteux (Vve) Madeleine, Asile des aliénés de Vaucluse	*	Manceau					* 19 fév. 91
Pinturier, entrep. maçonnerie, rue de Wattignies, 82		Cotty	23 juill. 91		* 17 nov. 91		
Pioche, Édouard, anc. boucher à Neuilly, rue du Marché, 8		Manque	2 juin 91	12 août 91	(9)		
Pior, J. Bte anc. épicier & grainetier, rue de la Fraternité, 8		Destrez	14 juin 89		(10)		

(1) Picault 20% en 5 ans par 1/5 un an de l'homolog.
(2) Pichon 8% 1ère répartition
(3) Pidou 12% en 4 ans par 1/4 de l'homolog.
(4) Pierre 75.24% unique répartition.
(5) Pietrin 6.35% d°. d°.
(6) Tiffault 4.60% d°. d°.
(7) Pinaud. Abandon de tout l'actif sauf une somme de 300 fr. 91.26% unique répartition
(8) Pinoir 1.15% espèces 17.63% billets unique répartition
(9) Pioche 20% en 5 ans par 1/5, un an de l'homolog.
(10) Pior. Faillite rapportée par jugement du 11 juill 91

Noms, Prénoms, Professions & Domiciles	(indique liquidation antérieure … Divorce et Interdiction)	Syndics ou Avoués	Faillites ou Liquidations	Dates des homologations de Concordats	Insuffis.ces ou Unions	Séparations judiciaires Divorces	Cons. Jud. ou Interdictions
Pion, J.-Bte comm: en march. funb. r. St Martin, 172		Cotty	30 août 87		(1)		
d°. J.-Bte fab. de chaussures, rue de la Folie-Méric.t, 85		Roucher	19 juin 91		(2)		
d°. J.-Bte nég.t act.t fab. de chaussures, Quai Jemmapes, 2		Cotty	19 juill. 83		* 11 sept. 83	(3)	
d°. & Cie Md de vins, rue St Maur, 167		Lissoty	30 oct. 85		(4)		
Piquand (Vve) mercerie, rue de la Chapelle, 117		Maillard	17 nov. 91				
Pixlon-Morbois, Jules, s.d.c.	*	Corton				* 28 fév. 91	
Piscart, anc. Md de vins, rue Myrha, 70		Rochette	3 janv. 91		* 28 fév 91		
Pitard, Hippolyte, Md de chevaux, rue Forcot, 4		Beaugé	14 oct. 91		* 17 nov. 91		
Pithon-de Laquintery, Charles, rue des Petites Écus, 13	*	Marais				* 1 mars 91	
Piton-Buatois, Louis, rue Croix e Nivert, 39	*	Fontaine				* 17 nov. 90	
Pilot-Barbachoux, Barthélemy, av. Parmentier, 12	*	Manceau				27 juill. 91	
Pitou-Paquier, Henri, à Fontenay s/Bois, r. d'Alrezrac, 15						23 nov. 91	
Pitout, Ernest, entrep. menuiserie, rue de Verneuil, 42		Lissoty	17 oct. 83	13 janv. 91	(5)		
Pittau & Bellini, commissionnaires, rue Martel, 3		Cotty	11 nov. 90		* 31 déc. 90		
Pittet-Lechevin, Jacques, s.d.c.						27 juill. 91	
Pitz-Weber, Michel, à Aubervilliers, r. Solférino, 18	*	Thorel					
Pivern, Louis, construct.r de voit.s à Malakoff, Av. du Roule, 125		Lesage	24 déc. 90		(6)		
Pivot-Martin, Jules, à Pantin, R.te d'Aubervill., 95	*	Collin				16 mars 91	
Placet (D.e) Sophie (Voir: Julien & Cie)							
Plaissie-Deslaveris, Vital, s.d.c.	*	Deville				9 fév. 91	
Plançon, Md fruitier, à St Ouen, Av. des Batignolles, 126		Bernard	20 nov. 91				
Planquais, Désiré, papiers en gros, rue Cléry, 9		Planque	16 sept. 91	2 Déc. 91	(7)		
Plé-Crusser, Jules, rue des Cascades, 42	*	Pineau				* 19 janv. 91	
Plétiux, François, Md de chaussures, r. des Batignolles 39		Lupy	4 juin 91		(8)		
Plisset-Vandamme, Charles, rue de la Mare, 1	*	Lisbet Jacob				* 6 mars 91	
Plisson & Cie fab. d'huiles minérales, rue Baudin, 30		Boussard I	11 août 91	5 nov. 91	(9)		
Pluchard-Trouble, Charles, rue du Ranelagh, 129	*	Ferté				* 25 juill. 90	
Pluvier (Vve) Jeanne, limonadière, rue St Dominique, 11		Beaujou	8 août 91				
Pochard, Léon, quincaillier, rue du Pont-Neuf, 5		Maillard	2 janv. 90	14 juin 90	(10)		
Pochet-Bassez, Emile, rue St Honoré, 196	*	Chain				20 avril 91	
Pochier, Alphonse, bijoutier, rue de Montmorency, 16		Pineau I	3 déc. 91				
Podevin, Pierre, carrier, à Billancourt, Av. des Moulineaux, 40		Boussard	18 avril 91		* 11 juin 91		
Poidebard de la Bruyère-Médaille, Georges, s.d.c.	*	Delivou				15 juin 91	
Poillon, Antoine (Voir: Déboire & Poillon)							
Poindron, Adolphe, fab. de broderies, rue Gaillaux, 14		Menau	7 juill. 91		* 31 juill. 91		
Pointal, Pierre, Md de vins restaur.t rue de Cléry, 33		Barboux	18 fév. 91		* 31 mars 91		
Poirier-Auguste, Henri, brocanteur, r. de Lourmel, 98	*	Baudouin				* 5 janv. 91	
d°. - Bras, Eugène, s.d.c.	*	Picard				* 21 juill. 91	

(1) Pion Faillite rapportée par jug.t du 11 juill. 1891
(2) Pion d° d° d° d°
(3) Pion 11 juillet rapport de clôture
(4) Pion et Cie Faillite rapportée par jug.t du 11 juillet 1891
(5) Titout. Paiement de ce qui reste dû sur le dividende de 65% promis aux créanciers antérieurs au nouveau concordat et engagement de payer aux nouveaux créanciers 65% en 4 ans par 1/4, 6 mois après l'homolog.
(6) Pivern 1.37% unique répartition
(7) Planquais 35% sans intérêts, savoir: 5% le 30 novembre 92 et 6% chacune des années suivantes
(8) Plétiux 7.58% unique répartition
(9) Plisson & Cie 20% sans intérêts en 5 ans par 1/5 de l'h[…]
(10) Pochard 25 nov. 91 résolution de concordat

 Faillites, Séparations, Divorces, Conseils Judiciaires, etc. de 1891

Noms, Prénoms, Professions & Domiciles		Syndics et Avoués	Faillites et Liquidations	Dates des homologations de Concordats	Insuffis.ces et Unions	Séparations judiciaires Divorces	Cons. Judic. et Interdict.
Poirier-Goujon, Alfred, dentiste, r. Montmartre, 169	*	Ferté				*17 mars 91	
Poisson-Tinnenbrook, Louis, à Levallois, r. des Frères Herbert, 31	*	Perard				*16 mars 91	
Poitevin, Désiré, mercier, rue Viala, 35		Lupy	25 nov. 90		*23 juill 91		
Poli-Rainbert, Félix, s. d. c.	*	Guignon				*23 juin 90	
Pomarel-Debord, François, rue Ste Placide, 10	*	Tricaud				*31 juill 91	
Pommereau-Ancelin, Joseph, rue Cambronne, 44	*	Poller				*1 juin 91	
Pommerolle, Paul, confections, rue de Flandre, 39		Destrez	16 juin 91		(1)		
Pommier-Hérault, Christophe, rue d'Allemagne 186	*	Brénard				15 juin 91	
Ponce-Piar, Auguste, à Asnières, rue Drumesnil, 8	*	Marmottan				*8 déc 90	
Ponceau-Million, Isidore, tonnelier	*	Marmottan				*16 fév. 91	
Poncel-Corie, Régis, av. des Champs Elysées, 38	*	Normandin				*18 juin 91	
Poncier-Grandpeix, Jean, rue Rotrou, 2	*	Messelet				23 nov. 91	
do - Wyffels Jean, md de vins, rue du Mont Cenis, 3	*	Charreau				*24 nov. 90	
Poncini-Lincaut, Pierre, entrepr. de fumisterie, rue du Foin, 8	*	Ducrange				25 mai 91	
Pons-Mégissier, Joachim, charron, rue du Moulin Vert, 90	*	Marl. du Gard				7 déc. 91	
Ponsart-Larmigny, Eugène, rue de l'Ouest, 63	*	Rausons				3 août 91	
Pont (Vve) Mathilde, boulangère, faub. St Martin 145		Gosmez	24 avril 90		(2)		
do - Dastes, Pierre, agent d'aff. rue Véron, 26	*	Roche				2 fév. 91	
Poutille-Vindrier, Etienne, rue de Bellièvre, 15	*	Michel				*5 mai 90	
Pontoise, Gustave, négt en bonneterie à St Denis, r. de Paris, 101		Lesage	18 déc. 90		(3)		
do - Maircose, Gustave, à St Denis, rue St Remy 1bis	*	Bozon				6 juill. 91	
Popon, boulanger, rue Gay Lussac, 8		Mauger	15 mai 91				
Torcheron, Hilaire, md de forges à Alfortville, rue Nicolay		Lupy L	2 mai 91	18 sept. 91	(4)		
do - Duchen Hilaire do do	*	Lassien				23 fév. 91	
Torgeon, colporteur, à Pantin, rue du Chemin Vert, 44		Destrez	7 juill. 91		*31 juill. 91		
do - Cassède, Jules do do	*	Labru				23 nov. 91	
Torlier, Louis, rue Godot de Mauroi, 1	*	Carvès					3 fév. 91
Torrini, md de vins act, rue St André des Arts, 28		Rochette	22 mai 91				
Portafain et Fort, entrep. de transports, quai de la Marne, 50		Cotty L	19 août 91	2 déc. 91	5)		
Portal, Achille, négt rue des Archives, 23		Planque	22 fév. 87	*30 mai 91	(6)		
Portalis (Baron) Gabriel, rue de Matignon, 24	*	Boudin					*30 juill. 91
Portefaix Bernard, poêlier, rue de la Roquette, 49		Pinet	23 janv. 82	27 déc. 90	(7)		
Portier-Couturaud, Philippe, à Levallois, rue Gide 10	*	Ratier				2 mars 91	
do - Renaud, Gérand, rue de Malte, 17	*	Deville				*22 déc. 90	
Posuo, Gustave, fab. de chaux à Champigny, r. Bonneau		Planque L	27 oct. 91				
Postel, Pierre, limonadier, Avenue de Wagram, 19		Planque	27 juin 65	3 juill. 91	(8)		
Postié-Auffret, François, rue Mademoiselle, 56	*	Déglise				*24 avril 91	
Poteau, boulanger, rue Vieille du Temple, 18		Chardon	30 sept 90	*29 nov. 90			
Potey, Robert & Cie négt rue d'Hauteville, 58		Planque L	1 août 91				

(1) Pommerolle 16.36 % unique répartition
(2) Pont (Vve) 48.93 % do do
(3) Pontoise 5.35 % do do
(4) Torcheron 40 % en 5 ans par 1/5 me au de l'homolog.
(5) Portafain et Fort 40 % en 6 ans, savoir : 6% chacune des 4 premières années et 8% chacune des deux dernières
(6) Portal 14 avril 91 résolution
(7) Portefaix - Abandon de tout l'actif réalisé 2.64% uniq. rép.
(8) Postel. Abandon de tout l'actif réalisé et engagement de parfaire s'il y a lieu un dividende de 25%

Noms, Prénoms, Professions & Domiciles		Syndics et Avoués	Faillites et Liquidat.	Dates des homologations de Concordats	Déclarations en état d'Union	Séparations de biens judiciaires / Divorces	Cons. Jud. et Interdict.
Pothain - Adam, Anatole, av. de Versailles, 215	*	Tricaud				* 15 juin 91	
Poucel Père, François, anc. fruitier, av. de St Ouen, 135		Maillard	7 août 91				
Poudroux (Dme) Louise, couturière, r. du Marché St Honoré, 11		Planque	5 janv. 91	26 sept. 91	(1)		
Pouget-Asselin, Simon, s. d. c.	*	Bertinot Jr				* 7 août 91	
Pougnet - Tourrey, Julien, négt à Montreuil, r. Colmer Cging		Hureau				* 24 nov. 90	
Pouillon - Carrière, Alexandre, rue de Billancourt, 10	*	Charveau				* 28 juill. 90	
Poujade & Cie Comets Favart, act. à Asnières, r. de Passana, 17		Châle	19 fév. 90		(2)		
Poujet - Bonnin, Henri, s. d. c.	*	Giller				* 1 juill. 91	
Poulain, Emile, confectionneur, rue Froissonnière, 26		Menau	7 juill 91		(3)		
d° Albert, banquier, rue Legendre, 143		Godmer	20 mars 91		* 30 avril 91		
d° (Vve) confections, Bd St Germain, 89		Cotty	7 avril 91				
d° - Lecerf, Eugène, à l'Hôtel-Dieu	*	Delinon				* 10 août 91	
Poulat - Brunon, Jean, act: en Espagne	*	Dubail				* 27 avril 91	
Pouler, Léon, boulanger, rue du Terrage, 17		Destrez L	14 mars 91		(4)		
d° horloger, à Nanterre rue du Chemin de fer, 74		Cotty	31 juill. 91				
Poulin, Louis limonadier, rue St Honoré 155		Godmer	27 juin 90		(5)		
Poullain - Duhamel, Gallus, rue de Babylone, 50	*	Péronne				6 août 91	
d° Nouffert, Alexandre, rue Lafayette, 132	*	Pottier				* 23 nov. 91	
Poulle - Bonnard, Victor, rue St Maur, 287	*	Foucault				* 10 nov. 90	
Poullière, md de sable, Bd Morland, 7		Planque	19 déc. 90		* 31 janv. 91		
Poulot - Bourger René à Neuilly, av. de Neuilly, 18	*	Vandewalle				20 avril 91	
Pouly - Gilton, Jean, s. d. c.	*	Pelletier				* 11 mai 91	
Poumier, Henri, Avenue Niel, 97	*	Engrand					6 août 91
Poupard, Joseph, boulanger, à Choisy-le-Roi, rue de la Halle, 7		Destrez	16 oct. 90		(6)		
d° - Danguy, Joseph, à Choisy le roi r. St Placide, 23	*	Delepouve				20 avril 91	
Pourcèle - Boivin, Denis, à Ivry, rue Nationale, 54	*	Tissier				* 23 fév. 91	
Pourcher, Philippe, hôtel meublé rue Niepce, 15		Hécaen	8 oct. 85	16 juin 91	(7)		
Pourmarin - Delandre, Claude, Bd Rochechouart, 112	*	Fontaine				16 mars 91	
Pourpoint - Daulnay, Gaston, rue Blanche, 44	*	Pérard				5 janv. 91	
Pourriol (Dme) Virginia fab. de coffrets, rue d'Alveon 170		Barboux	19 oct. 91				
Pourtier - Devidal, Léopold, s. d. œ.	*	Cabasson				* 1 juin 91	
Poussin, horticulteur à Issy, rue de Chevreuse, 6		Lesage	24 juill. 90	5 nov. 91	(8)		
Pradalier, Alexis, entrep. de serrurerie, r. Balagny, 27		Hécaen	11 déc. 91				
Pradat, agent d'aff. act: rue des Martyrs, 32		Châle	27 nov. 91				
Pradel, Léonard, entrep. de peinture, quai de la Tournelle, 27		Bourreau	30 mai 91		* 30 juin 91		
d° Philippe, md de vins traiteur, rue Bichat, 61		Cotty	30 oct. 91				
d° - Auloy à Ivry, rue Barbès, 9	*	Lefoullon				24 nov. 90	
Pradelle Paris & Baraduc, pelletier, Av. de Bouvines, 12		Beaujeu	30 oct. 85	13 mai 91	(9)		
Pradelo - Talvet, Joseph, md de bois, rue Jeanne d'Arc, 59	*	Cotter				12 janv. 91	

(1) Poudroux (Dme) 20 % en 4 ans par 1/4 de l'homolog.
(2) Poujade et Cie 2 0/0 3e répartition
(3) Poulain 38.29 0/0 unique répartition d° d°
(4) Pouler 29.27 0/0 d° d°
(5) Poulin 50 0/0 1re répartition —
(6) Poupard 11.09 0/0 unique répartition

(7) Pourcher. Abandon de l'actif réalisé & à réaliser et 10 0/0 en 5 ans par 1/5 un an après l'homolog.
(8) Poussin 35 0/0 en 5 ans par 1/5 un an du de l'homolog.
(9) Pradelle Paris & Baraduc. Les Srs Pradelle s'engagent à payer 5 0/0 en 5 ans par 1/5 de l'homolog. Les Paris 10 0/0 en 5 ans par 1/5 de l'homologation.

Noms, Prénoms, Professions & Domiciles	Syndics et Avoués	Faillites en Liquidations	Dates des homologations de Concordats	Clôtures et Unions	Séparations de corps judiciaires / Divorces	Cons. Jud. et Interdict.
Pradère, md de bois & charbons, rue du Petit Moine, 2	Beaujeu	2 déc. 90		✳ 31 déc. 90		
Pradet - Aubeau, Louis, à Pantin, rue Hoche, 45	✳ Milhaud				23 fév. 91	
Pradine - Sampierri, Louis, rue de Trony, 105	✳ Ancelon				✳ 17 nov. 90	
Prébay - Page, Ernest, S. J. C.	✳ Forté				✳ 20 mars 91	
Preel, épicier, r. de Palikao, 32	Godmer	16 juin 91		✳ 31 juill. 91		
Trélat - Savary, Alfred, r. St Vincent de Paul, 22					4 août 91	
Prenam - Loison, Louis, rue Labat, 39	✳ Bourgeois				21 déc. 91	
Prédat - Durost, Louis, à Vincennes, rue de Bagnolet, 5	✳ de Biéville				✳ 26 janv. 91	
Tressigny - Bisson (de) Gabriel act. à Stuttgard	✳ Delinon				✳ 13 avril 91	
Trêtre - Bellemare, Charles, rue Damrémont, 12	✳ Lebocaq				✳ 25 mars 91	
Prévost - Bordon, Louis, rue des Petits Carreaux, 32	✳ Corton				26 oct 91	
d°. - Salon, Georges, fab. de chaussures, r. Mouffetard, 108	✳ Raveton				29 juin 91	
d°. md de vins, rue des Petits Carreaux, 32	Menaux	19 juin 91				
d°. Joseph, anc. md de couleurs act. rue Jacob, 54	Lesage	26 août 90	24 avril 91	(1)		
Prévot - Cruchon, Fénelon, rue de Courcelles, 128	✳ Petit Berganz				✳ 10 nov. 90	
Preys - Virt, Charles, Place Dupleix, 35	✳ Salats				✳ 1 juin 91	
Prieur, Hôtel meublé, rue de la Reynie, 4	Bernard	12 déc. 90		✳ 31 déc. 90		
d°. - Bataille, Louis, S. J. C.	✳ Salats				✳ 19 janv. 91	
Primi, entrep. de fumisterie, rue de l'Abbé Grégoire, 37	Manger	8 déc. 91				
Prin, Louis, fournit. de chapellerie, r. des Blancs Manteaux, 25	Jacob I	13 oct. 91				
Princet - Garnier, Eugène, rue Turbigo, 2	✳ Pineau				✳ 25 nov. 90	
Prion - Prion, Théophile, Av. d'Italie, 130	✳ B. de Longch.				22 juin 91	
Prioux & Cie caoutchouc, act. r. Chauveau Lagarde, 4	Châle	30 juill. 90	23 juin 91	(2)		
Privat - Angella, Alexis, rue de Paradis, 45	✳ Jacob				✳ 20 nov. 90	
Probeck - Revert, Adolphe, S. J. C.	✳ Gamard				✳ 1 juin 91	
Prochasson, Lucien, entrep. de serrurerie, r. de la Roquette, 174	Bonneau I	25 sept. 91				
Prodhomme - Besnard, Victor, r. de Montreuil, 76	✳ Foucault				✳ 20 mars 91	
d°. - Goulard, François, rue Perdonnet, 12	Saviguar				✳ 13 juill. 91	
Prompt, Joseph, épicier, à St Ouen, rue Anseline, 34	Destrez	23 janv. 91		✳ 30 avril 91		
Proron, entrep. de maçonn. à Bois Colombes, r. Denis Roulier, 34	Bonneau	13 mars 91		✳ 30 avril 91		
Prosteau - Devilliers, Émile, S. J. C.	Coller				✳ 21 mars 90	
Proteau & Cie, commissionnaires, rue d'Enghien, 39	Lesage	30 juin 91				
Prouet - Patin, Émile, rue Boissy d'Anglas, 28	✳ Thorel				✳ 15 juill. 91	
Prouon, Léon, anc. nég. en vins, rue des Tournelles, 15	Menaux	7 août 91		✳ 31 août 91		
Prow, Aubert & Cie (de) pianos, Bd du Temple 33 & 35	Lesage	6 août 90		(3)		
Prudhomme, Édouard, restaurat. Faub. St Martin, 21	Beaujeu I	11 juill. 91				
d°. entrep. de maçonn. à Boulogne s/S. sentier de la Saussière, 6	Menaux	4 janv. 89		✳ 26 mars 89	(4)	
d°. - Elmat, à Vincennes, rue de Bagnolet, 10	✳ Bourgoin				✳ 20 avril 91	
d°. - Levaux, Henri, rue Berrie, 6	✳ Benoît				✳ 6 avril 91	
Prunaux, Abdon, limonadier, rue Croix des Petits Champs, 50	Poucheler	14 nov. 90		(5)		

(1) Prévost, abandon de tout l'actif et engagement de parfaire 70% en 4 ans par 1/4 51.59 % unique répartition

(2) Prioux & Cie 20% en 5 ans par 1/5 de l'homolog.

(3) Prow Aubert & Cie 16.30 % unique répart.

(4) Prudhomme 21 mars 91 rapport de clôture

(5) Prunaux 15% 1ere répartition.

Noms, Prénoms, Professions & Domiciles	Indique Liquidation Astérisque Avant Déconfiture Divorce et Interdiction	Syndics et Avoués	Faillites et Liquidations	Dates des Homologations de Concordats	Insuffisances ou Unions	Séparations judiciaires Divorces	Cons. Jud. ou Interdiction
Prunières & Cie, Concert & Bazar, Avenue Rapp, 21		Mauger	26 juill. 89		(1)		
Pruvon - Lapara, André, rue du Moulin Vert, 49	*	Chain				6 juill. 91	
Pucelle - Clémeur, Paul, au Grand Montrouge, r. ...	*	Leroy				* 8 déc. 90	
Puech, Isidore, entrepr. de serrurerie, rue de Billancourt, 13		Menaut	24 mars 91		* 30 avril 91		
Puig, Joseph (Voir : Meyer & Puig)							
Pujeolle - Desbarges, Ernest, à Pantin, r. des Petits Ponts, 23	*	Gamard				* 23 janv. 91	
Pujol, Bertrand, md. de vins trait., rue de Tocqueville, 40		Menaut	26 oct. 91				
Lujos et Marcelo, confections p. dames, rue Blottière, 25		Roucher	27 juill. 88		(2)		
Putel, Henry, loueur de force motrice, r. St Bernard 19-21-25		Chardon I	22 sept. 91				
Puybaren - Chantalat, Jean, rue de la Charbonnière, 24	*	Bourgoin				* 16 fév. 91	
Puzenat, Paul, fab. de malles, rue St. Sauveur, 37		Lesage	23 déc. 90		(3)		
Ty (Vve) Eugénie, anc. limonadière act: Av. de Villiers 119		Manque	22 déc. 91				
do - Lacdsvague, Jean, Cité Bergère, 1	*	Franenstel				* 5 juin 91	

<h2 style="text-align:center">Q. R.</h2>

Noms, Prénoms, Professions & Domiciles	Indique Liquidation Astérisque Avant Déconfiture Divorce et Interdiction	Syndics et Avoués	Faillites et Liquidations	Dates des Homologations de Concordats	Insuffisances ou Unions	Séparations judiciaires Divorces	Cons. Jud. ou Interdiction
Quainon, Émile, vins en gros, rue Jacques Coeur, 13		Lissoty L	25 mars 89		(4)		
Quantin - Thiercelin, Eugène, Pass. Tocanier, 35	*	Goirand				* 17 avril 91	
Quatrehomme, boucher, à Maisons Alfort, r. Charles, 8		Ozéré	23 mars 88	9 oct 91	(5)		
Quédé - Guyon, Modiste, à Neuilly r. du Château, 30	*	Tissier				* 24 avril 91	
Quenet - Flamein, Joseph, à St Leu, r. de l'Ermitage, 5	*	Néron				* 5 août 91	
Quem - Gailleux, François, rue des Panoyaux, 32	*	Passion				* 9 mai 91	
Querdin, Frédéric, Md. de lavoir, Av. Daumesnil, 205		Lupy L	22 juill. 91				
Queuvlée, anc. md. de vin, rue d'Allemagne, 115		Hécaen	22 déc. 91				
Quien, Albert, négt. en cuirs, rue St. Denis, 193		Hécaen	20 nov. 91				
Quignon - Leblanc, Jules, rue de la Goutte d'Or, 13	*	Lemonnier				* 29 juin 91	
Quilico, md. de vin, à Sceaux, rue Houdan, 46		Ozéré	13 août 89		(6)		
Quinche frères & Cie, fab. de montres jouets, ru des 4 fils, 34		Menaut	4 fév. 88	5 juill. 88	(7)		
Quiquerrez, Paul, lieutenant au 17.e dragons à ...	*	Mouillefarine				(8)	19 mai 88
Quiriau - Grignon, Charles, rue de la Gde Chaumière, 13	*	Petit Bergeon				* 10 nov. 90	
Quirin, anc. tapissier, act: négt. en bois, Av. du Maine, 190		Bonneau	18 déc. 91				
Quoirin - Frigiatti, rue de l'Argonne, 4	*	Manceau				* 23 janv. 91	
Raban - Fontaine, Ernest, s. d. a.	*	Rouy				* 17 nov. 90	
Rabert, Auguste (Voir : Potey, Rabert & Cie)							
Rabeuf, Hippolyte, md. de vins, act r. St Louis en l'Ile, 51	*	Destrez	31 août 91				
Rabier - Portebois, Athos, Av. Bosquet, 36	*	Lemonnier				23 mars 91	
do - Soor, Louis, Chaussée d'Antin, 58 bis	*	Raynaud				* 8 juin 91	
Rabourdin, Victor, entrep. de marchés, rue des Prairies, 57		Lesage					

(1) Prunières & Cie 80% 1ère répartition — par 1/5 11 f. 48% unique répartition.
(2) Lujos & Marcelo 17.93% unique répartition.
(3) Puzenat 7.52% do. do.
(4) Quainon. Abandon de l'actif réalisé à l'exception d'une somme de 1000 f. et engagement de parfaire 20% en 5 ans.
(5) Quatrehomme 50% dans la huitaine de l'homolog.
(6) Quilico 0.47% unique répartition.
(7) Quinche frères & Cie 20 nov. 91 résolution.
(8) Quiquerrez 21 mars 91 mixin-levée.

Noms, Prénoms, Professions & Domiciles	Indique Liquidation (*), Insuffisance, Divorce et interdiction	Syndics ou Avoués	Faillites ou Liquidations	Dates des Homologations de Concordats	Insuffis. ou Unions	Séparations judiciaires ou Divorces	Cons. Jud. ou Interdict.
Radais - Pousset, Louis, à Mamers (Sarthe)	*	Gosselin				* 5 juin 91	
Radeau - Champion, René, rue Croix des Petits Chs. 22	*	Marie				* 19 janv. 91	
Radideau, boulanger, rue Pierre Levée, 13		Lupy	30 sept. 90	27 avril 91	(1)		
Radion, Léopold, md de porcelaines, rue du Jour, 17		Beaujeu I	12 juin 91	12 sept. 91	(2)		
Roffard, Jules grainetier, à Pantin, rue de Paris, 88		Lissoty	20 juin 90		* 31 déc. 90		
Raffetin, Gustave, cafetier, Bd de Strasbourg, 2		Lupy	11 avril 90		(3)		
Rafolte - Gillet, J. Bte à Medan (S.&O.)	*	Bourgeois				* 4 mai 91	
Raga, Frédéric, commiss.re en march. rue de Bondy, 66		Châle I	31 déc. 90	22 juill. 91	(4)		
Ragon, Émile, anc. md de vins liqueurs, Faub. St Denis, 22		Boussard	4 nov. 90		* 29 nov. 90		
d° - Berger, Louis, rue de la Réunion, 16	*	R. Marin				* 16 mars 91	
Raiff, md de couleurs à la Garenne-Colombes, r. de l'Aigle, 71		Planque	10 oct. 90		* 19 nov. 90		
Raimbault Fernand, entrep. de transports, rue Seguin, 3		Godmer I	9 sept. 91	9 déc. 91	(5)		
d° Jean (Voir : Paix et Raimbault)							
d° Louis, anc. nég.t en vins, act. Bd Pereire, 150		Chevillon	13 mars 91		* 15 avril 91		
Raisgasser - Mortier, Louis, s. d. c.	*	Bozon				* 24 nov. 90	
Raison, tonnelier, rue Coriolis, 4, act. s. d. c.		Oréré	6 oct. 91				
Ramadier, nég.t en vins et charbons, Pass. Bosquet, 33		Oréré	8 nov. 90		(6)		
Rameau, Georges, à Aubervilliers, Av. de la République, 111		Maillard	30 juill. 91				
Ramette - Friollet, Clément, rue Saussure, 37		Thorel				* 16 fév. 91	
Randoin, Louis, anc. md de vins, act. rue des Vosges, 8		Chardon	2 mai 91		* 30 juin 91		
Ransouer - Paillet, Camille, rue du Chemin Vert, 118	*	Bourse				* 22 déc. 90	
Raoul, vins en gros, rue Lamartine, 20		Oréré	10 juin 91				
Raoulx, Jules, fab. de coffres-forts, Bd Bonne Nouvelle, 9		Boussard	20 nov. 91				
Rapilly, Louis, restaurateur à Maisons-Alfort, Gde Rue, 36		Godmer	27 oct. 91				
Raquet - Legerre, Charles, Pass. Saulnier, 23	*	Dubourg				27 juill. 91	
Raquin - Delvincourt, Eugène, rue Vercingétorix, 53	*	Daupeley				* 27 nov. 91	
Ras, Gustave (Voir : Elisabeth et Ras)							
d° - Blaudin, nég.t rue Lauriston, 16	*	Lamare				25 mai 91	
Rasschaert - Simon, Benjamin, ébéniste, r. de Charonne, 59	*	Tissier				* 2 mars 91	
Rateau (Vve) hôtel meublé, rue de Vaugirard, 75		Planque	15 mai 91		* 11 juin 91		
d° - Lavergne, Jacques, s. d. c.	*	Cahen				* 8 juin 91	
Ratier - Curchod, Louis, rue Joliver, 6	*	Tricaud				* 30 mai 91	
Rativeau, Ferdinand, rue de Torcy, 11							8 déc. 91
Ralte (Dr) Odile, sellier, Bd St Germain, 15		Cotty	9 avril 91				
Raucourt - Troller, Louis, fab. de chaussures, rue Bolivar, 7	*	Tricaud				9 fév. 91	
Raulier, Louis, agent de publicité, à Bois-Colombes, r. des Aubépines, 29bis		Godmer	20 fév. 91		* 31 mars 91		
Raux, entrep. de menuiserie, à Bois Colombes Imp. de la Gare		Menaux	17 oct. 91				
Ravey - Jacquinon, Jean, s. d. c.	*	Damoreuil				* 26 oct. 91	
Ray, Marius, mercier, rue de Clignancourt, 147		Planque	23 déc. 90	6 juin 91			

(1) Radideau. Abandon du reliquat de l'actif réalisé et en outre 5% dans le mois de l'homolog. 23.37% unique répartition
(2) Radion 30% en 5 ans par 1/5 un an de l'homolog.
(3) Raffetin 4.90% unique répartition
(4) Raga 50% sans intérêts
(5) Raimbault 40% sans intérêts en 5 ans par 1/5
(6) Ramadier 13.03% unique répartition
(7) Ray 30% en 5 ans par 1/5 de l'homolog.

Noms, Prénoms, Professions & Domiciles	Syndics ou Avoués	Faillites ou Liquidations	Dates des homologations de Concordats	Insuffis.ᵐᵉ ou Unions	Séparations judiciaires Divorces	Cons. Jud. ou Interdiction
Rayé, Marcelin, anc. m.ᵈ de vins, rue de la Cerisaie, 18	Hécaen I	19 sept. 90	9 janv. 91	(1)		
d°. Marcelin anc. m.ᵈ de vins, rue de Berry, 36	Hécaen	17 oct. 90		(2)		
Raymond (D.ᵉ) Camille, teinturière, act. r. Germain Pilon, 6	Ozéré	12 sept. 90		*29 nov. 90	(3)	
d°. de Lalande (Comt.ᵉ de) Joseph, r. de Bellechasse, 31 *	Roche					22 déc. 91
Raynal Stanislas, anc. m.ᵈ de meubles, act. Pass. des Patriarches 1ᵉʳ	Ozéré	6 nov. 91				
d°. - Chevrier, Pierre, s. d. c.	*Jacquin				*1 juin 91	
d°. - Fontugné, Jean, Faub. St Honoré 217	*François				30 nov. 91	
Raynaud, Alexandre (Voir: Lacharme, Gallot & Raymond)						
d°. Pierre, vins en gros à St Maurice, r. Jules Decros, 6	Lupy I	9 déc. 91				
d°. - Antoine, Léonard, à Bruxelles, r. des Sables, 34 *	Briquet				*13 avril 91	
Réaux, Emile, Commissionnaire rue de Chabrol, 13		4 juill. 88		(4)		
Rebondy (Voir: Matiguou & Rebondy)						
Rebut - Tardy, Edouard, rue Duroc, 9	*Norgeor				27 juill. 91	
Recéjar (V.ᵉ) Marie, limonadière, Av. de la Bourdonnais, 11	Destrez	10 juill. 91				
Rechu - Sanson, Henri, rue des Entrepreneurs, 11	*Tricaud				*5 déc. 90	
Recollon, Pierre, charron, rue Miollis, 21	Rochette	10 juill. 90		*31 déc. 90		
Redouté - Durupt, Charles, rue des Panoyaux, 51	*Milhaud				*6 juill. 91	
Reguier - Richard, Gustave, s. d. c.	*Dep. Dumonil				*24 avril 91	
Reichel, Albert, tapissier, B.ᵈ Malesherbes, 92	Godmer	15 déc. 90		(5)		
Reigers, Arthur, anc. tapissier, à Levallois, rue Barbès, 14	Rochette	6 sept. 90	31 janv. 91	(6)		
Reignier - Besnier, Charles, à Issy, G.ᵈᵉ Rue, 17	*Lscarra				*11 mai 91	
Reine - Reine, Jacques, à Aubervilliers, rue du Midi, 27	*Passion				20 juill. 91	
d°. - Villette Emile, s. d. c.	*Cheramy				*2 nov. 91	
Reisse, miroitier, rue de Grenelle, 26	Bernard	24 déc. 91				
Reisx - Michelet, Charles, s. d. c.	*Tricor				*7 juill. 91	
Rellief, Joseph, fab. de maroquinerie, rue Fontaine-au-Roi, 12	Bonneau	14 avril 91		*20 juin 91		
Rély, François, entrep. de peinture, rue Jean Robert, 21	Toucheler	11 juin 91				
Remoissenet, anc. agent d'affaires, rue Turbigo, 43	Godmer	27 oct. 91				
Remond - Bourbis, Joseph, rue Vivienne, 22	*Ducornge				*22 juill. 91	
Remy, Crèmerie, rue des Vinaigriers d'Hyères, 5	Lupy	23 juill. 91		*2 août 91		
d°. Alexandre m.ᵈ de vins restaur.ᵗ à la Varenne St Hilaire	Planque	11 août 90		*25 nov. 90		
d°. Auguste, miroitier, rue St Maur, 192	Boussard			*31 janv. 91		
d°. - Bouret, Alexandre, rue d'Argout, 67	*Petit-Borgonz				19 janv. 91	
Renais (D.ᵗ) Marie, restaurant hôtel meublé, Av. Tourville, 22	Lissoty	18 juill. 91		*31 oct. 91		
Renard (V.ᵉ) Marie à Suresnes, rue de la Huchette	*Caillet				*11 juin 91	
d°. - Davaine, Léon, s. d. c.	*M. du Gard				*11 août 90	
Renaud, anc. m.ᵈ d'hôtel, rue de Clignancourt, 52 ... acts.de	Ozéré	24 mars 91				
d°. m.ᵈ de vins, rue N.D. de Nazareth, 24	Lesage	2 janv. 91		*23 fév. 91		
d°. Charles (Voir: Steimex, Renaud & Le Pellerin)						

(1) Rayé. Abandon de l'actif réalisé & à réaliser, plus 10% en 5 ans par ½ de l'hom.
(2) Rayé 10% 1ᵉʳᵉ répartition
(3) Raymond (D.ᵉ) 17 nov. 1891 rapport de clôture.
(4) Réaux 8.63% unique répartition
(5) Reichel 18 mai 1891 refus d'homolog.
(6) Reigers 25% en 5 ans par 1/5, un du d. l'homol.

Noms, Prénoms, Professions & Domiciles	Indique Liquidation / * Astérisque : accord, bienfaisance et subvention	Syndics et Avoués	Faillites et Liquidat.	Dates des Homologations de Concordats	Insuffis.ces ou Unions	Séparat.ons de biens judiciaires Divorces	Cons. Jud. et Interdict.
Renaud - Merland, Jean, r. Lafayette, 207	*	Diner				* 6 juill. 91	
d° - Thomas, Charles, s. d. c.	*	Fontaine				* 15 mai 91	
Renaudin, Pierre, fab. de chaises, r. d'Angoulême, 10		Lupy	24 mai 91	29 oct. 91	(1)		
Renault - Fegury, Arthur, B.d Montparnasse, 20	*	Bremard				26 juin 91	
Renaux, Paul, constructr de baromètres, r. Claude Vellefaux, 14		Lupy	15 sept. 90		(2)		
d° - Collas, Jules, s. d. c.	*	Delp. de Vines				* 24 juill. 90	
Renaux - Kiehbecom, Camille, rue de Saintonge, 3	*	Gamard				* 16 mars 91	
Renders - Davitts, Joseph, rue Toulec, 20	*	Passion				* 9 mars 90	
Renier, md de vins, épicier, à Aubervilliers, Av. de la Répub 79		Barbou	7 juill. 91		* 21 sept. 91		
Renoncourt, Eugène, md tailleur, Av. de Tourville, 26	*	Plauque	9 juin 91	9 oct. 91	(3)		
Ressencourt - Ricard, Charles, anc. passementier, r. d'Aboukir	*	Leroy				13 avril 91	
Rétif - Bordier, Auguste, rue Mathis, 4	*	Tricaud				* 22 déc. 90	
Revel - Jaung, Antoine, rue Reboval, 29	*	Laisney				* 1 déc. 90	
d° - Nordmann, Arthur, rue d'Ulm, 38	*	Lortat Jacob				* 24 nov. 90	
Reverchon, Pierre, gainier, rue St Denis, 165		Lupy	30 sept. 91				
d° - Menager, Alphonse, rue Breguet, 16	*	Dubril				* 30 mai 91	
Reverdy - Pillard, Damien à Neuilly s/S r. de la Blanville 22	*	Marais				* 23 fév. 91	
d° - Sault, Étienne, rue de la Vacquerie, 11	*	Masse				* 10 mai 91	
Rey (Dlle) Marie, mde de vins, rue de Ponthieu, 14		Bernard L	10 nov. 91				
Reydellet et Crick, commiss. en march, rue Thorel, 7		Chardon L	4 oct. 89	27 déc. 89	(4)		
Reygasse et Seeligmann, fab. de savons à Montreuil (S. Montreuil) 13		Bernard L	26 déc. 91				
Reynaud dit Laurent, md de vins, rue Vavin, 15		Lupy	17 juill. 91		* 31 août 91		
Reytinaz - Somini, François, rue Montmartre, 55	*	Paternotte				* 22 av. 91	
Rheims & Fils (Vve) métaux, rue de Sévigné, 25		Bernard L	9 déc. 90	4 avril 91	(5)		
d° Edmond (Voir: Vve Rheims et Fils)							
d° - Lehmann Edmond, rue de Sévigné, 25	*	Jacob				12 janv. 91	
Rhodes - Jourdain, Félix, à Levallois, r. Gide 87	*	Herbou				* 6 juill. 91	
Ribes, md de vins, à Pantin, rue du Chemin Vert, 22 bis		Boussard	11 déc. 91				
d° - Lubac, Henri, coiffeur, rue Poissonnière 23	*	Dubourg				* 8 déc. 90	
Ribier - Laplagne, Jacques, à Levallois, rue Gide 12	*	Marquis				* 26 oct. 91	
Ricard, Jean anc. md de vins & charb. act: à Charenton, Av. de Montr.		Bernard	4 déc. 90	24 avril 91	(6)		
d° et Villepoux, bazar, rue Lagrange, 12		Chardon	11 sept. 91				
d° - Cauvin, Louis, s. d. c.	*	Demoruil				* 27 juill. 91	
Richard, produits alimentaires act: rue Boursault, 11		Desbrez	27 oct. 91				
d° Eugène, droguiste, rue du Roi de Sicile, 50		Lissoly	28 avril 91				
d° Philippe, anc. md de vins, Faub. St Denis, 146		Pouchelet	24 juin 90		(7)		
d° (Vve) Augustine, crémerie, act r. Truffaut, 9		Chardon	2 mai 91		* 31 juill. 91		
d° (Dlle) Louise, herboristerie, rue du Four, 33		Rochette	15 janv. 91		(8)		
d° et Cie peintres en voitures, rue Oberkampf, 137		Chardon	10 mars 91		* 20 mai 91		

(1) Renaudin 25% en 5 ans par 1/5 de l'homolog.
(2) Renaux 5.25% unique répartition
(3) Renoncourt 25% savoir: 5% un mois après l'homol. et 20% en 4 ans par 1/4 de l'hom.
(4) Reydellet et Crick 1.31% 4e et dernière répartition
(5) Rheims & Fils (Vve) 20%, savoir : 10% comptant et 10% 2 mois

après la reddition de compte
(6) Ricard. Abandon de l'actif réalisé et à réaliser, et 30% en 6 ans par 1/6 de l'homolog. 5.99% uniq. rép.
(7) Richard 2.115% unique répartition
(8) d° (Dlle) 3.77% d°. d°.

Noms, Prénoms, Professions & Domiciles	Indique liquidation (*), astérisque, avoué, insuffisance, Divorce et interdiction	Syndics ou Avoués	Faillites ou Liquidations	Dates des homologation de Concordats	Insuffisances ou Unions	Séparations de biens judiciaires ou Divorces	Cons. Jud. ou Interdictions
Richard-Auguet, Jules, rue Rouvet, 19	*	Mutel				* 22 déc. 90	
d° - Hamon, Eugène, nég. r. du Roi de Sicile, 50	*	Francastel				29 juin 91	
d° - Lejeté, Julien, rue Marcadet, 322	*	Picard				* 10 nov. 90	
d° - Lévêque, Pierre, rue Nationale 164	*	Ducaruge				* 25 juin 90	
Richardin-Potel, Arsène à Boulogne s/s rue l'Escudier, 11	*	Henriot				* 9 août 91	
Richen-Félur, Jean, anc. avoué, rue des Écoles, 4bis	*	Roche				26 janv. 91	
Richeron, Charles, limonadier, rue Champollion, 7		Planque I	2 avril 91	30 juin 91	(1)		
Richet, Eugène, loueur de voitures, rue d'Aguesseau, 109		Bernard	31 mars 91		(2)		
Richy-Zabé, Auguste, s. d. c.	*	Gorand				* 22 juin 91	
Rickli, Frédéric, anc. épicier fruitier, r. du Cloître N. Dame 12		Chardon	23 sept. 90		* 19 nov. 90		
Ridard-Maingou, Eugène, rue Riquet, 13	*	Gamard				* 16 fév. 91	
Rideau-Plantin, Eugène, rue de Clignancourt, 65	*	Labru				26 oct. 91	
Rieu, md de vins et charbons, rue Grange aux Belles, 18		Mauger	4 déc. 91				
Rigaud-Cadou, Jean, s. d. c.	*	Paternotte				* 25 juin 91	
Rigault, Alexandre, mécanicien, rue Riant, 27		Godmer	12 août 91				
Rigaut, Désiré, anc. nég. au Parc St Maur, r. de la station 28bis	*	Charlotte					12 mars 91
Rigonnier, Michel (Voir : Delage, Louyrette & Rigonnier)							
Rigot & Cie, bouchons en gros, rue Mazarine, 31		Godmer	3 mars 91		* 25 sept. 91		
Rigoulot, Alexandre, banquier, rue Le Peletier, 43		Bonneau I	19 août 91				
d° Fils, Jules, entrep. de menuiserie, rue Michel Bizot 212		Bernard	10 mai 87		* 31 mars 91		
Ribouey-Jacquet, Eugène, rue de Charenton 241	*	Béglise				* 8 déc. 90	
Rimbault-Bedrune, Pierre, s. d. c.	*	Mignon				* 24 oct. 90	
Ringenbach-Mauger, Valentin, r. de la Goutte d'Or, 51	*	Allain				* 4 mai 91	
Riou, Hôtel meublé faub. St Denis, 216		Destrez	27 nov. 89		(3)		
d° - Catteaux, Louis, s. d. c.	*	Dep. Dumesnil				* 16 mars 91	
Ripoche-Plessis, Louis, s. d. c.	*	Pineau				* 5 juin 90	
Ritter, Georges, anc. md de lingerie, rue St Denis, 41		Gautier	6 avril 80	10 déc. 80	(4)		
d° - Keuches, Georges, s. d. c.	*	Mosseler				* 23 fév. 91	
Rivat-Jean, Nicolas, rue de Bagnolet, 133	*	Pottier				30 avril 91	
Rivault, Louis, beurre & œufs, rue Coquillière, 37		Godmer	29 sept. 91				
Rivery-Boutet, Auguste, rue des Prouvaires, 2	*	Delibru				* 17 avril 91	
Rivot-Duchenne, Julien, rue Boursault, 18	*	Bertinot J.				* 14 nov. 90	
Rivière, anc. loueur de voitures, rue Fourcroy, 4		Planque	21 oct. 90		* 29 nov. 90		
d° - Savary, William, restaur. rue de Ponci, 35	*	Raymond				26 janv. 91	
d° - Simon, François, rue Barge, 6	*	Mosseler				4 mai 91	
Rizan-Tavar, Romain, rue de la Condamine, 26	*	Marmottan				4 mai 91	
Robadin, anc. md de vins, rue St Maur, 245		Chardon	2 déc. 90		* 16 janv. 91	(5)	
Robbe (Vve) Émilie, couturière, rue Boissy d'Anglas, 17		Renneau	3 avril 91		* 30 juin 91		
Robben, Maurice, fab. de meubles, rue du Petit-Mast, 26		Bonneau L	7 nov. 90	23 janv. 91	(6)		
Robert (Vve) Henriette, lavoir, rue Dauphine, 63		Menaut L	13 avril 89		(7)		

(1) Richeron 50% en 10 ans, savoir : 3% la 1ère année, 5% les 8 années suivantes et 7% la dixième
(2) Richet 9.14% unique répartition
(3) Riou 11.63% d°. d°.
(4) Ritter 13 nov. 1891 résolution.
(5) Robadin 5 juin 1891 rapport de clôture
(6) Robben 50% en 10 ans par 1/10 de l'homol.
(7) Robert (Vve) 11.40% unique répartition

Noms, Prénoms, Professions & Domiciles		Syndics et Avoués	Faillites en Liquidations	Dates des Homologations de Concordats	Insuffisances ou Unions	Séparations judiciaires Divorces	Cons. Jud. en Interdict.
Robert-Allouis, Étienne, s. d. c.	*	Marmottans				* 4 mai 91	
d° - Chamou, Émile, s. d. c.	*	Giller				* 26 janv. 91	
d° - Jousse, Gabriel, R° Pereire 150 bis	*	Jacob				9 nov. 91	
d° - Leclerc, Alexandre, Cité Bertrand, 9	*	Raveton				* 24 avril 91	
d° - Piet, Isaïe, Faub. St Antoine, 319	*	R. Marin				* 24 fév. 91	
Roberts, Charles, représ.t de Commerce, r. du Pont Louis Philippe, 26		Bernard L	6 juin 91	18 août 91	(1)		
Robier-Borner, Jean, rue de Courcelles, 43	*	M. du Gard				* 22 janv. 91	
Robin, anc. md de vin act. rue de Picpus, 55		Barboux	26 déc. 91				
d° Frères, fab. de pain d'épice, r N.D. de Nazareth, 46		Beaujeu	5 mars 87		(2)		
d° - Chantreau, Vincent, s. d. c.	*	Herbet				* 18 juill. 91	
Robineau de la Burlière - de la Rochebouet, Lt au b.g d'Art. 15	*	Denormandie				22 juill. 91	
Robustel-Bauner, Joseph, Bd Barbès, 18	*	Pineau				27 avril 91	
Roche, cabaretier, Bd de la Villette, 18		Lupy	24 avril 91		* 30 mai 91		
d° (de la) Georges, entrep. de fumisterie, rue de Grenelle, 41		Roucher L	4 juill. 91	5 nov. 91	(3)		
d° - Chymon (de la), vins en gros, rue de Lille, 79		Roucher	12 juin 91				
d° d° René, rue de Lille, 79	*	Delinon					17 juin 91
d° d° - de la Rochefontenilles, rue de Lille, 79	*	Fouquet				23 fév. 91	
d° - Gérard, s. d. c.	*	Corton				22 déc. 90	
Rochebois, Adonis, négt, rue de Rivoli 148		Bernard	23 mars 90		(4)		
Rocher, md de cidres, act. à Levallois Imp. de la Bretagne, 20		Lesage	9 déc. 90		* 28 fév. 91		
d° François, entrep. de trav. publ. rue de la Procession, 11		Bernard	2 mars 91				
Rochereau, anc. boulanger, rue de Meaux, 5		Menaux	13 janv. 91				
d° - Denison Louis, rue de Meaux, 5	*	Corton				16 mars 91	
Rochet-Jugneur, Alfred, r. du Pont Louis Philippe, 6	*	Lomonnier				* 6 juill. 91	
Rodier, Albert (Voir: Rodier & Cie)							
d° Évariste (Voir: Rodier & Cie)							
d° & Cie entrep. de trav. publics, rue des Artistes, 33		Lupy	30 nov. 91				
Rodrigues (Dlle) Nathalie, couturière, Bd des Italiens, 28		Mauger	19 août 90		(5)		
Rodriguez, Pierre, md de sel en gros, rue Lafayette, 107		Ponchelet	24 fév. 91		* 15 avril 91		
Rogat, Jules, md de cheveux, faub. Montmartre, 9		Godmer	17 janv. 91	25 avril 91	(6)		
Rogé, Louis, à Suresnes, rue de Neuilly, 167	*	Feneault					8 janv. 91
Roger, Joseph, anc. md de vin, rue St Maur, 13		Chardon	13 fév. 91		(7)		
d° , Jules, à Neuilly s/S. route de la Révolte, 5	*	Husson					24 mars 91
d° , Paul, étudiant en droit, rue d'Alsberg, 30	*	Rougeot					3 août 91
d° - Bedel, Laurent, à Charenton, route de Paris, 154	*	Ferté				2 fév. 91	
d° - Rage, Narcisse, s. d. c.	*	Lamare				* 15 déc. 90	
Roblfs, Henri, rue de Saintonge, 50	*	Gosselin					* 28 juill. 91
Roidor, Édouard, mercier, à St Denis, rue de Paris, 76		Lesage	28 fév. 91		(8)		
Roiff, fab. de stores, à Vincennes, r. des Carrières, 4		Menaux	18 nov. 90		* 31 déc. 90		
Rote, Émile, rue Buffault, 27	*	Ducaruge					5 mai 91

(1) Roberts 25 % en 10 ans par 1/20
(2) Robin frères 9.03 % unique répartition
(3) Roche (de la) 40 % en 6 ans, savoir : 5 % le 1er juin 1892 ; 5 % le 1er juin 1893 ; 6 % le 1er juin 1894 ; 6 % le 1er juin 1895 ; 8 % le 1er juin 1896 et 10 % le 1er juin 1897.
(4) Rochebois 14.18 % unique répartition.
(5) Rodrigues (Dlle) 51.06 % aux créanc. privilégiés
(6) Rogat, intégralité en 10 ans par 1/10 de l'homolog.
(7) Roger 19.53 % unique répartition
(8) Roidor 8.63 % d°. d°.

Noms, Prénoms, Professions & Domiciles	Indique Liquidation, Astérisque, Avoué, Insuffisance, Divorce et d'interdiction	Syndics et Avoués	Faillites en Liquidations	Dates des homologations de Concordats	Insuffis.ces ou Unions	Séparat. de biens judiciaires / Divorces	Cons. Jud. ou Interdict.
Rolin - Caboche, Georges, s. d. c.	*	Gosselin				* 23 avril 91	
Rollez, Léon, md boucher, rue des Deux Écus, 14		Houssard	13 mai 91		* 15 juin 91		
Romanet, Léon, entrep. de maçonnerie, r. des Gravilliers, 26		Godmer L	19 déc. 91				
Rometin, Ernest, md de vins & liqueurs, rue du Bac, 142		Lupy	28 juin 90		(1)		
Romieu - Meyrolles, Pierre, à St Ouen, r. Vor Hugo, 153	*	Ancelon				9 nov. 91	
Rondau - Gautier, Eugène, s. d. c.	*	Lamare				* 25 mai 91	
Ronin - Cruchon, Pierre, rue de la Félicité, 36	*	de Bieville				* 9 fév. 91	
Ronzon, md de vins, act: à Boulogne, Rte de Versailles, 51		Liossely	4 déc. 91				
Roque - Gillet, Ernest, s. d. c.	*	Tricon				* 16 juin 90	
Roques - Gérome, Baptiste, s. d. c.	*	Herbet				* 13 juin 90	
Rosaz - Hamard, Michel, r. du Château d'Eau, 58	*	Vivet				* 10 juill. 91	
Rose (Vve) Anastase, herboriste, rue de Charonne		Beaujeul L	15 juin 91	12 août 91	(2)		
d° Adolphe, agent d'affaires, rue Faidherbe, 48		Beaujeu L	13 juin 91	12 août 91	(3)		
Rosselon, anc. md de vins, Bd de Reuilly, 33		Rochette	24 oct. 91		* 17 nov. 91		
Rossi, Antoine, épicier md de vins, à Boulogne, rue des Moulins, 24		Rochette L	30 déc. 90	16 mars 91	(4)		
Rossignol - Célièras, Jean, Bd St Michel, 21	*	Ratier				3 août 91	
d° - Chapel, Jean, rue des Poissonniers, 31	*	Lefoullon				* 4 mai 91	
d° - Rivière, Louis, rue de Charenton, 62	*	Dupression				* 29 déc. 90	
Rossignon - Butzig, Arthur, rue Secrétan, 41	*	Giry				* 26 oct. 91	
Rostain, Célestin, camionneur, à Aubervilliers, r. du Fort, 74		Hécaen	20 fév. 91	16 juill. 91	(5)		
Roswac fils et gendres, fab. de toiles métall., r. St Denis, 218		Rochette L	23 juill. 91				
Rousseau, Félix, moutardier, faub. Poissonnière, 6		Mauger	31 mars 91				
Rotermond, Georges, nourrisseur, Bd Voltaire, 207		Godmer	18 août 91		* 25 sept. 91		
Roth, Jacques, négt, Bd St Michel, 43		Godmer	30 avril 91				
d° Aaron (Voir: Lebmann or Roth)							
Rottembourg, Lucien, fab. de casquettes, r. Simon le Franc, 9		Mauger	6 janv. 91		* 28 fév. 91		
d° - Caillot d° d° d°	*	Cheronny				1 juin 91	
Roualdès, md de vins, rue St Honoré, 207		Menaux	17 oct. 91				
Rouchet - Larribe, Jean, rue de Charenton?, 48	*	Ducaruge				* 18 juin 91	
Rouchier, Ernest, md de vins liqueurs, rue St Denis, 245		Hécaen	8 déc. 91				
Rouchou, négt Commt act: rue Richer, 45		Rochette	18 oct. 90		* 29 nov. 90		
Roucoux, Benjamin, anc. md de vins & charb. rue Burq, 4		Roucher	10 nov. 91				
Rouer - Augros, Alfred, rue Richard Lenoir, 42	*	Jacquin				27 juill. 91	
Rougé, Louis, md de couleurs, rue Mouffetard, 19		Lesage	2 nov. 91				
Rougeaux, Jules, anc. boucher à Sceaux, rue des Écoles, 19		Cotty	30 juin 91				
d° - Aubry, Jn Bte s. d. c.	*	Cortot				* 3 août 91	
Rougernom - Mazen, Henri, rue Vicq d'Azyr, 5	*	Pagès				27 juill. 91	
Rougeot - Moleran, Léon, rue d'Hauteville, 5	*	Boudin				23 fév. 91	
Rouger - Troupel & Cie restaur., r. Cr des Petits Champs, 50		Destrez	28 mars 90		(6)		
d° - Gayet, Etienne, mégissier, rue Maurice Meyer, 2	*	Garet				* 8 janv. 91	

(1) Rometin 25.02% unique répartition.
(2) Rose (Vve) 40% en 6 ans de l'homolog. savoir : 7% chacune des 5 premières années et 5% la sixième.
(3) Rose 40% en 6 ans de l'homolog. savoir : 7% chacune des 5 premières années et 5% la sixième.
(4) Rossi 25% en 5 ans par 1/5 de l'homolog.
(5) Rostain 25% en 5 ans par 1/5 d°
(6) Rouget Troupel & Cie 23.14% unique répartition.

Noms, Prénoms, Professions & Domiciles	Indique liquidation * astérisque avant syndic avoué / Divorce ou interdiction	Syndics ou Avoués	Faillites ou Liquidations	Dates des homologations de Concordats	Insuffis^ces ou Unions	Séparat^ons de biens judiciaires / Divorces	Cons. Jud. ou Interdict.
Rougier - Merline, Marien, s. d. c.	*	Mureau				* 31 juill. 91	
Rouillon - Vandekerkhove, François, s. d. c.	*	Herber				* 8 juin 91	
Rouleau - Bret, Pierre, s. d. c.	*	Ferté				* 15 déc. 90	
Roumaney, Léon, tailleur, rue du Mont-Thabor, 2		Pouchelet	15 sept. 91				
Roumens, Paul, entrep. de couverture, B^d Port Royal, 38		Roucher	18 fév. 91	29 juill. 91	(1)		
Rounieu - Bègue, Lazare, B^d Haussmann, 136	*	Boron				* 9 juill. 91	
Roumy - Buret, Louis, rue des Couronnes, 18	*	Rouy				* 17 nov. 90	
Rouquer, m^d de vins liqueurs, act: rue St Sauveur, 9		Planque	21 mai 89		(2)		
Rouquette, m^d de vins, rue du Marché Popincourt, 6		Chardon	5 déc. 90		(3)		
Roure - Vaillant, Étienne, Faub. St Honoré, 34	*	Laisney				* 26 janv. 91	
Rousie (Vve) Marie, restaur. hôtel meublé, B^d de l'Hôp. 8		Lesage	7 juill. 91		* 21 sept. 91		
Rousseau, vins en gros, act: rue Cardinet 146 bis		Touchelet	29 mai 91		* 24 juin 91		
d° anc. m^d de vins, rue Pellepoix, act: s.d.c.		Destrez	18 déc. 91				
d° Léon, interné à Charenton, asile des aliénés	*	Loriat Jacob				* 18 juin 91	
d° Paul, distillateur, rue Quincampoix, 14		Bonjeu L	21 avril 91	14 oct. 91	(4)		
d° et Courbon, teinturiers en soie, r. des Anglais, 6 à 8		Lupy	11 août 91				
d° et Mourceaux, distillateurs, rue Quincampoix, 14		Boussard L	7 avril 91	25 août 91	(5)		
d° et Suteau, m^d bouchers, à Boulogne, r. Escudier, 44		Bonneau	10 nov. 91				
d° - Fontelarye, Albert, rue Truffault, 28	*	Delaunay				* 20 juill. 91	
d° - Loridant, Eugène, s. d. c.	*	Fouquer				* 11 mai 91	
d° - Langlois, Félix, Faub. Poissonnière, 6	*	Gienles				1 juin 91	
Rousseaux - Pierson, Gustave, B^d de la Chapelle, 51	*	Herber				12 janv. 91	
Roussel (D^e) Marguerite, tailleur, rue des Pyramides, 11		Bonneau	22 sept. 91		* 31 oct. 91		
d° Félix, m^d d'antiquités, rue Fabert, 26	*	Planque			* 30 mai 91		
d° - Romédenne, Napoléon, rue des Batignolles, 46	*	Denneuil				11 mai 91	
Rousselar - Switser, Charles, rue des 3 Bornes, 15	*	Marmottan				* 25 juill. 91	
Rousselle - Lucas, Joseph, rue de l'Entrepôt, 28	*	Norgeot				* 17 juin 91	
Rousselot, Paul, entrep. de serrurerie, rue Ballu, 6		Boussard L	21 oct. 91				
d° - Delignon, Pierre, s. d. c.	*	Potonié				* 9 avril 91	
Rousset, m^d de vins & charbons, rue de Chabrol, 21		Mercaut	24 mars 91		* 30 avril 91		
d° - Vicault, Charles, à New-York	*	R. Marin				20 juill. 91	
Rouveyrol - Poussonnet, Alexandre, rue Mouge 14	*	Leroy				20 juill. 91	
Roux, m^d de vins et charbons, rue de Tracy, 9		Bonneau	9 sept. 90		(6)		
d° (D^e) m^de de vins, rue St Sauveur, 43		Mauger	24 oct. 90		* 29 nov. 90		
d° et Carruette, banquiers, rue St Georges, 9		Rochette	29 oct. 89	27 avril 91	(7)		
d° et Cie nég^t en bois & charbons rue Pasteur, 4		Godmer	9 déc. 90		* 31 janv. 91		
d° - Chabanel, J^n B^te rue Oberkampf, 88	*	Demoreuil				20 juill. 91	
d° - Picon, J^n B^te à Colombes, Av. d'Argenteuil	*	Raveton				13 avril 91	
Rouy - Huard, J^n B^te, rue Rampon, 11	*	Bourgeois				23 fév. 91	
Roy, François employé act^t interné Asile de Bicêtre	*	Patrolre				* 26 nov. 91	

(1) Roumens 25% en 5 ans par 1/5 un an de l'homolog.
(2) Rouquer 15,18 %   unique répartition
(3) Rouquette 6.51 %   d°   d°
(4) Rousseau 10% sans intérêts en 10 ans par 1/10 de l'homolg.
(5) Rousseau & Mourceaux. Abandon de l'actif réalisé et les 20,000^f rédus sur le fonds; en outre paiem^t de 200,000^f par 1/20 le 1er paiem^t 2 ans après l'homol.
(6) Roux 3.52%   unique répartition
(7) Roux & Carruette 100% 2 mois après l'homol.

Noms, Prénoms, Professions & Domiciles	Indique: liquidation * Astérisque avoué insuffisance Divorce et Interdiction	Syndics et Avoués	Faillites ou Liquidations	Dates des Homologations de Concordats	Insuffis... ou Unions	Séparat... des biens judiciaires Divorces	Cons. Jud. ou Interdict.
Roy Jean-Bapt épicier, rue des Vosges, 6		Hécaen	11 août 91	28 nov. 91	(1)		
Royer - Bignon, Gustave, coiffeur, rue des Martyrs, 15	*	Ratier				* 27 oct. 90	
d° - Yon, Auguste S. d. c.	*	Roche				* 1 déc. 90	
Rozan, Victor, md de vins, rue Letellier, 43		Destrez	11 mars 86		(2)		
Rozard - Goltram, Alphonse, S. d. c.	*	Laban				* 12 juin 91	
Rublow - Boucher, Auguste, Faub. St Denis, 186	*	Delaunay				* 6 mars 91	
Ruck, Henri (Voir : Sauvage & Cie)							
Ruffay - Maille, Emile, Bd de Charonne, 95	*	Delibou				* 22 juin 91	
Ruffet, Léopold, md de futailles, quai de la Rapée, 50		Roucha L	31 oct. 90	23 janv. 91	(3)		
Ruffin - Miller, Antoine, rue Barbette, 4	*	Raveton				* 2 nov. 91	
Ruinen - Laruelle, Thomas, à Alfortville rue Pelleton, 5	*	Trodoux				* 15 nov. 90	
Ruotté - Talmet, René, Pass. Mollet, 14	*	Delibou				* 28 juill. 91	
Russel, Commiss... en marchandises Faub. Poissonnière, 104		Gadnier	16 janv. 91		* 28 fév. 91		
Rutten, Gustave, md de meubles, act: r. de Terre Neuve, 17		Lupy	28 fév. 91		* 15 avril 91		
Ruty, ancien limonadier, à Charenton, rue St Pierre, 11		Poucheler	27 oct. 91				
d° - Ruty, Claude, à d° d°.	*	Ferté				21 déc. 91	
Ruyssen - Clerc, Charles S. d. c.	*	Cahen				* 16 janv. 91	

S

Noms, Prénoms, Professions & Domiciles	Indique: liquidation * Astérisque avoué insuffisance Divorce et Interdiction	Syndics et Avoués	Faillites ou Liquidations	Dates des Homologations de Concordats	Insuffis... ou Unions	Séparat... des biens judiciaires Divorces	Cons. Jud. ou Interdict.
Saas (de) Fçois libraire, rue du Bac, 54			4 juill. 91		* 25 sept. 91		
Sabatier - Lelièvre, Auguste, rue Baudricourt, 19	*	Salats				* 8 déc. 90	
Sabotier - Lamare, Louis, rue Véron, 22	*	Boudin				* 8 août 90	
Saby - Delafosse, Jean S. d. c.	*	Berryer				* 15 juill. 91	
Sacaze - Devauchelle, Joseph, rue Simart, 26	*	Charveau				3 juill. 91	
Sach, Charles, Commiss... en bijoux, rue Drouot, 27		Lupy L	12 déc. 91				
Sacksteder - Morlet, Jean, rue Marcader, 13	*	Passion				* 29 juill. 91	
Saget - Devilliers, Victor, rue de Bagnolet, 19	*	Roche				* 26 janv. 91	
Saguet - Maillard, Crucet, act à Villiers en Argonne (Marne)	*	Ducange				23 avril 91	
Sahun, Jean, épicier en vins, rue Ramey, 42		Menaux	8 juin 91		* 31 juill. 91		
Saillant - Destrez, Admire, rue Beaubourg, 95	*	Marais				* 9 fév. 91	
Sailleau, md de vins Bd Armand Carrel, 2		Planque	13 nov. 91				
Saint, Albert, dépositaire de bières, Pass. des Fourneaux, 30		Chardon	13 oct. 91				
d° - Charles Georges, anc. brasseur à Montreuil, r. de Lagny, 96	*	Gosselin				7 déc. 91	
Saint - Antoine, Jean, md de vins charb. act: Bd de Vaugirard, 55		Rochette	13 fév. 91		* 15 avril 91		
d° - Pierre, anc. md de vins, quai de la Tournelle, 65		Barboux	24 nov. 91				
Saint - Chely J-Bte md de vins, charb. r. Campo-Formio, 6		Lesage	26 oct. 91				
Saint - Clair - Bégein, Pierre, à Épernay, rue de Paris	*	Delibou				* 2 juin 91	
Saint - Denis, (de) Georges (Voir : Salatrier et de St Denis)							
Saint - Ferréol (de) fab. de caoutchouc, rue Montholon, 34		Roucha	30 sept. 90	29 oct. 91	(5)		
Saint - Genois & Cie (de) Concerts, à Vincennes, r. de Paris, 3		Destrez	10 juin 90	21 avril 91	(6)		

(1) Roy 15% en 5 ans par 1/5 de l'homol.
(2) Rozan 3 juin 91 rapport de clôture 66.46 % unique répartition.
(3) Ruffet 30% en 5 ans par 1/5 de l'homolog.
(4) Saint - Antoine 26 juin 1891 rapport de clôture.

(5) Saint - Ferréol 30 % en 5 ans par 1/5 de l'homolog.
(6) Saint - Genois & Cie. Abandon de tout l'actif réalisé à ce jour et obligation de parfaire 25 % en 5 ans par 1/5 au delà 5.76 % unique répartition.

Noms, Prénoms, Professions & Domiciles	*	Syndics et Avoués	Faillites ou Liquidations	Dates des Homologations de Concordats	Jugements en Unions	Séparations Judiciaires et Divorces	Cons. Jud. et Interdiction
Sakakini - Custot, Gabriel, rue Legendre, 48	*	Poinsot				22 juill. 91	
Salabert - Merkel (de) Charles, s. d. c.	*	Foucault				16 mars 91	
Salarnier et de St Denis, grosse tôlerie, Bd Voltaire, 266		Menaux	8 juill. 87		(1)		
Salesse - Lebaillif, Jean, teinturier, rue Lechoff, 4	*	Henriot				19 janv. 91	
Sallaud - Oureau, Charles, rue Blainville, 6	*	Dumesnil				* 17 nov. 90	
Sallée - Weber, Eugène, rue des Maronites, 50	*	Carvès				* 19 janv. 91	
Salin, Nicolas, fab. de couronnes, rue de Bagnolet, 15		Menaux	16 nov. 91				
Salmon, boulanger, Bd Diderot, 80		Lesage	4 nov. 90		* 30 avril 91		
d° Arthur, épicier, rue St Charles, 58		Menaux	9 avril 91		(2)		
Salomon, md de remmerciat, à Bois-Colombes, r. de la Tesorarie 3		Lupy	10 oct. 90		* 29 nov. 90		
d° - Beer, David, s. d. c.	*	Jacob				* 12 janv. 91	
d° - Navachelski, Moïse, fab. de casquettes r. Geoffroy l'Anglais 19	*	Garce				1 juin 91	
Salson, Alexis, anc. md de vins traiteur act: Bd Voltaire 265		Menaux	14 juin 90	28 oct. 90	(3)		
Salvage, Henri, md de beurre et œufs, rue du Château, 146		Cotty	2 déc. 91				
Salvé - Puteaux, Jean, r. du Moulin-Vert, 65	*	Dinot				* 10 avril 89	
Salveton, Frédéric, Avenue d'Iéna, 36	*	Caillet					29 août 91
Salzédo - Halphen, Numa, rue Louis-Legrand, 11	*	Herbet				27 juill. 91	
Salzmann, horloger à Nogent s/Marne, Gde Rue, 123		Planque	14 nov. 90		* 31 déc. 90		
Sambucy de Sorgue (de) Joseph, Avenue Kléber, 32	*	Jacob					24 mars 91
Samouel, Victor, papetier, rue St Denis, 35		Boussard	19 déc. 91				
Sampayo (Dlle de) Laure, internée Asile de Charenton	*	Brémard					* 1 déc. 91
Samuel, Mayer, anc. fab. de corsets, rue de Rome, 3		Lesage	9 juin 91				
Sancenot, Jules, act: hospice de Bicêtre	*	Rouy					* 30 avril 91
Sanche, fab. de casquettes, act: à Deauville r. Garnier-Pagès, 16		Rochette	3 mars 91				
Sancier, Eugène, md de couleurs, rue Monge, 63		Beaujeu L	14 oct. 91				
Sanglier, fondeur, à St Ouen, rue Garibaldi, 4		Lupy	6 janv. 91		* 28 fév. 91		
Sanguinet (Dr) Marguerite, Bd Pereire, 127	*	Ransons					6 juill. 91
d° - Lamos, Donatien, Bd Pereire 127		Ransons				3 août 91	
Sansax - Droche, Jean, md de vins à Charenton, q. de Bercy 24	*	Tricot				23 nov. 91	
Santerre, Henri, cartonnier, à Aubervilliers av. Victor Hugo 29		Destrez	11 août 87				
Sarda Jules (Vovi: Lecerf et Sarda)							
Sarghat, Henri, fab. de parapluie rue de Bretagne, 47		Kécam	27 oct. 90		* 31 mars 91		
Sarrat, md de vins, rue des Francs Bourgeois, 30		Lupy	20 juin 90		(5)		
Sarrazin - Francière, Joseph, r. Ordener, 27	*	Poinsot				* 1 juin 91	
Sarron - Flouzat, Alexis, s. d. c	*	Poller				* 12 mai 90	
Sassier - Lebreton, Alexis, avenue des Gobelins, 17	*	Marquis				* 9 fév. 91	
Saubestre (R) Victorine anc. mde de vins Bd Bonne-Nouvelle, 2		Cotty	3 déc. 91				
Saulnier - Viblot, rue de l'Ouest, 30 act: s. d. c.	*	Allain				* 18 déc. 90	
Saunier, md de vins, au Terrnex, allée de l'Alma, 5		Boussard	11 nov. 90		* 27 janv. 91		
Saux - Leclerc, Georges, mécanicien, r. Emile Lepou 20	*	Lemare				* 13 mars 91	

(1) Salarnier & de St Denis 4.24 % 2e et dern. répartition
0.94 % unique répartition Mme Salarnier
(2) Salmon 9.78 % unique répartition
(3) Salson 10.74 % espèces 17.31 % billets unique répartition
(4) Santerre 15.90 % unique répartition
(5) Sarrat 7.42 % d°. d°.

Noms, Prénoms, Professions & Domiciles		Syndics et Avoués	Faillites et liquidations	Dates des homologations de concordat	Insuffis. et Unions	Séparations judiciaires Divorces	Cons. Jud. et Interdict.
Saussard-Brisset, Charles, rue Basfroi, 52	*	Petit Bergon				* 9 mars 91	
Sautreau, Claude-ame, md de vins restaur. rue Pradier, 18		Ozéré	25 nov. 90		(1)		
Sautriau-Noël, Charles, rue du Terrage, 34	*	Pellerin				* 20 janv. 91	
Sauvage & Cie Commn en march. Pass. des Petites Écuries, 15		Lesage L	24 mars 91	8 août 91	(2)		
do & Cie blanchissage, act: rue St-Petersbourg, 6		Beaujeu	24 mai 88		* 29 nov. 90		
do - Favier, Charles, Pass. du Ruisseau, 8	*	Foucault				* 26 janv. 91	
do - Meurion, Chrône, rue Beauregard, 26	*	Tricaud				* 20 oct. 91	
Sauvé Charles (Voir: J. Sauvé & fils)							
do & Fils, J. doreurs sur métaux, r. des Haudriettes, 5 bis		Roussard L	2 déc. 91				
do - Larnaz, Joseph, rue Monge, 36	*	Sotonié				23 fév. 91	
Savars-Gobert, Louis, rue des Prairies 5 bis	*	Laban				22 juin 91	
Savary (Vve) vins restaurant, rue Secrétan, 14		Hécaen	9 juin 91		* 28 juin 91		
Savelli Michel rue épicier, act: rue des Moines, 72		Bonneau	27 janv. 91		* 31 mars 91		
Savigny-Gérin, Albert, rue des Amandiers, 115	*	Bean				* 27 juill. 91	
Savoie-Bidault, Blaise; nég. rue Rambuteau, 22	*	Goirand				* 13 avril 91	
Sayer-Fournier, Léon, Place Ballerzy, 1	*	Marais				11 mai 91	
Sceymontbéliard-Singer, Louis, au château de Scey fondx		Cheramy				* 25 mars 91	
Schaff-Niedermayer, Georges, à St-Ouen, rue Pierre, 27	*	Gillot				* 12 janv. 91	
Schaffner-Brouwlé, Hippolyte, rue de Douai, 58	*	Cailler				* 30 déc. 90	
Schaller, Emile (Voir: Darses & Cie)							
Scharner (Mlle) confiserie, rue Boulard, 53		Chale	10 sept. 91		* 17 nov. 91		
Schausi-Miltenberger, Pierre, s.d.c.	*	Herbon				* 29 juin 91	
Scheible, Charles, charcutier, rue des Orteaux, 46		Cotty	31 mars 85	6 juin 91	(3)		
Scheid, Nicolas, md de vins, rue Popincourt, 12		Lesage	17 déc. 91				
Scheidel-Gaudron, Frédéric, rue Castiglione, 1	*	Rouy				6 août 91	
Schiller, Bosogne & Cie Commn en march. rue Kléber, 42		Hécaen L	1 mai 90		(4)		
Schilmann, Joseph, fabt de casquettes, rue Montmorency, 19		Menaux	16 déc. 91				
do Léon do do 23		Menaux	16 déc. 91				
Schirmann-Aubin, Antoine, rue des Batignolles, 18	*	Chagnon				* 7 août 91	
Schmédès-Fox, Georges, rue Lafayette, 83	*	Ransons				8 juin 91	
Schmeltz-Baldenweck, Félix, rue Voltaire, 3	*	Hureau				* 7 fév. 90	
Schmidt-Philippe, Michel, rue de Sambre & Meuse 8	*	Chain				* 15 mai 91	
do - Schaier, Ferdinand, s.d.c.	*	Bourgeois				* 27 avril 91	
Schmitt Nicolas, entrep. de démolit. à Montreuil, r. h.. Marcel 37		Lissot-j	29 nov. 90		* 20 déc. 90		
Schmitt, Hugues fab. de pâtes pr imprimerie, r. du Cloître N.D. 10		Hécaen			* 28 fév. 91	(5)	
do (Vve) Jacobie, md de vins, à Clichy, rue Dagobert, 16		Lippy	15 juin 91				
do - Dubois, Nicolas, Imp. de l'Ile de France, 13	*	Petit Bergon				* 13 fév. 91	
Schmitthubl-Kleinbenz, Léon, Bd des Filles du Calv. 32	*	Milhaud				16 fév. 91	
Schmitz (Vve) Elisa, md de vins, av. de la République		Planque	3 août 91		* 31 août 91		
do - Amann, Louis, rue Jean Robert, 21	*	Collin				* 27 avril 91	

(1) Sautreau 2.71 % unique répartition
(2) Sauvage & Cie Abandon de tout l'actif et 10% en 5 ans par 1/5
(3) Scheible 30% en 5 ans par 1/5 de l'homolog.
(4) Schiller, Bosogne & Cie 5% 1ère répartition
(5) Schmitt 16 janv. 91 résolution

Noms, Prénoms, Professions & Domiciles	(Jud. liq.)	Syndics et Avoués	Faillites et Liquidat.	Dates des homologations de Concordats	Innovations ou Unions	Séparat. de biens judiciaires / Divorces	Cons. Jud. et Interdict.
Schneeberg, marbrier, act: à Bois-Colombes, r. de l'Union, 37		Rochette	12 mai 91				
Schneider-Collet, Charles, fab. de pipes, rue Rampon 14		Deville				1 déc. 90	
d° - Debon, Pierre, rue Houdon, 19	*	Bourgeois				* 24 nov. 90	
d° - Parmentier, Pierre, rue Piat, 7	*	Berton				* 22 déc. 90	
Schneiter-Baron, André, rue de Neuilly, 28	*	Maza				* 3 août 91	
Schouber-Stauder, Jean, fondeur d'or, rue de la Perle, 10		Péronne				16 fév. 91	
Schrambach-Wilz, Antoine, à St-Maur, r. de...		Postel-Dubin				24 nov. 90	
Schroeder, Henri, restaur. rue Lafayette, 90		Planque	9 janv. 91		* 31 janv. 91		
Schubler-Lefebvre, Alphonse, s. d. c.	*	Thomas				* 29 juin 91	
Schultz-Berdin, Charles, rue Basfroi, 2	*	Czienlas				28 oct. 91	
Schultze, Erich, commis en march. rue Meslay, 3		Kékaen	6 mai 90	27 sept. 90	(1)		
Schwoz-Bohl, Joseph, à Créteil, g.de Rue, 31	*	Rouy				* 20 mai 91	
Schwalm-Dévige, Emile, s. d. c.	*	Auzoux				* 10 août 91	
Schwartz-Avisse, Alfred, s. d. c.	*	Poller				* 8 août 91	
d° - Bodereau, Emile, rue Laban, 54	*	Marais				* 11 juill 90	
Schwebr-Schmoll, Paul, rue d'Hauteville, 62	*	Passion				* 12 janv. 91	
Schweitzer, construct. mécanic. à St-Denis, r. du Port, 14		Bestrez	20 déc. 89		* 31 déc. 90		
d° - Aupoix, Arthur, rue Le Chatelier, 3	*	Cabasson				30 nov. 91	
d° - Nafziger, Joseph, à St-Denis, r. du Port, 14		B. de Cough.				2 fév. 91	
Schwob (Vve) horlogerie bijouterie, rue de Javel, 77		Barboux	14 mars 91		* 15 avril 91		
d° - François J. Bte s. d. c.	*	Poller				* 16 juin 90	
d° - Jacob, David, Bd St-Martin, 19	*	Delinon				26 janv. 91	
Sciaille, entrep. de peinture, Faub. St-Denis, 182		Toucheler	18 mai 86		* 30 juin 91	(2)	
Scobart aîné à Faivre, fab. de chapeaux, r. des Blancs-Mant. 37		Barboux	27 avril 91		* 20 mai 91		
Scrive-Rousseau, Charles, à Bois-Colombes, r. des Carbonnets 28	*	Lochat Jacob				* 26 avril 91	
Sebille, J. Bte entrep. de transports, rue Michel-Bizot, 20		Rochette	29 mars 91		(3)		
Sébin-Zoro, Paul, rue de l'Asile-Popincourt, 13	*	Poller				* 6 avril 91	
Séchet-Rozeau, Henri, rue St-Denis, 208	*	Mutel				* 19 janv. 91	
Secrétan-Overnay, Pierre, Bd de Beauséjour, 17	*	Apuillefemina				10 août 91	
Secula-Chapuis, J. Bte Bd Raspail, 206	*	Marmottam				* 27 juill 91	
Seel-Moureau, Jean, s. d. c.	*	Viver				* 26 déc. 90	
Seelhoff-Heutschke, Guillaume, nég. rue Chaudron 13	*	Korben				* 23 mars 91	
Seeligmann Théodore (Voir: Reygasse & Seeligmann)							
Seguin, Albert, épicier, rue de Tlemau, 10		Lupy	14 oct. 90		* 19 nov. 90		
d° François, anc. bandagiste, r. Ste-Croix de la Bretonn. 24		Ozère	9 avril 91		•		
d° - Boinette, Denis, s. d. c.	*	Manceau				* 23 fév. 91	
Segury-Salvy, Ernest, s. d. c.	*	Hivreau				* 20 mars 91	
Seignobos, Raymond, corroyeur, rue des Gobelins, 17		Bernard L	21 juill. 91				
Seipel, anc. boulanger : act: rue de la Saône 18		Beaugé	20 juin 90	26 mai 91	(4)		
Seligmann, Emmanuel, fab. de chaussures, Av. d'Orléans, 23		Rochette	19 janv. 91				

(1) Schultze 26 déc. 1891 résolution
(2) Sciaille 16 mai 91 d°
(3) Sebille 25.28% unique répartition

(4) Seipel. Abandon de l'actif réalisé & à réaliser et 15 % sans intérêts en 3 ans par 1/3, un an de l'homolog.

Noms, Prénoms, Professions & Domiciles		Syndics et Avoués	Faillites et Liquidations	Dates des homologations du Concordats	Transactions ou Unions	Séparat. de biens judiciaires Divorces	Cons. Jud. et Interdict.
Sell, Gustave, anc. brasseur à Alfort, Gde Rue, 9		Cotty	26 déc. 90		* 28 fév. 91		
Selliez-Durer, à Boulogne s/S. Avenue de la Reine, 112	*	Bourgeois				* 24 fév. 90	
Selliez, Fernand, épicier, à Montreuil, rue de Paris, 1		Chevillon	1 sept. 91				
Selvam-Minceron, Albert, rue St Sébastien, 16	*	Roche				* 16 fév. 91	
Sembrès-Berramond, Fçois, rue Beaubourg, 41	*	Marais				* 20 avril 91	
Senarr, Claude, md de vins et charbons, Pass. Watteau		Destrez	15 sept. 91		* 12 oct. 91		
Séné (Dme) Louise, rue Blomet, 147	*	Tissier				*	10 mars 91
do -Jacques, Louis, Faub. St Denis, 158	*	Baudouin				* 1 mai 91	
Seng-Harbocq, Philippe, s. d. c.	*	Deveille				* 17 nov. 90	
do -Persohn, Joseph, rue Pierre Charron, 35	*	Cabasson				* 1 juin 91	
Seimeville-Théâte, Désiré, r. Stephenson, 37	*	Chaim				* 6 juill. 91	
Senors, banquier, rue Lafayette, 79		Mauger	8 mai 91		* 24 juin 91		
Sergent jeune, Jean md de vins rest. Av. des Gobelins, 76		Bernard	11 avril 88	29 nov. 88	(1)		
do -Laureau, restaur., rue Lebrun, 24	*	Cahen				19 janv. 91	
Serio (Dlle) Maria, lingère, r. N.D. de Lorette 23-25		Mauger	7 déc. 91				
Serizay de Grillemour-Durand(e) Arthur, r. des Saules 77	*	Guignon				5 janv. 91	
Serre, anc. Commr en peaux, Bd Henri IV, 36		Hécaen	14 déc. 88		* 30 mars 89	(2)	
Serrière-Lahaye, Etienne, Avenue des Ternes 30 bis	*	Pottier				* 24 fév. 91	
Serrure, Henri, entrep. de serrurerie, à Nanterre, r. du Chn de fer, 42		Bonneau	23 janv. 90	21 avril 91	(3)		
Servais-Bertrand, Joseph, s. d. c.	*	Dumorin				* 12 janv. 91	
Serves-Chanal, François, rue de Rambuteau, 8	*	Bozon				11 mai 91	
Seux-Talquer, Henri, traiteur, rue Feydeau, 4	*	Delasalle				* 28 juill. 90	
Sevestre-Fontaine, Noël, à Plaisance, r. du Château 104	*	Delp. de Vissec				* 8 janv. 91	
Sidon-Van Baclaere, Frédéric, rue des Bernardins, 42	*	Pottier				* 10 août 91	
Siegfried (Dr) md de bouillon, rue Hermel prolongée 19		Destrez	26 déc. 90		* 31 janv. 91		
Siglé, Emile, fab. d'eau de seltz, r. d'Allemagne, 141		Lamoureux	28 mai 77		(4)		
Sillard-Aujard, Emile, coiffeur aux Lilas, rue de Paris, 145	*	Lefoullon				* 23 mars 91	
Sille, Ernest, md de vins traiteur, rue Delaborde, 47		Godinot	1 mai 91		* 30 juin 91		
Silly-Hugonnier, Maxime, r. d'Odessa, 3	*	Bonnomandie				* 7 fév. 91	
Silvain, Charles, brocanteur, rue de la Pointe d'Ivry 41		Ozéré	16 mai 91		* 20 mai 91		
Silvestre, Victor, anc. dirr de théâtres, Chaussée d'Antin, 15		Chale	11 fév. 89	5 juill. 89	(5)		
Silvestri, Henri (Voir: Simond & Silvestri)							
Simillion, Lucien (Voir: Vve Fayard & Cie)							
Simoens-Tribouillard, Léopold, à Gentilly, rue Lecoq, 17	*	Bourse				* 23 mars 91	
Simon, fab. de fleurs, rue du Temple, 201		Cotty	9 juin 91				
do Bertrand, nourrisseur, act. rue de la Glacière, 70		Lesage	13 nov. 91				
do Ferdinand, md de vins, rue St Maur, 167		Barbou	12 janv. 91		* 24 fév. 91		
do Jean, régleur de papiers, rue des Francs Bourgeois, 26		Menaux	11 fév. 90	21 avril 91	(6)		
do -Karcher, Louis, rue de Constantinople, 15	*	Audouin				7 déc. 91	
do -Simon, Joseph, s. d. c.	*	Gieules				* 19 janv. 91	

(1) Sergent jeune 16 oct. 91 résolution
(2) Serre 16 oct. 91 rapport de clôture
(3) Serrure. Abandon de l'actif réalisé à l'exception d'une somme de 1000 fr. et 25 % en 5 ans par 1/10, 1er paiement

6 mois après l'homologation 25.77 % unique répartition
(4) Siglé 5.46 % unique répartition
(5) Silvestre 2.90 % do. do.
(6) Simon 15 % en 5 ans par 1/5 de l'homolog.

Noms, Prénoms, Professions & Domiciles		Syndics et Avoués	Faillites et Liquidations	Dates des homologations de Concordats	Insuffis.cas ou Unions	Séparat.ns de biens judiciaires Divorces	Cons. Jud. et Interdict.
Simonin - Girard, Jacques, rue de la Fédération, 84	*	Laisney				* 17 nov. 91	
Simonneau - Perron, rue Lecourbe, 127	*	Ralier				* 15 juill. 91	
Simond & Silvestri, exploit. d'un théâtre, r. Cardinal Lemoine, 2		Cotty	22 oct. 90		* 27 janv. 91		
Simondetti, Louis, dentiste, Avenue Carnot, 14	*	Chagnot					* 5 fév. 91
Simonc - Zimmermann, Félix, rue Neuve Lapincourt, 21	*	Cahou				* 3 nov. 90	
Simonnet, Eugène, md. de bois de boulange, rue Simart, 889		Bonneau	7 déc. 91				
Simomney - Chesney, Auguste, r. Doudeauville, 73	*	Zineau				* 2 nov. 90	
Simonot, épicier, à Courbevoie, rue de Paris, 17		Bernard	16 janv. 89		(1)		
Sinaud - Barcige, Ernest, Bd Pereire, 10	*	Charin				* 22 déc. 90	
Sinet - Caillouet, Louis, à Bruxelles, quai de la Charge, 5	*	Mutel				* 24 nov. 90	
Singer (Vve) Marie, robes & jerseys, rue Feydeau, 1		Planque	30 déc. 90		* 31 janv. 91		
Sirard - Plessis, Auguste, à Vanves, rue d'Issy, 13	*	Normandie				* 19 déc. 90	
Sirven - Delattre, Pierre, publiciste, rue Choron, 6	*	Passien				* 30 juin 90	
Sismondo - Barloy, Jean, r. N. D. de Nazareth, 5	*	Cohuet Duage				* 27 nov. 91	
Slosse, Henri, ébéniste, rue de Charonne, 26		Chevillon	7 oct. 91				
Société Anonyme La Banque Européenne, Av. de l'Opéra 5		Barboux	27 avril 86		(2)		
d° La Banque G.le des Fonds Français & d'autres Prts 3		Loucheler			(3)		
d° des Carrières de pierres de Villette, rue Curial 6		Bernard	20 mai 91				
d° des Carrières de Béthisy St Pierre, Charbon & houille, 6		Sinet	25 mars 89		* 25 nov. 90		
d° du Chemin de fer & de la Sucrerie de Billom, St Dalmas 9		Jauvalle	21 oct. 83		(4)		
d° pour la construction des chaudières inexpl. Bd Voltaire, 84		Roucher L	20 juin 91				
d° de Construction de la Villette, rue Curial, 7		Sinet	8 août 82		(5)		
d° du Crédit M.ne de France, rue de la Victoire, 14		Loucheler	18 mars 85		(6)		
d° des Forges de Liverdun, rue Taitbout, 89		Maillard	11 janv. 78		(7)		
d° Aux Grands Boulevards, Nouv. Hts Pois, 7		Mauger	20 fév. 91				
d° des Houillères d'Auzits, rue du Havre, 12		Péré	8 nov. 83		(8)		
d° La Blanchisserie de Villetaneuse, rue de Sartin, 4		Bonneau	30 av. 91				
d° Au Journal "La Cité" rue du Croissant, 12		Planque	11 déc. 91				
d° La Lumière, rue aux Ours, 16		Mauger	20 août 91				
d° Le Capital, assurances, Av. de l'Opéra, 16		Bonneau	7 fév. 83		(9)		
d° La Parisienne, chaussures, r. Henri Chevreau, 34		Barboux	27 oct. 91				
d° La Ruche, Place Vendôme, 16		Mercier	17 avril 88		* 31 oct. 91		
d° Le Matériel de l'Entreprise, rue Richelieu, 62		Chevillon	13 août 89	26 fév. 91	(10)		
d° Le Royaume, rue Vivienne, 47		Bernard	31 oct. 90		* 30 juin 91		
d° des Ouvriers Cimentiers réunis, r. Lamark 98		Hécaen	10 juin 91				
d° du Panorama Français Bd Haussmann, 13		Mauger	11 déc. 91				
d° La Petite Bourse, rue de la Victoire, 76		Bernard	3 fév. 90		* 30 avril 91		

(1) Simonot 30.57 % unique répartition
(2) Sté Anonyme : La Banque Européenne 6.27 % 5e et dern. répartition.
(3) d° G.le des Fonds Français 6.20 % 2e et d° d°
(4) d° du Ch.in de fer de Billom 13.91 % unique d°
(5) d° de Construction de la Villette 4.44 % 3e et dern d°
(6) d° du Crédit M.me de France 15 % 1er d°

(7) Soc.té Anonyme des Forges de Liverdun 2.28 % 4.e et d° répart.
(8) d° des Houillères d'Auzits 3.16 % 2e et dern. d°
(9) d° Le Capital 15.55 % 2e et dern. d°
(10) d° Le Matériel de l'Entreprise. Abandon de l'actif réalisé et à réaliser 40.09 % unique répartition.

Noms, Prénoms, Professions & Domiciles	Liquid. jud. / Clôture	Syndics ou Avoués	Faillites ou Liquidations	Dates des homologations de Concordats	Jugements ou Unions	Séparations, Actions judiciaires, Divorces	Conseils judiciaires, Interdictions
Société Anonyme La Petite Républ. Franç. r. Coq Héron 5		Destrez	26 avril 90		(1)		
d° l'Universelle, B.d de la Madeleine, 17		Mauger	20 nov. 86		(2)		
d° l'Union G.le rue d'Antin, 9		Kourtey	2 fév. 82		(3)		
d° l'Union Provinciale, r. des Pyramides 39			7 fév. 83		(4)		
d° Union Synd.le des Banquiers réunis, r. Molins		Maillard	17 janv. 82		(5)		
Société du Casino Municip. de Nice, Av. de l'Opéra, 32		Beaugé	10 janv. 85		(6)		
d° Commerciale de France, Av. de l'Opéra, 9		Pinet	21 août 82		(7)		
d° des Construct.ns de Passy, rue du Ranelagh, 14		Bonneau	19 juill. 88		(8)		
d° fermière de la Société G.le des applications photographiques, rue de l'Échelle, 3		Pinet	21 nov. 90		* 31 mars 91		
d° Franco-Tonkinoise, rue Mayran, 6		Planque	13 nov. 91				
d° Industrielle des Chocolats Taillasson, r. de la Vict.re 41			31 mai 84		(9)		
d° G.le du Commerce, rue Lafayette, 120		Chardon	6 mai 90		* 29 nov. 90		
d° G.le de Crédit, rue Laffitte, 40		Bonneau	18 déc. 91				
d° G.le de Produits dentifrices, rue Lafayette, 43		Beaujeu	29 déc. 91				
d° Industrielle de bois & pavage en bois, B.d Haussmann 39		Roucher	12 mars 91				
d° Métallurgique de Tarn & Garonne, r. Taitbout, 80		Sauvalle	2 avril 80		(10)		
d° des Petits Bouillons à Neuilly, Av. du Roule, 33		Roucher	7 janv. 90		(11)		
Sobet-Maquart (de) Jules, rue de Dunkerque, 24	*	Berthion J.ne				29 avril 91	
Sohm-Litaudon, Charles, Fav. St Antoine, 3	*	Milbaud				* 6 juill. 91	
Soifranc, renseig.ts commerciaux, rue de la Bourse, 5		Lupy	16 janv. 91		* 18 fév. 91		
Soliman Léon, entrep.r de peinture à Neuilly r. du Marché 25		Lesage	11 fév. 91		(12)		
Solon-Faysse, Jean Bapt. rue Corlot, 16	*	Baudouin				* 12 déc. 90	
Somain-Claudierre Louis, rue des Poteaux	*	Mercier				* 26 janv. 91	
Sommer, Albert, nég.t en cuirs, r. Étienne Marcel, 6		Mauger L	10 juill. 91	11 déc. 91	(13)		
d° & C.ie boulangerie, rue de l'Arc de Triomphe, 19		Planque	5 janv. 91		(14)		
Souck-Bruhy, Pierre, à Lille, rue des Meuniers, 8	*	Léon				* 6 août 91	
Sonnier-Murier, Jean Bapt. S.d.c.	*	Cabassou				* 23 juin 90	
Sorbin, Francis, couturier, act: rue de la Michodière, 11		Lesage	23 oct. 91				
Sorre, Émile, fab. de machines à coudre, rue Coypel, 12		Godinier	11 sept. 91		* 21 oct. 91		
Sosson, M.d de lavoir à Ivry, rue de l'Avenir		Mauger	1 sept. 91				
Soubie, Thomas, m.d de vins, B.d Barbès, 22		Boussard	8 août 91				
Soubrier-Masson, Jules, rue des Archives, 79	*	Fontaine				16 fév. 91	
Souche, Albert, épicerie m.d de vins, rue du Commerce, 14		Menaux	29 sept. 91		* 31 oct. 91		
Souchez (D.lle) Lucie, rue Lacharrière, 29	*	Salats					26 janv. 91
Soudey-André, Gustave, rue de la Tombe Issoire, 80	*	Poste.				25 mai 91	

(1) S.té Anon. La Petite Républ. Française 10 % 1re répartition
(2) d° l'Universelle 5% 3e répart. 15% 4e d°
(3) d° l'Union G.le 2.85% 8e et dernière d°
(4) d° l'Union Provinciale 30% 3e et dern. d°
(5) d° Union Synd.le des Banquiers 10.65% 3e & dern. d°
(6) Soc.té du Casino Municipal 4% 1re répartition
(7) d° Commerciale de France 15% 2e d°
(8) d° des Const.ns de Passy 16.04 1re répartition 2.24% 2e et d° rép.
(9) S.té Indust.le 3.01 % unique répartition
(10) S.té Métallurgique 26.99% d° d°
(11) S.té des Petits Bouillons 19.27% d° d°
(12) Soliman 18.18% d° d°
(13) Sommer 10% savoir: 1% après la reddition des comptes; 1% 3 mois après l'homolog. et 1% le 31 mai 1893, 1894, 95, 96, 97, 98, 99 et 1900
(14) Sommer & C.ie 2.11% espèces; 23.50% billets, uniq. répar...

Noms, Prénoms, Professions & Domiciles		Syndics ou Avoués	Faillites ou Liquidations	Dates des homologations de Concordats	Insuffis. ou Unions	Séparat. judiciaires / Divorces	Cons. Jud. ou Interdict.
Soudieux-Basset, Louis, rue Blondel, 3	*	Cabasson				16 nov. 91	
d° - Caola, René, s. d. c.	*	Freté				* 24 juin 91	
Soussrain-Jean, Michel, rue Mogador prolongé, 6	*	Damoreuil				* 9 avril 91	
Soulié (Vᵉ) Heurique, mᵈ de charb. à Ivry-6.., 12		Rochette	11 oct. 90		* 25 nov. 90		
Sourisseau, mᵈ épicier, rue Taber, 24		Cotty	20 janv. 91		* 24 mars 91		
Soury, commᵉ en march. Faub. Poissonnière, 28		Bonneau	16 mars 91		* 15 avril 91		
Souweine, Gustave (Voir : Hensa & Souweine)							
Souza-Andrade (de) Antᵒ glacier à Ivry, r. de Paris, 18		Rochette	8 juin 88		(1)		
Spaumagel, Laurent, menuisier, rue de Charonne, 5a		Maillard	27 janv. 91		* 24 mars 91		
Speich, Eugène, anc. mᵈ de vins, Bᵈ Beaumarchais, 20		Hécaen	13 août 89	6 juin 90	(2)		
Speitel, Alphonse, mᵈ de vins, rue de Flandre 133		Destrez	25 juill. 90		(3)		
Spielmann, Louis, rue Monsigny, 1	*	Alunier				(4)	9 août 87
Spine-Gendreau, Jean, rue Moret, 2	*	Bertinot				* 7 août 91	
Spira, Émile, mᵈ de chaussures, Bᵈ St-Germain, 70		Destrez	13 mai 91	26 juin 91	(5)		
d° Jules, mᵈ de confections Bᵈ St-Germain, 60		Pinet	29 juill. 91				
d° - Lévy Émile, mᵈ de chaussures Bᵈ St-Germain 70	*	Pellerin				26 janv. 91	
d° - Weill, rue de St-Augustin, 4	*	Berton				27 avril 91	
Sprondel-Kloet, Auguste, Pass. de la Main d'Or, 9	*	Coche				* 6 juill. 91	
Squels, Blin & fils (Vᵉ) passementerie, rue Albony, 27		Hécaen	24 oct. 80		* 31 juill. 91	(6)	
Stangel-Dacheux, Louis, rue de Sèvres, 163	*	B. de Lugeh				* 26 déc. 90	
Starck-Hiegel, Pierre, vins en gros à Charenton r. de ...		Allain				6 juill. 91	
Stave (voir : Feyer & Stave)							
Steichen, mᵈ de vins à Aubervilliers, rue Baudin, 50		Destrez	1 sept. 91		* 21 oct. 91		
Steimer, Renaud & Le Pellerin, tissus & châle. r. des Jeuneurs, 26		Bernard	24 mars 91		(7)		
d° - Thiéron, Joseph, négᵗ à Asnières, r. de Magenta, 6	*	Vaudeville				7 déc. 91	
Steimlé-Ninck, Émile, rue Corbon, 12	*	Bertinot jⁿᵉ				* 24 nov. 90	
Steinmayer-Thévenet, Chrysostome, à Alfortville, r. Villeneuve...	*	Lortal Jacob				* 25 mai 91	
Steimberg & Cⁱᵉ vêtemᵗ de caoutchouc, r. Ste-Croix de la Bretonnerie, 39		Bonneau	1 juin 91	30 nov. 91	(8)		
Steiner, Alexandre, négᵗ en outils en bois, Bᵈ Richard Lenoir, 82		Menau	10 oct. 91				
Steinmetz-Tieuler, Edouard, s. d. c.	*	François				* 27 avril 91	
Stephano & Cⁱᵉ Direct. de théâtre Bᵈ Beaumarchais, 25		Maillard	13 juin 90		* 25 nov. 90		
Sterq-Rollet, Aimé, Bᵈ de Vaugirard, 7 bis	*	Delieux				* 2 mars 91	
Stbuard-Cizos, Jules, s. d. c.	*	Raynaud				* 7 août 91	
Stolz, anc. mᵈ de vins, rue d'Allemagne, 145		Menau	7 août 91		* 31 août 91		
Strasburger, Gaston, loueur de voitures, r. de la Pépinière 10		Barboux	27 av. 86		* 30 mai 91	(9)	
Strover-Vition, Harry, s. d. c.	*	Senart				* 2 nov. 91	
Studinger, Benjamin, négᵗ en vins à St-Maur, Villa Schaken		Bonneau	18 nov. 90		* 31 déc. 90		
Suarez-Vezard, Aimé, rue Edmond-Guillou, 8	*	Husson				24 mars 91	
Suchez, Louis, mᵈ de vins liqueurs r. St-Lazare, 77		Flauque	15 juill. 91		* 31 juill. 91		
Suchetet, anc. mᵈ de vins, act. Bᵈ de l'hôpital 32		Boussard	10 avril 91		* 30 mai 91		

(1) Souza-Andrade 0.14 % 2ᵉ et dern. répartition
(2) Speich 38.95 % unique répartition
(3) Speitel 2.25 % d° d°
(4) Spielmann 6 août 91 main-levée
(5) Spira 25 % en 5 ans par 1/5 de l'homolog.
(6) Squels, Blin & fils (Vᵉ) 17 juill. 91 résolution
(7) Steimer, Renaud & Le Pellerin 10 % 1ʳ rep.
(8) Steimberg & Cⁱᵉ 25 % en 5 ans par 1/5 de l'hom.
(9) Strasburger 9 mai 1891 résolution

Noms, Prénoms, Professions & Domiciles	*	Syndics ou Avoués	Faillites ou Liquidations	Dates des homologations de Concordats	Insuffis.ce ou Unions	Séparations judiciaires Divorces	Cons. Jud. ou Interdict.
Sucrerie — Sucraterie de Ribécourt, rue Chauchat, 23		Cotty 1	14 août 91	28 nov. 91	(1)		
Sudre — Pitois, Joseph, rue Lepic, 21	*	Gosselin				17 sept. 91	
Sudrie, Fois négt en droguerie au Bourget, Av. de la Gare 1		Bernard	27 fév. 91		* 30 mai 91		
do — Guillaud Fni do do	*	Pinean				23 nov. 91	
Sueur, Pascal, commre en toiles, rue de Lyon, 39		Cotty	14 mars 9?		(2)		
Sulzbach — Dreyfus, Gustave, s.d.c.	*	Mouille-farine				8 janv. 91	
Surand, manège à Clouvières, rue de Bretagne, 2		Chardon	21 nov. 90		* 15 fév. 91	(3)	
do — Surean, Fois, rue Ginoux, 8	*	Delinon				9 nov. 91	
Suteau Elie (Voir Rousseau et Suteau)							
Swaenepoel, Prosper, confectr pr dames, r. St Antoine 181		Menaut 1	30 juin 91	19 sept. 91	(4)		
Syda, Sylvère, boulanger, Av. des Ternes, 4		Hécaen	28 mai 91		* 30 juin 91		
Sylvand — Lechevallier, Victor, s.d.c.	*	Carler				* 19 janv. 91	
Symonds, imprimeur, rue Rochechouart, 90		Bernard	24 mars 91		* 30 avril 91		

T U

Noms, Prénoms, Professions & Domiciles	*	Syndics ou Avoués	Faillites ou Liquidations	Dates des homologations de Concordats	Insuffis.ce ou Unions	Séparations judiciaires Divorces	Cons. Jud. ou Interdict.
Tabarin, Pierre, négt en cuirs, Av. d'Italie, 22		Menaut	12 janv. 91		(5)		
do — Constans, Pierre, av. d'Italie, 135	*	Vien				26 oct. 91	
Tabour, Florentin, négt en couleurs, à St Denis, Av de Paris, 6		Roucher	19 oct. 91				
Taboureau — Maunery, Achille, rue du Léman, 4	*	R. Marin				* 22 juin 91	
Tabourel — Gasly, Jean, s.d.c.	*	Tricon				* 31 oct. 90	
Tabuto, pâtissier — md de vins, rue Bisson, 14		Barboux	2 juin 91		* 30 juin 91		
Tacquard — Gendarme, Marie, à Pantin, rue Davoust, 16	*	Pelletier				* 5 juin 91	
Taillanton, Daniel, anc. md de vins, rue d'Allemagne, 17		Poncholer	22 déc. 91				
Taillefer — Taillefer, Victor, Pass. de l'Elysée des Beaux-Arts, 25	*	Tissier				* 28 juill. 90	
Taisne (Dlle de), aimée, rue de l'Université, 111	*	Perard					* 1 juill. 91
Talange — Hoff, Emile, rue du Regard, 3	*	Pomsor				* 8 déc. 90	
Talbot — Pierron, Jules, Pass. du Théâtre, 6	*	Laisney				* 27 juill. 91	
Talbotier, Henri, md de chaussures, rue des Martyrs, 13		Oree 1	13 mai 91	12 août 91	(6)		
Tale — Bexuaux, Louis, orfèvre, Imp. d'Antin, 4	*	Fouquer				* 18 déc. 90	
Talland — L'érable, Pierre, à Vitry, av. de la Républ.	*	Pagès				* 8 juin 91	
Talmier — Chardine, Léon, Faub. St Denis, 54	*	Collin				* 8 déc. 90	
Tanron, Pierre, hôtel meublé, rue Birague, 12		Godmer	4 août 91				
do — Nicolas, Pierre, do 12	*	Corton				2 nov. 91	
Tantin, Jn Bte entrep. de pavages, rue des Gds Champs, 7		Lavage	16 janv. 84	25 nov. 85	(7)		
Tapiau, Charles, négt en tissus, Chaussée d'Antin, 16		Châle 1	18 nov. 91				
Tassonnier, Henry, anc. épicier, rue Descartes, 46, act. à Rueil		Lupy	5 mai 91		* 30 mai 91		
Tatabou — Lemaire, Alexandre, rue Rébeval, 10	*	Manceau				* 29 mars 91	
Tardieu — Delamorinière, Eugène, s.d.c.	*	Fouquer				* 14 nov. 90	
Targat, Louis, entrep. de menuiserie à Joinville, Av. des Lilas, 4		Godmer	15 mai 91				

(1) Sucrerie Sucraterie 50 % en 5 ans, savoir : 5 % un an après l'homolog. 8 % 2 ans après, 10 % 3 ans après, 12 % 4 ans après, et 15 % la 5e année ; en outre après expiration des 5 années à prélever tous les ans 25 % des bénéfices nets.
(2) Sueur 75 % unique répartition
(3) Surand 1 mai 1891 rapport de clôture.
(4) Swaenepoel 50 % en 2 ans par 1/4 un an au dela de l'homolog.
(5) Tabarin 20 % 1ère répartition
(6) Talbotier 50 % en 4 ans par 1/4 de l'homolog.
(7) Tantin 12 juin 1891 résolution.

Noms, Prénoms, Professions & Domiciles		Syndics et Avoués	Faillites en Liquidations	Dates des homologations de Concordats	Insuffis.ces ou Unions	Séparat.ns de corps judiciaires et Divorces	Cons. Jud. et Interdict.
Tarot - Laigneau, Henri, rue Vieille du Temple, 77		Lebœuf				* 12 nov. 90	
Tarte - Davin, J. Bte, md de vins logeur, rue Curial, 36		Roucher	24 juill. 85		(1)		
Tassel, Edmond, fondeur en bronze, rue Commaire, 25		Touchelet I	8 juill. 91	30 oct. 91	(2)		
Tassigny - Carcelle, Louis, rue Cambacérès, 10	*	Popelin				22 déc. 90	
Tassot - Bossu, Félix, à Ivry, B. d'Alfort, 55	*	Salats				* 8 juin 91	
Tati - Métivier, Eugène, à Courbevoie, rue Louis Blanc, 28	*	Passion				* 26 jour. 91	
Taureau, Sylvain, modes en gros, rue Palestro, 29		Boussard	5 déc. 91				
Taylor, Georges, nég. en coutellerie, rue Mouffyon, 11		Lesage	9 juill. 90	4 mai 91	(3)		
Tavard - Menard, Victor, imp. Berthier, 43	*	Bertinon aîné				* 10 nov. 90	
Tavernier - Soiblin, Victor, à Vincennes, rue de Bagnole 7	*	Dupressoir				* 6 fév. 91	
Teisseire - Molinari, Louis, rue de Vaugirard, 353	*	Senart				* 8 août 90	
Teissier - Lambert, Henri, rue Mazarine, 20	*	Normandie				27 juill. 91	
Tellier - Delacroix, Alfred, rue de l'Arbre-Sec, 46	*	Castaigne				* 1 juin 91	
Telo, Henri, fourniss. p. peintres, r. N.D. de Lorette, 45		Lupy	29 sept. 91				
Temmerman - Richer, Auguste, Faub. S. Martin 212	*	Bertinon				2o juill. 91	
Tenebre, anc. md de vins, rue de Ménilmontant, 54		Lupy	8 déc. 91				
Tenon - Delage, Henri, s. d. c	*	Péronne				* 16 fév. 91	
Terasson - Brunet, Jean, s d c	*	Litton				* 8 août 91	
Terquem, Henri (voir : Nordmau & Terquem)							
Terrar - Descoins, Adrien, boulanger à Boulogne, r. de la Répub. 120		Pinet	26 avril 87		(4)		
do Adrien, act : à Boudy B. d'Aulnay	*	Giry				11 mai 91	
Terrien et Varin, argenteurs sur métaux, rue Brute au Marais, 11		Beaujeu	24 mars 82		(5)		
Terrisse (Vve) anc. md de vins, act : Avenue d'Italie, 31		Lupy	29 juin 91		* 31 juill. 91		
Tessier, Alfred, boulanger, rue des Pyrénées, 81		Orère			* 10 déc. 90		
do Henri, charcutier, rue Richer, 27		Godmer			* 31 mars 91		
Testud - Marotel, Pierre, rue Rouver, 3	*	Roche				* 4 mai 91	
Tétin - Houé, Eugène, s. d. c.	*	Lamare				* 24 juill. 91	
Tétot, Henri, anc. Commiss. rue Blanche, 11 bis		Lupy	10 sept. 90	9 oct. 91	(6)		
Texier - Duthel, Georges, rue Pierre Lescot, 2	*	Denormeil				27 oct. 91	
Teyssedou, Jean, anc. md de chiffons, à Ivry, r. du Milieu, 42		Plouqua	8 déc. 91				
Teyssèdre - Sulpie, Joseph, Imp. d'Oran, 7	*	Brémard				25 mai 91	
Texier, Georges, md beurre et œufs, rue Pierre Lescot, 2		Rochette	18 août 91				
Thais (Vr) Marie, mde de vins liqueurs, B.on de la Nation, 26		Bernard I	15 déc. 91				
Thalmann, Emile, nég. en chaussures, B. des Batignolles, 11		Boussard	19 déc. 91				
Théard, Emile, (voir : Godin & Théard)							
Thénard - Cransard, Léon, s. d. c.	*	Gosselin				* 12 juin 91	
Thenon, J. Bte entrep. de transports aux Lilas, r. de l'Egalité, 8		Roucher I	21 oct. 90	22 juill. 91	(7)		
Théroine - Jacquemot, Georges, r. des Batignolles, 23	*	Giry				* 1 juin 91	
Théry - Kahn, Ernest, s. d. c.	*	Beau				* 24 fév. 91	
do - Merlin, Henri, rue de Bellechasse, 14	*	Tissier				* 29 déc. 90	

(1) Tarte-Davin 25 % en 5 ans par 1/5 un an de l'homol.
(2) Tassel 30 % en 6 ans par 1/6 de l'homol.
(3) Taylor 30 % en 6 ans par 1/6 de l'homolog.
(4) Terrar-Descoins 11.82 % 2e et 3e répartition
(5) Terrien & Varin 33.43 % unique répartition
(6) Tétot. Abandon de l'actif réalisé plus 10 % en 10 ans par 1/10 de l'homol. 1.70 % unique répartition
(7) Thenon. Intégralité sans intérêts dans un an de l'homol.

Noms, Prénoms, Professions & Domiciles	* (Indique liquidation / astérisque avoués pr insuffisance / Divorce et interdiction)	Syndics ou Avoués	Faillites ou Liquidations	Dates des homologations de Concordats	Insuffis ou Unions	Séparations judiciaires Divorces	Cons. Jud ou Interdictions
Chevenow - Mozzanino, Alexandre; rue Lamartine 6	*	Dupressoir				* 24 nov. 90	
Thibaux, entrep. de charpentes à St-Ouen, rue Kléber, 14		Planque	9 oct. 91		* 31 oct. 91		
d° - Muller, Mathieu; s. d. c.	*	Gazen				* 4 mai 91	
Thibault, chapelier, rue de Provence, 66		Bonneau	30 mai 90		(1)		
d° de la Rochebulon-Taillepied de Bondy (repris)	*	Herbet				25 juill. 91	
d° - Gervais, Emile; chapelier, rue de Vaugirard, 249	*	Daupeley				29 déc. 90	
Thibaut-Chenain, Hippolyte; à Malakoff, rue Tourzie, 18	*	Adam				* 30 déc. 90	
Thibaux, Paul, épicier, rue de Ménilmontant, 90		Lupy L	9 avril 91	26 juin 91	(2)		
Thiberge-Lefèvre, Léon, négt en grains, rue Belliard, 69	*	Pellerin				* 20 avril 91	
Thibert-Huardeau, Pierre, rue de la Lune, 34	*	Gosselin				* 3 août 91	
Thibon, limonadier, rue des 2 Gares, 16		Beaujeu	8 sept. 91		* 21 oct. 91		
Axiol - Wolf, Jules, ébéniste, à Vincennes, rue de Belfort 25	*	Pineau				* 5 déc. 90	
Thierry, Fernand, md de vins traiteur, Faub. St Denis, 182		Ozéré	9 janv. 91		* 30 av. 91		
d° Jules Bureau de placement, rue de la Gde Truanderie, 9		d'Heraux	2 janv. 91		* 18 fév. 91		
d° (Vve) Olympe, entrep. de serrurerie, Bd Ney, 131		Rochelle L	23 mai 90		(3)		
d° - Havy, Albert, rue des Carmes, 8	*	Duclos				26 fév. 91	
Thiersault (Vve) md de vins, à Levallois, rue Gide, 83		Hécaen	15 mai 91		* 30 juin 91		
Thiéry, Alfred, anc. md de vins, act. r. de la Nation, 14		Boussard	16 mars 91		* 15 avril 91		
d° - Bezy, Eugène, rue Tronchet, 26	*	Bourse				23 mars 91	
d° - Delagarde, Alfred, rue de la Nation, 14	*	Dep Dumesnil				3 août 91	
Thil - Schneider, Michel, rue Voltaire, 24	*	Rougeot				9 mars 91	
Thireau-Dubois, Jules, Avenue de St Ouen, 54	*	Diuet				3 juill. 91	
Thirier - Lefèvre, Clément, s. d. c.	*	Lebourg				2 janv. 91	
Thirion, Eugène (Voir : Roswac fils & gendre)							
Thirion - Chartier, rue Sedaine, 76	*	Plocque				2 fév. 91	
Thirouin, Daniel, camionneur, rue Bernard, 3		Mouaux	11 mars 91		* 30 mai 91		
Thiry (Dlle) Marie, loueuse de voitures, rue de Maistre, 25		Chardon	17 janv. 90	22 mai 90	(4)		
d° Marianval, Nicolas, s. d. c.	*	Escarra				* 23 oct. 91	
Thiveau-Jassen, Edouard, r. des Batignolles, 58	*	Ratier				* 9 janv. 91	
Thomac-Simon, Alfred, rue de Belleville, 96	*	Martin				29 juin 91	
Thomain, Joseph, md de vins, av. des Gobelins, 14		Maillard	17 nov. 82		(5)		
Thomas, Alphonse, impr. Faub. St Jacques, 19		Mauger	24 août 86		* 25 sept. 91	(6)	
d° André, entrep. de trav. publics, rue des Ardennes, 5		Planque	30 sept. 87		(7)		
d° Gabriel ancien Md de lavoir, rue Myrrha, 28		Hécaen	7 nov. 90		* 22 août 91	(8)	
d° ancien limonadier, rue de Rennes, 161		Chardon	16 déc. 90		* 30 mai 91		
d° (Vve) Marie Md de tabletterie, Pass. Jouffroy, 7		Boussard	28 av. 91		* 30 juin 91		
d° & Cie fab. de porte-monnaie, rue Fontaine au roi 2		Châle	13 août 90	9 oct. 91	(9)		
d° et Nourrit maroquinerie, rue du Temple, 104		d°	19 nov. 89	16 déc. 90	(10)		
d° - Coleur, Nicolas, rue de Charenton, 163	*	Tricot				* 12 déc. 90	

(1) Thibault 0.88% unique répartition
(2) Thibaux 50 0/0 en 5 ans par 1/5 de l'homolog.
(3) Thierry (Vve) 15% 1er répart. 45% 2e répart.
(4) Thiry (Dlle) 12 oct. 1891 résolution
(5) Thomain 9.84% unique répartition
(6) Thomas 5 juin 1891 résolution
(7) Thomas, André 7.73% unique répartition
(8) d° Gabriel 9 déc. 91 rapport de clôture
(9) Thomas & Cie 50 0/0 en 5 ans par 1/5 de l'homolog.
(10) d° et Nourrit 100% sous intérêts dans un an de l'homolog. 100e unique répartition

Noms, Prénoms, Professions & Domiciles		Syndics ou Avoués	Faillites ou Liquidation	Dates des homologations de Concordats	Insuffis.ces ou Unions	Séparations de biens judiciaires / Divorces	Cons. Jud. ou Interdict.
Thomas - Osberse, Eugène, s. d. c.	*	Lamare				* 17 avril 91	
d° - Galmiche, Victor, rue des Martyrs, 97	*	Delaunay				* 8 juin 91	
d° - Lefèvre, Léon, rue St Quentin, 26	*	Pellerin				11 mai 91	
d° - Leforestier, Pierre, rue Boluceau, 28		Ferté				1 juin 91	
d° - Limonton Louis, s. d. c.	*	Poller				* 3 nov. 90	
d° - Tillard, Auguste, s. d. c.	*	Poisson				* 1er mai 91	
d° - Watteau, Charles, s. d. c.	*	Delp. de Vinea				* 11 mai 91	
Thomé André, mercier, rue de Reuilly, 39		Chardon	18 mars 91		* 30 avril 91		
d° - Viacave, André, rue des Pyrénées, 230	*	M. du Gard				27 juill 91	
Thorbecke, agence de ventes de propriétés, r. Meyerbeer, 4		Lupy	11 nov. 90		* 26 déc. 90		
Thoré - Capet, Pierre; bijoutier rue St Honoré 249	*	Dupresson				1 déc. 90	
Thoreau boulanger, rue de la Jonquière, 64		Bernard	30 mai 91		* 30 juin 91		
Thorel, Emile, négt en cravates, rue Montmartre, 148		Bonnenal	15 déc. 0.				
d° (Vve) négt en papeterie, Faub. St Martin, 140		Lupy	27 oct. 91				
Thoridenes - Gysé, Raoul, négt en tissus, r. Beaurepaire, 22	*	Rocque				20 av. 91	
Thorp - Borno, Louis, rue Bergère, 32	*	Duclos				* 18 nov 90	
Thouriault - Constantin, Adrien, rue Jean Robert, 8	*	Salate				* 4 août 90	
Thourel - Garval, Louis, rue Schomberg, 6	*	Pincau				* 1 juin 91	
Thouvignon, Justin, fab. de moulures à Alfortville Cité du Bac, 2		Barbroux	12 sept. 90		(1)		
Thremysil, Louis, matières 1ères pr la parfumerie, r. de Sévigné, 10		Boussard	10 oct. 91				
Thuelin (D..) Mélanie, fab. de chaussures, r. St Maur, 140		Barbroux	18 nov 91				
Thuillier - Seigneur, Alfred, à Arcueil, rue de Paris	*	Hurreau				* 2 mars 91	
Thureau - Dedenon, Almire, rue Blomet, 86	*	Laisney				* 11 mai 91	
Tiercé - Beauregard, Modeste, rue Lemercier, 112	*	Demoreuil				* 25 mai 91	
Tilche, Jacques, fab. de broderies, r. des Petites Écuries, 47		Hénau I.	14 mai 91	29 juill. 91	(2)		
Tillié - Bancey, Auguste, rue de Belleville, 76	*	Mercier				* 24 nov. 90	
Tillier - Gourmanel, Louis, rue du Ruisseau, 14	*	Audouin				* 2 mars 91	
Tissonnier, restaurateur, Bd Magenta, 94		Lissoty	28 oct. 90		* 31 déc. 90		
d° m.d de vins, à Boulogne s/S r. d'Aguesseau 48		Mauger	27 oct. 91				
Tiradon - Chaumet, Jules, s. d. c.	*	Denormandie				* 1 déc. 90	
Tissandié, François anc. m.d de vins, Pass. St Ange, 8		Lesage	20 mars 91		* 15 avril 91		
Tissandier, Félix m.d de vins traiteur à Clichy r. de Paris, 82		Boussard	28 avril 91		* 30 juin 91		
Tisseron - Petit, Georges, rue des Écoles, 23 bis	*	Ferté				* 23 nov. 91	
Tissier - Rouget, Alfred, à Levallois, r. Fazilleau, 28	*	Collin				* 20 juill. 91	
Tisson (Vve) Emilie, av. des Ternes, 59	*	Martin					* 23 juill. 91
d° Eugène, Commt en march. rue Montmartre, 131		Boussard	5 juin 90		(3)		
d° Pierre, souffleur de verre, rue du Fbg Chantier, 8		Lesage	20 mars 74		(4)		
Tixier & Cie m.d de vins, B.d Barbès, 67		Cotty	6 oct. 91				
d° - Coupard, Fçois, rue Bayen, 5	*	Chaguer				* 1 déc. 90	
d° - Richard, Félix, rue de la Goutte d'Or, 42	*	Marais				* 1 déc. 90	
Toelen - Foeiller, Jn Bte, s. d. c.	*	Bozon				* 11 mai 91	

(1) Thouvignon 2.31 % unique répartition.
(2) Tilche 25 % en 5 ans par 1/5 de l'homol.
(3) Tisson 32.82 % unique rép. aux créanc. privilégiés
(4) Tisson Pierre 100 % unique répart.

Noms, Prénoms, Professions & Domiciles		Syndics et Avoués	Faillites ou Liquidations	Dates des homologations de Concordats	Juriss. ou Unions	Séparat.ons des biens judiciaires / Divorces	Cons. Jud. ou Interdict.
Toinel - Gauzoin, René, au Petit-Ivry, ...		Petit Bergeot				✻ 24 nov. 90	
Tollou - Bonfiglio Onésime, Faub. St Honoré, 286	✻	Passion				✻ 27 avril 91	
Tomasi - Orsateli, Godefroy, rue de Reuilly, 67	✻	Poller				22 juin 91	
d° épicier, md de vins d° d°		Menaux	12 déc. 90		✻ 31 janv. 91		
Topart - Claudon, Gabriel, à Levallois, rue Vallier, 36	✻	Gieules				✻ 23 mars 91	
Tort, limonadier, r. St Denis, 17		Planque	4 sept 90	23 janv. 91	(1)		
Touchet, Eugène, anc. boulanger, rue des Tournelles, 45		Planque	18 sept. 90		(2)		
Toulon (Vve) md de vins, rue des Blancs Manteaux, 29		Bernard	6 déc. 90		(3)		
Toulotte, Auguste, mécanicien, rue de la Roquette, 38		Lupy	27 nov. 90		✻ 20 déc. 90		
Tourasse - Renaud, Louis, rue Robineau, 3	✻	Maza				✻ 8 juill. 89	
Tourneux (Dlle) Marie grainetière à Levallois, r. de Courcelles, 19		Boussard	26 mai 91		(4)		
d° Chaboul, Adolphe, rue Oberkampf, 154	✻	Allain				✻ 21 juill. 90	
d° Olivary, Auguste, à Rueil, rue du Château, 7	✻	Nanson				✻ 28 oct. 90	
Tournier - Schneider, Julien, s. d. c.	✻	Martin				✻ 3 juill. 91	
Tourtoulou - Rudemare, Georges, s. d. c.	✻	Colmet Daage				✻ 27 fév. 91	
Toury - Huart, Alfred, rue des Chaufourniers, 20	✻	Marquis				✻ 13 mai 91	
d° - Sorbie, Jules, s. d. c.	✻	Ratier				✻ 20 avril 91	
Toussaint - Molinier, Fromeur, à Montreuil, Imp. Tampon	✻	Mignon				✻ 2 mars 91	
d° - Patouillot, Henry, rue St Maur, 48	✻	Ronsous				✻ 31 juill. 90	
Touzer Frédéric, entrep. de construct.ons rue de Puteaux, 17		Mauger L	17 déc. 90	6 mars 91	(5)		
d° Jean, entrep. de maçonnerie, à Vincennes		Mauger	6 nov. 85		(6)		
d° Bassard, Victor, s. d. c.	✻	Audouin				✻ 17 juill. 91	
Tras - Delsome, Joseph, Imp. Roucher, 6	✻	Corton				✻ 9 mai 91	
Travert (Dlle) Marguerite, modiste, rue des Pyramides, 27		Chardon L	5 sept. 91				
Treillard pharmacien, rue de Ponthieu, 2		Lupy	25 nov. 90		✻ 31 déc. 90		
Tremblay - Corrette, Julien, s. d. c.	✻	Dauseley				✻ 27 avril 91	
d° - Gauder, Paul, entrep. de serrurerie r. Finès Jt. 8	✻	Messelen				16 août 91	
Tremelen, md de vins, rue Château-Landon, 50		Boussard	2 déc. 87		(7)		
Tremoïlle (de la) Louis, Prince de Tarente, av. Gabriel, 4	✻	Delmon				(8)	8 mars 88
Trenet - Gaucher, François, Imp. Montferrat, 15	✻	Foucault				✻ 22 juin 91	
Trey d'Oustreau - Lagleise, Jean, r. Quincampoix, 6	✻	Desp. de Niort				✻ 13 fév. 91	
Tricard, Jean, entrep. de maçonnerie, Bd de l'Hôpital, 112		Menaux	2 sept. 91	17 nov. 91	(9)		
d° - Sautour, Léonard, rue Rochechouart, 49	✻	Hureau				4 mai 91	
Tricbard, Joseph, passementier, rue Vivienne, 47		Godiner	10 mars 91	26 juin 91	(10)		
d° - Raver, Joseph, à Neuilly Bd V. Hugo, 74	✻	Milhaud				1 juin 91	
Trichet - Bézier, Théophile, rue des Tournelles, 52	✻	Garel				✻ 7 nov. 90	
Tricornot de Rose - de Mauroix (marquis de) r. de Varennes, 51	✻	Messelen				29 juin 91	
Trinque - Clappier, Etienne, s. d. c.	✻	Castaignet				✻ 7 nov. 90	

(1) Tort. Abandon de tout l'actif réalisé et à réaliser et 15% en 10 ans par 1/10 3.93% unique répartition
(2) Touchet 3.83% espèces, - 33.32% billets, unique répartition
(3) Toulon (Vve) 20% 1re répartition
(4) Tourneux (Dlle) 1.82% espèces 11.68% billets, unique répartition
(5) Touzer 50% en 7 ans, savoir: 7% les 6 premières années et 8% la huitième; un an de la reddition de comptes
(6) Touzer 2.76% unique répartition
(7) Tremelen 57.39% d° d°
(8) Tremoïlle (de la) 11 juin 91 Main levée
(9) Tricard 60% en 3 ans par 1/3 de l'homolog.
(10) Tricbard 25% en 5 ans par 1/5, un an de l'homolog.

Noms, Prénoms, Professions & Domiciles		Syndics ou Avoués	Faillites ou Liquidations	Dates des homologations de Concordats	Insuffis. ou Unions	Séparations de biens judiciaires / Divorces	Cons. Jud. ou Interdictions
Triolet, hôtel meublé, act: rue Rober, 52		Cotty	16 oct. 91				
Triouillez, Joseph, entrep. de maçonnerie à Malakoff R.te de Montrouge		Rochette	26 mars 90		* 30 avril 91		
Trits, Jacques, md de confect. à Aubervilliers, rue des Écoles, 13		Ozéré	14 déc. 91				
Trizac, anc. restaurateur, Bd Voltaire, 131		Hécaen	27 nov. 91				
Troché - Granier, Paul, Bd Edgar-Quinet, 66	*	Benoist				* 20 avril 91	
Troch, Henri; matériel pr Cafés, rue de Charonne, 130		Barboux	4 nov. 91				
Trognon, Edmond, épicier, rue de Clignancourt, 6		Lesage	22 mai 91		(1)		
Trollier - Aliphat, Charles, rue Perceval, 35	*	Dubourg				* 12 juin 91	
Tronçay - Henry, Louis, rue Doudeauville, 12	*	Francastel				2 nov. 91	
Troncin, André, doreur sur bois, rue de Crussol, 14		Louchelet L.	29 oct. 91				
Troupel Firmin (Voir: Rouger, Troupel & Cie)							
Trouville - Joly, Charles, rue Duris, 30	*	Postel-Dubois				* 17 nov. 90	
Trubert - Ducourtioux, Eugène, rue Rober, 17	*	Cahou				* 7 nov. 90	
Trubiani, anc. photographe à Neuilly, av de Neuilly, 150		Godmer	5 juin 91		* 30 juin 91		
Truchon - Tilette, Jean, à Bruxelles, rue de la Tuilerie, 26	*	Maucomble				1 déc. 90	
Truchy - Gansoinat, Adolphe, rue des Belles-Feuilles, 43	*	Vion				* 2 nov. 91	
Truffaux (Dlle) Victoire, costumes pr enfants Bd Malesherbes, 23		Lesage	29 mai 91		* 30 juin 91		
Tschachtli, md de vins, rue Fontaine-au-roi, 19		Menaux	17 nov. 91				
Tulleau - Feuilleux, Maurice, S. d. c.	*	Pellerin				* 24 avril 91	
Tullou - Lespagnol, Pierre, rue Barra, 3	*	T. Borel				20 juill. 91	
Turban - Renard, Bd Voltaire, 157	*	Raymond				29 juin 91	
Turbiaux, Edmond, mécanicien, rue Bichat, 11		Boussard	9 juill. 90		* 10 déc. 90		
Turillon - Livenais, Pierre, S. d. c.	*	Pelletier				* 15 juin 91	
Turlure - Redon, Louis, à Bois-Colombes, r. des Carbonnets, 17		Patenotre				* 21 juill. 91	
Uhl - Lasnier, Joseph, rue de Bagnolet, 151	*	Guyot-Sionnest				* 29 juin 91	
Ulliac (Dlle) Joséphine, couturière, rue Ste-Anne, 63		Brokez L.	22 août 90	20 déc. 90	(2)		
Urseau - Faure, Anatole, Av. de Lamothe-Piquet, 65	*	Castaignet				* 17 nov. 90	
Uzès (duc d') Jacques, Av. des Champs Élysées, 76	*	Delanou					18 déc. 91

V. W. X. Y. Z.

Noms, Prénoms, Professions & Domiciles		Syndics ou Avoués	Faillites ou Liquidations	Dates des homologations de Concordats	Insuffis. ou Unions	Séparations de biens judiciaires / Divorces	Cons. Jud. ou Interdictions
Vachez - Rouan, Jean, rue des Pyrénées, 302	*	Bourse				* 16 mars 91	
Vaillant Barthélemy fournit. pr chapellerie, r. des Blancs Manteaux, 38		Beaujon L.	13 mars 91	25 mai 91	(3)		
d°, Gustave, cuirs & peaux, r. Beaurepaire, 1		Flauque L.	23 juill. 91	20 oct. 91	(4)		
d° (Vve) Marie md de cuirs au Perreux, Av. Ledru-Rollin, 90		Mauger	13 mars 91		* 20 mai 91		
d° - Guérin, René S. d. c.	*	Popelin				* 24 nov. 90	
Valadier, Jean-Bapt. négt en Confections, Bd Magenta, 62		Godmer L.	3 janv. 91	19 mars 91	(5)		
Valentin - Fromeur, Julien, Pce Maubert, 1	*	Dép. de Visca				* 2 fév. 91	
Valette, Pierre, entrep. de peinture au Bourget, Av. de la Gare, 1		Bonneau	29 janv. 91		(6)		

(1) Trognon 0.55 % unique répartition
(2) Ulliac (Dlle) 75 % en 5 ans, savoir : 10 % les 2 premières années ; 15 % les 2 années suivantes & 25 % la 5e année, le 1er paiem.t un an après l'homolog.
(3) Vaillant 60 %, savoir : 8.57 % les 10 nov. 1891, 10 mai 1892, 10 nov. 92 ; 10 mai 93, 10 nov. 93, 10 mai 94 = 8.58 % le 10 nov. 1894.
(4) Vaillant. Abandon de l'actif réalisé et engagement de verser au liquidateur dans les 2 mois de l'homolog. la somme nécessaire pour parfaire 40 %
(5) Valadier 50 % en 5 ans par 1/10 le 1er paiem.t fin juin 1891
(6) Valette 9.24 % unique répartition

Noms, Prénoms, Professions & Domiciles		Syndics ou Avoués	Faillites ou Liquidations	Dates des Homologations de Concordats	Insuffisances ou Unions	Séparations Judiciaires Divorces	Cons. Jud. ou Interdict.
Vasseur-Vasseur, Alexandre, rue Nollet, 62	✻	Dubourg				✻23 mars 91	
Vast & Cie, sculpt. décorat. rue Blomet, 45		Bonneau I	18 déc. 91				
Vaudey (Vve) Claudius, couronnes en perles, r. Guersant, 3		Bonneau	22 avril 91		(1)		
Vaugien-Anizan, Antoine, rue Sauvalle, 9	✻	Raveton				✻2 fév. 91	
Vaugeois-Cousin, Jules, rue Lafontaine, 24	✻	Leboucq				10 août 91	
Vaugondy, Louis, voiturier, rue Truffaut, 22		Beaujeu	2 janv. 85	2 oct. 91	(2)		
Vauquelin-Degrand, Jacques, rue de Londres, 13	✻	Bourgoin				23 juin 91	
Vaurès-Froment, Jean, rue Perceval, 17	✻	Jacob				22 juin 91	
d° nourrisseur, à Malakoff, route de Montrouge, 141		Hécaen	16 sept. 90		(3)		
d° Pierre, charbonnier, Av. de Châtillon, 6		Planque	10 oct. 90		✻29 nov. 90		
Vaurez, Jean, md de vin, Av. de Clichy 147 bis		Bonneau	25 juill. 90				
Vautelin-Greney, Louis, rue de Bellechasse, 44	✻	Guyot-Sionnest				✻7 juill. 91	
Vauthier, Eugène, papetier, rue Bonaparte, 51		Hécaen	10 juin 91				
d° Jules, anc. md de chevaux au Parc St Maur		Boussard	16 nov. 88		(5)		
d° -Gourier, Eugène, act. B. Montparnasse, 166	✻	Francastel				1 oct. 91	
Vautro, François, md de fers, rue de la Chapelle, 95		Hécaen I	9 oct. 90	27 janv. 91	(6)		
Vauxion, Ulysse, négt en rubans, B. Sébastopol, 82		Beaugé	30 déc. 90		(7)		
Necque-Machue, Albert, rue Pastourelle, 15	✻	Rivière				✻17 mars 91	
Vedié, Calix, tapissier, rue de la Fidélité, 3		Rochette	1 sept. 91		✻25 sept. 91		
d° -Mauduir, Henri, commre en farines, r. Bonaparte 51	✻	Lemonnier				16 fév. 91	
Veil & Meyer, rubans et soieries B. Sébastopol, 94		Bernard I	16 juill. 91	20 sept. 91	(8)		
Veillard-Martin, Pierre, à Levallois r. des Frères Herbert, 6	✻	Mouillefarine				✻15 mai 91	
Venon, Fernand, négt en bois et brosserie, rue Montmorency		Lupy	2 avril 91		(9)		
Neute-Clef Moïse, md de salle à Fontenay aux roses, r. des écoles 24		Bernard	19 août 90		✻30 juin 91		
d° Lavallée, Moïse, à Fontenay aux roses, r. Boucicaut 12	✻	Herbet				✻29 juin 91	
Véraguth-Gras, Auguste, B. de Clichy, 54	✻	Thomas				✻23 fév. 91	
Verbaer-Buteux, Jn Bte, rue du Temple, 157	✻	Mercier				17 mars 90	
Véra-Coutan, Henri, B. Beaumarchais, 55	✻	Beau				✻16 déc. 90	
Verdan-Quesnel, Louis, Faub. du Temple, 129	✻	Daupeley				✻6 juill. 91	
Verdburn, Henry, directeur de théâtre rue Caumartin, 22		Boussard	13 fév. 91				
Verdier-Poirier (Vve) fab. de meubles act. rue Chevreul, 8		Godinier	5 juin 91				
d° -Fumel, Guillaume, rue Primod, 4	✻	Bozon				✻23 juin 90	
d° -Lacroix, Jean, s. d. c.	✻	Fontaine				✻3 nov. 90	
d° -Gibon, Julien, B. Pereire-Nord, 2	✻	Mutal				16 mars 91	
Verdon, md de vins, rue Montmartre, 58		Boussard	25 août 91				
Vergezac-Dauphin, Auguste, rue Oberkampf, 20	✻	Briquet				✻27 juill. 91	
Vergne-Renaud, Georges, rue du Louvre, 44	✻	Herbet				9 janv. 91	
Verguiolle (de) Edgard, ancien banquier, r. Jouffroy 68 bis		Planque	4 janv. 89		✻30 juin 91	(10)	
Verbeyden-Richard, François, rue Claude Decaen, 71						✻22 juin 91	

(1) Vaudey (Vve) 1.14 % unique répartition
(2) Vaugondy 20 % en 5 ans par 1/5 an au de l'homolog.
(3) Vaurès 1.84 % espèces, 10.90 % billets unique répart.
(4) Vaurez 9.76 % unique répartition.
(5) Vauthier, 2.23 % d° d°
(6) Vautro, 25 % en 5 ans par 1/5 de l'homolog.
(7) Vauxion 5.17 % unique répartition
(8) Veil et Meyer 30 %, savoir 5 % fin décembre 1891, 5 % fin sept. 92, 10 % fin sept. 93 10 % fin mars 94
(9) Venon 1.84 % unique répartition
(10) Verguiolle (de) 10 avril 1891 résolution

Noms, Prénoms, Professions & Domiciles		Syndics ou Avoués	Faillites ou Liquidations	Dates des Homologations de Concordats	Insuffis. ou Unions	Séparations judiciaires Divorces	Cons. Jud. ou Interdict
Valin et Goré, miroitiers, Faub. St-Antoine, 93		Roucher I.	16 déc. 90	5 nov. 91	(1)		
Vallade, Auguste, entrep. de maçonn. à Levallois, r. des Arts, 88		Godmer	4 mai 91				
Vallan, Jules, articles de voyage, rue Palestro, 12		Bonneau	9 juin 91		*30 juin 91		
Vallée (Mr) Estelle, crémière, rue Nollet, 4		Chevillon	2 oct. 91				
d° (Vve) Marie, articles de Paris, rue de Rivoli, 174 & 176		Barbon	8 août 79		(2)		
d° & Cie, fab. de armes, rue Montempoivre, 6		Godmer	23 oct. 91				
Vallet, anc. restaur. à Levallois, rue Gide, 95		Lupy	28 avril 91		*30 mai 91		
d° (Voir: Guy et Vallet)							
d° - Sauvageon, JBte, rue Nationale, 150	*	Berthier aîné				*1er déc. 90	
Valorge-Gautier, Georges, rue d'Allemagne, 122	*	Tricot				*23 déc. 90	
Valot-Laurent, Joseph, rue de Béarn, 9	*	Messelet				*6 avril 91	
Van-Dantzig, Théodore, md d'engrais 13B St Marcel, 76		Menaux	24 oct. 88		*28 fév. 91		
Van de Castècle-Racque, Victor, à Asnières, G. rue, 10	*	Dop. Damani				*13 août 91	
Vandenbrock-Gaudichard, Nestor, à Clichy, r. de Paris, 96	*	Foucault				*26 déc. 90	
Vandendriessche (Vve) Pauline, boulangère, r. des Rosselins, 17		Lupy	27 juill. 91		*31 oct. 91		
Van der Heyden-Dumas, Victor, S.J.C.	*	Garet				*13 fév. 91	
Vanderkeere-Oechsel, Léopold, S.J.C.	*	Leroy				*6 nov. 91	
Van der Mersch & Cie, fab. de plaques, Cité Bertrand 17		Destrez	29 mars 89		*31 déc. 89	(3)	
Vandermeren, md de vins, Imp. St. Bernard, 3		Plauque	4 sept. 91		*25 sept. 91		
Van der Star, Abraham, négt en toiles, rue de Turenne, 11		Menaux	23 juin 91				
d° - Bloch, Abraham, négt, rue de Turenne 45	*	Jacob				9 nov. 91	
Von Driesten, Guillaume, fab. de meubles, r. des Immeubles Indls, 1		Lupy	22 avril 91				
Van Kuyk & Cie, art. de ménage, Bd Voltaire, 186		Chevillon I.	9 avril 89	5 sept. 90	(4)		
Vanlembrouck-Douliez, Auguste, à Charenton, G. de Berry, 19	*	Drupeley				20 avril 91	
Van Nieuwenhuysse-Méry, Jules, r. Henri Regnault, 9	*	Maza				16 mars 91	
Vannereau, boucher, à Puteaux, rue Voltaire, 85		Plauque	13 janv. 91		*24 fév. 91		
Van Ruyumbeke, Léon, carrier, à la Folie Nanterre (Seine)		Lupy	24 juill. 91		*31 août 91		
Vantier (Vve), Eugénie, restaurant à Billancourt, r. Nationale, 1		Roucher	9 juill. 88	21 avril 91	(5)		
Van Ysen-Loewenstein, Maurice, à Chatou, rue de Croissy	*	Oncange				*11 avril 91	
Vapaille, anc. boulanger act: Villa des Fleurs		Boussard	26 mai 91		*30 juin 91		
Varet-Minié, Pierre, act: à Polminha (Cantal)	*	Salats				*22 déc. 90	
Varin, Anatole (Voir: Terrien et Varin)							
Varnault-Delin, Eugène, rue St. Maur, 119	*	Deveille				*20 avril 91	
Varroquer (Vve) md de vins à Courbevoie, r. de Colombes, 48		Beaugé	9 fév. 78		(6)		
Varvarande-Crevan, Pierre, rue de Tlemcen, 1	*	Cailler				*10 nov. 90	
Vassal-Sabathier, Jean, rue de Reuilly, 67	*	Perard				*22 juin 91	
Vassée-Vitoux, Joseph, S.J.C.	*	Cailler				26 janv. 91	
Vasseur (Mr) Annette, md de parfumerie, Faub. St Honoré, 126		Boussard	5 mai 91		*30 mai 91		
d° Philibert, tissus pour chaussures, rue Greneta, 60		Manger	24 nov. 91				
d° Victor, brasserie, avenue Trudaine, 28		Roucher	16 oct. 91				

(1) Valin et Goré 10% un an après l'homolog

(2) Vallée (Vve) 23.13% unique répartition

(3) Van der Mersch & Cie 29 juin 1891 rapport de clôture 17.07% unique répart. masse péns. Grandier-Vazeilles

(4) Van Kuyk & Cie 14.52% unique répartition

(5) Vantier (Vve) 15% en 5 ans 1/2 savoir: 3% 18 mois après l'homolog. et 3% par an à partir du 1er paiement

(6) Varroquer (Vve) 33.22% 2e et 3e répartition

Noms, Prénoms, Professions & Domiciles	Indique l'équidation (* Avoué; pour l'homol. / Divorce ou substitution)	Syndics et Avoués	Faillites et Liquidations	Dates des homologations de Concordats	Ouverts cas et Unions	Séparations de Biens judiciaires Divorces	Cons. Jud. et Interdicts
Verière, Georges, fabt de comptoirs, Bd Richard Lenoir, 2-4-6		Hédouin	28 nov. 90		(1)		
Vérité-Bellon, Anatole. o. d. c.	*	Gillou				10 nov. 90	
Vermesch-Liennard, Gustave, o. d. c.	*	Fouquen				* 15 déc. 90	
Verne-Reboul, Michel, Bd Péreire, 181	*	Beau				11 mai 91	
Verneuil, Léon; anc. épicier, rue des Feuillantines, 19		Mauger L.	13 déc. 89		(2)		
Vernier-Poun, Charles, o. d. c.	*	Savignat				12 juin 91	
Verniers, Louis, bijoutier, rue Charlot, 62		Deutrez	5 juin 91		* 22 août 91		
Véron, Auguste; restaurateur, rue Paul Bert, 3		Oréré L.	26 août 91	1 déc. 91	(3)		
do — Guillier, Paul, rue de la Faisanderie, 6	*	Gosselin				27 av. 91	
Verrier-Thoulue, Auguste; rue Godefroy-Cavaignac, 8	*	Tricon				* 29 nov. 90	
Versepuy, Antonin, boulanger, Bd de la Chapelle, 120		Beaujeu	29 janv. 91		(4)		
Versigny, Eugène, nouveautés, rue Cadet, 33		Rochette	29 avril 90		* 28 fév. 91		
do — Privé, Eugène, rue Cadet, 33	*	Baudouin				5 janv. 91	
Verspuy-Creusevault, Antonin + des Rêves St Ymil l'Aumin	*	Caillou				9 nov. 91	
Vervin-Coucy, Octave, rue de Belleville, 39	*	Roche				* 15 mai 91	
Verysset, Pierre, entrep. de serrurerie, Faub. St Denis, 99		Lupy	8 déc. 91				
Vézet, Emile, entrep. de charp. rue Brancion, 30		Menaux	2 juill. 87	4 mars 91	(5)		
Vézinier-Mousset, Désiré à Villemomble, Av. Lagache	*	de Biéville				* 16 fév. 91	
Vialar, Hubert, confiseur, rue de Passy, 67		Mauger L.	18 mars 91	23 juin 91	(6)		
Vialfont, Claude, entrep. de fumisterie rue St Sulpice, 15		Bernard L.	7 nov. 91				
Viard, Louis, constructeur de fours, r. J.J. Rousseau, 14		Godmer	12 janv. 91	1 Mai 91	(7)		
Viaud, Emmanuel, imprimeur, rue Tiquetonne, 62		Cotty	19 sept. 91				
Vibrac, Marius (Voir: Gobert & Cie)							
Vichard, Jean, poterie d'étain; rue des Gravilliers, 10		Rochette	9 avril 91		(8)		
Vicq, tripier, rue Blomet, 11		Bourreau	4 déc. 91				
Vidal-Bordure, Marius, Bd de Courcelles, 14	*	Rougeon				* 1er juin 91	
do — Benoit, Jean, rue du Château des Rentiers, 56	*	Marmottan				* 1 mai 91	
do — Pelletier, Marie, Avenue de Breteuil, 63	*	Goirand				22 août 91	
Vidal-Gumpel, négt en draps, Faub. Montmartre, 17		Chardon	29 mai 91				
Vidaline, Géraud, md de vins, rue du Chemin Vert, 146		Cotty	7 oct. 91				
Vidrequin, Louis, restaurateur, rue Lagrange, 11		Lupy	22 juill. 91				
Vié-Boudalier, Gustave, épicier, rue Hautefeuille, 14	*	Collet				* 14 déc. 91	
Vielleville, Adrien, négt en verrerie, rue des Archives, 72		Bonneau	27 août 91		* 31 oct. 91		
Vienne, Hedwige, négt en vins, rue d'Allemagne, 43		Deutrez	11 août 91		* 31 août 91		
Vienn-Wassilief, Louis, art. peintre, rue Rochebrune, 20	*	Coche				20 avril 91	
Vieyres-Domergue, Casimir, r. Neuve des Boulets, 14	*	Milhaud				* 30 janv. 91	
Vigier, Michel, anc. md de chevaux act. brocanteur Av. de Clichy 37bis		Chardon	1 Mai 91		* 30 juin 91		
do Nicolas do. do. do.		Chardon	1 Mai 91		* 30 juin 91		
do Pierre do. do. r. Le Peletier, 33		Chardon	1 Mai 91		* 30 juin 91		
Vigneron-Guillé, Jules, o. d. c.	*	Baudouin				* 20 mars 91	
Vignon, Louis, md de vins, Bd de Clichy, 95		Rochette	14 oct. 91		* 31 oct. 91		

(1) Verière. Faillite annulée par jugt du 19 déc. 1890
(2) Verneuil 23.17% unique répartition
(3) Véron 4000 f espèces 20 jours après l'homol. & 40% en 3 ans par 1/8 de l'homolog.
(4) Versepuy 6% 1re répartition.
(5) Vézet. Abandon d'actif réalisé & 5% en 5 ans par 1/5
(6) Vialar. Abandon d'actif réalisé 37.90% unique répart
(7) Viard 50% en 4 ans par 1/4 un an de l'homolog.
(8) Vichard 11.444% unique répartition.

Noms, Prénoms, Professions & Domiciles		Syndics et Avoués	Faillites en Liquidations	Dates des homologations de Concordats	en Unions	Séparations judiciaires Divorces	Cons. Jud. et Interdict.
Vignon-Varelle, Célestin, s. d. c.	*	Mutel				* 12 janv. 91	
Vigouroux, Pierre, md de vins, Av. de Choisy, 184		Godmer	19 mai 88		(1)		
Viguié-Laval, Pierre, rue des Dames, 37	*	Raynaud				* 23 mars 91	
Viguier-Souillard, François, md de vins, rue Moret, 8	*	Raynaud				19 avril 91	
Villain (Vve) Joséphine, anc. loueuse de voit., rue Lagille, 25		Barbou L	21 nov. 91				
d° - Philippon, Auguste, Bd de Ménilmontant, 6	*	Ancelot				* 26 janv. 91	
Villano, François, md de chaussures, rue des Charbonniers, 15		Ozéré	4 fév. 91		* 15 avril 91		
Villantroys-de la Roche Poncié (de) Henri, r. Paul L'Romain	*	Martin				18 avril 91	
Villard, Frédéric, épicier, Bd St Marcel, 52		Lissoty	16 mai 91				
d° - Audineau, Frédéric, Bd d'Italie, 48	*	Mignon				7 déc. 91	
Villemaine, md de planches, rue des Boulets, 39		Boureau	5 déc. 90		* 31 mars 91		
Villemetz-Weeh, Louis, rue des G des Carrières, 20	*	Cabasson				9 fév. 91	
Villemot-Gallais, Léon, rue de Clignancourt, 116	*	Thorel				* 12 juin 91	
Villepoux, Georges (Voir: Ricard * Villepoux)							
Villetard, md de chevaux, Faub. St Honoré, 254		Destrez	24 juill. 91		* 23 sept. 91		
Villetelle, Jean, md de vins, forain, à Villejuif, Gde rue, 106		Hézaen	11 juin 91		* 30 juin 91		
Villon (D°) mercière lingère, Bd Voltaire, 71		Ozéré	5 sept. 90		* 27 janv. 91		
Viltart, Théodore, restaurant, rue du Vert bois, 27		Godmer	11 nov. 90		* 31 déc. 90		
Vimmiera, Firmin, fab. de meubles d'art, B. Courcelles, 100		Planque I.	17 sept. 91	3 déc. 91	(2)		
Vinson, Rémy Charles, rue des Petites Ecuries, 14	*	Chaffotte				* 20 juill. 91	
Vincent, Jules, passementier, rue Grenéta, 9		Boucher L	25 déc. 91				
d° Fils, brasseur, rue Herr, 12		Lesage	25 sept. 91				
d° - Chalon, Alfred, rue de Clignancourt, 2	*	Deveille				* 6 juill. 91	
d° - Charberer, Antoine, rue Mazet, 5	*	Lemonnier				6 avril 91	
d° - Girard, Jean, Bd de Belleville, 61	*	Roche				5 déc. 90	
d° - Horlaville, Alexandre, pp. Bd Pereire, 128	*	François				* 10 nov. 90	
d° - Langlois, Amédée, rue de Jouy, 18	*	Bertin Jn				13 avril 91	
d° - Mignon, Emile, rue Herr, 12	*	Lefoullon				14 oct. 91	
Viola-Laeuffer, Auguste; act: à Longwy	*	Delasalle				* 1 déc. 90	
Violard, Pierre, publiciste, rue Monsieur le Prince, 41	*	Laimey				(3)	23 avril 81
Violat-Calle, Félix, rue d'Avron, 53	*	Nauche				* 26 nov. 90	
Violette, anc. md de vins, rue des Fonds Verts, 12		Lesage	14 nov. 90		* 31 déc. 90		
Viollet et fils, entrep. de constructions, Faub. St Denis, 163		Beaujeu	23 fév. 87		* 20 déc. 90		
d° - Collas, Marc, Faub. St Denis, 163	*	Duclos				4 mai 91	
Vion, René, Bd Pereire, 218 bis	*	Senan				4	10 juin 80
Viratelle, Etienne, md d'huîtres, Pass. Doudeauville, 18		Godmer L	7 av. 91	16 juill. 91	(5)		
Viriaux, md de vins, rue Barque, 54		Lesage	10 juill. 91		* 31 juill. 91		
Virte (Vve) Louise, md de couronnes, r. Montmartre, 18		Rochette	6 mai 91	8 sept. 91	(6)		
Virvouden, Jules, épicier, à Boulogne s/S rue d'Aguesseau, 57		Lissoty	24 mars 91		* 15 avril 91		
Vitet-Morieux, Pierre, rue des Jardins St Paul, 27	*	Barbeau				* 1 déc. 90	
Vitry, Alphonse, fab. de brosserie, rue St Martin, 84		Destrez	8 juill. 91				
d° Mariolle, Gaston, s. d. c.	*	Goirand				* 23 fév. 91	

(1) Vigouroux 4.45 % unique Répartition.
(2) Vimmiera 50 % en 5 ans par 1/5 de l'homolog.
(3) Violard 15 janv. 1891 Main levée
(4) Vion, 23 avril 1891 Main-levée
(5) Viratelle 30 % en 5 ans par 1/5 de l'homol.
(6) Virte (Vve) 25 % en 5 ans par 1/5 un an de l'homol.

Faillites, Séparations, Divorces, Conseils Judiciaires, etc. de 1891.

Noms, Prénoms, Professions & Domiciles	*	Syndics et Avoués	Faillites et Liquidat.	Dates des Homologations de Concordats	Nullités ou Unions	Séparat. de biens judiciaires / Divorces	Cons. Jud. et Interdict.
Viviand-Juignet, Charles, rue de Charenton, 50	*	Tricaud				* 10 juill. 91	
Vivier-Bergnoilles, Emile, rue Oberkampf, 76	*	Gieules				* 9 fév. 91	
d° -Pelti, Jean, Faub. St-Martin, 235	*	Auzoux				* 22 juin 91	
Vogel-Chevrier, Jean, tailleur, r. St André des Arts, 31	*	Michel				16 mars 91	
Vogler, Claude, anc. fab. de jouets act: Cité Riverin, 9		Barboux	25 avril 91		* 30 mai 91		
d° -Delarocque, Claude, Cité Riverin, 9	*	Delpouve				21 déc. 91	
Vogn, Charles, entrep. de peinture à Suresnes, r. du Mont Valérien, 5		Menau	11 août 91				
d° Messem, Jacques, Bd Pereire, 155	*	Raveton				* 20 déc. 90	
Voiron-Masson, Espira, rue Geoffroy-Lasnier, 34	*	Beau				* 15 juin 91	
Volam-Martha, Georges, s.d.c.	*	Bremard				* 10 nov. 90	
Volatron & Cie restaur, rue d'Auteuil, 77		Godmer	17 juin 90		(1)		
d° - Beaume, Eugène, anc. limonadier, r. Boileau, 100	*	Delibu				16 mars 91	
Vorms, Sylvain, md tailleur, Bd Bonne Nouvelle, 2		Godmer	26 déc. 91				
Vossion-Martin, Félix, s.d.c.	*	Jacob				* 8 déc. 90	
Voy, Alexandre, limonadier, r. J.J. Rousseau, 1		Menau I	17 janv. 91	6 avril 91	(2)		
Voyer, md de vins, act: Cité Dupont, 18		Barboux	10 nov. 91				
Vrancken, Arthur (Voir: Reigers & Vrancken)							
Vuillemin-Thibout, Albert, rue Pergolèse, 50	*	Michel				26 oct. 91	
Vuiller (Vve) md de vins, quai d'Auteuil, 132		Lupy	20 janv. 91		* 21 mars 91		
Wachenheimer-Amson, Elie, r. de St Pétersbourg, 7	*	Masse				* 5 juin 90	
Wachter-Picarda, Jacques, rue Croix Nivert, 154	*	Thomas				21 déc. 91	
Waël-Waël, Léopold, s.d.c.	*	Delasalle				* 26 janv. 91	
Wagner fab. de produits réfract. à Ivry Rd d'Alfort, 20		Bonneau	22 déc. 91				
d° - Marie, Michel, rue Lemercier, 28	*	Norgeon				16 fév. 91	
Waismann-Lacroix, Antoine, à Courbevoie, r. de la Gare, 53	*	Giry				* 12 janv. 91	
Walch (Dlle) md de vins, rue de Rivoli, 76		Lesage	16 oct. 91				
d° - Robert md de vins, rue de Rivoli, 76		Lesage	16 oct. 91				
Waldès, négt en tissus, rue des Petites Ecuries, 42		Rochette	3 nov. 91				
Walker-Maurice, Thomas, rue Noller, 32		Bremard				* 8 juin 91	
Walraf-Balizer, Jacques, s.d.c.	*	Mutel				* 31 mars 90	
Walter, Charles, mercier, rue de Clignancourt, 33		Beaujen	8 mai 91		(3)		
d° - Berthier, Charles, mercier, Bd de Clichy, 76	*	Picard				16 nov. 91	
Waltner-Baldus, Charles, avenue de Breteuil, 16	*	Delasalle				* 13 mars 91	
Walz-Thibert, Jacques, s.d.c.	*	Marquis				* 8 juin 91	
Wargny-Trapu, Pierre, s.d.c	*	Meoreler				* 30 oct. 91	
Warin-Carcy, Emile, rue du Sibuet, 74	*	Guignot				7 août 91	
Wasmer-Trebois, Edouard, rue des Orteaux	*	Tricot				* 2 janv. 91	
Wattter-Teyosandier, Edouard, à Alfortville r. du Barrage 1	*	Plocque				* 10 août 91	
Weber, Alexandre, fab. de cuivrerie, Bd Voltaire, 11		Roucher	9 juill. 91				
d° Nicolas, nég. en pierres fines, rue St Sabin, 50		Cotty	9 nov. 82		(4)		
Weibl & Cie vins et spiritueux rue Montcalm, 4		Menau	4 août 91		* 31 août 91		
Weil-Schwob, Valentin, s.d.c.	*	Jacob				* 17 nov. 90	
Weill-Ségal, Moïse, rue d'Aboukir 107	*	Mutel				* 13 janv. 91	

(1) Volatron & Cie 4.06 % unique répartition
(2) Voy 25 % en 5 ans par 1/5 de l'homolog.
(3) Walter 7.89 % unique répartition
(4) Weber 1.52 % d°. d°.

Noms, Prénoms, Professions & Domiciles († Indique liquidation — * Astérisque avant l'époux — Divorce ou interdiction)	Syndics et Avoués	Faillites et Liquidations	Dates des homologations de Concordats	Insuffis. et Unions	Séparations de biens judiciaires / Divorces	Cons. Jud. et Interdictions
Weinstein (D°) Goldine, Café-restaurant, r. St-Antoine, 185	Lupy	18 mars 91	29 oct. 91	(1)		
* Weisguerber - Eppelé, Georges, rue St Sabin, 9	Pottier				*10 août 91	
* Weishaupt - Hochard, Théodore, rue Érard, 32	Leroy				9 fév. 91	
* Welter - Havon, Nicolas, Faub. St Martin, 236	Maneau				1 juin 91	
Wernert, Jean; anc. boulanger, rue Custine, 13 bis		12 fév. 86		(2)		
* Wenger - Schoëller, s. d. c.	Michel				*15 déc. 90	
* Werny - Kern, Joseph, rue Desaix, 6	Bostel Dubus				*8 déc. 90	
Weygaerts, Paul, herboriste, rue Vaugirard, 206	Roulier	5 oct. 91				
* Wild - Martin, Edouard, s. d. c.	Viver				*6 nov. 91	
* Willaume - Veirat, Isidore, Bd Sébastopol, 90	Delibu				*20 mars 91	
* Willemme - Béguer, Charles, s. d. c.	Roche				*8 déc. 90	
Willette, Adolphe, ppre du Journal "Le Pierrot" r. Rochechouart, 79	Boussard	20 nov. 91				
* Wisker - Navarette; Joseph, serrurier, r. de la Procession, 75	Duclos				*2 fév. 91	
Wittersheim (D°) Marie, café restaurant, r. J.J.Rousseau, 39	Planque	16 déc. 90		(3)		
Wittschy, Charles, libraire, rue Cujas, 16 & rue de Rennes, 55	Boussard	7 fév. 91		(4)		
Woitier, Georges, direct. d'Agence, rue de Trévise, 9	Chevillon	8 oct. 90		(5)		
Wolf, Éléazar, md de chaussures, au Parc St Maur, Bd Natal 10	Bernard L	25 juill. 91	3 oct. 91	(6)		
d° - Kahn, Jacques, Bd Bonne Nouvelle, 8	* Audouin				*1 déc. 90	
* Wolff - Lévy, David, rue Doudauville, 72	Mutel				*13 août 91	
* d° - Seillier, Guillaume, s. d. c.	Borryer				29 déc. 90	
* Woolfry - Gallet, Henri, épicier, rue Denfert-Rochereau, 110	Thorel				23 nov. 91	
Wood, Georges, quincaillier épicier à Nanterre, r. du Ch. de fer	Rochette	3 avril 91				
Woog (D°) Césaire, nourrisseur, rue du Général Brunet, 25	Chardon	22 avril 91				
Woolfry, Henry, anc. épicier rue d'Alésia, 13	Destrez	1 déc. 90		(7)		
Worms (D°) Amélie, mercière; Faub. St Martin, 77	Cotty	22 janv. 91		*28 fév. 91		
Wormser, bijoutier, rue de Maubeuge, 14	Beaugé	23 oct. 91				
* Wysocki - Montaut Alexandre, s. d. c.	Delepouve				*27 juill. 91	
* Yung - Gaspard, André, Bd de la Chapelle, 14	Beau				*22 juin 91	
Yvert et Bourbonneux, serrurerie, rue Crozatier, 50	Piner	20 oct. 91				
Yvray, anc. épicier et md. de vins, rue Davy, 43	Lupy	12 nov. 90		*29 nov. 90		
Zabé, Augustin, md de vins traiteur, rue de Charonne, 20	Barboux	2 juill. 91		*22 août 91		
* Zeiger - Bourges, Jean, rue St Sauveur, 50	Jacquin				*22 juin 91	
* Ziegler - Ziegler, Charles, rue Barye, 11	Roche				*16 fév. 91	
Zimmer, Gustave, coiffeur, à Gentilly, rue du Kremlin, 15	Godmer	9 janv. 91		*31 janv. 91		
d° - Besser, Charles, à Neuilly, rue Chauveau, 5	* Jph Siomer				*7 nov. 90	
* Zimmermann - Mallet, Oscar	Tricaud				*10 août 91	
Zippel, père, Louis, équip[t] milit[aire] à Montreuil; rue Kléber, 54	Menaux	18 juin 91				
Zoude (D°) Éloïse, nég[t] en plumes p[r] parures, r. des Jeuneurs, 42	Lupy	6 juill. 91		*31 juill. 91		
* Zugmayer - Vivier, Adolphe, s. d. c.	Cabasson				*19 déc. 90	
* Zypressenbaum - Lévi, Cerf, rue Rampon, 6	* Lemonnier				*24 nov. 90	

(1) Weinstein (D°) Abandon de l'actif réalisé et engag[t] de parfaire 20% moyennant un versem[t] annuel d'une somme de 1000 2.91% unique répartition.
(2) Wernert 15.41% 1er et d[er] répartition
(3) Wittersheim (D°) 15% 1re répartition
(4) Wittschy 19.53% unique répartition
(5) Woitier 2.28% d° d°
(6) Wolf 25% en 5 ans par 1/5 un an après l'homol.
(7) Woolfry 6.37% unique répartition